教育部人文社会科学重点研究基地重大项目：
西北资源开发生态补偿金融支持政策体系研究（12JJD790020）
陕西师范大学优秀学术著作出版基金资助
陕西师范大学一流学科建设基金资助

绿色金融、环境变化与自然资源资产核算研究

ON GREEN FINANCE, ENVIRONMENTAL CHANGE AND
ACCOUNTING OF NATURAL RESOURCES ASSETS

刘 明 著

人民出版社

代　序

双重异化、 新陈代谢断裂与生态冲突求解①
——马克思生态观之当代意义

一、引言

　　莱斯特·R. 布朗（Lester Brown）在《崩溃边缘的世界：如何拯救我们的生态和经济环境》中呼吁重新界定 21 世纪全球安全，提出"威胁人类未来的不是武装侵略，而是气候变化、人口增长、水资源短缺、贫困加剧、食物价格上涨和国家失能"。人类文明深陷环境灾难的各种迹象纷至沓来，全球生态危机带来的全面风暴或经济终极衰退将不期而至。② 只要对世界各地发生的环境事件有所了解，就知道布朗不是危言耸听。瓦肯纳格尔（Mathis Wackernagel）领导的团队按照生态足迹进行测算，全球总消费已经在 1980 年首度超过地球的可持续供给能力，照此推演 2007 年全球总消费水平需要

---

① 本文原载于《陕西师范大学学报》（哲学社会科学版）2013 年第 5 期。人大复印报刊资料《哲学原理》2014 年第 3 期全文转载；中国社会科学网、中国干部学习网转载。

② ［美］莱斯特·R. 布朗：《崩溃边缘的世界：如何拯救我们的生态和经济环境》，林自新、胡晓梅、李康民译，上海科技教育出版社 2011 年版，第 10—11 页。

1.5 个地球才能够持续满足，人类正在透支下几代人所赖以生存的环境与资源。

布朗提出解决全球生态赤字和遏止危机的"B 模式"是税收重构与重定 21 世纪安全，倡议以战时速度和大规模动员方式重组经济。不过，联想到布朗本人指出的生态与环境治理所面临的"国家失能"，且"失能国家"的名单在年复一年延长，就难免使人们对于采取战时速度和大规模行动的人类能力产生怀疑。实际上，如果从约翰·伊夫琳写作《驱散烟雾》（1661）和《森林》（1664）强烈抨击空气污染和呼吁保护森林算起，对人类活动破坏生态环境的抗议运动已经持续 350 年，但时至今日，全球生态环境仍进一步恶化，无论按照"地方"或者全球意义，即使在绿色主义者看来仍很迟缓的环境动议其实际进展也举步维艰。可再生能源、循环经济、环境税、排污权交易、碳金融、赤道原则、可持续金融行动议程，国际组织、各国政府、第三方组织以及研发部门与公司机构，目前已经采取大量积极的且许多看来是富有成效的保护生态环境行动，但是与需要采取的行动比较已经采取的行动还是微不足道，与需要采取行动但没有行动的个人或群体组织比较已经积极行动的成员与机构属于少数。对生态环境出现人们所希冀的"逆转"的预期不容乐观。

问题在于，有效缓解或遏止生态危机需要采取全球一致行动——尤其对于全球气候变化这一类环境问题，人类毫无例外地遭遇到关涉共同命运的宏大主题，空前地需要一边倒地采取正向行动，但是在交叠的共同一致的生态利益之外，不同个体仍然有着不同的命运。即使面对巨大的人类共同利益，个体利益仍很容易被无限放大，使用经济学话语，即当共同利益与哪怕是些许的个体利益冲突时，个人将感受到其自身的边际价值锐减。不排除在需要采取多边行动时个别成员希望"搭便车"而获取没有成本付出的净收益。

很有可能，个体也往往抱有能够躲过灾难免此一劫的侥幸心理。从人类诞生的那一刻起，从原始状态下祖先靠采集野果充饥抑或是茹毛饮血，到现代人的丰衣足食，人类的消费欲望似乎仍然没有尽头——尽管世界上仍有 10 多亿贫困人口。① 大凡有识之士都会认识到，全球经济增长的模式以及与之相应的需求增长由于自然限制而不可持续，芸芸众生还是将幸福生活的标准"降低"为更多的消费。个体理性与集体理性、个人（或次级组织）行动与集体行动之间的冲突造成社会失衡，在全球致力于实现生态环境可持续进程中这种冲突将产生重大而持久的影响，能否在有效范围化解这种冲突成为遏制生态危机至关重要的节点。

毋庸置疑，努力避免生态与环境灾难需要制定全球、区域或地方的公共治理议程并有效实施。在经济学领域，为了解决相关生态问题，20 世纪 80 年代以来演化出生态经济学新学科，其目的是对经济—生态系统做整体研究，针对相应问题提出解决方案。但是，人们观察到的生态环境灾难的原发因素并非局限于经济—生态系统，而是广泛延伸到社会系统，包括社会制度、社会结构、社会政治以及社会意识层面，甚至人类（思想和生活）栖息的世界体系的结构。每一位分析生态危机的学者都应该是"思想者"，能够将想象力的触角扩及更为广阔的社会系统而不是仅局限于生态与经济系统。社会生态系统的结构分析应该触及社会生产方式以及相应的生产关系与生产力，选项之一是将分析视角转向马克思生态观及其衍化的西方生态马克思主义，并由之回溯和反思生态相关理论和生态危机治理的制度框架。

---

① 世界银行 2013 年 4 月 17 日发布《世界发展指标》报告称，全球仍有 12 亿绝对贫困人口。据世界银行估计，到 2015 年仍将有 9.7 亿人每天生活费用不足 1.25 美元。

二、全球生态危机呼唤社会结构分析

赖特·米尔斯（Wright Mills）被誉为美国当代文明最重要的批评家之一，他认为那些充满想象力的经典的社会分析家总是提出三种问题：第一，社会整体结构是什么，各个组成部分如何相互联系？第二，在人类历史长河中该社会处于什么位置？社会变化的动力是什么，所考察特定问题与所处社会动态如何相互影响？第三，所分析社会历史时期中占主流的是什么类型的人？所观察到的行为揭示了何种类型的"人性"？一定社会特征对"人性"有何意义？① 米尔斯推崇马克思、凡勃伦和熊彼特为"经典社会分析家"，指出充满想象力地理解"历史与个人生活历程之间的联系"是马克思所具备的优秀学者品质，是凡勃伦超常的反讽性洞察力的来源，是熊彼特对事实多角度构建的前提。在我们的视域中，历史即是社会结构变动、定型与作用的事件进程，"个人"既可以是人类，也可以指从事生产生活活动并直接、间接参与构建社会制度框架的企业等社会成员。人们会不无遗憾地发现，许多促进生态环境可持续的制度约束实施落空，这些约束的目标被认为可行，说明实施约束的社会机制与活动主体的价值指向悖逆集体的生态诉求。寻找生态危机的终极原因需要将目光投向社会层面，一旦整个社会系统出了问题，且有可能社会"顶层"制度设计存在重要缺陷，问题的症结就首先是寻求对社会制度与结构进行变革。人类文明进程的"曲线"总体上可能不会倒退，但无论是社会制度兴替还是人性的进化，其中是否也会繁衍混杂着有碍自身发展的某些反向装置或人类精神本当拒斥的"基因"（如黑格尔与马克思所指"异化"）？危机由此而生。

---

① ［美］C. 赖特·米尔斯：《社会学的想象力》，陈强、张永强译，生活·读书·新知三联书店 2001 年版，第 4—5 页。

人类当面临宏大主题时迟早会有能够统摄社会系统的宏大理论与之相伴而生。全球生态危机彰显于当今，滥觞、萌发于城乡分离与工业发展初期，人类借助广泛适用于生产生活的技术征服自然——有时是粗暴而自掘坟墓式的——使危机加速恶化。从美利坚奋起赶超大英帝国，到以后日本追赶美国，再到新中国屹立东方发愤图强实现其 21 世纪中叶的夙愿与梦想，一个民族、一个国家在百年之中经济规模倍增的上升趋势从 8 倍、30 倍、50 倍发展到 100 多倍。① 经济快速增长适应了人口增长与人均消费（以及总消费）增长的需要，伴随技术手段和大工业发展，生产方式的演进成为推动经济社会发展的革命性力量。在古典学派之后，经济学家将技术、管理与土地、劳动、资本同样作为生产要素，经济史家又特别强调制度变量对推动经济增长难以估量的意义。高级层次的经济制度蕴涵于社会生产方式，规定着社会生产资料所有制与相应的微观企业组织。对于制度革命引起的生产力发展以及在新财富引导支撑下的技术变动，如果倒回去在古代人看来就像是一幕幕神话剧，对此最便捷的观察窗口是人类制造武器的历史，现今武器的威力已经远远超越古代神话传说中极尽奇思妙想的各种臆造。变革的力量也必然被投射向生产活动所依赖的自然界，人类活动对自然界的侵蚀甚至摧毁与生产力发展水平基本是成比例的。若如此，建构宏大理论以诠释、批判和前瞻社会生产方式变化的思想家是否也关注到生态环境问题？

资本主义生产方式以及企业制度从根本上改变了生产目的，也不断加快掠取自然资源，加速物质材料由自然界向生产过程再向社会消费系统的转

---

① 根据库兹涅茨的测算，英国、美国、日本在 20 世纪 70 年代以前大约 100 年中经济分别增长 7.8 倍、27.3 倍和 51.4 倍。（见库兹涅茨《各国的经济增长》，商务印书馆 1985 年版，第 13—16 页。）英国、美国、日本的数据统计口径分别为国民收入、国民生产总值和国内生产总值。据中国 1949 年到目前经济增长数据，并预期目前到 2050 年经济增长维持在 3%—6%，在 100 年中经济增长倍数将超过 100（即 2050 年是 1949 年经济规模的 100 倍以上）。

化，这一场景日趋绷紧了自然与生态可持续性的链条，因为自然界经受损毁后的恢复力远落后于人类征服自然的节律，许多自然资源与生态环境的耗竭不可逆。随之出现人类社会与自然界的关系愈益脆弱，甚至退化为相互对立和危机四伏的情境。当人类愈加物质化时，自然界似乎更加"人化"了，以自身的蜕变惩治与教化人类。

马克思对资本主义生产方式、生产力与生产关系的科学剖析跨越一个半世纪仍然是人类思想领域未能超越的一个巅峰。"生态环境可持续性"这一现代话语远不能表征马克思毕生研究的主题，但事实上，对人与自然之间关系的探索在马克思的哲学和政治经济学中占有重要地位，马克思（和恩格斯）未臻成熟的生态观蕴含其中。马克思理论是一种解读、批判危机的理论——在某种意义上是拯救。西方学者依据马克思与恩格斯经典著作对"生态学马克思主义"的整理挖掘与诠释、建构出现在 20 世纪 60 年代发生的"绿色运动"后已并非偶然，这一时期凸现出在现代工业与城市化条件下生态环境日益恶化，20 世纪 70 年代全球石油危机爆发，接踵而至是发达资本主义国家以"滞胀"为特点的经济危机蔓延。随着经济全球化趋势不断强化，世界上不同国家经济增长模式趋同——主要是对资源的掠夺，生态危机同样被打上全球印记。

西方生态学马克思主义在 20 世纪 90 年代渐次形成理论体系，相关研究涉猎历史唯物主义、自然哲学、社会学、人类学、考古学、环境伦理和政治经济学等学科。国内学者对其评介主要是从政治哲学层面，对其政治经济学内涵的研究不足。生态学马克思主义重要代表人物詹姆斯·奥康纳（James O'Connor）向经济学家发出呼吁："我想奉劝那些有进取心的研究生态问题的经济学家们要充分关注马克思主义理论及其所具有的理论与实践上的洞察力，同时我也想敦促更多马克思主义经济学家和社会学家，运用马克思主义的强有力的方法论对生态危机的真正根源作出阐释——去帮助那些自以为是的资本转向生态学社会主义的方向。"① 奥康纳的提醒应该引起经济学界的反思。我国在经济高速增长 30 多年后生态环境问题日益严峻，相关研究必须具有广阔的视野，学习和继承马克思学说，以社会生产力与生产关系为切入点分析社会系统，深入到主导影响生态环境现象的社会结构、社会体制与生产体制变革层面，努力发现生态危机背后所隐现的社会发展的趋势与规律。化解生态危机不仅需要一般的政策工具与市场手段，更需要实施制度变革和重构社会体制。

积极应对生态危机对人类的挑战应该成为重建经济学的紧迫使命，且不仅限于创设生态经济学等分支学科，而是对经济学基础理论重新架构，出路之一是对政治经济学的学科范围、领域以及范畴体系进行拓广。应该研究"生态政治经济学"，将对生态危机的科学解构作为政治经济学必须直面的基本理论命题。政治经济学思维应该触及新的历史条件下资本主义社会基本矛盾呈现方式及其全球意义，触及全球化背景下西方与东方共同面临的经济与生态危机，触及市场化条件下当代社会主义面临的"资本"控制问题——包括资本对经济社会形成控制的趋势、特点和政府对资本的管理。由之可以对生态经济学以及生态与资源环境政策提供价值指向。西方生态学马克思主义对上述问题的研究形成了一定文献基础，其揭示的问题、方法以及对解决问题途径的探索可资借鉴。本文主要以生态学马克思主义代表人物约翰·贝拉米·福斯特（John Bellamy Foster）的研究为线索，讨论马克思对生态问题的经典论述对当代的普适价值。马克思生态观或者生态学马克思主义对当代社会主义是一种"隐喻"，其寓意也在于，无论马克思生态观或者生态

① ［美］詹姆斯·奥康纳：《自然的理由——生态学马克思主义研究》，唐正东、臧佩洪译，南京大学出版社 2003 年版，第 298 页。

学马克思主义，作为密切关注人类命运的新的知识领域具有广阔的探索空间。

三、双重异化与新陈代谢断裂

福斯特对马克思生态学研究的立论基础是澄清 17 世纪到 19 世纪唯物主义和科学的发展与生态学起源之间的关系，重点论证唯物主义和科学的发展如何促进生态学思维方式的产生，从而体现对绿色主义将唯物主义与科学描绘成生态自然观的敌人的"批判之批判"，实际回击了绿色主义对马克思的责难。绿色主义认为马克思的历史唯物主义的自然观具有反生态特征。在回击绿色主义同时，福斯特自认为实现了"理解和发展一种对于我们今天来说具有重大意义的革命性的生态观"的目的。① 通过对马克思（以及恩格斯）经典文献的梳理，福斯特发现马克思将生态危机与环境破坏的社会根源归结为新陈代谢"断裂"。其《马克思的生态学——唯物主义与自然》一书引述文献时间跨度大，涉及学科有哲学、生态学、政治经济学、绿色文学、生物学与化学史等，其思想脉络显得混杂，但若细心品味仍有迹可寻。

福斯特将伊壁鸠鲁学派（包括卢克莱修）的哲学作为马克思唯物主义的发端，其特点是由传统唯心主义的目的论和决定论转向非目的论和非决定论，将唯心主义哲学的所谓"神力"置于远离人类的"外空"，从而还原人类的自由领地，同时承认自然界对人类行为做出的"自我决定"功能，将人类与自然界理解为一种普遍联系和相互依存、作为整体的物质世界。甚至，自然界也具有特殊的生命特征，尤其当人类作为自然界的一部分时。马克思和恩格斯指出："因此卢克莱修歌颂伊壁鸠鲁是最先打倒众神和脚踹宗教的英雄；因此从普卢塔克直到路德，所有的圣师都把伊壁鸠鲁称为头号无

---

① ［美］约翰·贝拉米·福斯特：《马克思的生态学——唯物主义与自然》，刘仁胜、肖峰译，高等教育出版社 2006 年版，第 1—2 页。

神哲学家，称为猪。也正因为这一点，亚历山大里亚的克雷门才说，当保罗激烈反对哲学时，他所指的只是伊壁鸠鲁的哲学。"① 与其无神论唯物主义思想联系，伊壁鸠鲁对马克思生态思想的重要影响还在于其提出"守恒定律"，伊壁鸠鲁自然哲学的首要假设是"任何东西都不可由来自虚无的神力所创造"和"自然……决不会将任何东西归于无"。②

相对于费尔巴哈颠覆"上帝"的成名作《基督教的本质》，"对马克思来说更加重要的——事实上这是一个重大的发现——是费尔巴哈的《关于哲学改造的临时纲要》（1842）"。③ 第一，费尔巴哈实现了在自然哲学体系这一黑格尔哲学最薄弱部分中与黑格尔的彻底决裂。黑格尔认为自然不包含其自我决定方法，不能进行有意义的活动，由此，自然仅仅是一个机械的存在，或者作为一种仅有分类学意义的范畴。费尔巴哈与黑格尔的观点正好相反，认为物质世界（自然）是作为现实存在，且包括其中的人类及其对世界的感觉；第二，费尔巴哈强调人类与自然的联系或者人类与自然的整体性，指出"人类属于自然的本质，这同庸俗唯物主义相反"，"自然属于人类的本质——同主观唯心主义相反"。④ 即使在当代，自然具有能动性以及人类与自然的整体性应该成为生态学的基本原则和出发点。由于自然"有意义的活动"和"自我决定"，人对自然的过度干预、掠夺有可能彻底丧失对自然的统驭能力。人对自然的异化由之发生。

---

① 《马克思恩格斯全集》第 3 卷，人民出版社 1960 年版，第 147 页。
② ［古罗马］卢克莱修：《物性论》，转引自［美］约翰·贝拉米·福斯特：《马克思的生态学——唯物主义与自然》，刘仁胜、肖峰译，高等教育出版社 2006 年版，第 40 页。福斯特也说明，"守恒定律"并非伊壁鸠鲁的独创，德拉克利特是"第一位把它置于恰当位置的人"。马克思关于人类生态系统的"新陈代谢断裂"思想与"守恒定律"之间具有渊源关系。
③ ［英］约翰·赫德利·布鲁克：《科学与宗教》，转引自约翰·贝拉米·斯特：《马克思的生态学——唯物主义与自然》，高等教育出版社 2006 年版，第 78 页。
④ ［美］约翰·贝拉米·福斯特：《马克思的生态学——唯物主义与自然》，刘仁胜、肖峰译，高等教育出版社 2006 年版，第 79 页。

伊壁鸠鲁已经发现人类对自然界的异化。但是，马克思没有停留于伊壁鸠鲁朴素的唯物主义，而是结合费尔巴哈的自然主义并发展了黑格尔的劳动异化概念。马克思看到了两种异化：具有社会属性的劳动异化；具有生物物理属性的人对自然的异化。两种异化几乎殊途同归，均对于自然界产生难以估量的影响，造成人类与自然界以及自然界内部新陈代谢断裂，由此导致人类赖以生存的生态环境深陷危机。重新恢复人类与自然界新陈代谢可持续性的出路在于走向联合，通过联合方式废除私有财产。

人类劳动的异化与自然异化是同一过程的两种后果，人对自然的异化隐含于劳动异化。① 马克思的异化概念来自黑格尔，但是，马克思在《1844 年经济学哲学手稿》中将异化的指向由精神层次的脑力劳动转向一般的异化劳动。马克思用异化劳动概括私有制条件下劳动者同他的劳动产品及劳动本身的关系。劳动（自由自觉的活动）是人的类本质，在私有制条件下劳动异化具体表现为劳动者（1）与劳动对象的异化；（2）与劳动过程的异化；（3）与自己的类本质相异化，即人同自由自觉的活动及其创造的对象世界相异化；（4）与劳动者之间的异化。上述内容构成马克思劳动异化概念总体，且均与人类对自然的异化不可分割，包括他们自身的内在自然与外在自然。"劳动首先是人和自然之间的过程，是人以自身的活动来中介、调整和控制人和自然之间的物质变换的过程"，② 所以，劳动过程同时也是生产过程，劳动必然与自然发生连接，使人类与自然成为一个有机整体。

马克思指出："在实践上，人的普遍性正表现在把整个自然界——首先

---

① 国内最早介绍马克思异化理论的是拜尔、周煦良（见《异化的再发现》，《现代外国哲学社会科学文摘》1960 年第 7 期），作者认为马克思后期放弃了异化概念。1978 年以后对异化问题的讨论很多，1984 年后趋于沉寂，2000 年以后相关讨论再次升温。学界对异化劳动理论在马克思理论中的地位从 20 世纪 80 年代至近期一直有争论。

② 《资本论》第 1 卷，人民出版社 2004 年版，第 207—208 页。

作为人的直接的生活资料，其次作为人的生命活动的材料、对象和工具——变成人的无机的身体。自然界，就它本身不是人的身体而言，是人的无机的身体。人靠自然界生活。这就是说，自然界是人为了不致死亡而必须与之不断交往的、人的身体。所谓人的肉体生活和精神生活同自然界相联系，也就等于说自然界同自身相联系，因为人是自然界的一部分。"① 结合前述引文，乔纳森·休斯（Jonathan Hughes）所概括的马克思生态思想的三原则已清晰可见：第一，生态依赖原则，人类生存依赖自然，自然特征会对人类生活进程造成因果影响；第二，生态影响原则，无论有意无意，人类行为对自然造成重要影响；第三，生态包含原则，即人类是自然的一部分。② 休斯认为第三原则在生态学文献中受到普遍肯定但其作为生态思想意义模糊，不过借助系统观点能够得到解释，即子系统运动与系统总体功能之间具有反馈环，而人类是自然的一个子系统。

由于人类可以通过生产过程和生产工具、手段改造自然并调节人与自然的关系，就不仅在生理意义上超越，而且在实践上同时扩展了人类的身体器官，劳动过程的发展不断强化人类改造自然以及对自身与自然关系进行调节的能力，意味着人对于自然历史进程的有机地、辩证地参与。异化既体现为人类对自身劳动的异化，也体现为人类改造自然的积极作用的异化。③ 马克

---

① 《马克思恩格斯全集》第 42 卷，人民出版社 1979 年版，第 95 页。对马克思此处引文的生态意义存有争论，见 J. 克拉克：《马克思关于"自然是人的无机的身体"之命题》，《哲学译丛》1998 年第 4 期。作者指出马克思在另一场合把"机车、铁路、电报、自动走锭精纺机等等"描述为"人类头脑的器官"，从而体现出一种相互冲突的身体形象。但"作为人的生命的材料、对象和工具"已经包含"机车、铁路、电报、自动走锭精纺机等等"，所以很难说马克思在两种场合的表述存在冲突。克拉克竭力否认马克思自然观中蕴含生态思想。

② ［英］乔纳森·休斯：《生态与历史唯物主义》，张晓琼、侯晓滨译，江苏人民出版社 2011 年版，第 126—127 页。

③ ［美］约翰·贝拉米·福斯特：《马克思的生态学——唯物主义与自然》，刘仁胜、肖峰译，高等教育出版社 2006 年版，第 80—81 页。

思指出这种异化"使人自己的身体，以及在他之外的自然界，他的精神本质，他的人的本质同人相异化"；异化也具有社会属性，"人同自身和自然界的任何自我异化，都表现在他使自身和自然界跟另一个与他不同的人发生的关系上"。① 异化产生两方面消极后果：人与自然的对立；人与人之间关系的对立，劳动异化的结果使劳动者沦为无产者。人类积极地改造自然的活动有可能走向反面。② 自然异化并没有离开马克思对资本主义政治经济冲突的理解。马克思以大地产为例，指出"封建的土地占有已经包含土地作为某种异己力量对人们的统治"（"土地异化"），资本主义进一步将统治土地趋向完善，"大地产，象在英国那样，把绝大多数居民推进工业的怀抱，并把它自己的工人压榨到赤贫的程度"，③ 说明一部分人对自然的掠夺（对生产资料的占有和控制）成为劳动异化的前提；同样以大地产为例，马克思通过对资本主义农业和大工业催生的城乡分离的批判揭示了以劳动异化为特征的自然异化的后果即"新陈代谢断裂"。④ 新陈代谢实际有两个层次：自然界内部的新陈代谢和人类社会与自然界之间的新陈代谢。马克思主要论及第二个层次新陈代谢的断裂问题。

新陈代谢是马克思后期著作中反复使用的概念，包括在《资本论》第 1 卷中对"大规模的工业和农业"的讨论，在《资本论》第 3 卷中对"资本

---

① 《马克思恩格斯全集》第 42 卷，人民出版社 1979 年版，第 97、99 页。

② 异化的社会属性应该可以消解 20 世纪 80 年代中国学术界"正统"观点所批评的"异化范畴抽象掉了阶级分析内容"。

③ 《马克思恩格斯全集》第 42 卷，人民出版社 1979 年版，第 83—86 页。

④ "新陈代谢"（Metabolism）在《马克思恩格斯全集》中不同场合分别指"新陈代谢"和"物质变换"，故在中文语境中"新陈代谢"和"物质变换"可以互换。"新陈代谢断裂"英文为"Metabolism Rift"。据福斯特，德语中"Stoffwechsel"的基本含义直接表达了"物质交换"概念，它构成"新陈代谢"一词所包含的生物生长和衰落的组织工程这种观念的基础。详见约翰·贝拉米·福斯特《马克思的生态学——唯物主义与自然》（高等教育出版社 2006 年版）一书第 158 页译注，以及福斯特在正文中的说明（第 174 页，第 177—181 页）。

主义地租的产生的分析"。马克思本人在其最后的经济学著作《关于阿·瓦格纳的笔记》中强调新陈代谢概念在他对政治经济学的全面批判中的中心地位。将新陈代谢作为理论分析的概念工具涉及马克思对马尔萨斯人口论批判、地租理论以及剩余价值理论三个重要领域，在较早于《资本论》的《政治经济学批判手稿（1857—1858）》中，马克思已经将新陈代谢与自然异化联系，从而将自然异化→新陈代谢断裂→生态危机的分析路径预设了可能。以下论述已经包含了对劳动异化、自然异化、工人异化、土地异化等资本主义条件下社会异化的全面批判："不是活的和活动的人同他们与自然界进行物质变换的自然无机条件之间的统一，以及他们因此对自然界的占有；而是人类存在的这些无机条件同这种活动的存在之间的分离，这种分离只是在雇佣劳动与资本的关系中才得到完全的发展。"[1]

马克思对资本主义农业的批判集中于：第一，大土地所有制使农业人口不断下降到最低限度，城市人口急剧膨胀；第二，上述过程所产生的条件"在社会的以及由生活的自然规律决定的物质变换过程中造成了无法弥补的裂缝，于是就造成地力的浪费"，这种后果通过贸易向世界扩散；第三，大工业与按照工业方式经营的大农业共同起作用加剧物质变换裂缝。大工业与按照工业方式经营的大农业比较，"如果说它们原来的区别在于，前者更多地滥用和破坏劳动力，即人类的自然力，而后者更直接地滥用和破坏土地的自然力，那末，在以后的发展进程中，二者会携手并进，因为农村的产业制度也使劳动者精力衰竭，而工业和商业则为农业提供各种手段，使土地日益贫瘠"。[2]

人对自然的异化可以被看做劳动异化的生物物理表现，两者存在于同一

---

① 《马克思恩格斯全集》第 46 卷上册，人民出版社 1979 年版，第 488 页。
② 《马克思恩格斯全集》第 25 卷，人民出版社 1974 年版，第 917 页。

过程。劳动异化是资本主义生产方式的必然结果，资本主义生产方式中生产力的特征之一是伴随资本集中出现的大工业以及城市化水平不断提高，也包括从传统的人类生活与自然新陈代谢保持基本平衡的农业生产方式转向由资本集中与技术推动的大农业生产方式，这一特征使人类生产消费活动很快超越自然供给能力或者"自然限制"，打破了人与自然之间的生物物理循环平衡，当达到某一临界点，这种对新陈代谢循环平衡的破坏不但会威胁到人类后代的生存，而且还会危及当代人的生存安全，生态危机就不期而至。在这一过程中异化的自然属性服从于其社会属性，人类对自然的干预、异化产生自然生态系统的正反馈，而不是相反。

四、生态冲突求解：制度思辨及其他

如何用马克思生态观观察当代生态危机问题？包括认识中国的生态环境问题？试作如下探讨：

1. 可否借由马克思生态观分析当今

马克思生态观所针对的是资本主义生产方式，而且，与目前资本主义成熟模式比较是针对早期资本主义。若如此，马克思生态观中的重要概念与分析机制是否能够用于分析当今社会主义国家的生态问题？"马克思坚持认为，只有在实践的王国中，在人类历史中，才能发现解决人类对自然异化的方案。人类对其自身的类存在和对自然的自我异化——构成了大部分的人类历史——同样在相同的人类历史中找到了解决方案——通过努力而超越这种自我异化。"① 马克思所说大部分人类历史是否也包括当代社会主义时期？最终要看马克思所分析的产生自然异化与新陈代谢断裂的经济条件是否仍然

---

① ［美］约翰·贝拉米·福斯特：《马克思的生态学——唯物主义与自然》，刘仁胜、肖峰译，高等教育出版社 2006 年版，第 88—39 页。

成立。我们所处社会对自然条件的占有仍有很大差别，在市场经济环境中企业生产目的定位于利润最大化而不是满足社会实际需要。所以，马克思生态观对分析当代社会主义生态环境问题仍具有意义。

2. 如何通过"联合"克服新陈代谢断裂

福斯特与奥康纳同样作为生态学马克思主义的代表人物，他们均试图对马克思生态观中如何克服新陈代谢断裂或者资本主义的"第二重社会矛盾"进行归纳、探索发展。福斯特对马克思的设想主要归结为走向劳动者的联合，由此克服劳动异化与自然异化并恢复新陈代谢平衡。奥康纳则将马克思的生态憧憬——实际是奥康纳本人所指称的生态社会主义理想概括、发展为"为社会实际需要生产"，而不是为利润而生产，使生产的"交换价值服从于使用价值"。至于具体实现途径，福斯特更多是重复了马克思的论断，即消灭资本主义私有财产；奥康纳则强调通过"非暴力革命"，实现国家对生产条件供给的管理。不过，假如国家真正能够代表人民的利益，国家对生产条件供给的管理岂不也是一种联合？

问题在于：如果将联合与生产资料所有制联系，走向联合的所有制形式究竟为何？提出这一问题是合理的，因为第一，马克思在《1844年经济学哲学手稿》中第一次引入"联合生产者概念"，起因是对大地产的批判，马克思认为通过联合废除土地私有财产可以"恢复人与土地的温情脉脉的关系，因为土地不再是买卖的对象，而是通过自由的劳动和自由的享受，重新成为人的真正的自身的财产"，[①] 那么资本主义农业的"大地产"形式之后的土地所有制形式如何？第二，回顾我国政治经济学领域对马克思所有制的争论——实际是自从马克思《资本论》第1卷德文第一版出版就已经开始

---

① 《马克思恩格斯全集》第42卷，人民出版社1979年版，第86页。

的争论，用马克思在《资本论》中提出的"自由人联合体"将重新建立"个人所有制"解释为公有制也未必成立。① 或许，改革以前传统的社会主义公有制实践并未给人们提供可行的明证。②

笔者以为，在较长历史时期中，人类解决生态危机可能无法经由改革社会财产所有制途径，而是在一切可能情况下通过次级的联合——即广泛的生态治理合作方式，成功的合作机制可以产生于不同所有者之间，并寻求在各个层级上实现有效合作的制度框架。合作成功的可能性还在于：合作的动力既可以源于共同利益，也可能源于共同面临的风险或危机。巴雷特举了一个极端的例子："如果地球将被一个小星星击中，我们可以相当肯定，世界上将会有近 200 多个国家团结起来努力使之转移。"③ 巴雷特提醒我们在全世界范围存在着实现生态可持续性合作的可能。若如此，世界的每一个"子集"为什么不能通过合作解决生态问题？马克思所强调的"联合"既可以从制度层面理解，也可以从文化角度分析，因为联合也体现为一种文化。尤其，当生态危机治理迫切需要多边甚至全球一致行动时，如以废除私有制为前提，就可能要等待若干世纪以后。

3. 如何避免土地异化与城乡分离

马克思论述新陈代谢断裂的实际对象材料是土地，以及与土地异化对应的城乡分离和城乡对立。马克思设想中的解决土地新陈代谢断裂问题的途径有以下要点：第一，不能让土地沦为任何私人或者组织（以至一切同时存在的社会加在一起）的所有财产，"他们只是土地的占有者，土地的利用

---

① 刘明：《马克思所有制理论若干范畴译名与释义考辨》，《陕西师范大学学报（哲学社会科学版）》2003 年第 2 期，第 12—21 页。

② 刘明：《论公有制范畴的消解》，《制度经济学研究》2004 年第 2 期，第 113—121 页。

③ ［美］斯科特·巴雷特：《合作的动力——为何提供全球公共产品》，黄智虎译，江苏人民出版社 2012 年版，第 216 页。

者"；第二，为了人类世世代代必须维持土地效力，利用者"必须象好家长那样，把土地改良后传给后代"；第三，实行组织起来的、合作劳动的农业耕种制度，充分但理性地应用农艺方法；第四，对简单扩大农业生产规模持怀疑态度，只有农业可持续条件通过其他途径满足以后才可以考虑大规模农业。"合理的农业所需要的，要么是自食其力的小农的手，要么是联合起来的生产者的控制。"① 马克思和恩格斯一贯认为大土地所有者比自由农场主对土地具有更大破坏，上述思想均源于对资本主义农业的批判以及马克思所经历的历次农业革命对土地新陈代谢的影响。②

　　按照马克思的设想，未来社会将一部分工业转移到农村，部分居民生活在遍布农村、缩小了的、小规模以及中等规模的城市，实现城乡的较高层次的融合，以避免城乡分离和对立产生的物质转换裂缝。③ 帕森特（Thomas C. Patterson）将马克思生态观中解决城乡分离的途径总结为消除社会分工（应指城乡劳动的差别），变革旧的生产方法，促进原料共享活动，生产者联合，但最重要的是消除资本主义的分配方式。④ 这些思想无疑具有重要意义，尤其对我国城镇化模式可资借鉴。

　　4. "普罗米修斯主义批判"的当代意义

　　尽管马克思在现代资产阶级生态意识诞生之前已经开始指出人类对自然的掠夺行为，可能多少是由于马克思主义哲学、政治经济学和科学社会主义理论的强大影响，批评者认为马克思缺少生态意识。例如批评马克思的生态

---

① 《马克思恩格斯全集》第 25 卷，人民出版社 1974 年版，第 139、875 页。
② 《马克思恩格斯全集》第 20 卷，人民出版社 1971 年版，第 192—193 页。
③ 伯尔特·奥尔曼：《社会革命与性革命》，转引自约翰·贝拉米·福斯特：《马克思的生态学——唯物主义与自然》，高等教育出版社 2006 年版，第 195 页。近期我国政策上放开中小城镇户口准入，说明城市化模式选择与马克思生态学的预期趋向一致。
④ ［美］托马斯·C. 帕特森：《马克思的幽灵——和考古学家对话》，何国强译，社会科学文献出版社 2011 年版，第 59 页。

观点仅为 "说明性旁白", 马克思后期著作中很少提及生态问题。对马克思的 "普罗米修斯主义批判" 指批评者认为马克思采取了 "普罗米修斯主义" 支持技术和反生态的观点, 马克思认为技术进步已经解决了生态问题。问题的起因是生态学领域流行着技术变革是生态环境恶化的重要原因这一看法, 例如新技术可能耗费更多原料与能源, 新技术产品比所替代技术或者产品产生更多污染。人们很容易想到农药、化肥与汽车等技术产品符合上述特点。对技术进步的生态后果需要制定一个标准, 有些情况下一项技术在使用前很难评价其与生态问题的连接状况, 但这一点最终不是困难。① 应该承认, 通过技术进步解决生态问题的可能性客观上是存在的。

5. 布哈林悲剧的启示

"悲剧" 并非指布哈林 1938 年被自己阵营内部虚构罪名而秘密枪决, 而指其作为第一个社会主义国家的重要生态思想者, 在列宁逝世以后的斯大林时期其生态主张被贬低为 "资产阶级" 的诉求。福斯特指出在马克思早期追随者中布哈林在运用马克思关于人和自然新陈代谢相互作用的思想方面走得最远, 如其提出人类与自然能量转换中的能量平衡准则, 认为技术是社会与自然新陈代谢交换关系的主要调节力量, 人类对自然环境的调节是有限的。颇具讽刺的是, 生态因素对苏联经济增长率下降以及 20 世纪 70 年代的停滞起了主要作用。②

需要思考的是: 布哈林悲剧对社会主义国家乃至推及一般政权体制, 对解决生态冲突有无教谕? 可以推断, 就像政府需要避免严重失业和通货膨胀, 从而形成对政府或者政治人物施政的约束一样, 如果多数人都意识到了需要将生态可

---

① 对技术 "生态标准" 讨论见乔纳森·休斯: 《生态与历史唯物主义》, 江苏人民出版社 2011 年版, 第 175—227 页。

② [美] 约翰·贝拉米·福斯特: 《马克思的生态学——唯物主义与自然》, 刘仁胜、肖峰译, 高等教育出版社 2006 年版, 第 207—203 页。

持续性置于社会目标的重要地位，也必将对政府形成约束。但是，任何政府或者政治家均有可能自觉不自觉地突破生态责任，所以需要在政权结构中（或外部）构造防止生态问题被"忽略"的硬核与保护带（包括立法、司法及其他）。布哈林同时遭受政治体制和学术体制的专制，对我们也应该是一个警示。

6. 经济学"革命"有无可能

经济与社会危机导致传统的经济学被修正，经济学研究的范围、方法以及经济学规律均与历史息息相关，经济学作为一门社会科学由此前行。斯密经济学的背景是原有的封闭经济体系缺乏制度效率，凯恩斯宏观经济学与20世纪30年代危机的关联已经是社会常识，经济自由主义盛行是由于20世纪70年代遭遇的滞胀难题。在全球生态危机已经影响所有人的存在时下一个"经济学"是什么？在可预见的、不远的未来有无下一个？奥康纳向经济学家发出学习马克思生态观的呼吁，仅此显然不够，马克思生态观即使是一个成熟体系并给予我们伟大启迪，也不可能提供解决生态问题的全部知识域。国内学者对"生态马克思主义经济学"做了可贵探索，建立了生态马克思主义经济学的基本框架，[①] 其产生普遍影响仍有待时日。生态学马克思主义则仍显含混和稚嫩。生态经济学作为一门年轻学科没有解决排除生态环境问题的基础经济理论的缺陷，相反却竭力在套用原有的、没有适当考虑生态约束与自然限制的理论工具分析生态问题。阿克曼对环境评价的"轻率货币化"颇不以为然，指出"很多环境的负外部性涉及不可逆损害风险、大的不确定成本、对后代人的影响、人类生命价值，这些被货币化是无意义的"。[②] 但经济学者却

[①] 刘思华教授著有《生态马克思主义经济学原理》（人民出版社 2007 年版）、《理论生态经济学若干问题研究》（广西人民出版社 1989 年版）。相关评介见张宇等：《中国政治经济学发展报告（2010）》，《政治经济学评论》2011 年第 2 期。

[②] Ackeman F.，"Still Dead after All These Years: Interpreting the Failure of General Equilibrium Theory"，*Journal of Economic Methodology*，Vol. 9，No. 2，2002.

贸然进入伦理学不敢涉足之境，竟至在成本收益分析中出现对一个人的生命估价为 610 万美元（按照 1999 年美元价格）的"创举"。①

　　除了全球普遍面临的生态危机，对经济学作重大修正的动力还有近年起于美国次贷危机的全球经济金融危机。笔者试就如何纳入生态环境问题改造经济学尝试开出一个初步清单：首先，将宏观经济调控与产业政策、社会政策最高目标定于生态环境可持续性，按照马克思的设想，即实现经济—社会—生态系统的新陈代谢平衡；继续开拓"生态政治经济学"领域，从社会制度与结构角度分析生态危机的因果逻辑；对于从西方舶来的现代经济学体系增加生态分析专书，使之与微观经济学、宏观经济学并驾齐驱；改造微观经济学使之像宏观经济学那样，在教科书中，除了分析劳动力市场、商品市场、货币市场、资本市场以外新增加环境产品市场均衡分析。经济学不能解决所有生态问题，但是，解决生态问题离开经济学似无可能。每一位经济学者都有责任艰苦探索。

---

① ［英］爱德华·富布鲁克：《经济学的危机：经济学改革国际运动最初 600 天》，贾根良、刘辉锋译，高等教育出版社 2004 年版，第 115 页。

目　录

前　言

　　留住绿水青山、记得住"乡愁"是人们亲近自然、愉悦生命自我和体现对美好生活向往的普适性人文情怀。有人如是讲：乡愁是什么？是孩童时牵牛吃草的一脉青山，是夏日中供我们嬉闹的一方绿水，是夕阳里炊烟袅袅的一片屋瓦。乡愁也是每一位纯粹的生命个体的翩然思绪与清澈自然中一株小草、一棵树苗、一掬黄土的交相映照。人与自然之间不只有物质流动循环的天然连接，所谓托物寄情、触景生情，人对于自然也有精神层面的无法割舍的依恋。自然对人类并非是一个纯粹的物理系统，而是具有鲜活生命体征的同一命运共同体的"另一半"。按照马克思的第二自然概念，自然愈益是人化的自然。但终归，人类是自然的一部分。

　　在漫漫历史长河中，自然界伴随人类文明的脚步似乎走过了与人类陌生、亲密、若即若离并至展现分裂危险的不同演替阶段。马克思指出，由于人摆脱了对神化了的自然的隶属，人的劳动就甩掉了"最初的本能形式"，有意识、有目的的生产出场，替代以肉体器官为中介的对自然的朴素利用。随着启蒙的进展，撕破了人与自然的原始统一，而重新建立起被工具、技术所中介的人与自然的"高度"统一，即工业时代的兴起。人力图增加在人类历史过程中自己肉体的力量，作为工具的"自然物本身就成为他的活动的器官，他把这种器官加到他身体的器官上，不顾圣经的训诫，延长了他的自然的肢体"。① 人的肢体的延长极大地拓展了向自然摄取的能力，满足人类持久增长的消费欲望，但是伴随人类肢体的不断增长，也过度拉伸了自然的"肢体"，导致自然不再能够应付人类无休止的索取。

鉴于生态环境问题已经成为关乎国计民生和实现国家长期经济社会发展战略的严重制约因素，我国政府就生态文明建设提出树立六大理念，即树立尊重自然、顺应自然、保护自然的理念，树立发展和保护相统一的理念，树立绿水青山就是金山银山的理念，树立自然价值和自然资本的理念，树立空间均衡的理念，树立山水林田湖是一个生命共同体的理念。② 2015 年中共中央国务院先后颁布《关于加快推进生态文明建设的意见》（2015 年 4 月 25 日）《生态文明体制改革总体方案》（2015 年 9 月 21 日），从而使建设生态文明上升为国家意志。2015 年 11 月 8 日，国务院办公厅印发《编制自然资源资产负债表试点方案的通知》，推动对全国或地区自然资源资产的存量及增减变化进行核算，以准确把握经济主体对自然资源产的占有、使用、消耗恢复和增值变化，全面反映经济发展的资源环境代价和生态效益，从而为环境与发展综合决策以及环境补偿机制提供客观科学依据。编制自然资源资产负债表试点工作无疑是生态文明建设走向深入和成熟的重要标志。2016 年 12 月，国家发改委、国家统计局、环境保护部以及中央组织部联合颁布《生态文明建设考核目标体系》《绿色发展指标体系》，从而将生态文明建设和绿色发展纳入对地方政府行为及其施政绩效的考核范围。

我国积极提倡、参与和主动执行全球气候治理议程，不断加强环境立法

---

① 《马克思恩格斯全集》第 2 卷，人民出版社 2012 年版，第 171 页。进一步分析可参阅 A. 施密特：《马克思的自然概念》，欧力同、吴仲昉译，商务印书馆 1988 年版，第 104 页。

② 中共中央、国务院：《生态文明体制改革总体方案》，中央政府门户网站，2015 年 9 月 21 日，见 www. gov. cn/guowuyuan/2015-09/21/content_ 2936327. htm。

与执法，建立健全环境治理问责制度，绿色金融体系和绿色能源发展在全球异军突起。[①] 这些均说明建设生态文明的国家意志具有全方位的实施战略支撑，且已经取得实效。致力于追求可持续、绿色发展已然成为全社会的共同信念，生态文明建设任重而道远，但其美好未来图景可期。

西北地区受自然条件约束，在经济快速发展过程中一定程度上忽视了环境与生态安全对区域经济社会可持续发展的重要意义，环境变化的趋势不容乐观。通过政策引导、支持以及市场化途径促进生态文明建设，有效遏制环境恶化并最终形成经济社会发展与生态环境系统的和谐共生，对西北地区尤为紧迫。

本书分序和正文 11 章内容。序文《双重异化、新陈代谢断裂与生态冲突求解——马克思生态观之当代意义》是作者学习、研究马克思生态思想的感悟，冀望通过阅读思考马克思经典著述明确解决环境问题的思想指向，形成研究者必要的哲学思维和宏观视野。正文 11 章可分为四篇，第一篇对西北五省区经济增长、环境变化和绿色金融发展的作用机制和趋势予以探讨。第 1 章基于文献梳理对绿色金融概念史、绿色金融测度以及绿色金融发展实践予以回溯，运用动态面板联立方程验证经济增长、环境变化和绿色金融的内在联系，编制环境综合指数并以我国有关二氧化碳排放的"巴黎承诺"为参照坐标，对西北五省区环境质量下行拐点进行预测；第 2 章运用空间计量方法探讨西北五省区环境库兹涅茨曲线（EKC），亦参照我国对巴黎协定议程的自主承诺，对西北五省区 CO_2 排放到达峰值时间点进行评估，同时对西北五省区以及相邻省份 CO_2 溢出的边界效应作出判断；第 3 章分析宏观

---

① 以绿色债券发行规模为例，2015 年 12 月中国人民银行在银行间债券市场推出绿色金融债券后，2016 年中国绿色债券市场跃升至全球第一，发行规模占全球总发行规模的 25%，成为中国绿色金融体系中最为重要的市场之一。中国金融信息网绿色金融研究小组：《2017 年中国绿色债券市场发展与未来展望》，中国金融信息网，2018 年 1 月 16 日，见 http：//greenfinance. xin-hua08. com/a/20180116/1745235. shtml。

经济周期阶段中西北五省区经济增长与 CO_2 排放的解耦趋势，围绕经济周期背景下解耦指标分布以及指标值变动对西北地区、西北五省区乃至全国经济增长解耦状态做全方位分析比较。第二篇为西北资源资产负债表编制与核算。考虑到我国自 2015 年开始在全国六个地级市进行编制自然资源资产负债表试点，探索在西北五省区这一更大范围对相关工作进行拓广，第 4—6 章借鉴国民经济学的绿色 GDP 理念，并参照国外以及国内对自然资源资产负债表方法的理论研究，对土地生态系统服务价值予以评估，尝试编制西北地区森林资源资产负债表，对水资源资产价值变化及水污染进行核算。第三篇为绿色能源发展研究。第 7 章基于资本结构理论从区域视角分析绿色能源公司的资本结构冲击效应，并分区域进行比较分析；第 8 章通过计量方法验证比较绿色能源上市公司与沪深 300 指数样本公司的融资结构和经营绩效，以期发现分区域绿色能源公司合理的融资机制安排；第 9 章以光伏和风电产业为例对我国分区域绿色能源产业发展做具体分析，对如何借鉴欧盟、美国和日本发展绿色能源加快西北地区光伏和风电产业发展提出基本思路。第四篇为碳金融市场效率及其影响机制研究。第 10 章考察中国七个碳金融试点市场交易定价效率，对试点碳市场弱式有效性做经验判断，并参照对试点市场定价效率的影响因素提出加强信息披露、提升碳资产管理能力、提高市场容量等改进效率的建议。第 11 章分析欧盟碳金融市场分阶段交易效率，探讨建立全国碳金融市场如何借鉴外部经验。

本书运用环境经济学、生态经济学、环境金融学理论以及计量经济学方法对西北五省区绿色金融、经济增长与环境变化的关联特征做综合研究，通过对西北地区总体、西北五省区以及全国整体不同尺度的环境变化、绿色金融绩效、绿色能源发展做计量验证，提出运用绿色金融、碳金融市场、资源税等政策组合破解西北地区乃至全国生态环境问题的思路。由于研究的内容、范围和方法具有学科交叉特点，资源环境数据和绿色金融数据收集也受到很大局限，尤其，作者学识有限，以致贻误与疏漏在所难免，许多研究结论亦有待检验。恳望读者批评！

麟　初

2018 年 8 月 10 日

第一章　绿色金融、经济增长与环境变化

——西北地区环境污染排放实现
"巴黎承诺"有无可能？

　　本章将西北地区作为一个整体系统，且将分省区作为内部组织子区域，对其绿色金融、经济增长和环境变化三元变量做综合分析。基于投入产出模型、EKC假说构建面板联立模型，运用股市绿色环保概念公司样本作为绿色金融代理变量，编制环境质量综合指数，系统反映和判断绿色金融与环境变化以及经济增长的内在关联机制，参考国家层面 CO_2 减排巴黎承诺预测西北地区环境综合指数达到峰值时间。结果表明经济增长、环境质量与绿色金融之间存在交互作用，绿色金融对环境质量的正向引力显现但作用偏低。除宁夏以外，在绿色金融等因素共同作用下西北其他四省区环境综合指数变动趋势符合EKC倒"N"型曲线，比照我国"在2030年达到 CO_2 排放峰值"的减排承诺，亦可在同一时间节点以前达到环境综合指数峰值，从而向低环境污染转换。为进一步发挥绿色金融对改善生态环境的规模效应，需要降低西北地区绿色金融门槛，促进政府与社会资本向绿色产业联合投资，提议将西安作为绿色金融集聚城市，积极构建内陆地区绿色金融市场体系。

第一节 引 言

经过 40 年的改革开放，中国经济高速增长的态势令人瞩目，但始料未及的是，同几乎所有国家一样，中国面临着生态环境恶化、自然资本下降的趋势。资源约束趋紧，生态系统退化，环境的承载力已趋于极限，未来需要支付巨额的环境修复成本。要扭转这种趋势，必须促使更多资金流向绿色经济实体，加快经济趋向可持续发展的步伐。绿色金融无论是作为一种制度安排或市场机制设计，都可在促进环境保护和生态建设方面起到至关重要的作用。但由于绿色金融内在的收益滞后特征，投资者和金融机构介入绿色领域的行为动机不足，导致主要依赖市场机制条件的绿色金融规模有限，难以满足维护社会生态系统的潜在需求。就西北地区而论，金融组织体系与金融市场发展相对落后，如何避免绿色金融的困境，最大程度调动社会资源转向绿色领域，以应对日益严峻的环境变化，无疑是理论与政策层面亟须深入探讨和回答的问题。

基于对绿色金融的测度，本章选取西北地区为分析单元，通过构建含滞后项的面板数据联立方程，综合考察经济增长、环境质量与绿色金融的交互影响关系，以及区域绿色金融作用于经济、环境所并存的关联特征。引入绿色金融范畴从而对传统的环境库兹涅茨曲线（EKC，Environmental Kuznets Curve）理论进行拓广，构建环境质量综合指数，重新精炼传统库兹涅茨曲线中作为环境质量单指标的二氧化碳排放量，据以测算绿色金融规模趋势并预测西北地区的环境库兹涅茨曲线形状及污染排放峰值，不仅具有区域绿色金融、环境变化与经济发展的蕴含，也将为中国应对环境变化的生态文明建设和进一步推动绿色金融发展提供经验证据。

第二节　文献综述

相关研究始于对经济增长与环境变化关系的探讨。"增长极限说"（Meadows et al. ,1972）提出因增长方式不同，人口、经济的指数式增长受其所依赖资源的算术式增长限制必将面临增长的极限，这一结论并未得到经验证实。[1] 格罗斯曼和库兹涅茨发现并提出环境污染物与人均收入间的非线性关系——即倒"U"型关系（Grossman 和 Krueger，1991），[2] 为经济与环境关系提供了经验基础，这一关系后被命名为环境库兹涅茨曲线（后文简称EKC）（Panayotou，1993）。[3] 20世纪90年代以来，很多学者对EKC展开各种经验分析，但不同研究结论存在较大分歧。对 EKC 提出质疑的学者发现经济增长与环境的关系曲线存在多种形态，包括与倒"U"型完全相反的"U"型（Dinda et al. ,2000）、[4] "N"型（Friedl 和 Getzner，2003）、[5] 单调上升曲线（Holtz-Eakin 和 Selden，1995）[6] 和正向线性关系（胡宗义等，2013）等，[7] 认为人均收入并非影响环境的唯一因素，在运用 EKC 假说所

---

[1]　Meadows, D. H. ,D. L. Meadows, J. Randers and W. W. Behrens, "The Limits to Growth", *Universe Books*, New York, 1972.

[2]　Grossman, G. M. and A. B. Krueger "Environmental Impacts of the North American Free Trade Agreement", *NBER Working Paper*, 1991.

[3]　Panayotou, T. , "Empirical Tests and Policy Analysis of Environmental Degradation at Different Stages of Economic Development", ILO, Technology and Employment Programme, Geneva, 1993.

[4]　Dinda, S. ,Coondoo D. and Pal, M. , "Air Quality and Economic Growth：An Empirical Study", *Ecological Economics*, Vol. 34, 2000, pp. 409–423.

[5]　Friedl, B. ,Getzner, M. ,"Determinants of CO_2 Emissions in a Small Openeconomy", *Ecological Economics* , Vol. 45, 2003, pp. 133–148.

[6]　Holtz-Eakin, D. and Selden, T. M. , "Stoking the Fires？ CO_2 Emissions and Economic Growth", *Journal of Public Economics* , Vol. 57, 1995, pp. 85–101.

[7]　胡宗义、刘亦文、唐李伟：《低碳经济背景下碳排放的库兹涅茨曲线研究》，《统计研究》2013年第2期。

构建的回归模型分析中，还需加入其他重要的解释变量。基于此，一些研究揭示，除经济增长外，城市化水平（Mariano et al.，1998）、① 贸易和外商直接投资（Stern et al.，1996）② 及金融发展（Tamazian，2009）等均为影响环境的重要解释变量。上述不同 EKC 经验分析结果的差异部分原因在于统计方法、指标选取以及数据样本不同。

　　早在 1980 年，联合国大会就向世界呼吁以自然、经济、社会生态和谐的方式发展，1987 年，世界环境与发展委员会编著的《我们共同的未来》出版，绿色经济、环境问题引起全世界的日益关注，在此背景之下"绿色金融"概念诞生。1992 年联合国环境与发展大会通过了《里约环境与发展宣言》和《21 世纪议程》两个文件，促使环境可持续的绿色金融得以较快推广，围绕金融与环境的相关研究也日益引起学术界重视。部分学者将金融作为"生产/消费—自然环境—生产/消费"循环的外生变量，认为金融对环境不产生影响（Sadorsky，2010），③ 或是认为金融资源向生产体系大量投放是产生造成排放污染物的重要影响因素（Zhang，2011）。④ 事实上，在一定条件下金融与环境之间存在长期均衡关系（Shahbaz et al.，2013），⑤ 绿色金融投放更能够促进技术创新（Gantman，2012），⑥

　　① Mariano Torras，James K Boyce，"Income，Inequality and Pollution：A Reassessment of Environmental Kuznets Curve"，*Ecological Economics*，Vol. 2，1998，pp. 147−160.

　　② Stern，D. I.，Common，M. S.，Barbier，E. B.，"Economic Growth and Environment Degradation：A Critique of the Environmental Kuznets Curve"，*World Development*，Vol. 7，1996，pp. 1151−1160.

　　③ Sadorsky，P.，"The Impact of Financial Development on Energy Consumption in Emerging Economies"，*Energy Policy*，Vol. 38，2010，pp. 2528−2535.

　　④ Zhixin，Z.，Xin，R.，"Causal Relationships Between Energy Consumption and Economic Growth"，*Energy Procedia*，Vol. 5，2011，pp. 2065−2071.

　　⑤ Shahbaz，M.，Lean，H. H.，"Does Financial Development Increase Energy Consumption? The Role of Industrialization and Urbanization in Tunisia"，*Energy Policy*，Vol. 40，2012，pp. 473−479.

　　⑥ Gantman，E. R.，Dabos，M. P.，"A Fragile Link? A New Empirical Analysis of the Relationship between Financial Development and Economic Growth"，*Oxford Development Study*，Vol. 4，2012，pp. 517−532.

增加与环境保护相关的投资（Lee et al.，2015）① 进而改善环境质量。更有学者指出，环境质量下降通过影响人类健康水平对经济增长产生负外部性，绿色金融则有助于减少污染物排放（Omri，2015），② 是决定区域环境质量的重要因素，即在绿色金融充分发挥作用条件下，一国或地区金融发展程度越高，环境质量水平也更高（Tamazian，2009）。③ 据上所述，绿色金融对环境产生何种效应，关键是绿色金融作为"绿化"环境的必要初始条件，是否能够实现预期目标，仍决定于对其作用路径和后续环节的控制。

为揭示绿色金融发展的动态趋势和规律，相关研究从不同视角对绿色金融进行测度。宏观视角一般考量区域的绿色综合发展水平，Marcel Jeuchen（2001）通过对典型金融机构开展调查问卷的方式构建绿色金融指标体系，对区域绿色金融发展水平进行评估；④ OECD（2007）通过采集 EECCA⑤ 统计部门和环境部门 2001、2005 年数据，评估不同资金来源对各类环境领域的投资水平，相较 Marcel Jeuchen 开展调研问卷的方式，OECD 采集相关部门的数据涵盖范围更大，对统计数据的要求更高。⑥ 微观视角一般测度金

---

① Lee J，Chen K，Cho C-H，"The Relationship between CO_2 Emissions and Financial Development：Evidence from OECD Countries"，*Singapore Economic Review*，Vol. 5，2015，pp. 155-172.

② Omri，A.，Daly，S. and Rault，C.（et al.），"Financial Development，Environmental Quality，Trade and Economic Growth：What Causes What in MENA Countries"，*Energy Economic*，Vol. 48，2015，pp. 242-252.

③ Tamazian A，Chousa J. P.，Vadlamannati K. C.，"Does Higher Economic and Financial Development Lead to Environmental Degradation：Evidence from the BRIC Countries"，*Energy Policy*，Vol. 37，2009，pp. 246-253.

④ Marcel Jeuchen，*Sustainable Finance and Banking：The Financial Sector and the Future of the Planet*，London：The Earthscan Publication，2001.

⑤ EECCA：East Europe，Caucasus and Central Asia（中欧、高加索和中亚地区）。

⑥ OECD，"Trends in Environmental Finance in Eastern Europe，Caucasus and Central Asia"，2007.

融机构开展绿色金融的行为效果，国际金融业环境绩效评价体系（EPI—Finance 2000）对不同类型金融机构在环保领域的实施效果，选择从绿色信贷的规模与数量、环境收益以及绿色金融产品数量等方面评估。

综合已有文献可以发现，绿色金融已日渐成为促使经济增长与生态环境和谐均衡发展的重要因素。但迄今，对绿色金融的测度方法仍须进一步构建，对绿色金融的实现途径、政府介入绿色金融的机制、手段与工具，以及绿色金融需要，进行深入的理论探索。

第三节　理论模型：将绿色金融引入生产函数

绿色金融作用于经济—环境的传导机制具有阶段性特征：第一，在本部分的理论模型中，经济规模扩大引起污染物作为产出副产物增加，且可能对绿色金融发展提供更多资金支持，推动绿色金融规模扩大；第二，在经济发展初期，资源、污染的产权尚不明确，市场交易机制尚不完善，污染具有负外部性，产生污染相关的要素投入以及相关"粗放"的技术成为经济增长的重要推力；第三，当经济发展到一定阶段，由于环境政策的制定与实施，迫使企业的运作必须执行环境法规规定的工艺及排污标准，环境成本内部化的结果将会使企业生产成本增加，从而不得不缩小生产规模，而绿色金融发展意味着将更多资源转向治理环境并构建远期甚至人类若干代人的良好生态条件，从而在当代或当期可能会对经济增长产生抑制作用，但从长期观察无疑有利于环境质量向好变化。基于上述传导机制，可以建立有关经济增长、环境质量与绿色金融的联立方程模型。[①]

一、扩展的 Cobb—Douglas 生产函数

近年来改进的经济增长理论主张将"绿色资本"或"自然资源资本"因素引入增长模型，而绿色金融恰有益于此类资本的积累。[②] 根据 Omri（2014）的研究思路，此处采用 Cobb—Douglas 生产函数作为建立模型的基础。[③] 该生产函数认为经济增长依赖于资本和劳动力输入，也取决于能源消耗，这直接关系到环境中污染物的排放量（Ang，2008；Stern，2000）。[④][⑤]文中使用扩展的 Cobb—Douglas 生产函数，具体如下：

$$Y = A K^{\alpha} E^{\lambda} L^{\beta} \varepsilon^{u} \tag{1.1}$$

其中，Y 表示实际 GDP，E，K 和 L 分别表示生产过程中的能源消耗、

[①] 若考虑到以下因素，绿色金融发展可能对"经济增长"产生向上的引力：第一，绿色金融投向生产领域，且在当期或当代人所处时代产生经济效益，而且所运用资金原本是闲置的或者在虚拟市场运作；第二，对绿色金融投资项目的未来远期收益进行折现并计入当期产值，引起未来更趋"绿色"经济增长的现值增加；第三，由于绿色金融投资的环境改善效果节约了未来环境成本，实际亦可折现为当期产值；第四，绿色金融发展的环境质量绩效在维护生命体（包括人与一般生物）健康产生的作用将减少人力资本的环境损耗以及产生收益。相关分析实际源于绿色GDP 理念，即根据当期经济活动产生的环境代价（或收益），应对依据传统方法计算的 GDP 予以扣减（或增加）。最后，就环境质量变化对经济增长以及绿色金融发展关系论，假定环境质量严重恶化，在理性社会中必会拉动绿色金融发展，即"需求创造供给"。这时在短期可能会对经济增长产生向下的压力，从未来观察，经济增长的生态环境改善，后续的环境治理成本投入下降，人力资本与自然资源条件普遍改善，对经济增长的环境质量是一种助力。

[②] 此处"绿色资本"或"自然资源资本"的主要思想是将自然资源资本独立于生产性资本，作为另一种基本的生产要素纳入经济增长的模型框架，构成经济增长的必要性或限制性因素。

[③] Omri, A., Nguyen, D. K., Rault, C., "Causal Interactions Between CO$_2$ Emissions, FDI, and Economic Growth: Evidence from Dynamic Simultaneous-Equation Models", *Economic Modelling*, Vol. 42, 2014, pp. 382-389.

[④] Ang, J. B., "Economic Development, Pollutant Emissions and Energy Consumption in Malaysia", *Policy Model*, Vol. 30, 2008, pp. 271-278.

[⑤] Stern, D. I., "A Multivariate Cointegration Analysis of the Role of Energy in the US Macroeconomy", *Energy Economic*, Vol. 22, 2000, pp. 267-283.

投入的资本存量和劳动力。[1] A 是由技术决定的全要素生产率，ε 为误差项。α，λ，和 β 分别是资本存量、能源消耗与劳动力的弹性系数。当 Cobb—Douglas 生产函数的技术水平受到限制（$\alpha + \lambda + \beta = 1$），得到规模报酬不变的生产函数。在给定的技术水平上，能源消费量（E）和环境污染物排放量（P）之间存在直接的线性关系（Pereira 和 Pereira，2010）：[2] $E = bP$，将其代入式（1.1），随之得出：

$$GDP = b^{\lambda}\, AK^{\alpha}\, P^{\lambda}\, L^{\beta}\, e^{u} \tag{1.2}$$

在模型中，允许技术因素对贸易及绿色金融发展产生内在影响，这一观点在扩展的 Cobb—Douglas 生产函数（Shahbaz 和 Lean，2012）中也被提及。[3] 绿色金融发展促进外商直接投资及优质技术转让，通过资本形成带动经济增长，使其得以有效利用。外商直接投资有助于技术进步和扩散。由之进一步得出：

$$A(t) = \gamma\, GF(t)^{\alpha}\, FDI(t)^{\beta} \tag{1.3}$$

γ 为常数，GF 和 FDI 分别表示绿色金融发展和外商直接投资。将式（1.3）转换成式（1.2）形式：

$$GDP(t) = \gamma\, P(t)^{\lambda_1}\, GF(t)^{\lambda_2}\, FDI(t)^{\lambda_3}\, K(t)^{\alpha}\, L(T)^{\beta} \tag{1.4}$$

为使问题简化，我们不考虑人口增长，将式（1.4）两边除以劳动力投入 L，将人口规模标准化为 1，获得式中各变量的人均值。考虑到量化方便，得到线性生产函数如下：

---

[1] 由于物质资本的折旧不影响平衡路径的增长率，这里不予考虑。

[2] Pereira, A. M., Pereira, R. M. M, "Is Fuel - switching a No - regrets Environmental Policy? VAR Evidence on Carbon Dioxide Emissions, Energy Consumption and Economic Performance in Portugal", *Energy Economics*, Vol. 32, 2010, pp. 227-242.

[3] Shahbaz, M., Lean, H. H., "Does Financial Development Increase Energy Consumption? The Role of Industrialization and Urbanization in Tunisia", *Energy Policy*, Vol. 40, 2012, pp. 473-479.

$$ln\,GDP_t = \alpha_0 + \alpha_1 ln\,P_t + \alpha_2 ln\,GF_t + \alpha_3 ln\,FDI_t + \alpha_4 ln\,K_t + \varepsilon_t \qquad (1.5)$$

由于本书研究基于西北五省区的面板数据，式（1.5）可以写作：

$$ln\,GDP_{it} = \alpha_0 + \alpha_1 P_{it} + \alpha_2 ln\,GF_{it} + \alpha_3 ln\,FDI_{it} + \alpha_4 ln\,K_{it} + \varepsilon_{it} \qquad (1.6)$$

其中，下标 i 和 t 分别表示地区及时间，ε 是误差项。

二、引入绿色金融变量的 EKC 扩展模型

以往有关 EKC 的研究文献主要考察人均收入与环境质量的关系，除经济增长外，还有文献在回归模型构建中引入人口、贸易等其他变量为解释变量，将绿色金融作为影响因素的研究较少。若将绿色金融活动纳入环境治理因素并做计量验证，借鉴相关结果分析绿色金融作用机制以及效果有助于通过调节绿色金融投放力度、投向等促进生态环境与经济和谐发展。基于上述，引入绿色金融这一在"绿色"经济增长中愈益重要的特征变量，模型如下：

$$P_{it} = \beta_0 + \beta_1 GDP_{it} + \beta_2 (GDP_{it})^2 + \beta_3 (GDP_{it})^3 + \beta_4 GF_{it} + \beta_5 Control_{it} + \mu_{it}$$
$$(1.7)$$

为避免存在遗漏变量而导致计量结果的偏差，在模型中引入可能影响环境质量的控制变量 $Control$；

城镇化水平 UR。城镇化因处于不同阶段对环境是否产生影响，影响程度如何存在差异，现阶段中国城镇化的"扩张效应"占主导地位，"质量效应"的二氧化碳减排作用仍不明显（孙叶飞，2016）；[1]

工业化水平 $Indus$。通常在工业化发展初期，工业化进程的加快会造成污染排放物的剧增，而在后期，工业化进程将对环境质量产生积极影响；

---

[1] 孙叶飞、周敏：《中国城镇化、产业结构高级化对 CO_2 排放的影响——基于独立效应和联动效应双重视角》，《资源科学》2016 年第 10 期。

为消除数据的异方差现象，对各指标进行对数变换，P、UR、$Indus$ 及 R 均为百分比值，不需做此处理。纳入控制变量的模型扩展为：

$$P_{it} = \beta_0 + \beta_1 ln\, GDP_{it} + \beta_2\, (ln\, GDP_{it})^2 + \beta_3\, (ln\, GDP_{it})^3 + \beta_4\, lnGF_{it} +$$
$$\beta_5\, UR_{it} + \beta_6\, Indus_{it} + \beta_7\, R_{it} + \mu_{it} \tag{1.8}$$

三、绿色金融的环境治理诱发模型

经济社会发展中的环境治理作为一个系统，应包括治理的制度设计与经济架构、社会经济结构调整、资金资源介入"绿色"部门机制等子系统。资金介入机制又包含财政、金融手段。绿色金融对环境质量的影响机理在于：第一，绿色金融投放短期改变生产要素投入、生产的技术条件、经济结构以及生产的环境条件，从而直接降低污染物排放量；第二，由绿色金融投入而形成治理能力后污染物持续降低。正因为绿色金融所内在的对环境治理的积极效应，就有必要探讨绿色金融的发生学机制，即哪些因素诱发绿色金融发生以及规模扩大。可纳入三种外生因素：其一，外生的可能性因素，即经济增长（GDP）因素带来的收入部分地向绿色金融的转变；其二，外生化倒逼因素，即由于环境污染物排放危及人类生存产生的对绿色金融的需求；其三，环境治理规制对金融部门产生的"绿色"投放压力。内生因素即指绿色金融一旦被动发生，由于其效果逐渐彰显而产生续发的自我规模扩张效应。根据以上所述，设计方程如下（各符号指代意义同前）：

$$lnGF_{it} = \gamma_0 + \gamma_1\, lnGDP_{it} + \gamma_2\, P_{it} + \gamma_3\, lnGF_{it-1} + \gamma_4 R_{it} + \pi_{it} \tag{1.9}$$

四、联立方程构建

以往关于经济—环境—金融关系的研究主要基于预设的理论模型，采用普通的单方程进行检验，变量间可能存在的内生性会带来模型的解释变量与误差项相关等问题，最好的解决方法就是工具变量法。而联立方程模型本身就会对变量间的内生关系做出响应，不需要如单一方程那样去寻找其他的工具变量以解决内生问题。为此，本书通过构建包括经济增长、环境质量及绿色金融的联立方程模型以考察绿色金融如何影响经济增长、绿色金融对环境污染治理的作用效果以及影响路径。借鉴 Dean（1998）的思想，同时考虑其他相关变量，设定联立方程如下：[①]

$$ln\ GDP_{it} = \alpha_0 + \alpha_1 P_{it} + \alpha_2 ln\ GF_{it} + \alpha_3 ln\ FDI_{it} + \alpha_4 ln\ K_{it} + \varepsilon_{it} \qquad (1.10)$$

$$P_{it} = \beta_0 + \beta_1 ln\ GDP_{it} + \beta_2 (ln\ GDP_{it})^2 + \beta_3 (ln\ GDP_{it})^3 + \beta_4\ lnGF_{it} +$$

$$\beta_5\ UR_{it} + \beta_6\ Indus_{it} + \beta_7\ R_{it} + \mu_{it} \qquad (1.11)$$

$$lnGF_{it} = \gamma_0 + \gamma_1 lnGDP_{it} + \gamma_2 P_{it} + \gamma_3\ lnGF_{it-1} + \gamma_4 R_{it} + \pi_{it} \qquad (1.12)$$

式（1.10）为生产函数，式（1.11）为环境污染排放函数，式（1.12）为环境污染治理的绿色金融函数。考虑到可能存在的内生性等问题，选取必要工具变量以保证估计结果的有效性。

第四节　指标与数据选取

一、环境质量综合指标构建与测度

绿色金融作用于环境变化不仅在于减少二氧化碳排放，也在于抑制产生废水、粉尘、固体废物等有害污染物。因此，应构建环境质量综合指数，以修正传统环境库兹涅茨曲线，由之计量验证绿色金融对环境质量的正向效果。考虑到需甄选不同的环境污染物指标进行综合度量，我们采用因子分析

---

① Dean, J. M. "Testing the Impact of Trade Liberalisation on the Environment：Theory and Evidence", *Trade，Global Policy，and the Environment Chapitre*, Vol. 4, 1998, pp. 55-63.

法，即在避免丢失信息的前提下，根据原始变量的信息进行重新组合，找出影响变量的共同因子，将众多原始变量浓缩成少数几个因子变量，简化数据，由之形成测算环境污染的综合指标，最大限度满足环境质量指标的特性，使最终选取指标具有代表性。假定 x_{ij} 为第 i 个省区的第 j 个指标的数值，X 为其标准化向量，$(\lambda_1, \lambda_2, \cdots, \lambda_p)$ 表示 X 的相关系数矩阵 ρ 的特征根，式 $w_i = \lambda_i / \sum_{i=1}^{n}$ 中 λ_i 作为权重表示第 k 个主因子的方差贡献率。则用 F 表示的综合得分为：

$$F = (w_1 F_1 + w_2 F_2 + \cdots + w_k F_k) / \sum w_i \qquad (1.13)$$

为充分考虑各种环境污染物的信息，依据数据可得性选取六种环境污染物，包括废水总量、废水中化学需氧量、废气总量、二氧化硫、烟粉尘、固体废物，[①] 运用因子分析法测算污染物排放量作为坏产出指标，综合反映环境质量指标。该指标数值越大（小），表示环境质量越差（优）。

二、绿色金融指标的测度

学术界对绿色金融概念尚未形成一致认可的定义，也自然缺少统一的测度标准。《美国传统英语词典》（第四版，2000 年）将绿色金融称为"环境金融"（Enviromental Finance）或"可持续融资"（Sustainable Financing）。[②]其基本内涵为如何使用多样化的金融工具保护生态环境和生物多样性。就我国绿色金融发展现状来看，中国人民银行等七部委 2016 年发布的《关于构建绿色金融体系的指导意见》将绿色金融定义为支持环境改善、应对气候变化和资源节约高效利用的经济活动，即对环保、节能、清洁能源、

---

① 烟尘排放和粉尘排放从 2011 年开始合并为粉尘排放，之前年份的粉尘排放量以烟尘排放量与粉尘排放量之和表示。自 2011 年起，工业固体废物分为一般工业固体废物和危险固体废物，故从 2011 年开始将两者合并来计算工业固体废物。

② *The American Heritage Dictionary（the 4th Edition）*，Houghton Mifflin Company，2000.

绿色交通、绿色建筑等领域的项目投融资、项目运营、风险管理等金融服务。并且旨在通过绿色信贷、绿色债券等相关金融产品支持经济向绿色化转型的制度安排。在这一转型过程中，支持环境改善、应对环境变化和资源节约高效利用的绿色金融资金主要来源于政府环保部门的相关补助，商业银行的信贷投入及企业的自有资金。① 依据环保部发布的八大绿色工程体系，② 选取西北地区 A 股上市公司中属于绿色行业或进行绿色投资的上市公司的融投资数据，数据范围包括上市公司为绿色投资发行新股、增发及配股所募集所有已到账资金。这些上市公司的绿色融投资仅包含绿色信贷的一部分，及非信贷的绿色投入，数值小于绿色金融的实际投放量，但可以合理地推断其在整体规模和增长趋势上与绿色金融投放量较为一致，具有很强的代表性。由于国家、地区层面总体绿色金融数据缺失，将具有绿色投资概念上市公司投融资作为绿色金融指标的代理变量，具有内在合理性。

三、经济增长

用地区生产总值（GDP）与人口的比值衡量，即地区人均 GDP，反映消除人口因素后区域的生活水平、经济规模以及经济增长情况。GDP 用GDP 价格指数进行修正，从而消除通货膨胀影响。

---

① 中国银行保险监督管理委员会 2012 年下发《绿色信贷指引》，其后开始收集、发布绿色信贷数据，为保证数据的可获性和连贯性。为了对绿色金融的环境效果做计量检验，此处选用绿色行业的上市公司融投资数据作为绿色金融总体规模的代理变量。这也体现本书的一个重要尝试。

② 环保部于 2015 年 9 月 9 日发布的《新常态下环保对经济的影响分析》报告中指出，绿色清洁能源、大气污染防治、水污染防治、土壤环境保护、固体废物资源化、农村环境综合整治、生态保护与建设工程、"智慧环保"为 8 大绿色产业重大工程。

四、影响产出的要素投入

选用就业人数表示生产过程中投入的劳动力数量；根据要素禀赋假说，资本密集型产业主要为高耗能、高排放产业，而劳动密集型产业相对低碳。取资本存量与劳动投入之比衡量要素禀赋，其中资本存量用全社会固定资产投资表征，一般用各地区全社会固定资产投资金额表示。对资本存量使用永续盘存法计算，以 K 表示资本存量，I 表示固定资本形成额。对这一方法的解释和计算过程参考张军（2003），计算公式为：$K_t = (1 - \delta) K_{t-1} + I_t$，即当年的物质资本存量等于上一年度累积资本的折现值和当年固定资本形成之和，选择基期为 2000 年，δ 为折旧率并取固定值 9.6%。[①]

五、外商直接投资

以人均外商直接投资额（以当年兑美元的汇率换算为人民币）度量。

六、影响环境质量的控制变量

城镇化水平。以城镇人口占总人口的比重衡量。选取 2000 年及以后城乡人口为人口普查和人口变动抽样调查推算数。

工业化水平。即工业发展状况，为确切地反映工业生产的规模和速度，这一指标用工业增加值占 GDP 的比重表征。

以西北五省区为分析单元，数据观测周期为 2000—2015 年。主要数据来源如下：绿色金融来源于锐思（RESSET）数据库，环境质量及环境规制使用的污染物排放量来自《中国环境统计年鉴》，其余数据均来源于《中

---

① 张军、章元：《对中国资本存量 K 的再估计》，《经济研究》2003 年第 7 期。

国城市统计年鉴》。涉及价格的变量均调整到 1978 年不变价格。

第五节　分区域与西北总体环境变化趋势预测

一、模型估计方法与模型检验

（一）估计方法选择

联立方程模型由经济增长、环境质量与绿色金融分别为被解释变量的决定方程（式 1.10—1.12）构成，估计方法一般为单方程和系统方程两种。在方程估计过程中，单方程估计法需满足联立方程组可识别性与各方程扰动项不相关性假设；而相较逐一对方程进行估计，将全部方程视作一个整体的方法（即系统估计法）更为有效，可同时估计全部结构方程且得到其参数估计量。由于此处联立方程引入滞后期的被解释变量，可能造成解释变量与扰动项相关，使估计结果是无效和有偏的，以及面板数据中无法观测到的截面特点，亦有可能带来较为严重的内生性问题。故采取系统估计法作为估计方法。系统估计法处理联立方程组时，常用三阶段最小二乘法（3SLS，Three Stages Least Squares）及广义矩估计法（GMM，Generalized Mothod of Moments）。为提供较为可信的稳健性支持，本文运用 GMM 和 3SLS 两种方法估计，并比较两者的优越性。

（二）模型检验

在对模型的总体参数进行估计前，需要先判断联立方程模型的可识别性。对结构参数施加"排斥变量"的约束，检验上述联立方程模型中各式的阶条件和秩条件，发现三式判定条件成立，均为过度识别。

为验证工具变量的选择是否对参数估计有效，对所有模型进行 Hansen

检验，检验结果显示不能拒绝原假设（"所有工具变量均有效"），则得知模型设定有效，所选估计法适用。

（三）平稳性检验

为了确保估计结果的有效性，避免出现伪回归现象，先对变量进行平稳性检验。此处采取 LLC 方法与 IPS 方法对各变量进行单位根检验，结果见表1-1。由表1-1中结果可知，所有变量的一阶差分值均拒绝存在单位根的原假设，说明变量是平稳的。

表1-1　面板数据联立方程的单位根检验结果

方法 变量	水平序列值		一阶差分序列值	
	LLC	IPS	LLC	IPS
GDP	2.8481	4.7672	−1.6604**	−1.6436**
P	−0.0177	1.6622	−5.3941***	−3.2425***
K	−1.0472	0.5591	−3.5891***	−3.8701***
GF	−1.6532**	−0.5798	−11.9758***	−11.1253***
UR	0.3781	2.1513	−4.8197***	−4.0713***
Indus	0.2268	−0.2941	−8.0486***	−6.1352***
FDI	−0.4581	1.6040	−8.4475***	−7.3761***

注：*、**、***分别表示在1%、5%、10%的水平显著。

（四）全样本估计结果及相关分析

表1-2 结果显示，3SLS 和 GMM 估计的参数系数差异不大，但运用后者的参数估计值较为显著，也更合乎实际。可见，采用 GMM 法能较好地处理内生性等问题。

表 1-2　西北地区经济增长、环境污染与绿色金融全样本估计结果

变量＼方法	模型Ⅰ：经济增长方程		模型Ⅱ：环境污染方程		模型Ⅲ：绿色金融效应方程	
	3SLS	GMM	3SLS	GMM	3SLS	GMM
Constant	10.0387*	10.0573*				
P	0.1363**	0.0747*			1.5890	2.0984*
lnGF	0.0075**	0.0050**	−0.0073	−0.0079**		
lnFDI	0.0042	0.0064***				
lnK	0.2097*	0.2075*				
lnGDP			−1.0780	−2.1287*	0.1898*	0.2015*
(lnGDP)²			0.2529***	0.5346*		
(lnGDP)³			−0.0146**	−0.0324*		
Indus			0.7437**	0.8624*		
UR			−0.4916	−0.3412		
GF(−1)					0.4902*	0.4946*
AR（1）	0.9606*	0.9613*	0.9266*	0.9126*		
R²	0.9955	0.9958	0.9457	0.9460	0.8471	0.8729
曲线形状			倒"N"型	倒"N"型		

注：*、**、***分别表示在1%、5%、10%的水平显著。AR（1）的原假设为方程扰动项不存在1阶自相关。

1. 环境质量与经济增长的相对变动关系

环境综合指数（P）：环境综合指数越高，表明污染物排放加剧，计量结果表明生产生活体系的污染物排放与经济增长呈现同向变动关系。表1-2显示，污染强度每增加1%，推动经济增长0.0747个百分点。污染强度变化的相对经济增长效应较弱，说明西北地区经济增长存在高投入、高能耗和高污染特征，以及由产业、行业结构与技术水平决定的生产投入品组合有"环境非友好"趋向，投入能源等生产投入品的利用效率较低。结合模型Ⅰ，可知经济增长对环境污染物排放强度存在反向影响且较强，说明环境中

污染物的排放包含着未来经济增长的相关信息，经济增长受到"节能减排"措施的显著冲击（Soytas 和 Sari，2009）。[1]

要素禀赋（K）：要素禀赋值对经济增长的影响为正，即人均 GDP 随着单位劳动力产出效率的改变而发生同向变化，具体表现为人均固定资本形成额每增加一个百分点，人均 GDP 提高 0.2075 个百分点，与 Omri（2013）的结果基本一致，表明物质与人力资本投入对经济增长的推动作用较为稳健。[2]

绿色金融（GF）：计量结果显示，绿色金融投放对经济增长的正向影响显著。一方面，绿色金融受国家资本市场及信贷政策支持，在降低上市公司绿色融资成本的同时提升绿色资金的流动性，有利于社会扩大再生产，进一步促进经济增长；再者，绿色金融发展会促进绿色产业发展，进而吸引外商直接投资，拉动国内经济增长。但绿色金融在经济增长中发挥的作用相对有限（弹性系数为 0.0050），潜在原因可能在于绿色金融主要投向环境治理表征的绿色行业，"生产性"绿色金融投资不足，以及绿色融资总量仍较为有限，没有体现出绿色金融投资的规模收益效应。

外商直接投资（FDI）：估计结果表明，外商直接投资对经济增长有正向显著影响。表明 FDI 通常以国际技术溢出和资本流入的模式拉动区域经济增长，现阶段西北地区 FDI 流入产业仍以加工制造业为主，外商的进入可使企业生产成本得以降低。然而随着生产要素价格逐步攀升，尤其是劳动力成本的上涨，比较优势逐步削弱，从而抑制 FDI 流入东道国，甚至会由于相应

---

[1]　Soytas, U., Sari, R. T. and Ewing, B., "Energy Consumption, Income, and Carbon Emissions in the United States", *Ecological Economics* Vol. 3-4, 2007, pp. 482-489.

[2]　Omri, A., "CO$_2$ Emissions, Energy Consumption and Economic Growth Nexus in MENA Countries: Evidence from Simultaneous Equations Models", *Energy Economics*, Vol. 40, 2013, pp. 657-664.

产业集群在演化过程的"路径依赖"诱发投资所在地资源的扭曲。FDI 流入每增加 1%，仅引起经济增长幅度上升 0.0064 个百分点，影响力较小。[①]

2. 污染物排放与产出间的统计关系

经济增长（ GDP ）：由回归结果可知， $lnGDP$ 、 $(lnGDP)^2$ 、 $(lnGDP)^3$ 的系数均通过了显著性检验，且有 $\beta_1 < 0, \beta_2 > 0, \beta_3 < 0$ 。根据抛物线性质判断，西北地区污染物排放强度与人均 GDP 之间为倒"N"型曲线关系，与 EKC 假说不完全一致。EKC 假说是基于发达国家及新兴工业化国家在工业化向服务型经济转型阶段提出的（世界银行，1992），[②] 而我国目前正处于工业化初、中期阶段，特别是西北地区工业化发展程度依然很低。EKC 解释了环境质量在经济发展水平超越了一定临界值之后将得到持续改善，然而对于发展中国家而言，人均收入并未达到相应的临界水平，其环境质量与经济增长的关系具有不确定性（彭水军，2006）。[③][④]

绿色金融（ GF ）：在模型Ⅱ中，绿色金融对环境质量综合指数的影响系数显著为负，表明绿色金融规模扩大有利于降低环境污染物排放。虽然绿色金融对环境污染的抑制作用（弹性系数为 0.0079）显现但仍处于低水平。我国指导绿色金融发展的《绿色信贷指引》已发布 4 年，[⑤] 然而银保监会数据显示，截至 2016 年 6 月末商业银行的绿色信贷余额规模依然较小，仅占各项贷款的 9%；绿色金融产品创新不足，还主要停留在绿色信贷层次，涉足

[①] 潜在的原因是，在国际市场竞争日趋激烈情况下，外商直接投资由于国际市场"收缩"而一定程度转向国内市场，所以外商投资在中国国内市场需求限定下对国内投资产生挤出效应。

[②] 世界银行：《1992 年世界发展报告：发展与环境》，中国财政经济出版社 1992 年版。

[③] 部分原因也在于，本书修正的 EKC 是基于所构造环境综合指数与人均 GDP 关系，传统 EKC 是基于 CO_2 排放与人均 GDP 关系。

[④] 彭水军：《经济增长与环境污染——环境库兹涅茨曲线假说的中国检验》，《财经问题研究》2006 年第 8 期。

[⑤] 中国银保监会于 2012 年 2 月 24 日下发《绿色信贷指引》，其中明确了绿色信贷支持方向和重点领域，要求银行业金融机构通过差别化信贷政策开展绿色信贷。

产业领域多在中下游环节。绿色债券、绿色基金市场尚未形成，具有绿色概念的上市公司数量占资本市场上市公司之比较小（13.42%）。综合各种因素，说明绿色金融投放未形成规模经济效应。①

工业化水平（*Indus*）：工业化水平对环境污染物排放产生显著的正向刺激作用。工业增加值占 GDP 的比重越大，环境污染物排放强度越大，环境质量随之恶化。这一结论与国内外学者的研究结论基本一致。西北地区尚处于工业化中期阶段，这一时期环境压力较大，工业化进程极易加剧环境污染。与此同时，地方政府在评价其管理政绩时赋予经济增长的权重被极端地放大，导致各省区为推高经济增长以牺牲环境为代价。

城镇化水平（*UR*）：计量结果显示，城镇化水平未能体现出对环境质量的显著影响。但在相关文献中显示，若纳入空间因素，城镇化水平可显著缓解环境污染压力（高峰，2016）。②

3. 绿色金融效应

环境质量（*P*）：较其他变量而言，环境污染强度对绿色金融产生的拉动（"倒逼"）作用最为显著。体现为前者每上升一个百分点，后者随之增加 2.0984 个百分点。当环境污染恶化，绿色金融将受到国家绿色环保政策的支持，有助于上市企业降低绿色融资成本，增加融资渠道，分散经营风险，优化资产负债结构，企业、金融机构将追加绿色金融的投入。

绿色金融滞后一期（*GF*(-1)）：该指标估计系数显著为正，表明增加一单位的绿色金融投放对当期与滞后一期的环境质量改善同样具有减排效力，当期绿色金融投放对滞后一期的减排效力高于对当期的减排效力。潜在因素是当期绿色金融对环境质量发挥减排效力后形成环境治理能力。前者表

① 本书选用上市公司作为代理变量，也基本反映了企业总体中绿色金融总量偏低的问题。
② 高峰：《中国省际环境污染的空间差异和环境规制研究》，经济科学出版社 2016 年版。

现为资金的审计和资金的到位需要时间，后者表现为治理能力的形成到充分发挥作用需要时间，两期绿色金融存在一定的时间差，类似于宏观经济变量的时滞效力。

4. 稳健性检验

为确保估计结果及分析结论的可靠性，在上述分析的同时，文中采用3SLS 估计经济增长、环境质量与绿色金融构成的面板数据联立方程，检验了西北五省区相关变量间的逻辑关系（如表1-2 所示），估计结果显示与文中基本分析结论一致，具有较好的稳健性。

二、西北五省区间的省际差异

西北五省区环境变化与经济增长、绿色金融之间关系未必一致，因此将样本总体分为陕西、甘肃、青海、宁夏和新疆五个子样本，分别对联立方程进行估计。计量过程发现，对子样本运用 GMM 法，模型出现 "Near singular matrix"（奇异矩阵），即子样本较总体样本呈现样本数量少而工具变量数量多的情况，故子样本的面板联立模型回归不能选用 GMM 法，此处选取 3SLS 法对子样本进行处理（见表1-3、1-4、1-5）。

表1-3　西北五省区经济增长、环境质量与绿色金融回归结果（1）

模型选择	模型 I：经济增长方程				
省区	陕西省	甘肃省	青海省	宁夏回族自治区	新疆维吾尔自治区
Constant	2.0721*	2.1928*	2.1021*	2.4249*	2.1823*
P	0.1342***	0.2131**	−0.0139	0.0336*	−0.0199***
lnGF	−0.0088***	−0.0173***	−0.0022**	−0.0338*	0.0042***
lnFDI	0.0151**	−0.0050	0.0136*	0.0325***	−0.0125*

续表

模型选择	模型 I：经济增长方程				
省区	陕西省	甘肃省	青海省	宁夏回族自治区	新疆维吾尔自治区
lnK	0.2604*	0.4758***	0.1813*	0.1166***	0.0477**
AR（1）	0.0460*	1.4243*	0.7271	0.2275***	1.8525*
AR（2）	-0.7904*	-0.6251*	-0.8552*	0.0381*	-1.0928*
R^2	0.9997	0.9973	0.9922	0.9991	0.9983

注：*、**、*** 分别表示在1%、5%、10%的水平显著。AR（1）、AR（2）的原假设分别为方程扰动项不存在1、2阶自相关。

表1-4　西北五省区经济增长、环境质量与绿色金融回归结果（2）

模型选择	模型 II：环境污染方程				
省区	陕西省	甘肃省	青海省	宁夏回族自治区	新疆维吾尔自治区
$lnGF$	-0.0172***	-0.0326*	0.0547*	0.038***	-0.0221***
$lnGDP$	-3.4551*	-2.8928***	-6.3335*	-1.9705***	-11.7829*
$(lnGDP)^2$	0.7942**	0.6301***	1.5361*	0.2642**	2.8212*
$(lnGDP)^3$	-0.0452***	-0.0359***	-0.09*	-0.0007**	-0.1631*
$Indus$	1.9299*** *	0.6836***	1.2328*	0.8487*	2.2975*
UR	-1.5334	0.2770	-3.2591	0.8583	-2.5403*
AR（1）	1.0228*	0.7988*	-0.8977*	0.7989*	-0.8379***
AR（2）	-0.9389*	-0.7254*	-1.0776*	-0.8424*	-0.8119
R^2	0.9031	0.8999	0.9958	0.9779	0.9761
曲线形状	倒"N"型	倒"N"型	倒"N"型	"U"型	倒"N"型

注：*、**、*** 分别表示在1%、5%、10%的水平显著。AR（1）、AR（2）的原假设分别为方程扰动项不存在1、2阶自相关。

表1-5 西北五省区经济增长、环境质量与绿色金融回归结果（3）

模型选择	模型Ⅲ：环境治理方程				
省区	陕西省	甘肃省	青海省	宁夏回族自治区	新疆维吾尔自治区
P	7.8825 **	3.7033 *	7.9549 **	6.9240 ***	3.2746 ***
$lnGDP$	1.5723 *	0.6556 **	-2.7939 ***	0.3749 **	0.3498 *
$lnGF(-1)$	0.3397 ***	0.2211 ***	0.4909 ***	-0.5453 **	-0.2501 ***
AR（1）	0.8640 *	0.8231 *	1.2001 **	1.2095 *	0.9616 ***
AR（2）	-0.6519 *	-0.6751 *	-0.5184 **	-0.8853 *	0.0415 ***
R^2	0.7084	0.7321	0.7453	0.7582	0.7827

注：*、**、***分别表示在1%、5%、10%的水平显著。AR（1）、AR（2）的原假设分别为方程扰动项不存在1、2阶自相关。

通过比较可知，在经济增长方程（表1-3模型Ⅰ）中，西北五省区的 P 系数显著为正，这与西北地区整体情况一致；[1] 各省区绿色金融对经济增长的效应表现不一，陕西、甘肃、宁夏三省区系数显著为正，说明绿色金融对经济增长产生一定促进作用；青海、新疆的绿色金融投放对当地的经济增长产生负向作用。潜在成因有以下可能：一是青海、新疆的绿色金融是"非生产性"的，即产出效应低于环境效应；二是绿色金融不仅是"非生产"的，而且一定程度挤占了生产性投资资金；三是绿色金融投入生产领域的资金要素生产率较低。[2]

从污染排放方程（表1-4模型Ⅱ）的回归结果发现：经济增长对污染物排放起决定性影响，西北地区除宁夏外，其余四省区的回归结果显示在初始阶段污染物排放强度随着经济增长先下降，待跨越收入水平的某一点（转折点

---

① 合理的解释是，环境污染对经济增长的正向影响的背后，因果是经济增长较依赖高污染产业行业，以及生产资料等投入使用低效（见前文对西北地区分析）。

② 不排除在所选数据样本期间，由于更复杂的原因使相关省份经济增长受到抑制。

1）后呈上升趋势，接着又经过一定水平（转折点 2）出现下降状，与西北地区整体的 EKC 形态相吻合，接近倒"N"型。其中宁夏 $\beta_1 < 0, \beta_2 > 0, \beta_3 \rightarrow 0$，曲线呈现"U"型，表明环境污染强度与经济增长之间不完全符合 EKC 所揭示的演化轨迹。工业化水平与各省区污染排放强度呈现显著正相关。新疆与陕西在西北地区工业最为发达，且高污染的重工业企业较多，污染强度受工业化水平增长的影响也最为显著，工业化水平每增长 1%，环境污染强度分别增加 2.30%、1.93%；工业化水平每增加 1% 时，青海污染强度加剧 1.23%，甘肃、宁夏工业化水平对环境污染强度影响较小。与西北地区整体情况类似，除新疆外，其他四省区城镇化水平指标对环境质量影响不显著。

在环境治理方程（表 1-5 模型 Ⅲ）中，西北五省区绿色金融随着该地区环境质量变化产生极为敏感的波动，整体表现为地区环境对绿色金融的迫切需要。环境污染排放强度每加重 1 个百分点，陕西、甘肃、青海、宁夏、新疆的绿色金融投放分别增加 7.8825、3.7033、7.9549、6.9240 和 3.2746 个百分点，说明西北地区多为资源大省，绿色企业占比较多，环境恶化一方面促使西北地区企业追加投资，提高环保技术能力；另一方面，环境规制强度会随环境恶化而加强，进而带动绿色企业的投融资增加。

西北五省区的 *lnGDP* 系数显示除青海外，其余四省经济增长对绿色金融的投放有拉动作用，但作用远小于环境污染对绿色金融的影响，陕西经济增长引发绿色金融投放的增幅最大（1.57%），甘肃、宁夏和新疆三地区该估计效应较小。西北五省区绿色金融的滞后一期对多数地区的当期投入产生正向效应。

由此可见，西北地区分样本实证结果与全样本结果基本吻合：陕西、甘肃、青海及新疆四省区部分符合 EKC 假说（呈倒"N"型）。宁夏则为"U"型，不符合 EKC 假说。在环境治理方程中，环境污染对绿色金融的效应虽与西北地区一致（正向显著），但其效力大于西北地区整体情况。

三、环境变化转折点趋势预测

一些学者通过理论推演给出 EKC 曲线存在的条件，在具体的统计分析中通常采用简约式方程验证 EKC 在各个领域的存在性。将式（1.11）作如下简化：

$$y_{it} = \beta_0 + \beta_1 x_{it} + \beta_2 x_{it}^2 + \beta_3 x_{it}^3 + \beta_4 z_{it} + \mu_{it} \qquad (1.14)$$

式（1.14）中，y 和 x 分别替代环境质量 p 和经济增长 $lnGDP$；z 为其他影响环境质量的变量；其他各符号指代意义同前。EKC 拐点的测算是根据表 1-4 各指标的最优拟合模型求取。当 $\beta_1 < 0$ 且 $\beta_2 > 0$，$\beta_3 \to 0$ 时，最优拟合模型为二次函数模型，则根据抛物线性质，求取其顶点作为 EKC 拐点：$x^* = -\beta_1/2\beta_2$。因前文设 $x = lnGDP$，即拐点处 $GDP = e^{-\beta_1/2\beta_2}$；当 $\beta_1 < 0$，$\beta_2 > 0$，$\beta_3 < 0$ 时，$\beta_2^2 - 3\beta_1\beta_3 > 0$，最优拟合模型为三次函数模型，则通过对三次方程进行求导后计算三次曲线的最大值和最小值为转折点。[①] 此时曲线有两个拐点 $x^* = (-\beta_2 \pm \beta_2^2 - 3\beta_1\beta_3) / 3\beta_3$，即拐点处 $GDP = e^{(-\beta_2 \pm \beta_2^2 - 3\beta_1\beta_3) / 3\beta_3}$。由此计算西北五省区各拐点处的人均 GDP 水平，可就此估算实现经济增长、污染排放降低及绿色金融协调发展所需时间。表 1-6 中"转折点 2"即污染排放越过峰值之后呈不断下降趋势，实际也是判断各省区发展可以实现我国在《巴黎协议》所做承诺的一个预测。由于区域经济发展存在异质性，导致区域污染排放出现拐点的时间也不尽相同，西北各省区的污染物排放达到峰值的时间也有异。表 1-6 显示，西北五省区均已超过第一个转折点，青海率先进入污染增长区间，甘肃则最后进入。除宁夏外，其余四省区均在 2029 年前到达污染物排放下降转折点。[②]

[①] 三次函数的拐点与本书所称 EKC 拐点意义并不相同，其余三次函数的最大值、最小值等概念也不相同。经分析，EKC 拐点与三次函数的最大值、最小值意义相近，故称转折点。

[②] 说明西北五省区可实现我国 2015 年 6 月根据国际气候议程《巴黎协议》提交的中国国家自主决定贡献文件中所做承诺，即到 2030 年左右 CO_2 排放达到峰值，并争取尽早实现。

表1-6　西北五省区环境库兹涅茨曲线转折点（人均 GDP 以 1978 年计价）

省区	转折点 1（元）	到达转折点 1 年份	转折点 2（元）	到达转折点 2 年份
陕西	2581. 6913	2004	17119. 9546	2026
甘肃	2821. 4325	2005	14838. 7903	2026
青海	1378. 7051	1999	14710. 2528	2029
宁夏	1734. 1974	2001	/	/
新疆	2027. 9891	2002	13191. 1311	2025
西北	1967. 0692	2002	16789. 3494	2033

注：拐点即曲线顶点对应人均 GDP，表中"到达转折点 2 年份"通过二次指数平滑法预测得到。

四、对计量结果的进一步分析

长期而论，西北五省区环境污染强度与人均 GDP 高度相关，说明改革开放以来西北地区总体上存在着经济增长与环境质量变化的同步性，即在经济高速增长期间环境污染加剧，经济增长减速时环境恶化得以缓解，或环境质量有所改善。在认识上需要注意的是，即使在经济增长而环境质量持续改善情况下，不意味着在推动经济增长过程中可以放任环境变化而"自然"达到环境优化目标。阶段性地向"环境友好"型经济增长变化，是由于环境规制、经济结构、技术进步以及社会理念对改良环境形成系统性的"装置"或基础设施，仍须持续维持巩固，进一步优化这种"装置"。

通过对西北五省区基于环境污染综合指数变化的 EKC 验证发现，现有证据部分地证明 EKC 的存在，EKC 确实揭示出环境污染强度随经济发展而下降的分布和演变规律。部分省区（陕西、甘肃、青海、新疆）的 EKC 或合并连接服从 EKC 趋势；或者不再服从 EKC（宁夏），趋势为与倒"U"完全不同的"U"型。这是因为：一方面，EKC 模型的设定有严格的假设前提，当放松其约束条件而加入新的变量，或者改进和拓展原模型后，有可能改变原模型所设定的前提；另一方面，统计与计量模型要求有较大的样本容量，统计检验的效果相对更明显。由于西北五省区的相关样本采集范围较小，导致部分统计效果不明显。

同时考虑到各变量、指标、数据在样本期的可得性，西北地区总体及除宁夏外四省区环境质量与经济增长的关系服从倒"N"型，也可视为"U"+倒"U"型。倒"U"型曲线是"U"型曲线的延续，当"U"型曲线右半部分上升到一定阶段，将会出现第二个拐点，从而出现倒"U"型阶段。影响 EKC 形状改变及各次拐点出现的因素有下述三个维度：其一，经济结构内生机制及其相应的经济增长方式；其二，受经济发展阶段收入水平、人类普遍的生态理念所制约或诱致的制度变量；其三，生产体系以及环境治理与生态安全的技术进步程度。设若陕西、甘肃、青海、新疆四省区同时处于经济增长而环境恶化的阶段（按表 1-6 提供"拐点"数据及其出现时间节点即如此），则四省区面临推动经济增长将会恶化环境质量的两难选择，应加快经济结构调整，加大节能减排措施的力度，强化政府、企业环境责任，最大限度地降低经济增长对环境的压力。计量验证揭示出宁夏经济增长路径向生态环境与经济协调发展的收敛不具有自发性，说明政府必须采取系统性的降低环境压力的规制和政策，从经济结构、能源规模与效率、生产体系的技术装备等方面多途径改变经济增长与环境变化的内在联结结构。

第六节　结论与政策建议

根据经济增长、环境质量和绿色金融三者在区域发展及区域间经济活动相互作用的原理，本章将绿色金融引入 EKC 研究框架，构建包含产出方程、污染排放方程及污染治理方程在内的面板数据联立方程，对绿色金融的环境效应进行识别。研究结果表明：在样本期经济增长呈现出加剧环境恶化的效果，潜在原因是投资构成及其内涵的能源结构问题。绿色金融与环境污染间双向关系反映的是其背后的政策作用，即产业政策存在很大程度地对污染行业、传统能源结构的"容忍度"，或者产业政策回避了污染问题。环境政策对环境污染做出反应，相关正向影响从因果链看已有呈现，其结果并不显著。绿色金融对环境变化正向效应显现但作用尚不明显，问题在于绿色金融规模有限以及投向绿色生产部门甚微，未能凸显绿色金融对促进生态环境优化的规模效应。

在耶鲁大学等单位发布的 2016 年全球环境绩效指数排名中，中国减缓环境变化的绩效表现良好，成为在过去十年是唯一达到减缓碳排放增长的国家，在全球发展低碳经济领域起到表率作用，其应对环境变化的努力应该充分肯定。但是，中国减缓环境变化的行为目前主要还是政府推动，改善环境的绿色金融市场体系和系统完备的制度还远未建立，需要积极构建具有中国特色的绿色金融体系，加快发展绿色信贷、绿色证券和绿色保险市场，有效提升绿色金融投资回报率，明显扩大绿色融资规模。

结合本章研究结论提出以下建议：

第一，在国家层面进一步发挥财政政策对促进绿色金融发展的重要作用。在增加财政环保支出规模同时，须尤为重视财政渠道对社会资本进入绿色投资领域的撬动和虹吸功能，以有限财政资金引导信贷资金、社会资本进入绿色投资领域。可以将对环保、污染治理、新能源等行业企业的财政补贴调整为财政贴息；由财政出资控股设立绿色产业投资基金，重点解决形成我国主要污染源的产业结构、能源结构和交通结构中的环境问题。

第二，对西北等经济欠发达地区绿色金融发展给予政策扶持。西北五省区面积占全国的 30%，总体生态环境脆弱，企业绿色指数低于其他地区，但区域生态环境对全国具有很强外部性（正或负），青海三江源生态环境治理工程即是对全国生态环境具有正外部溢出效应的典型例证。对西北地区绿色金融的政策扶持包括采取财政贴息增加绿色信贷规模，降低绿色债券、绿色基金、绿色保险的发行与交易门槛，促进政府与社会资本向绿色产业联合投资（绿色 PPP）。西北地区新能源上市公司融资规模和资本收益率普遍低于东部（刘明、刘研召，2018），对西北地区新能源等绿色概念公司上市发行股票（IPO）以及通过增资扩股、发售债券形成规模经济应予以优先支持。①

第三，在西北地区深入探索内陆绿色金融供给侧改革，构建政策支持引导和多方主体参与的绿色金融市场体系。我国绿色金融供需矛盾突出，据测算我国在"十三五"期间每年绿色投资需求在 3—4 万亿元之间，绿色金融缺口将主要从市场得以弥补。2018 年 2 月国务院批复发布《关中平原城市群发展规划》，提出关中平原城市群要加快在内陆生态文明建设先行区等战略定位上实现突破，明确要把西安打造成为西部地区重要的经济中心和丝路经济带规模最大的国际物流枢纽。由此，在全国金融市场结构区域布局上可以考虑将西安作为西北乃至国家层面绿色金融要素集聚城市，对内陆地区构建绿色金融市场体系进行探索，包括设立专业性绿色信贷银行、绿色资本市场、绿色保险机构、绿色金融衍生品市场等绿色金融基础设施，制定和完善促进绿色金融发展的市场规则和监管框架。

---

① 刘明、刘研召：《股利部分支付时 MM 定理再检验——基于中国分经济区新能源上市公司比较研究》，《陕西师范大学学报（哲学社会科学版）》，2018 年 1 月 26 日，见 http：// kns. cnki. net/kcms/detail/61. 1012. C. 20180126. 1225. 001. html。

第二章　西北五省区经济增长与 CO_2 排放动态空间计量检验

——区域 CO_2 排放可否实现"巴黎承诺"？

　　本章选取 1985—2014 年的面板数据，运用空间计量模型对西北五省区碳排放与经济增长的关系进行研究，结果表明 EKC 在西北五省区得到经验支持。将此结果与运用线性回归方法的结果加以比较，进一步印证了空间计量方法的稳健性。根据对西北五省区碳排放拐点的预测，表明在经济维持不变增长和适度调低经济增长率两种情景下，西北五省区中除甘肃以外的四省区最迟在 2026 年二氧化碳排放达到峰值。适度调低经济增长率，四省区最迟在 2028 年二氧化碳排放达到峰值。[①]

---

　　① 在两种情景下，甘肃分别于 2031 年、2035 年二氧化碳排放达到峰值。在第 1 章，相关分析结果为其他西北各省区最迟在 2027 年二氧化碳排放达到峰值（青海），而宁夏在模型估计中未出现第 2 次拐点，可能原因是宁夏能源利用结构中煤炭占比明显偏高。若作为互证，可以认为，陕西、青海与新疆在 2030 年以前实现国家减排目标及国际承诺是大概率事件。但是 2009 年以来，新疆的节能减排效果明显弱化，经济增长对化石能源的依赖有所增强（见第 3 章第 4 节分析），应该予以关注。

第一节　研究综述

一、国外研究

国外学者对经济与环境关系的研究始于 20 世纪 70 年代，由于受马尔萨斯人口理论的影响，持有"增长极限论"主张的学者大有人在（meadows，1972），即认为经济增长受到可利用资源的约束而不可能长期持续，为了达到保护环境的目的，必须人为地降低经济发展速度。由于相关理论采用的是静态分析方法，其主张未必符合长期历史中经济增长与环境变化的事实，因而受到人们的质疑。

Kuznets（1995）提出收入分配与经济增长之间可能存在"倒 U 型曲线"，（即所谓库兹涅茨曲线），在经济增长初期人均收入的提高会导致环境恶化，随着经济增长超越了某一水平，人均收入进一步提高有助于降低环境污染。[1] 库兹涅茨的相关分析从理论与实证两个方面对事实均具有很强的解释力，产生了重要影响。Grossman 和 Krueger 受 Kuznets 所提出理论方法的影响，首次利用回归模型对 66 个国家和地区的环境污染问题进行研究，发现大多数污染物排放水平与人均收入之间存在倒 U 型关系，类似于库兹涅茨提出的收入分配与经济增长之间的关系曲线，因此提出环境库兹涅茨假说（EKC）。[2]

Grossman 和 Krueger 之后，对环境库兹涅茨曲线（EKC）的研究主要分

---

① Kuznets, S., "Economic Growth and Income Inequality", *Amercian Economic Review*, Vol. 45, No. 1, 1995, pp. 1–26.

② Grossman, G., Krueger, "Environmental Impacts of a North American Free Trade Agreement", *NBER Working Paper Series* 3914, 1991.

为两个方向。其一是利用不同国家不同地区的时间序列与面板数据，进行
EKC 存在性验证，得到不同的 EKC 曲线形态。Lopez（1994）将环境作为一
种生产要素，通过分析该生产要素对产出的弹性，从而得到污染与环境之间
的倒 U 型关系。① John 和 Peccgenino（1994）运用动态跨级迭代模型分析经
济增长与环境质量之间的冲突，得到经济增长曲线先升后降的原因与环境质
量有关。② Selden 和 Song（1995）在新古典环境增长模型基础上，对污染、
努力减排和经济增长的动态关系进行了深入研究，提出了污染与经济增长之
间的倒 U 型关系。③ Stocky（1998）建立一个简单的污染理论模型，将长期
经济增长时间序列应用于该模型，得到人均收入与环境质量间的倒 U 型关
系。④ Lopez 和 Mitra（2000）探讨了政府腐败和寻租行为对污染与经济增长
关系的影响。⑤ Andreoni 和 Levinson（2001）提出一种简单而直接的静态模
型，在此基础上，分析倒 U 型环境库兹涅茨曲线的成因。⑥ Hartman 和 Kwon
（2005）使用环境污染的内生增长模型解释环境库兹涅茨曲线，同时得到污
染税使经济增长与环境污染之间实现帕累托最优效率。⑦ Brock 和 Taylor

---

① Lopez, R., "The Environment as a Factor of Production: the Effects of Economic Growth and Trade Liberalization", *Journal of Environmental Economics and Management*, Vol. 27, No. 2, 1994, pp. 163-184.

② John, A. and R. Pecchenino, "An Overlapping Generations Model of Growth and the Environment", *Economic Journal*, Vol. 104, No. 427, 1994, pp. 1393-1410.

③ Selden, T. and D. Song, "Neoclassical Growth, the J Curve for Abatement and the Inverted U Curve for Pollution", *Journal of Environmental Economics and Management*, Vol. 29, No. 2, 1995, pp. 162-168.

④ Stokey, N., "Are There Limits to Growth?", *International Economic Review*, Vol. 39, No. 1, 1998, pp. 1-31.

⑤ Lopez, R. and S. Mitra, "Corruption, Pollution, and the Kuznets Environment Curve", *Journal of Environmental Economics and Management*, Vol. 40, No. 2, 2000, pp. 137-150.

⑥ Andreoni, J. and A. Levinson, "The Simple Analytics of the Environmental Kuznets Curve", *Journal of Public Economics*, Vol. 80, No. 2, 2001, pp. 269-286.

⑦ Hartman, R. and O. S. Kwon, "Sustainable Growth and the Environmental Kuznets Curve", *Journal of Economic Dynamics and Control*, Vol. 29, No. 10, 2005, pp. 1701-1736.

（2010）开发了四个简单的增长模型，用以探讨一些组合治理技术、强化减排、国民产出构成和变化对经济增长与环境关系的影响。①

部分学者对环境库兹涅茨曲线提出质疑。Stern 和 Common（2001）将样本选择范围从高收入国家拓展到全球性样本，发现当使用高收入国家样本时，EKC 为单调函数，当使用全球样本时，EKC 为倒 U 型函数。② Harbaugh、Levinson 和 Wilson（2002）在测试经济增长与环境污染间倒 U 型关系的稳定性时，增加额外变量和改变样本时间范围均可对 EKC 形状产生影响。③

其二是对 EKC 曲线形态作理论解释，分为四类：第一类是生产技术变迁理论。Stokey（1998）提出在初始收入较低时，人们会采用生产率较高的技术，但是生产过程中会发生污染，因为此时生产的边际正效用大于污染的边际负效用，随着生产的边际效用递减、污染的边际效用递增，当污染的边际效用大于生产的边际效用时，较清洁但生产力较低的技术被采用。④ Brock 和 Taylor（2010）则强调技术进步在实现环境污染倒 U 型转变中的作用。第二类从环境规制方面解释 EKC 现象。⑤ Jones 和 Manuelli（2001）通过建立包含污染税的经济模型和动态均衡路径，强调环境税收或管制的政治决策如何影响环境库兹涅茨曲线的形成。⑥ Andreoni 和 Levinson（2001）证

① Brock, W. and M. Taylor, "Economic Growth and the Environment: A Review of Theory and Empirics", *Handbook of Economic Growth*, No. 1, 2005, pp. 1749–1821.

② Stern, D. and M. Commom, "Is there an Environmental Kuznets for Sulfur?", *Journal of Environmental Economics and Management*, Vol. 41, No. 2, 2001, pp. 162–178.

③ Harbaugh, W. , A. Levinson and D. Wilson, "Reexaming the Empirical Evidence for an Environmental Kuznets Curve", *Review of Economics and statistics*, Vol. 84, No. 3, 2002, pp. 541–551.

④ Stokey, N. , "Are there Limits to Growth?", *International Economic Review*, Vol. 39, No. 1, 1998, pp. 1–31.

⑤ Brock, W. and M. Taylor, "The Green Solow Model", *Journal of Economic Growth*, Vol. 15, No. 2, 2010, pp. 127–153.

⑥ Jones, A. and R. Manuelli, "Endogenous Policy Choice: The Case of Pollution and Growth", *Review of Economic Dynamics*, Vol. 4, No. 2, 2001, pp. 369–405.

明采取污染减排技术，环境污染与经济增长两者的关系便会发生倒 *U* 型转变。[①] 第三类强调产业结构的变迁因素。Panayotou（1993）利用发展中国家和发达国家污染数据做对比，验证 EKC 的存在性，并计算出 EKC 转折出现和经济结构转变所达到的人均收入水平，同时也揭示了经济结构转变和经济增长是 EKC 曲线形成的重要影响因素。此外，许多相对研究都指向一个共同结论，即对环境质量需求具有高收入弹性。[②] Torras 和 Boyce（1998）发现一些发展中国家的政策与环境友好相冲突，认为一个仅代表制造业阶层利益的专制政权，其政策不会考虑民众利益，有可能采取环境不友好政策；而高效民主的政权将有利于环境友好政策的实施。第四类从消费者偏好角度进行解释。经济增长，消费群体对环境质量的需求趋于上升，由此将会提高用于环境保护的预算，也将有利于完善环境保护相关的法律。[③] Manuelli（1995）指出，在一个经济体中人均收入不断增长的过程中，其成员对环境质量的需求急剧上升，这将会改善经济增长与环境之间的矛盾关系。[④] Sung 利用内生增长模型证明，当经济个体的效用中环境舒适度对物质消费的边际替代弹性大于 1 时，经济增长与环境压力之间会出现环境库兹涅茨曲线中环境质量趋向改善的拐点。[⑤]

————————————

[①] Andreoni, J. and A. Levinson, "The Simple Analytics of the Environmental Kuznets Curve", *Journal of Public Economics*, Vol. 80, No. 2, 2001, pp. 269–286.

[②] Panayotou, T., "Empirical Tests and Policy Analysis of Environmental Degradation at Different Stages of Economic Development", *Working Paper for Technology and Employment Programme*, 1993.

[③] Torras, M. and J. Boyce, "Income Inequality and Pollution: A Reassessment of the Environmental Kuznets Curve", *Ecological Economics* 1998, p. 25.

[④] Manuelli, R. E., "A Positive Model of Growth and Pollution Controls", *NBER Working Paper*, 1995.

[⑤] O. Sung, "Economic Growth and the Environment the EKC Curve and Sustainable Development an Endogenous Growth Model", A Dissertation for PHD of University of Washington.

二、国内研究

我国学者对经济增长与环境之间关系的领域研究较晚于西方，且大多基于计量方法验证 EKC。部分学者立足于全国视角，利用面板数据进行实证，如张晓（1999）利用中国 1985—1995 年的时间序列数据对大气污染（废气和二氧化硫）的转折点进行估算，说明中国大气污染目前正开始进入转折期。[①] 包群、彭水军（2006）对我国经济增长与包括水污染、大气污染和固体污染排放在内的 6 类环境污染指标之间的关系进行检验，发现倒 U 型 EKC 的具体轨迹很大程度取决于污染指标及估计方法的选取。[②] 郭红燕等（2007）利用 1999—2005 年中国 29 个省市的面板数据，选取 8 种具体的环境污染指标，对中国的经济增长与环境污染关系进行实证检验，结果表明，并非全部环境质量指标与经济增长之间均存在倒 U 型关系，有一些指标与经济增长的关系也呈现倒 N 型关系。[③] 刘笑萍等（2009）运用污染物排放与经济增长之间的离散模型，对中国实现减排目标的条件进行分析，以二氧化硫作为典型污染物，通过蒙特卡洛方法模拟我国环境目标可能的实施程度。[④]

吴玉鸣和田斌（2012）利用 2008 年中国 31 省截面数据和空间计量模型，分析省域环境污染的空间相关性、EKC 的形状及决定因素，结果发现我国省域环境污染存在明显空间依赖性和空间溢出效应，其中 30 个省域的 EKC 曲线

---

① 张晓：《中国环境政策的总体评价》，《中国社会科学》1999 年第 3 期，第 88—99 页。

② 包群、彭水军：《经济增长与环境污染：基于面板数据的联立方程估计》，《世界经济》2006 年第 11 期，第 48—58 页。

③ 郭红燕、樊峰鸣、吴季松：《中国经济增长与环境污染关系实证研究》，《科技导报》2007 年第 25 期。

④ 刘笑萍、张永正、长青：《基于 EKC 模型的中国实现减排目标分析与减排对策》，《管理世界》2009 年第 4 期。

为倒 U 型，29 个省域（除上海外）的人均 GDP 位于倒 U 型曲线左侧区域。[1]
王子敏和范从来（2013）利用 2000—2009 年的省级面板数据，使用空间计量
方法，基于倒 N 形三次城市化能耗库兹涅茨曲线假设，从全国以及分区域两
个层面，分析城市化对中国人均能耗的影响，计算了相应的能耗拐点。[2]

国内学者也基于中国地方、区域视角对环境变化与经济增长之间关系展
开研究，且取得一定数量有影响力的成果。沈满洪和许云华（2000）对浙
江省近 20 年间人均 GDP 与工业"三废"及其人均量之间相关关系的分析，
发现相关变量运动轨迹形成先是倒 U 型然后是 U 型的波浪库兹涅茨曲线，
由此表征浙江省环境状况与经济增长演化特征。[3] 董锁成、吴玉萍（2002）
选取北京市 1985—1999 年经济与环境数据，通过分析经济因子与环境因子
间的关系探究经济增长与环境质量演替轨迹，由此建立北京市经济增长与环
境污染水平计量模型，主要论述了较发达国家城市而论，北京市到达转折点
的时间跨度小，主要归功于环境政策。[4] 陈华文和刘康兵（2004）针对 EKC
假说进行系统分析，首先利用上海市空气质量的环境指标数据，通过回归分
析，论证了人均收入与环境质量之间的关系，随后论证了不同的环境质量指
标对应不同的转折点，此外环境破坏问题的解决还需依靠经济增长本身，但
这一过程不会自动发生，需要通过政策响应来实现。[5]

---

① 吴玉鸣、田斌：《省域环境库兹涅茨曲线的扩展及其决定因素——空间计量经济学模型实证》，《地理研究》2012 年第 4 期，第 627—640 页。
② 王子敏、范从来：《基于倒 N 形库兹涅茨曲线的城市化能耗拐点研究》，《中国地质大学学报》2013 年第 2 期，第 15—21 页。
③ 沈满洪、许云华：《一种新型的环境库兹涅茨曲线：浙江省工业化进程中经济增长与环境变化的关系研究》，《浙江社会科学》2000 年第 4 期，第 53—57 页。
④ 吴玉萍、董锁成、宋健峰：《北京市经济增长与环境污染水平计量模型研究》，《地理研究》2002 年第 2 期，第 239—246 页。
⑤ 陈华文、刘康兵：《经济增长与环境质量：关于环境库兹涅茨曲线的经验分析》，《复旦学报（社会科学版）》2004 年第 2 期，第 87—94 页。

　　杨海生等（2008）基于全国 46 个不同类型城市空气质量和经济增长的面板数据，采用空间计量模型对城市的 EKC 间的空间依赖关系进行分析，发现环境库兹涅茨曲线的估计结果很大程度上取决于计量模型和估计方法的选取。[①] 张红凤等（2009）基于山东的经验，通过建立计量经济模型和统计测度来进行实证检验，污染密集产业的发展状况用区位商、带动值和经济增长贡献率三个指标表示，分析环境规制下污染密集产业的发展并评价环境规制绩效，发现严格而系统的环境规制政策能改变 EKC 曲线形态和拐点位置。[②]

　　国内研究区域尺度的环境库兹涅茨曲线主要集中在大中城市和东部省份，对西部地区研究较少，省域相关研究文献有限。但是，西部地区尤其西北，无论自然环境还是经济发展水平、产业结构均具有一系列特点，其环境变化与经济增长的交互演化特征无疑是值得进行理论探索和论证研究的一个重要问题。运用库兹涅茨曲线所隐含的因果逻辑验证、判断西北五省区经济增长与环境质量变化的关系，无疑将给区域乃至国家层面的环境治理政策提供依据。

第二节　模型与方法演进

　　早期研究 EKC 的方法较单一，用二次或者三次线性函数估算经济增长与环境之间的关系，随后使用对数模型（包括对数二次、三次多项式），并尝试加入模型其他变量，例如人口、工业化等。

---

　　① 杨海生、周永章、王夕子：《我国城市环境库兹涅茨曲线的空间计量检验》，《统计与决策》2008 年第 10 期。
　　② 张红凤、周峰、杨慧、郭庆：《环境保护与经济发展双赢的规制绩效实证分析》，《经济研究》2009 年第 3 期，第 14—26 页。

一、普通线性回归模型

用于描述环境与经济之间关系的环境库兹涅茨曲线拟合模型通常有线性、二次多项式、三次多项式、对数函数、指数函数，且前四种方法最为常见，线性和二次型是最基础的研究方法，由于不同地区不同时间范围内 EKC 的不同，如 Panayotou 提出污染与收入之间的驼峰 EKC 曲线，随后将模型拓展为三次型，为了消除异方差的影响，从而采用对数形式，随着研究的深入，研究的方法也越来越符合实际。其计量模型分别以式（2.1）—（2.4）所示。

$$E_i = \alpha + \beta_1 Y + \varepsilon \tag{2.1}$$

$$E_i = \alpha + \beta_1 Y + \beta_2 Y^2 + \varepsilon \tag{2.2}$$

$$E_i = \alpha + \beta_1 Y + \beta_2 Y^2 + \beta_3 Y^3 + \varepsilon \tag{2.3}$$

$$ln\, E_i = \alpha + \beta_1 lnY + \beta_2 (lnY)^2 + \varepsilon \tag{2.4}$$

其中，E_i 为某个国家（或区域）在 t 时刻由于各种因素对环境负面影响，用不同的环境污染指标表示；Y 为 t 时刻的经济产出，用人均 GDP 表示；α 为特征相关参数；β_1、β_2、β_3 分别为模型参数；ε 为随机误差项。

我们的目的是验证环境与经济增长的非线性关系的存在性，但是传统的计量经济学方法是加入二次项或三次项，其先验设定显然偏于主观，未必真正符合客观事实。有鉴于此，一些学者避开了模型形式问题，如 DanileL 采用美国各州的面板数据，采用非参数方法检验 EKC。为了更准确地把握西北地区经济增长与环境变化的非线性关系，我们也将采用非参数或者半参数方法。

二、非参数与半参数模型

现实中经济变量之间的关系未必是线性关系或可线性化，而变量之间的参数非线性关系又很难确定，传统线性或非线性计量模型在实际应用中往往存在模型设定误差，不能满足应用研究的需要。而非参数回归模型假定经济变量的关系未知，需要对整个回归函数进行估计，无须限定具体的模型表达式，故而非参数更符合现实的模型。

设 Y 为被解释变量，X 为解释变量，X 是影响变量 Y 的一个重要因素。给定独立同分布的样本观测值 $(Y_1，X_1)$，$(Y_2，X_2) \cdots (Y_n，X_n)$，可以建立非参数回归模型：

$$Y_i = m(X_i) + u_i，i = 1，\cdots，n \qquad (2.5)$$

其中 $m(\cdot)$ 是未知的函数，u_i 是随机误差项。

由于非参数估计法要求样本容量较大，且估计量收敛到真实值的速度也较慢。作为一种折中，同时包含参数部分与非参数部分的"半参数法"应运而生，其既可降低对样本容量的要求，又具有一定的稳健性，模型形式如式（2.6）：

$$Y_i = m(X_i) + \beta k_i + u_i \qquad (2.6)$$

其中 βk_i 是确定的函数形式，β 为模型的参数，$m(X_i)$ 为不确定的函数形式。

线性模型、半参数模型与非参数模型之间有一定的关联。当模型的非线性程度较弱时，可将模型在初值处线性化，用传统的线性回归模型进行分析；当线性近似产生较大误差时，可对非线性模型在初值处作泰勒展开，线性项属于传统的回归部分，对二次以上的各项用一光滑的非参数分量描述，即形成半参数结构。对以上模型的估计与传统的线性回归不同，常见的估计方法有最小二乘核估计、最小二乘近邻估计、最小二乘局部线性估计。

三、ARDL 模型

用 ARDL 模型（Autoregressive distributed lag，自回归分布滞后模型）进

行 EKC 存在性检验，适合小栏本、非平稳时间序列，不需要满足同阶单整的条件，且可以通过简单的线性变换导出同时整合短期动态和长期动态的误差修正模型，其主要思想是由边界检验法确定变量之间是否存在长期稳定关系。

例如二氧化碳排放与经济增长之间的关系如下：

$$c_t = \beta_1 + \beta_2\, ec_t + \beta_3\, y_t + \beta_4\, y_t^2 + \beta_5\, op + \beta_6\, fd + \varepsilon_t \tag{2.7}$$

其中 c 是人均二氧化碳排放量，ec 是人均能源使用量，y 代表人均 GDP，fd 衡量金融发展水平，op 代表贸易依存度，ε_t 是误差项。

对原方程进行 ARDL 过程估计得：

$$\Delta co_t = \alpha_1 + \sum_{g=1}^{a1} \alpha_{2g}\Delta co_{t-g} + \sum_{h=0}^{b1} \alpha_{3h}\Delta ec_{t-h} + \sum_{i=0}^{c1} \alpha_{4i}\Delta y_{t-i} + \sum_{j=0}^{d1} \alpha_{5j}\Delta y_{t-j}^2 + \sum_{m=0}^{e1}$$

$$\alpha_{6m}\Delta op_{t-m} + \sum_{n=0}^{f1} \alpha_{7n}\Delta fd_{t-n} + \delta_1\, co_{t-1} + \delta_2\, ec_{t-1} + \delta_3\, y_{t-1} + \delta_4\, y_{t-1}^2 + \delta_5\, op_{t-1} + \delta_6\, fd_{t-1} + \varepsilon_{1t}$$

$$\tag{2.8}$$

此过程前一部分的求和差分项各参数的不同阶滞后期的组合代表短期关系，后一部分各参数的一阶滞后代表长期关系，若将长期关系用误差修正项表示即有：

$$\Delta co_t = \alpha_1 + \sum_{g=1}^{a1} \alpha_{2g}\Delta co_{t-g} + \sum_{h=0}^{b1} \alpha_{3h}\Delta ec_{t-h} + \sum_{i=0}^{c1} \alpha_{4i}\Delta y_{t-i} + \sum_{j=0}^{d1} \alpha_{5j}\Delta y_{t-j}^2 +$$

$$\sum_{m=0}^{e1} \alpha_{6m}\Delta op_{t-m} + \sum_{n=0}^{f1} \alpha_{7n}\Delta fd_{t-n} + \alpha\, ECM_{t-1} + \varepsilon_{1t} \tag{2.9}$$

用 OLS 进行估计，可估计不同因素分别对二氧化碳排放量的长期和短期影响程度。

四、空间计量模型

空间计量经济学是计量经济学的一个分支，是以空间经济理论和地理空间数据为基础，以建立、检验和运用计量经济学模型为核心，研究空间经济活动或经济关系数量规律的一门经济学科。在以往 EKC 的研究过程中，通常包括来自截面个体、地理区域或行政区划的数据，假定地区间的污染排放是相互独立的，这显然不符合事实，因为污染物排放存在一定的空间自相关或空间依赖性，表现为一个地区的污染物排放水平不仅取决于自身因素，还会受到相邻地区的影响。因此，传统模型引入空间计量指标，发展出包含截面数据与面板数据的空间回归模型，即构成空间计量经济学研究经济、环境问题的大致框架，对空间计量模型的具体内容，将在下一节讨论。

空间计量模型的建立有如下步骤：

1. 空间自相关分析。先用空间统计分析 Moran 指数法检验被解释变量是否存在空间自相关性。

$$MoranI = \frac{\sum_{i=1}^{n} \sum_{j=1}^{n} W_{ij}(Y_i - \overline{Y})(Y_j - \overline{Y})}{S^2 \sum_{i=1}^{n} \sum_{j=1}^{n} W_{ij}} \qquad (2.10)$$

其中 $S^2 = \frac{1}{n} \sum_{i=1}^{n} (Y_i - \overline{Y})$，$\overline{Y} = \frac{1}{n} \sum_{i=1}^{n} Y_i$，$Y_i$ 表示第 i 地区的观测值，n 为地区总数，W_{ij} 为邻接矩阵（邻接标准或距离标准），有高斯距离权值、指数距离权值、立方距离权值。

2. 空间滞后模型（SLM）

$$Y = \rho WY + X\beta + \varepsilon \qquad (2.11)$$

ρ 为空间回归系数，X，Y 分别为解释变量与被解释变量。

3. 空间误差模型（SEM）

$$Y = X\beta + \varepsilon, \ \varepsilon = \lambda W\varepsilon + \mu \qquad (2.12)$$

λ 为 $n \times 1$ 的截面因变量向量的空间误差系数，反映了空间依赖作用，如果仍用 OLS 估计会有偏或无效，一般用极大似然法估计。

4. 空间变系数模型

$$Y_i = \beta_0 + \sum_{j=1}^{n} x_{ij} \beta_j + \varepsilon_i \qquad (2.13)$$

采用地理加权回归方法（GWR），特定区位的回归系数不再是利用全部信息获得的常数，而是利用临近观测值的子样本数据进行局部回归估计，λ 随空间局部地理位置 i 变化而变化。

第三节　对空间计量模型的讨论

本节首先将阐述空间计量学与传统计量经济学的两个重要的区别，即与传统计量相比，不能再忽视空间依赖性和空间异质性；其次阐述空间计量经济模型中的要素量化问题；再次介绍探索性空间数据分析方法。

一、空间异质与空间依赖

对区域经济问题的研究往往依赖于相关的测量抽样数据，当抽样数据具有地区性因素时，即观测数据存在空间异质性与空间依赖性，传统的计量经济学假设将无法满足。

从统计学角度看，空间异质性是指研究对象在空间上非平稳，这违背了经典统计学所要求的所有样本都来自同一个总体的假设。

空间异质性可以表示为：

$$y_i = f_i(x_i, \beta_i, \varepsilon_i) \qquad (2.14)$$

其中，i 代表空间测量单元，$i = 1, \cdots, n$。f_i 表示因变量 y_i 与自变量 x_i、参数向量 β_i 与误差项 ε_i 之间的函数关系。由于空间测量单元的不同，模型的函数形式也会不同，所以不能利用 n 个观测值通过回归方法来求解唯一的

参数 β_i。

空间依赖性是事物在空间上的相互依赖、相互制约、相互影响和相互作用，是地理空间现象和空间过程的本质特征。

从计量经济学角度看，空间关联是指一些变量在同一分布区内的观测数据之间潜在的相互依赖性。由于空间数据之间缺乏独立性，违背了经典计量经济学中的样本不相关假设。

造成空间依赖性的原因为：其一，空间要素在空间边界之间的流动（空间溢出效应）；其二，空间界限导致的区位、距离对空间特征的影响。也就意味着，由某一特定区位上所观察到的现象可由空间系统中其他区位的状况全部或者部分地决定，由以下空间过程方程表达：

$$y_i = f(y_1, y_2, \cdots, y_{i-1}, y_{i+1}, \cdots, y_n) \tag{2.15}$$

其中，y_i 表示变量 y 在第 i 个空间单元上的观测值，$i \in S$，S 是所有空间单元的集合。

二、空间数据分析

空间统计将统计学和现代图形计算技术予以结合，用直观方法反映空间数据中隐含的空间分布、空间模式以及空间相互作用特征。在空间数据分析中，探索性空间数据分析具有识别功能，主要用于探测空间分布的非随机性和空间自相关。空间自相关分析是认识空间分布特征、选择适宜的空间尺度完成空间分析的最常用方法。

探索性空间数据分析主要使用两类工具：第一类用来分析空间数据在整个系统内表现出的分布特征，通常称为全局空间相关性，一般用 Moran 指数 I、Geary 指数 C 测度。第二类用来分析局部子系统所表现的分布特征，又称为局部空间相关性，一般用 G 统计量、Moran 散点图和 LISA 来测度。

三、空间权重矩阵

在空间回归分析中，不同地理空间的相互影响可用空间相关概念加以描述。在度量空间自相关时，空间权重需要定义空间对象的相互邻接关系，为此引入空间计量经济学空间权重矩阵方法，如何适当确定选择空间权重矩阵为空间计量分析的主要环节。

确定空间权重时，首先要对空间单元的位置进行量化，一般依据"距离"而定。常用的距离有空间距离和经济距离。本章基于省域之间的研究，考虑到研究问题涉及空间相关性，即二氧化碳排放在不同空间的扩散，我们选择空间距离。空间距离的设定方式有相邻距离、有限距离和负指数距离权数等。其中，相邻距离是一种最常用的空间距离，通过空间之间的相对位置定义相邻或者不相邻，并且用"0—1"表示，"1"表示空间单元相邻、"0"表示空间单元不相邻。所以，相邻空间权重矩阵（用 W 表示）是一个 $n \times n$ 稀疏的0—1矩阵。有限距离的设定方法：令 d_{ij} 表示两个区域之间的欧式距离，d_{maxi} 表示最大空间相关距离，对于区域 i ，如果 $d_{ij} \leq d_{maxi}$ ，则 $W_{ij} = 1$；否则，$W_{ij} = 0$。

四、空间滞后和空间自回归

定义了空间权重矩阵之后，可进行回归分析，通常分为空间滞后和空间自回归两类。空间滞后回归的基本概念是空间滞后算子，用标准化的空间权重矩阵 W 表示，用 W 乘以由空间相关变量组成的向量 y ，可得到向量：

$$y^* = W \cdot y \tag{2.16}$$

上式表示了一阶空间滞后，通过空间滞后算子可以得出相邻观测值的加权平均，也就是说，新向量是原向量乘以空间权重的结果。

空间自回归则是用空间滞后变量建立的线性回归模型，用来表示空间观

测变量 y 的部分变化是由与其相邻的观测因变量的相关性所引起的：

$$y = \alpha + \rho\, W_y + \varepsilon \qquad\qquad (2.17)$$

式中 y 表示因变量的观测值（ $n \times 1$ 的列向量）， α 是常数项， ρ 代表可估计的空间自回归系数，以测量 y 对周边或相邻空间观测量的影响， $W_y = W \times y$ ，即随机变量 y 的加权平均， ε 是 $n \times 1$ 的随机误差向量。

若将空间自回归加入传统的解释变量，可得到混合的空间自回归模型：

$$y = \rho\, W_y + X\beta + \varepsilon \qquad\qquad (2.18)$$

式中的 X 表示一个 $n \times k$ 的解释变量的观测矩阵， β 是与外生解释变量 X 相关的参数向量。上式中构造的空间变化模型对观测因变量 y 的解释可分为两部分，一部分由与 y 相邻的观测因变量的相关性解释，另一部分由传统的外生解释变量 X 解释。

第四节　空间计量验证Ⅰ：碳排放相邻
交互影响的分布

一、空间权重矩阵的确定

本章引入空间计量方法分析、刻画西北五省区（新疆、陕西、甘肃、青海和宁夏）二氧化碳排放与经济增长的关系，即环境库兹涅茨曲线，建立空间计量模型，由于生产生活使用化石能源所产生的二氧化碳为气体，流动性较强，一省的二氧化碳排放量除由本省能源消耗产生以外，还与邻近省的二氧化碳排放有关。为了使模型能够估计准确，首先应避免外生性问题，而基于地理距离的空间权重矩阵受到广泛应用的一个重要原因是因为其具有潜在的外生性。

对区域之间空间距离的合理准确的度量，是空间计量分析的前提，也是空间计量分析的难点所在。

空间权重矩阵由各个区域之间的空间距离组成，可定义为：

$$\begin{bmatrix} w_{11} & \cdots & w_{1n} \\ \vdots & \ddots & \vdots \\ w_{n1} & \cdots & w_{nn} \end{bmatrix}$$

其中，w_{11} 为区域 i 与区域 j 之间的空间距离，当 $i=j$ 时，$w_{ij}=0$，即对角线上的元素为 0（同一区域的距离为 0）。本章空间权重矩阵主要基于距离关系：

$$W_{ij} = \begin{cases} d_{ij}^{-\alpha} \beta_{ij}^{b}, & i \neq j \\ 0, & i = j \end{cases} \tag{2.19}$$

其中，α 和 b 分别为外生的距离摩擦系数和边界共享效应系数，d_{ij} 代表空间截面区域 i 与区域 j 的距离，β_{ij} 为区域 i 与区域 j 的共享边界长度占样本总边界长度的比例。在空间区域经济研究领域，较多文献作者使用纬度和经度位置计算省会城市之间的距离（Yu，2009；钟水映、李魁，2010）。此外，将共有边界长度纳入权重矩阵符合本章实际情况，本章选取 $\alpha = 1$，b = 0。

二、估计空间相关性

我们研究范围为西北地区，检验局部地区的二氧化碳排放量是否存在相似或相异性，所以采用局部 Moran 指数（LISA，local indxicators of spatial associalion 空间联系的局部指标）。用区域 i 的局部 Moran 指数来度量区域 i 与其邻域之间的空间关联程度，定义为：

$$I_i = \frac{(x_i - \bar{x})}{S^2} \sum_{i \neq j} w_{ij}(x_j - \bar{x}) \tag{2.20}$$

其中，x_i 表示区域 i 的观测，$\bar{x}$ 表示观测值的均值，S^2 表示观测值的方差，w_{ij} 表示区域 i 与区域 j 的空间权重。正的 I_i 表示区域 i 的高（低）值被周围的高（低）值所包围，即区域 i 的二氧化碳排放量比其相邻区域的排放量高，具有正的溢出效应，负的 I_i 表示区域 i 的高（低）值被周围的低（高）值所包围，反之，具有负的溢出效应。莫兰指数 I 并非唯一的空间自相关指标，另一常用的指标为吉尔里指数 C，也称为吉尔里临近比率：

$$C = \frac{(n-1)\sum_{i=1}^{n}\sum_{j=1}^{n} w_{ij}(x_i - \bar{x})^2}{2\left(\sum_{i=1}^{n}\sum_{j=1}^{n} w_{ij}\right)\left[\sum_{i=1}^{n}(x_i - \bar{x})^2\right]} \qquad (2.21)$$

其中，x_i 表示区域 i 的观测，$\bar{x}$ 表示观测值的均值，w_{ij} 表示区域 i 与区域 j 的空间权重。吉尔里指数 C 的取值一般介于 0 到 2 之间，大于 1 表示负相关，等于 1 表示不相关，而小于 1 表示正相关。然而，莫兰指数 I 与吉尔里指数 C 的共同缺点在于无法区分"热点"与"冷点"区域，热点区域为高值与高值聚集的区域，即二氧化碳排放量高的区域聚集；而冷点区域则是低值与低值聚集的区域，即二氧化碳排放量低的区域聚集。热点区域与冷点区域都表现为正自相关。为此，Getis 和 Ord 提出 Getis-Ord 指数 G：

$$G = \frac{\sum_{i=1}^{n}\sum_{j=1}^{n} w_{ij} x_i x_j}{\sum_{i=1}^{n}\sum_{j\neq i}^{n} x_i x_j} \qquad (2.22)$$

其中，x_i 表示区域 i 的观测，且 $x_i > 0$，$\forall i$；而 w_{ij} 来自非标准化的对称空间权重矩阵，且所有元素均为 0 和 1，若样本中高值聚集在一起，则 G 较大；若低值聚集在一起，则 G 较小。

三、LISA 分布图

使用 LISA 可以较好直观地说明西北五省区各自与相邻区域（省级行政

区域）间的碳排放空间相关性，基于 2000—2015 年西北五省区（新疆、陕西、甘肃、青海和宁夏）以及其相邻六个省（内蒙古、山西、河南、湖北、四川、重庆）的二氧化碳排放数据，以每 5 年为一个考察点，利用已定义的空间权重，使用 Geoda 软件，计算出 LISA 聚集图，用以动态地反映西北五省区分别与相邻省份碳排放的影响趋势，统计结果如图 2-7 至图 2-10 所示。LISA 聚集图的图示中出现的"Not Significant"代表该区域碳排放与相邻区域碳排放并无统计上的相关性，"High-High"代表碳排放高的区域被同期碳排放高的区域包围的空间联系形式（简称高—高），"Low- Low"代表碳排放低的区域被同期碳排放低的区域包围的空间联系形式（简称低—低），"Low- High"代表碳排放低的区域被同期碳排放高的区域包围的空间联系形式（简称低—高），"High-Low"代表碳排放高的区域被同期碳排放低的区域包围的空间联系形式（简称高—低），"Neighborless"代表该区域碳排放与相邻区域碳排放在统计上不相关。

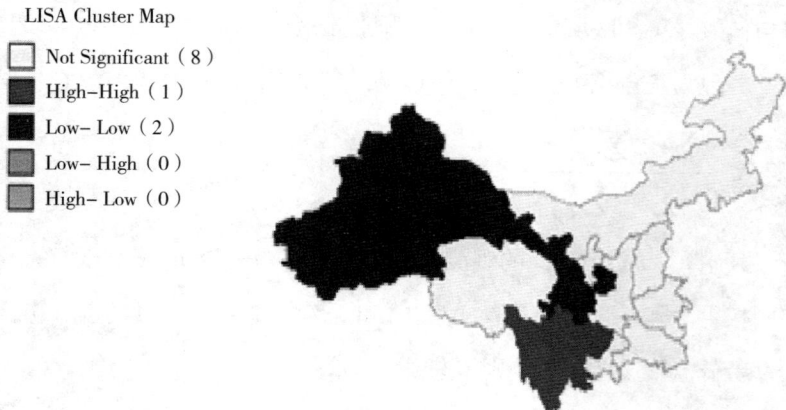

图 2-1 2000 年省域间 CO_2 LISA 集聚图

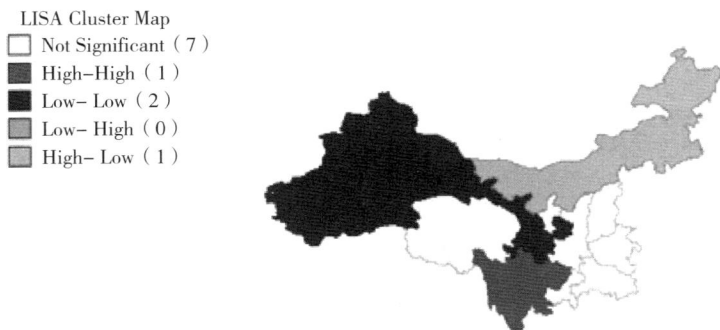

图 2-2　2005 年省域间 CO_2 LISA 集聚图

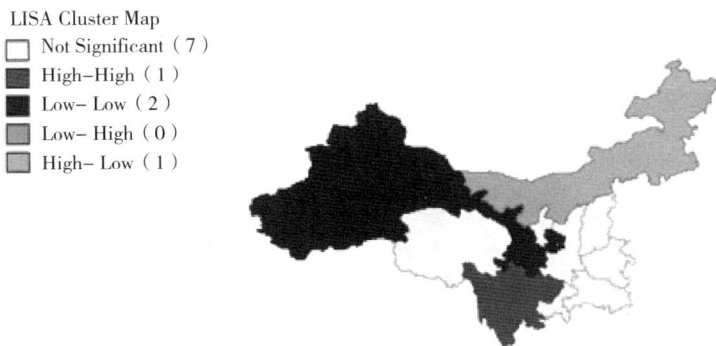

图 2-3　2010 年省域间 CO_2 LISA 集聚图

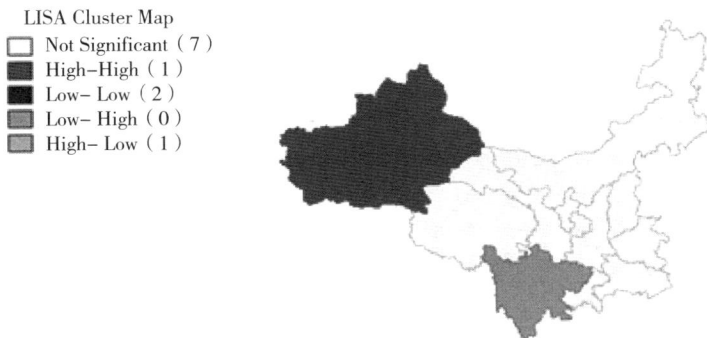

图 2-4　2015 年省域间 CO_2 LISA 集聚图

根据图 2-1 至图 2-4，分别对西北五省区各自与相邻省碳排放的空间关联特征、西北 6 个相邻省对西北特定省份的碳排放影响以及在观察的时间范围内（2000—2015 年）西北五省区与相邻各省之间碳排放空间关联的动态趋势，分析如下：

第一，西北五省区与相邻省份空间关联特征：陕西、青海和宁夏三省，在考察期内，对其相邻省份的空间溢出效应并不明显，原因可能是因为选取考察点偏少，不能系统地、全面地反映每个省的变化特点；而甘肃、新疆两省区，在考察期内的碳排放具有较大差异。在 2000—2005 年期间，甘肃、新疆两省区分别呈现低—低聚集态势，说明两省区的碳排放较低，而与其相邻省区的碳排放同样较低，空间溢出效应较弱；在 2005—2010 年期间，五省区间碳排放的空间联系形式保持稳定；在 2010—2015 年期间，新疆由之前的低—低聚集态势逐渐转变为高—高聚集态势。一方面由于较之西北其他四省区，新疆属能源消耗大省，据 2016 年《新疆节能形势分析及全年展望》分析，"十二五"的节能目标并未完成，全省钢铁、建材、化工、煤炭等主要传统行业产能普遍过剩，六大高耗能产业消费居高不下，由此二氧化碳排放或呈日益增长趋势；另一方面与之相邻的青海、甘肃两省在全面深化改革的背景下，经济发展速度较快。根据《青海省 2015 年国民经济和社会发展统计公报》分析，2010—2015 年全省生产总值增速保持 8% 以上，2015 年工业增加值的增长速度保持 6.5% 以上；由《甘肃省 2015 年国民经济和社会发展统计公报》可知，2015 年全省实现生产总值 6790.32 亿元，比上年增长 8.1%，其中第二产业增加值 2494.77 亿元，增长 7.4%。

第二，相邻六省对西北五省空间关联特点：2000—2010 年期间，相邻六省中的四川省对青海、甘肃和陕西三省的空间关联形式为"高—低"聚集态势，说明在此期间，四川的碳排放对其相邻三省的碳排放具有溢出效应；而 2010—2015 年期间，逐渐转变为"低—高"聚集态势，同样也说与四川相邻的三省的碳排放对其有溢出效应。原因在于 2010—2015 年期间，四川采取了一系列"稳增长、促发展、调结构、惠民生"的政策措施，同时转型升级和结构优化步伐加快，"十二五"规划目标全面完成，到 2015 年第三产业增加值 12132.6 亿元，增长 9.4%，增速远超第二产业的 7.8%。

四、空间相关性分析

为检验西北省区间二氧化碳排放的空间相关性，将利用 2000—2015 年 11 个省区的二氧化碳排放量的面板数据，代入 Moran's I、Geary's C 和 Getis-Ord's G 并计算，结果见表 2-1。

表 2-1　空间相关性指标的计算结果

Moran's I	变量	I	$E(I)$	$sd(I)$	$p-value$
	CO_2	0.272	-0.091	0.148	0.014
Geary's C	变量	C	$E(C)$	$sd(C)$	$p-value$
	CO_2	0.594	1	0.192	0.035
Getis-Ord's G	变量	G	$E(G)$	$sd(G)$	$p-value$
	CO_2	0.479	0.379	0.072	0.162

从表 2-1 中可见，Moran's I 指数为 0.272，并且通过了 5% 的显著性检验；Geary's C 指数为 0.594，小于 1，表示正相关；Getis-Ord's G 指数较小，表明低值聚集。综上所述，西北地区间存在空间正相关性，即一省区的碳排放量受相邻省影响，相邻省份对该省具有溢出效应。

第五节 空间计量验证Ⅱ：分省区
碳排放转折点预测

研究环境污染的传统模型大多数基于 Grossman、Bandyopadhyay 等人提出的库兹涅茨曲线模型，通常只把经济增长作为自变量，未考虑人口增长和产业结构变化，尤其忽略了环境污染的跨界扩散及区域之间的交互影响。本节基于空间相关性分析的成果，利用面板数据，扩展传统的 EKC 模型，引进人口、工业化水平、人均能源消耗以及空间权重等指标，试图捕捉这些因素对二氧化碳排放的作用机制。

一、指标选取

数据主要来源于中经网、历年《中国统计年鉴》《中国能源统计年鉴》《新中国 60 年统计资料汇编》和各省历年《全面建设小康社会进程统计监测报告》。时间跨度为 1985 年至 2014 年，为了消除异方差的影响，以及更好地反映变量之间的统计关系，对所有变量进行对数化处理。

二氧化碳排放量（carbon）：根据《2006 年 IPCC 国家温室气体清单指南》中能源部分所提供的基准方法，化石燃料消费产生二氧化碳排放量的计算公式为：

二氧化碳排放量=Σ 第 i 种能源的消费量 × 第 i 种能源的排放系数

二氧化碳排放系数 = 低位发热量 × 碳排放因子 × 碳氧化率 × 碳转换系数

本章选取原煤、原油和天然气作为计算的标的，三种能源的碳排放系数分别为 1.9003kg-CO_2/kg，3.0202kg-CO_2/kg，2.1622kg-CO_2/kg。

人均生产总值（agdp）：影响一个国家或地区二氧化碳排放量的因素很多，其中经济增长水平是较为重要的因素，本章用取对数后的地区人均 GDP 作为衡量经济增长水平的指标。

工业化水平（industry）：除了经济增长因素，影响二氧化碳排放的另一重要因素为工业化水平，本章采用工业增加值占 GDP 的比重作为衡量工业化水平的指标。

人口规模（population）：一个地区的人口直接影响该地区能源消耗，进而影响该地区的二氧化碳排放。

二、模型构建

根据假定模型时"空间作用"的体现方式不同，空间相关性模型可以分为空间自回归模型和空间误差模型。空间自回归模型（SAR）通过自回归项来探讨空间"溢出效应"，具体模型如下：

$$Lncarbon_{it} = \beta_0 + \beta_1 Lngdp_{it} + \beta_2 (Lngdp_{it})^2 + \beta_3 (Lngdp_{it})^3 + \beta_4 Lnpop_{it} + \beta_6 Lnind_{it} + \rho W Lncarbon_{it} + u_{it}$$

$$u_{it} = \mu_i + \varepsilon_{it}\ \varepsilon_{it} - N(0,\ \sigma^2 I_N) \tag{2.23}$$

其中，W 为已定义的空间权重矩阵，$W Lncarbon_{it}$ 是因变量的空间自回归项，表明一个空间单元上的因变量不仅与该区域的自变量有关，还与邻近区域的因变量有关；μ_i 是与空间单元相关的空间效应，可以是固定效应也可是随机效应；若空间自回归系数 ρ 显著，则表明因变量之间存在着空间依赖关系，ρ 的大小反映了区域间二氧化碳排放溢出效应的平均强度。

三、模型估计与分析

本章使用 MATLAB 软件，基于空间距离权重矩阵，对已建立模型进行估计，样本时间范围为 1985—2014 年。固定效应与随机效应的估计结果如下表所示。

表 2-2 空间面板模型的固定效应估计结果

	系　数	标准误差	Z-值	P-值
$Lnagdp_{it}$	-10.4284	3.0551	-3.4134	0.001***
$(Lnagdp_{it})^2$	1.1117	0.3629	3.0630	0.002***
$(Lnagdp_{it})^3$	-0.0384	0.0138	-2.7743	0.006***
$Lnpop_{it}$	0.4480	0.4649	0.9623	0.336
$Lnind_{it}$	0.4096	0.1763	2.3226	0.02**
$W\,Lncarbon_{it}$	-0.1602	0.1419	-1.1294	0.259
$R^2 = 0.8834$　　P-值 $= 0.0000$　　RSS $= 180109.2774$				

由于 μ_i 体现了区域 i 的个体效应，固定效应假定 μ_i 与解释变量有关，不包含截距项。表 2-2 显示模型整体上通过远小于 1% 的显著性水平检验，人均收入（log（agdp））、人口规模（log（population））和其他地区碳排放对本地区的影响（W * log（carbon））均通过了 1% 显著性检验。工业化水平（log（industry））未通过检验，可能与样本的时间范围有关。

依据表 2-2 可得省域空间自相关 EKC，模型为：

$$Lncarbon_{it} = -10.4284\,Lnagdp_{it} + 1.1117\,(Lnagdp_{it})^2 - 0.03839\,(Lnagdp_{it})^3 + 0.4480\,Lnpop_{it} + 0.4095\,Lnind_{it} - 0.1602\,W\,Lncarbon_{it}$$

回归结果表明，人均 GDP 与一省的碳排放量之间存在倒 N 型曲线关系，将上式对 $Lnagdp_{it}$ 求导可得：

$$\frac{\partial\,Lncarbon_{it}}{\partial\,Lnagdp_{it}} = -10.4284 + 2.2233\,Lnagdp_{it} - 0.1152\,(Lnagdp_{it})^2$$

令 $\dfrac{\partial\ Lncarbon_{it}}{\partial\ Lnagdp_{it}}=0$，求解上述方程得知：

到达第一个转折点时，$Lnagdp_{it}=8.0342$；

到达第二个转折点时，$Lnagdp_{it}=11.2697$。

而且，一省人口对该省碳排放的点弹性为 0.447957，意味着人口每增加 1%，二氧化碳排放量增加 0.447957%；一省的工业化水平对该省碳排放的点弹性为 0.409528，其含义为工业化水平每增加 1%，二氧化碳排放量增加 0.409528%。由于引入空间相关项 $WLncarbon_{it}$，其系数为 -0.1602，说明西北五省中一省的碳排放对其余四省具有溢出效应。

表 2-3　空间面板模型的随机效应估计结果

	系　数	标准误差	Z-值	P-值
$Lnagdp_{it}$	-13.3124	4.1077	-3.2408	0.001 ***
$(Lnagdp_{it})^2$	1.4879	0.4846	3.0702	0.002 ***
$(Lnagdp_{it})^3$	-0.0522	0.0187	-2.7896	0.005 ***
$Lnpop_{it}$	0.7095	0.3128	2.2682	0.023 **
$Lnind_{it}$	0.0144	0.2752	0.0525	0.958
$WLncarbon_{it}$	-0.2682	0.1067	-2.5147	0.012 **
β_0	41.4592	11.8955	3.4853	0.000 ***
$R^2=0.8936$　　P-值 = 0.0000　　RSS = 15.0751				

表 2-3 显示模型整体上通过了远小于 1% 的显著性水平检验，且拟合优度高于固定效应，残差平方和（RSS）较小，人均收入（log（agdp））、人口规模（log（population））和其他地区碳排放对本地区的影响（W * log（carbon））也均通过了 1% 显著性检验。

依据表 2-3 可得省域空间自相关环境库兹涅茨曲线（EKC）为：

$$Lnccarbon_{it} = 41.4592 - 13.3124 \, Lnagdp_{it} + 1.4879 \, (Lnagdp_{it})^2 -$$
$$0.0522 \, (Lnagdp_{it})^3 + 0.7095 \, Lnpop_{it} + 0.0144 \, Lnind_{it} - 0.2682W \, Lncarbon_{it}$$

回归结果表明，人均 GDP 与一省的碳排放量之间存在倒 N 型曲线关系，将上式对 $Lnagdp_{it}$ 求导可得：

$$\frac{\partial \, Lncarbon_{it}}{\partial \, Lnagdp_{it}} = -13.3124 + 2.9758 \, Lnagdp_{it} - 0.1566 \, (Lnagdp_{it})^2$$

令 $\dfrac{\partial \, Lncarbon_{it}}{\partial \, Lnagdp_{it}} = 0$，求解上述方程得知：

到达第一个转折点时 $Lnagdp_{it} = 7.2066$；

到达第二个转折点时 $Lnagdp_{it} = 11.7864$。

同样可知，一省人口对该省碳排放的点弹性为 0.7095，意味着人口每增加 1%，二氧化碳排放量增加 0.7095%；一省的工业化水平对该省碳排放的点弹性为 0.0145，其含义为工业化水平每增加 1%，二氧化碳排放量增加 0.0145%。

上述模型结果也表明，一省人口因素相对于工业化水平，对该省的碳排放的影响更大，空间相关项前的负系数表明各省区的碳排放对其余省具有溢出效应。

四、固定效应模型与随机效应模型的选择

Hausman 检验用于面板数据模型应选择固定效应还是随机效应，在确定固定效应还是随机效应时，一般的做法是先建立随机效应的模型，然后检验该模型是否满足个体效应与解释变量不相关的假设，如果满足将模型确定为随机效应模型，反之则将模型确定为固定效应模型。表 2-4 是省域空间自相关 EKC 模型的 Hausman 检验结果。很明显，P 值较大，拒绝原假设，所

以选择随机效应模型。

表 2-4　空间面板模型固定效应、随机效应的 Hausman 检验结果

变量名	固定效应估计的系数	随机效应估计的系数	系数差分
$Lnagdp_{it}$	-10.4284	-13.3124	2.884
$(Lnagdp_{it})^2$	1.1117	1.4879	-0.3762
$(Lnagdp_{it})^3$	-0.0384	-0.0522	0.0138
$Lnpop_{it}$	0.4480	0.7095	-0.2615
$Lnind_{it}$	0.4096	0.0144	0.3952
$W Lncarbon_{it}$	-0.1602	-0.2682	0.108
H 统计量=0.5048　P-值=0.9978			

五、西北五省区碳排放转折点与峰值预测

由本节第三部分的分析可得，出具有随机效应的省域空间自相关 EKC 图形的拐点分别为：7.2066、11.7864（取对数后的人均 GDP 值），即西北五省区人均 GDP 水平分别为：1348.3002 元、131452.3884 元。若预测西北五省区碳排放转折点，须先预测 2016 年以后的西北五省区各省的人均 GDP 值，本节采用增长率不变和增长率适度调整两种方法进行预测，用以分析五省区碳排放转折点实现的时间。

（一）增长率不变

根据 1985—2015 年各省区人均 GDP 的时间序列，计算出各省区增长率平均值，分别为陕西 12.7218%，甘肃 10.8648%，青海 11.4399%，宁夏 11.9475%，新疆 12.1238%，假定西北各省区的人均 GDP 分别以一固定常数增长，2016—2031 年各省人均 GDP 预测值如表 2-5 所示。

表 2-5　2016—2031 年西北各省区人均 GDP 预测值

(单位：元)

指标　年份	陕西人均 GDP	甘肃人均 GDP	青海人均 GDP	宁夏人均 GDP	新疆人均 GDP
2016	53684.88447	29007.77492	45971.19992	49038.60238	44889.88457
2017	60514.5681	32159.41165	51230.27302	54897.48939	50332.24439
2018	68213.11042	35653.46741	57090.98039	61456.36694	56434.42504
2019	76891.04591	39527.14533	63622.14858	68798.86638	63276.42186
2020	86672.97099	43821.69062	70900.47784	77018.61094	70947.9287
2021	97699.33301	48582.82966	79011.44288	86220.40948	79549.51367
2022	110128.4468	53861.25694	88050.29663	96521.5929	89193.93761
2023	124138.7675	59713.17478	98123.18893	108053.5102	100007.6322
2024	139931.4532	66200.8918	109348.4131	120963.2034	112132.3575
2025	157733.2528	73393.48629	121857.795	135415.2821	125727.0603
2026	177799.7618	81367.54179	135798.2414	151594.0229	140969.9576
2027	200419.0919	90207.96247	151333.4652	169705.7188	158060.8734
2028	225916.0079	100008.8772	168645.9077	189981.3095	177223.8575
2029	254656.5906	110874.6417	187938.8814	212679.3265	198710.1236
2030	287053.4928	122920.9497	209438.9579	238089.189	222801.3415
2031	323571.864	136276.0651	233398.6281	266534.8949	249813.3306

（二）增长率适度调整

同样，根据 1985—2015 年各省人均 GDP 的时间序列，计算出增长率平均值，由于我国经济在经历了高速增长后，经济迈入"新常态"，经济增长由高速增长回落至中高速或者中速增长，西部地区在 2008 年危机以后充分发挥出了后发优势，但是也不排除，今后若干年经济增速仍然会有所下降。更为客观、稳妥地前瞻未来经济走势，并且对二氧化碳减排做出合理预期，将各省区的平均增长率向下调整 2%。那么用以预测 2016—2035 年间，各省区（陕西、甘肃、青海、宁夏和新疆）人均 GDP 增长率分别为：10.7218%、

8.8648%、9.4399%、9.9475%、10.1238%，预测结果见表2-6。

表2-6　西北五省区各省人均GDP预测值（2016—2035年）

（单位：元）

指标 年份	陕西人均GDP	甘肃人均GDP	青海人均GDP	宁夏人均GDP	新疆人均GDP
2016	52732.36447	28484.47492	45146.15992	48162.50238	44089.16457
2017	58386.22312	31009.56665	49407.92582	52953.4673	48552.66341
2018	64646.27719	33758.50272	54071.99943	58221.01346	53468.03795
2019	71577.52174	36751.12647	59176.35833	64012.54877	58881.03517
2020	79251.92047	40009.04033	64762.56513	70380.19706	64842.03341
2021	87749.15287	43555.76173	70876.10594	77381.26716	71406.51119
2022	97157.44155	47416.8929	77566.76073	85078.76871	78635.56357
2023	107574.4681	51620.30562	84889.00865	93541.97923	86596.47076
2024	119108.3874	56196.34247	92902.47164	102847.0676	95363.32426
2025	131878.9505	61178.03584	101672.3999	113077.7797	105017.7165
2026	146018.7478	66601.34636	111270.2033	124326.1918	115649.5001
2027	161674.5859	72505.42251	121774.0326	136693.5397	127357.6242
2028	179009.0117	78932.88321	133269.4161	150291.1296	140251.0553
2029	198201.9999	85930.12544	145849.9556	165241.3397	154449.7916
2030	219452.8219	93547.6592	159618.0894	181678.722	170085.9797
2031	242982.1146	101840.4721	174685.9253	199751.2128	187305.1441
2032	269034.171	110868.4263	191176.1543	219621.4647	206267.5422
2033	297879.4767	120696.6905	209223.0495	241468.31	227149.6557
2034	329817.5184	131396.2107	228973.5589	265488.3701	250145.8325
2035	365179.8931	143044.222	250588.5026	291897.8257	275470.0963

　　由表2-6可得，在2035年之前，西北各省区均触及EKC第二个转折点，为人均GDP达到131452.3884元。此后碳排放量即触顶回落。转折点的实现时间分别为：陕西为2025年，甘肃为2035年，青海和新疆均为2028年，宁夏为2027年。

第六节　对 EKC 的线性回归检验

一、模型选取与计量结果

（一）模型选取

用于描述环境与经济之间关系的环境库兹涅茨曲线的传统模型有线性、二次多项式、三次多项式、对数函数，且前两种方法最为常见，线性和二次型是最基础的研究方法，由于不同地区不同时间范围内拟合的 EKC 不同，为较全面地刻画经济增长与环境间的关系，将模型拓展为三次型，即：

$$E_i = \alpha + \beta_1 Y_i + \beta_2 Y_i^2 + \beta_3 Y_i^3 + \varepsilon \tag{2.24}$$

其中，E_i 为区域 i 的碳排放量，Y_i 为区域 i 的人均 GDP，对此模型进行拟合，拟合结果用图形显示，用以直观地展现西北五省区及全国二氧化碳排放量与经济发展水平之间的关系。

（二）计量结果

利用 OLS 对西北五省区及全国的数据分别进行回归，回归结果如表 2-7 所示：

表 2-7　西北五省区及全国 EKC 线性拟合结果

指标 省区	α	β_1	β_2	β_3	P 值
陕西	1226.446	0.6747	1.37×10^{-5}	1.1×10^{-10}	0.0000
甘肃	2591.369	1.0576	-8.52×10^{-5}	1.85×10^{-9}	0.0000
青海	-44.6807	0.0979	-2.68×10^{-5}	2.67×10^{-11}	0.0000
宁夏	298.9334	0.1013	7.5×10^{-7}	-2.79×10^{-11}	0.0000
新疆	1707.304	1.4245	-7×10^{-5}	9.11×10^{-10}	0.0003
全国	-58.7764	1.0347	-6.76×10^{-5}	4.21×10^{-10}	0.0000

画出图 2-5 至图 2-10，横轴表示人均 GDP 水平，单位为元，纵轴代表二氧化碳排放总量，单位为 kg。

碳排放量(kg)

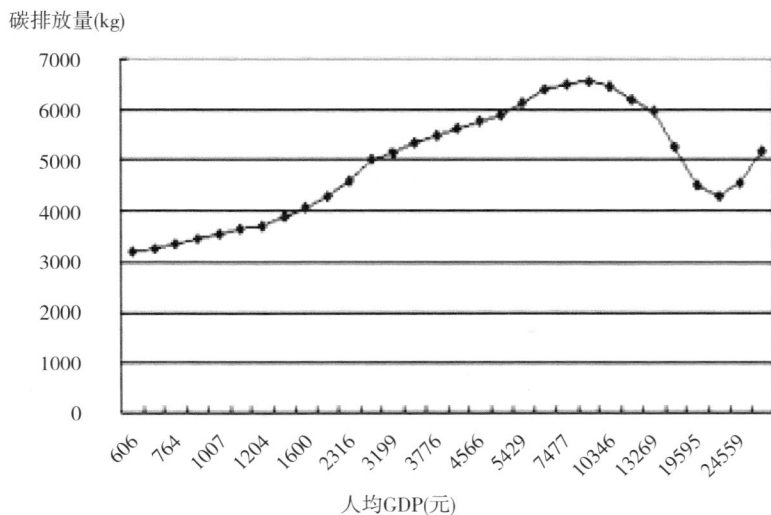

人均GDP(元)

图 2-5 甘肃 EKC（1985—2014 年）

碳排放量(kg)

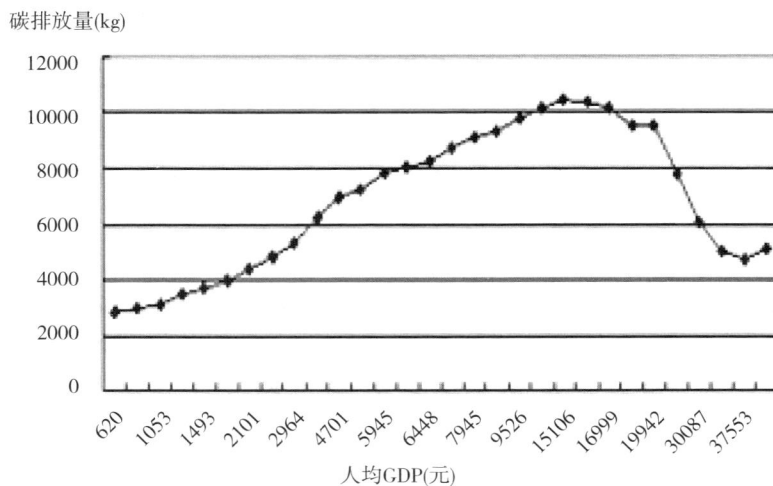

人均GDP(元)

图 2-6 新疆 EKC（1985—2014 年）

碳排放量(kg)

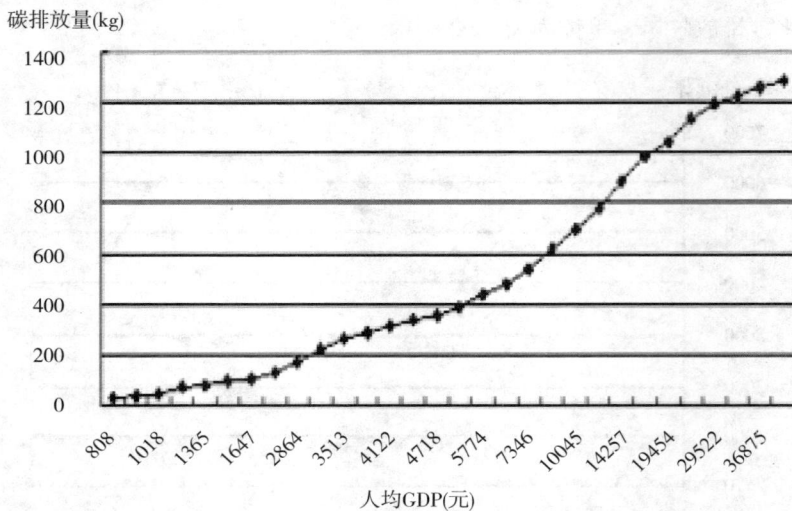

图 2-7 青海 EKC（1985—2014 年）

碳排放量(kg)

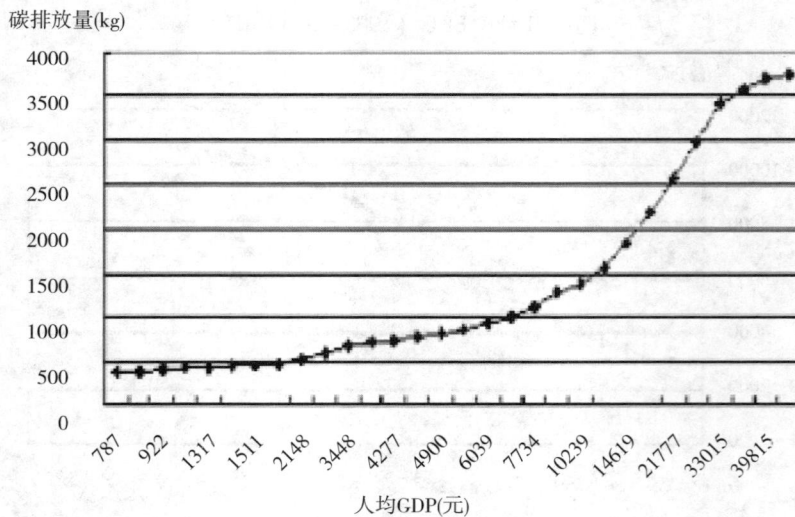

图 2-8 宁夏 EKC（1985—2014 年）

碳排放量(kg)

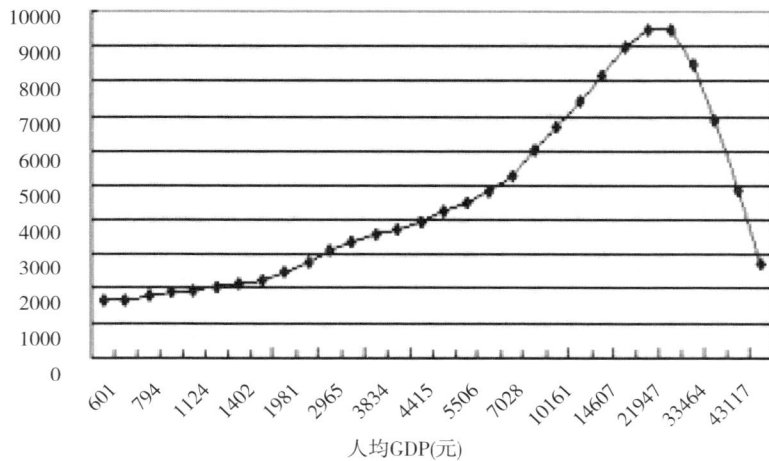

图 2-9　陕西 EKC（1985—2014 年）

碳排放量(kg)

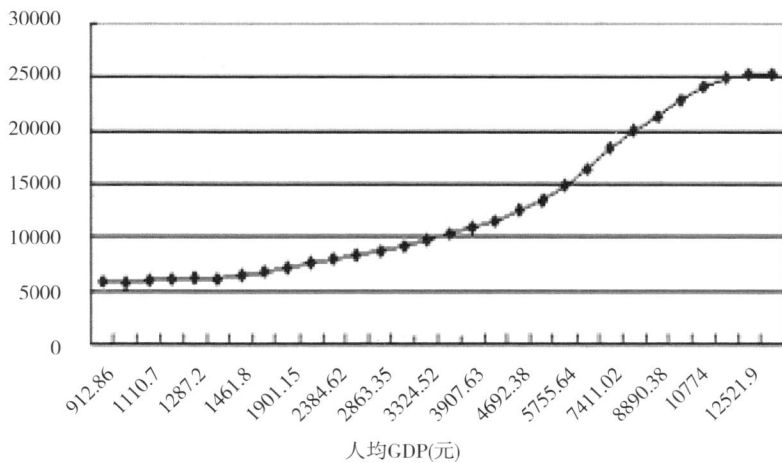

图 2-10　全国 EKC（1985—2014 年）

二、线性模型结果的解析

由图 2-5、图 2-6 观察可知，甘肃、新疆两省区的 EKC 呈现"N"型，在低位转折点处抬头向上；由图 2-7、图 2-8 和图 2-10 可以发现，青海、宁夏及全国的 EKC 呈现上升趋势，其中宁夏和全国的曲线逐渐趋平，可能即将出现拐点；图 2-9 显示的是陕西的 EKC 曲线，呈现标准的倒"U"型。由此看来，就西北五省区的环境库兹涅茨曲线而言，各省区之间存在差异性，且与全国亦存在较大差异。

第七节　结论与政策建议

一、空间计量分析结果

本章构建了扩展的环境库兹涅茨曲线（EKC），将省域间二氧化碳的溢出效应纳入模型，首先对西北五省区及相邻省的二氧化碳排放基于截面数据进行空间相关性检验，发现省域间二氧化碳排放溢出效应的相关事实。随后定义基于距离的空间权重矩阵，建立省域空间自相关 EKC 模型。最后分别对固定效应、随机效应模型进行估计并作出选择。

利用 1985—2014 年西北五省区的面板数据回归分析发现 EKC 呈"N"型，表明环境库兹涅茨曲线假说在本分析中得到经验支持。分析西北五省区 2014 年截面数据与具有随机效应的省域空间自相关 EKC 图形，发现经济增长与二氧化碳排放关系的拐点分别为 7.2066、11.7864，可得出 2014 年西北五省区所处 EKC 的状态特征。

表 2-8　2014 年西北五省区 EKC 拐点

指标\省区	2014 年人均 GDP（元）	2014 年人均 GDP 的对数	状态特征
陕西	46929	10.75639	未及第二个拐点，仍处上升状态
甘肃	26433	10.18237	未及第二个拐点，仍处上升状态
青海	39671	10.58838	未及第二个拐点，仍处上升状态
宁夏	41834	10.64146	未及第二个拐点，仍处上升状态
新疆	40648	10.6127	未及第二个拐点，仍处上升状态

二、两种检验结果比较分析

在线性回归检验过程中，模型采用碳排放与人均 GDP 两变量的三次型，意味着某一地区的碳排放仅与该地区的人均 GDP 有关，而与其他因素无关。空间计量检验模型引入了人口规模、工业化水平以及相邻省份对该省碳排放的空间溢出效应三个变量，能更加全面、系统地描述碳排放与经济增长之间的关系。

对比两种检验结果可知，线性回归检验所预测的西北五省区 EKC 曲线与拐点差异较大。根据线性回归预测结果，截至 2014 年，甘肃、新疆两省区人均 GDP 已越过其 EKC 曲线的第二个拐点；陕西省人均 GDP 越过其 EKC 曲线的第一个拐点，尚未触及第二个拐点；青海、宁夏两省区人均 GDP 均未达到其 EKC 曲线的第一个拐点。由于在空间计量检验中，将西北五省区作为一个整体考虑，用 2014 年截面数据对省域空间自相关 EKC 图形的拐点进行分析可知，西北五省区均未触及其整体 EKC 曲线的第一个拐点。

三、政策建议

结合本章分析，为了在促进西北地区经济较快稳定增长同时实现绿色发展，按照我国对《巴黎协定》所作庄重承诺以及国家对西北五省区的碳减排要求，提出以下政策建议：

（一）形成有效激励约束机制，促进西北五省区企业参与碳金融交易市场。《京都议定书》提出碳排放交易的目的在于促进全球温室气体减排，减少全球二氧化碳排放所采取的市场机制。意味着在全球将二氧化碳排放权作为一种商品，由市场交易诱使二氧化碳排放负外部性所产生的社会成本内部化，促进企业节能减排，有效降低对二氧化碳排放的"需求"，并由此减少对化石能源的依赖。2013 年 6 月国内首个碳排放权交易平台在深圳启动，标志中国碳金融市场建设迈出了关键性的一步，此后北京、天津、上海、广州、武汉、重庆先后启动碳金融交易试点。目前酝酿推出全国统一碳金融市场，在国家监管部门政策框架前提下，西北五省区政府要制定更加有利于引导、鼓励企业参与碳金融市场的地方法规与政策措施。

（二）结合西北地区实际完善并推行碳税政策。碳税政策基于二氧化碳排放量征税，目的是通过控制二氧化碳排放量以保护环境。我国目前已经建立了碳税政策研究模型，用静态模型分析既定减排目标下征收碳税的二氧化碳减排效果及其对经济的影响，在确定征税方式、征税对象等问题上，除了借鉴欧洲各国如丹麦、德国的经验外，可进一步结合西北地区的实际情况，对西北地区一些工业发展明显落后于全国的省份，可以先行试点，执行较低税率，采取循序渐进的措施。

（三）深化能源生产和使用领域的结构性供给侧改革，促进能源技术进步，加快能源转换，提高能源效率。西北地区大多省份工业发展起步晚，加之能源富集成为经济增长对能源依赖的重要诱因，传统能源优势在一定程度上也成为绿色能源替代的阻力。所以，应该从能源生产与能源使用两个方面同时加强能源结构转换与环境治理措施。根据本章预测，在经济维持不变增长和适度调整两种情况下，除甘肃以外西北五省区中的四省区最迟在 2026 年二氧化碳排放达到峰值；若按照适度调低经济增长率，四省区最迟在 2028 年二氧化碳排放达到峰值。在两种情形下甘肃分别于 2031、2035 年碳排放达到峰值。说明甘肃作为一个子区域若要实现我国对碳减排的国际承诺，必须采取不同于以往的更为有力的措施，必要时行政手段与经济调节手段并用。即使在第二种情形下下调经济增长率，其他四省区在 2035 年以前经济增长率仍高于或者接近 10%，在今后近 20 年间这种可能性即使不是完全没有，却也不容乐观。而且，在经济结构调整不到位、技术进步缓慢和增长质量不高情况下，如果仍然追求经济高增长，极容易滑向对高投入、高消耗和高污染增长模式的依赖。五省区在制定实施碳排放政策时，对此应予充分注意。

第三章　周期背景下经济增长与 CO_2 排放解耦趋势

　　自工业革命以来，由于人类活动，特别是开采、燃烧煤炭等化石能源，大气中的二氧化碳气体含量急剧增加，导致以气候变暖为主要特征的全球气候变化。IPCC（政府间气候变化委员会）在 2007 年发表的全球气候第四次评估报告中指出，因为温室气体的原因，地球正以前所未有的速度变暖，对于过去 50 年来的全球暖化现象，人类活动要负 90% 的责任；且气候上升将令中国面临严重缺水的困境。IPCC 第五次评估报告第一工作组的报告进一步指出：人类对气候系统的影响是明确的，21 世纪末期及以后时期的全球平均地表变暖主要取决于二氧化碳累积排放，即使停止二氧化碳排放，气候变化的许多方面仍将持续许多世纪。这表明过去、现在和将来的排放将产生长达多个世纪的气候变化持续性。

　　改革开放以来，特别是随着西部大开发战略的实施，西北地区经济发展迅速，但同时资源能源消耗量、碳排放量快速增长。自西部大开发战略实施以来，西北五省环境压力持续加剧。在当前共建"丝绸之路经济带"以及当今国际社会倡导低排放、低能耗、低物耗、高效率"四位一体"的低碳经济发展模式的背景下，很有必要对西北五省区能源碳排放与区域经济增长的解耦状态进行探讨。

西方学者对发达国家工业化进程以来经济增长与物质消耗之间的关系做了大量的研究工作，并先后提出了"解耦"（Decoupling）理论。顾名思义，"解耦"就是指用少于以往的物质消耗产生多于以往的经济财富，这个概念是针对长期以来经济增长对物质消耗的高度依赖提出的。英文中"Decoupling"一词是缘于"Coupling"提出的。"Coupling"中文是"耦合"的意思，指两个不同的个体或体系，因密切的相关性，在运动发展中互相干预、互相牵制的现象。① 长期以来人类的经济增长与物质消耗之间的关系处于典型的"耦合"状态，尤其20世纪后半叶以来，经济增长极大地依赖于物质消耗，这种耦合关系变得更加紧密。但随着西方发达国家的技术进步和工业体系的逐渐完善，在1970—1980年出现了经济增长显著减轻对物质消耗依赖的事实。

第一节　理论与方法

一、解耦方法演进

碳排放与经济增长关系一直是资源环境科学研究的热点，如何降低二氧化碳排放的同时依旧能保持经济的稳定增长是学者们研究的焦点。20世纪末，解耦理论是OECD（Organization for Economic Co-operation and Development，经济合作与发展组织）提出，OECD将解耦概念应用于农业政策领域，分析农业政策与贸易和市场均衡之间的关系，如果一项政策对于生产或者贸易没

---

① 国内学者多将"Decouping"译作"脱钩"。但是出于两点：第一，即使出现经济增长对能源或物质消耗的依赖显著降低特征，生产中物质品投入仍不可避免；第二，由"Couping"（耦合）增加前缀"de"。笔者将"Decouping"译为"解耦"是按照汉语法习惯并直译，可能更接近出处原意。

有或者只有很小的影响则称其为解耦（Decoupled）的。后来，解耦一词被世界银行引入资源环境领域并逐步发展成具有资源环境领域特色的解耦分析，并与农业政策领域的解耦分析有显著区别。解耦被越来越多地应用于资源环境领域中，描述经济增长与环境冲击耦合关系的破裂，也即资源消耗或环境污染不随经济而增长。"解耦"方法从污染物排放与能源消耗的减量衍化而来，通过简单数量关系表达经济增长与污染物排放的关系，并进行面板数据的横向对比，这为定量化描述经济增长与碳排放相关关系提供新的视角。

（一）基于物质强度的解耦分析方法

OECD 认为"解耦"就是打破环境危害和经济财富之间的联系，或是打破环境压力与经济绩效之间的联系。进一步，OECD 将解耦分为绝对解耦和相对解耦，绝对解耦是指在经济增长的同时环境压力保持稳定甚至下降；相对解耦是指环境压力以正的速度增长但其速度小于经济增长速度。OECD 为衡量解耦指标构建变化，首先建立解耦指数（Decoupling Index）与解耦因子，见式（3.1）、（3.2）。

$$解耦指数 = \frac{(EP/DF)_{期末}}{(EP/DF)_{期初}} \tag{3.1}$$

$$解耦因子 = 1 - 解耦指数 \tag{3.2}$$

式（3.1）中 EP 为环境压力指标，DF 为驱动力指标。该指标虽然得到广泛应用，但存在两个问题：一是该指标实际上测度的是单位 GDP 环境负荷的年下降率，并不能准确判定解耦的程度和类别；二是该指标敏感性较强，容易受基期选择的影响。

（二）基于物质消耗总量的解耦分析法

OECD 解耦分析方法对解耦程度划分偏于粗略，无法对经济环境现象进行较好解释的解释。在经济发展过程中，不仅存在解耦现象，相反的现象也可能时常出现，因此有研究提出了复耦假设。Vehmas[1]（2003）提出基于物质消耗总量的解耦分析方法，将解耦和复耦结合在一起，在其报告中提出了强解耦、弱解耦、衰退性解耦、强复耦、弱复耦、扩张性复耦的概念。根据环境压力变化量（ES）、经济增长变化量（GDP）和单位 GDP 环境压力的变化量（ES/GDP）的符号判定解耦类型及解耦程度（见图 3-1）。这种方法的优点在于 GDP 增长率和环境负荷的下降程度相联系，可直观了解经济与环境负荷情况。但作者认为仍存在一些问题，复耦是相对于解耦而言，如果先出现解耦状态，在下一阶段出现反弹，则称复耦是合理的；但若连续的出现解耦状态，没有反应解耦反弹的过程，就不太贴切。其缺点就在于无法区分复耦和耦合。

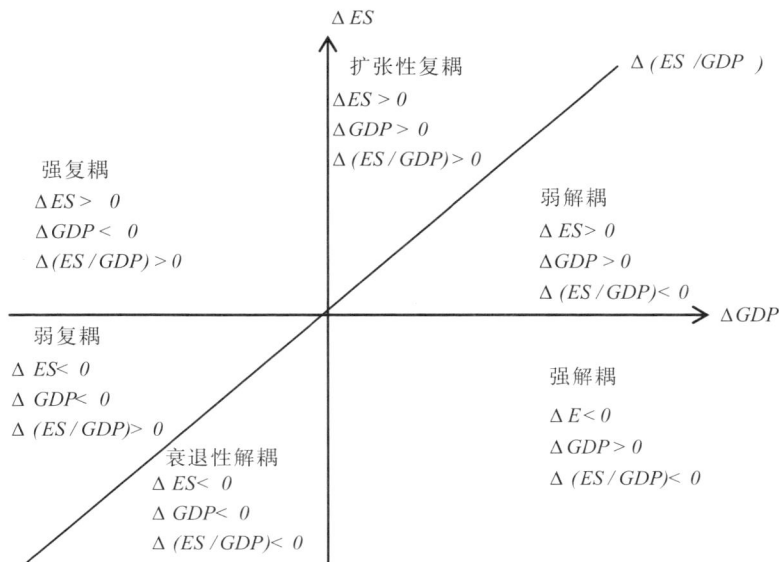

图 3-1　Vehmas 等的解耦与复耦概念判定

① Vehmas J，Kaivo-ja J，Luukkanen J.，*Global Trends of Linking Environmental Stress and Economic Growth*，Turku：Finland Futures Research Centre，2003，pp. 6-9.

（三）用弹性值表征的解耦指数法

在 Vehmas 的基础上，Tapio① 提出了利用弹性值来表征解耦指数。Tapio 在一项有关芬兰道路交通的解耦分析的研究中使用，认为目前还没有很多证据表明已出现交通或者交通二氧化碳解耦现象，使用复耦概念有误导之嫌。因此，他在文章中采用负解耦替代复耦这一词，见图 3-2。以 0—0.8、0.8—1.2 和大于 1.2 为界，将其分为八种情况，扩张负解耦、扩张性耦合、弱解耦、强解耦、衰退解耦、衰退性耦合、弱负解耦、强负解耦。Tapio 在针对 1970—2001 年欧洲的交通业发展及二氧化碳排放的解耦研究时，引入弹性概念构建解耦指标，把解耦定义为：交通量与经济增长之间的弹性值小于 1 解耦。

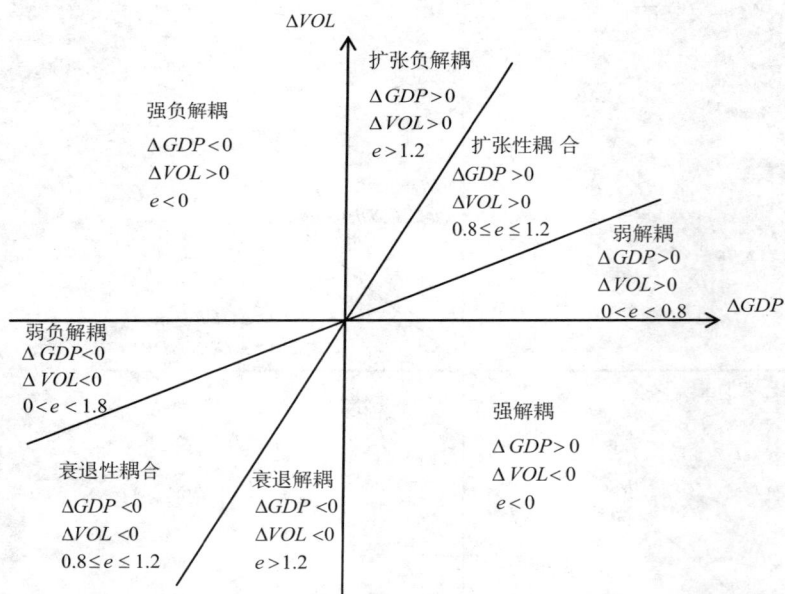

图 3-2 Tapio（2005）定义的八种解耦状态划分与对应的取值范围

---

① Tapio, P., "Towards A Theory of Decoupling: Degrees of Decoupling in the EU and the Case of Road Traffic in Finland between 1970 and 2001", *Transport Policy*, Vol. 12, No. 2, 2005, pp. 137-151.

$$交通量的 GDP 弹性 = \frac{交通量变化的百分比}{GDP 变化的百分比} = \frac{\%\Delta VOL}{\%\Delta GDP} \qquad (3.3)$$

$$二氧化碳排放量的交通弹性 = \frac{二氧化碳排放量变化的百分比}{交通量变化的百分比} = \frac{\%\Delta CO_2}{\%\Delta VOL}$$

$$(3.4)$$

式（3.3）、（3.4）相乘，可以得到式（3.5）：

$$二氧化碳排放量的 GDP 弹性 = \frac{CO_2 排放量变化百分比}{GDP 变化百分比} = \frac{\%\Delta CO_2}{\%\Delta GDP}$$

$$(3.5)$$

Tapio 方法判断准则是对 Vehmas 解耦分析方法的改进，与 Vehmas 的不同之处在于：①用弹性 $\left(\frac{\%\Delta VOL}{\%\Delta GDP}\right)$ 替代 $\Delta\left(\frac{VOL}{GDP}\right)$；②划分出衰退性耦合和扩张性耦合区间。之所以要将弹性在 0.8—1.2 之间的区域独立划出，是为了避免将轻微变化过度解释为显著变化，因此将弹性值为 1 处上下浮动20%的区间仍然看作是耦合（Coupling）。

Tapio 将解耦程度的精细划分，可以清楚地对经济驱动力与环境压力变化的各种组合进行合理定位。该方法简单明了，无须大量数据就可以得出经济发展和资源环境的关系，而且具有预警作用，应用较为广泛。庄贵阳运用 Tapio 解耦模型对包括中国在内的全球 20 个温室气体排放大国在不同时期的解耦特征进行了分析。[①] 彭佳雯、黄贤金等基于解耦理论的解耦分析模型与 Tapio 等的研究成果研究了我国能源碳排放与经济增长的解耦关系及程度，结果显示：我国的经济增长与碳排放在 1980—2008 年间（除 2000—2005 年外）基本呈现弱解耦状态，与实现强解耦还有差距，未来一定时期内弱解

---

① 庄贵阳：《低碳经济：气候变化背景下中国的发展之路》，气象出版社 2007 年版，第 28—30 页。

耦趋势仍将持续。① 仲伟周、孙耀华、庆东瑞基于 Tapio 解耦模型对 2000—2010 年中国四大地区碳排放与经济增长之间的解耦关系进行测度并进行因果链分解，进一步解释解耦关系变动的因果逻辑。② 马军、巩芳对西部 11 个地区的碳排放与经济增长的现状进行统计描述，运用解耦模型计算西部地区碳排放与 GDP 的解耦弹性指数，得到西部地区碳排放与经济增长解耦状态的排序，并提出政府要根据不同的解耦状态制定不同的解耦政策这一新的低碳发展的制度安排。③

二、分解环境因素解耦方法

以上三种方法主要是针对国家层面或单一层面，依据影响二氧化碳排放的因素进行碳排放核算，引入因素分解法能更好地研究如何有效降低二氧化碳排放量，常见的方法有 IPAT 模型、LMDI 分解法。

（一）IPAT 模型法

IPAT 模型 1970 年由美国生态学家 Ehrlich 和 Comnoner 提出，IPAT 是下述关系式的缩写：

环境影响（I）= P×A×T   (3.6)

反映影响环境最直接的因素是人口、人均财富量和技术及其相互间的作用。其中，I 为环境负荷；P 为人口总量；A 为人均 GDP；T 为单位 GDP 的环境负荷。IPAT 方程是一种具备系统性、理论性的方程，可以根据使用目

---

① 彭佳雯、黄贤金、钟太洋、赵云泰：《中国经济增长与能源碳排放的解耦研究》，《资源科学》2011 年第 4 期，第 626—633 页。
② 仲伟周、孙耀华、庆东瑞：《经济增长、能源消耗与二氧化碳排放解耦关系研究》，《审计与经济研究》2012 年第 6 期，第 99—105 页
③ 马军、巩芳：《西部地区碳排放与经济增长的解耦关系比较研究》，《生态经济》2013 年第 2 期，第 51—53 页。

的的不同赋予方程参数新的含义，对经济变化的宏观理论解释、参数意义的挖掘角度显得更为充分，因此被广大研究者改进、应用到各个领域，其衍生方程具有更强的适应性。

从 IPAT 方程出发，基于资源消耗与经济增长之间的定量关系表达式——IGT 方程，其表达式为：

$$D_r = \frac{t}{g} \times (1 + g) \qquad\qquad\qquad (3.7)$$

公式（3.7）即资源解耦指数（Dr）的表达式，其中 g 为一定时期内 GDP 的年增长率（增长时，g 为正值；下降时，g 为负值）；t 为同期内单位 GDP 资源消耗的年下降率（下降时 t 为正值；升高时，t 为负值）。根据解耦指数（Dr）的大小可以分别从经济增长和经济衰退两种情况准确适当地对资源消耗与 GDP 的解耦程度加以划分：绝对解耦、相对解耦和未解耦。

陆钟武与毛建素从 IPAT 方程出发，基于环境负荷与经济增长之间的定量关系推导了环境负荷与 GDP 之间的关系式 IGT 方程。把描绘发达国家经济增长过程中的环境负荷曲线比喻成"环境高山"。强调发展中国家尤其是中国发展经济的正确之路是：从"环境高山"的半山腰穿过去，走新型工业化道路。[①] 陆钟武与王鹤鸣从资源消耗及废物排放与经济增长的定量关系表达式——IGT 方程和 IeGTX，分别导出了资源解耦指数和排放解耦指数。以中美两国 2000—2007 年间的能源消耗和二氧化硫排放为例，阐述了解耦曲线图的使用方法。[②] 高成康等人运用 IGT 方程、STIRPAT 方程对中国

[①] 陆钟武、毛建素：《穿越"环境高山"——论经济增长过程中环境负荷的上升与下降》，《中国工程科学》2003 年第 12 期，第 36—42 页。

[②] 陆钟武、王鹤鸣等：《解耦指数：资源消耗、废物排放与经济增长的定量表达》，《资源科学》2011 年第 1 期，第 2—9 页。

2010—2020 年的经济增长与环境负荷的变化情况进行预测。[1] Waggoner & Ausubel 发展了 Im-PACT 模型，即把"I = PAT"中的 T 分解成单位 GDP 的消费（C）和单位消费产生的影响（T），因此变为"I = PACT"，这一改变的目的在于通过因素量的改变来分析对环境影响结果的变化，从而确定影响决定性因素的其他关联因素。[2] 徐中民在 Im PACT 基础之上提出 ImPACTS 等式，在原有模型中增加了社会发展状态项（S），对环境的综合影响 I 进行系统评价。还有如考虑了人类行为方式的 IPBAT，即在修正模型中添加了行为因素 B，认为除了技术进步和财富减少，还可以通过人类自身行为等更为积极有效的方式来实现环境改善。[3] 毛建素等引入"生态效率"（单位环境压力提供的社会服务量）提出 ISE 等式，结果表明，只有在生态效率的增长速度高于经济增长速度的情况下，环境负荷才可能下降。[4]

这种解耦理论是建立在衡量经济增长与资源消耗解耦程度的基础，能直接反应经济增长的质量。但是这种方法最大的缺点是对解耦状态的划分不够细致，不能准确地描述出经济增长与碳排放所处的状态。

（二）LMDI 分解法

LMDI 分解法是基于完全分解技术的解耦分析。Diakoulaki 等[5]在对欧盟

---

[1] 高成康等：《基于 IGT 对中国环境负荷的动态分析与预测》，《东北大学学报（自然科学版）》2010 年第 11 期，第 1644—1647 页。

[2] P. E. Waggoner, J. H. Ausubel, "A Framework for Sustainability Science: A Renovated IPAT Identity", *Proceedings of the National Academy of Science*, Vol. 99, No. 12, 2002, pp. 7860-7865.

[3] 徐中民、程国栋、邱国玉：《可持续性评价的 ImPACTS 等式》，《地理学报》2005 年第 2 期，第 198—208 页。

[4] J. S. Mao, Z. F. Yang (et al.), "The Relationship between Industrial Development and Environmental Impacts in China", *Acta Scientiarum Naturalium Universitatis Pekinensis*, Vol. 43, No. 6, 2007, pp. 744-751.

[5] Diakoulaki D., Mandaraka M., " Decomposition Analysis for Assessing the Progress in Decoupling Industrial Growth from CO_2 Emissions in the EU Manufacturing Sector", *Energy Economics*, Vol. 29, No. 4, 2007, pp. 636-664.

排放与制造业产值进行解耦分析时，提出了基于完全分解技术的解耦分析方法一定时期内二氧化碳排放量的变化量可以按照式（3.8）分解：

$$\Delta C_t = \Delta P_t + \Delta \alpha_t + \Delta e_t + \Delta s_t + \Delta f_t \tag{3.8}$$

其中：ΔC_t 为 CO_2 排放量变化量；ΔP_t 为产出效应，为经济产出变化导致的 CO_2 排放量变化量；$\Delta \alpha_t$ 为结构效应，即不同产业产值的份额；Δe_t 为能源密度效应，即能源消耗和单位产值的变化量；Δs_t 为能源结构效应，即不同能源消费量的份额；Δf_t 排放密度效应，即单位能源消耗的 CO_2 排放量变化量。

式（3.9）定义 Δf_t 为解耦努力量，

$$\Delta f_t = \Delta C_t - \Delta P_t \tag{3.9}$$

定义解耦指数为 D_t：$\Delta P_t \geqslant 0$ 时，$D_t = -\dfrac{\Delta F_t}{\Delta P_t}$ \tag{3.10}

$\Delta P_t < 0$ 时，$D_t = \dfrac{\Delta F_t - \Delta P_t}{\Delta P_t}$ \tag{3.11}

根据式（3.10）和式（3.11），解耦判断准则为：$D_t \geqslant 1$ 为强解耦，$0 < D_t < 1$ 为弱解耦，$D_t < 0$ 为非解耦。

LMDI 属于 Divisia IDA 的一个分支，由于具有全分解、无残差、易使用，以及乘法分解与加法分解的一致性、结果的唯一性、易理解等优点而在众多分解技术中受到重视，目前在许多领域得到广泛应用。Wu L 等基于中国各省的数据，运用"三层完全分解法"，研究了中国 1985—1999 年 二氧化碳排放量的变化及驱动因素。[①] Wang Can 等采用对数均值迪氏指数

[①]　Wu L. , Kaneko S. , Matsuoka S. , "Driving Forces behind the Stagnancy of China´s Energy-related CO_2 Emission from 1996 to 1999: the Relative Importance of Structural Change, Intensity Change and Scale Change", *Energy Policy*, Vol. 33, No. 3, 2005, pp. 319-335.

（LMDI）分解法对中国 1957—2000 年的二氧化碳排放进行分解，结果表明能源强度是减少碳排放的主要因素，经济增长则促进碳排放的增加。① 徐国泉等采用对数平均权重 Divisia 分解法，分析了 1995—2004 年间中国人均碳排放的影响因素，结果表明：经济发展对拉动中国人均碳排放的贡献率呈指数增长，而能源效率和能源结构对抑制中国人均碳排放的贡献率都呈倒"U"型。② 王锋等利用对数平均 Divisia 两层分解法，把 1995—2007 年间中国能源消费的二氧化碳排放增长率分解为 11 种驱动因素的加权贡献，认为人均 GDP 增长是二氧化碳排放量增长的最大驱动因素。③ 雷厉等测度了 1995—2008 年中国 29 个省市的碳排放量，分析了中国碳排放的区域差异，通过构建"LMDI 分解模型"，将各地区人均碳排放分解为人均 GDP、能源结构、能源强度等影响因素，同时将能源强度进一步分解为各产业能源强度和产业结构两类因素。④

LMDI 方法的优点在于能提供产出效应与非产出效应相对大小的信息，但其缺点在于对未解耦无法进行继续划分。

也有一些学者采用计量分析手段进行解耦分析，如采用经验数据分别检验 EKC 和 STIRPAT 模型，并以此为依据进行解耦分析。Huttler W 分析了对澳大利亚、德国和日本的物质投入与 GDP 增长的解耦程度。⑤ DeBruyn S M

① Wang Can, Chen Jing, Zou Ji, "Decomposition of Energy-related CO₂ Emission in China: 1957-2000", *Energy*, Vol. 30, 2005, pp. 73-83.
② 徐国泉、刘则渊、姜照华：《中国碳排放的因素分解模型及实证分析：1995—2004》，《中国人口·资源与环境》2006 年第 6 期，第 158—161 页。
③ 王锋、吴丽华、杨超：《中国经济发展中碳排放增长的驱动因素研究》，《经济研究》2010 年第 2 期，第 123—136 页。
④ 雷厉、仲云云、袁晓玲：《中国区域碳排放的因素分解模型及实证分析》，《当代经济科学》2011 年第 5 期，第 59—65 页。
⑤ Huttler W., Schandl H, Weisz H., *Ecologizing Societal Metabolism: Designing Scenarios for Sustainable Materials Management*, Amsterdam, The Netherlands: Universitair Grafisch Bedrijf Leiden, 1999, pp. 26-29.

在进行环境压力与收入变化的解耦分析时也采用了计量分析法。① 夏勇、钟茂初通过数理模型的推导，综合考察了 EKC 假说和解耦理论的内在联系，然后结合二者的关联，将人均 GDP 水平加入解耦的判定标准，并对城市的"经济发展—环境污染"进行了解耦象限划分，最后将理论部分所做的推导以及解耦象限划分应用于实际的城市解耦研究案例中，将中国 271 个地级城市的经济发展与污染排放的解耦状态进行了归类。② 部分研究采用计量经济分析方法，不仅对解耦程度进行判断还对解耦原因进行分析。如张丽峰利用1981—2010 年北京经济增长和碳排放的数据，验证了两者之间是否存在EKC，利用碳生产率和解耦指数分析了北京经济增长与碳排放的短期关系，并用 STIRPAT 模型分析了影响碳排放的因素。③

在使用计量分析方法进行解耦分析时，通常是通过回归分析得到环境压力与收入之间的函数关系，然后根据有关的系数来判定是否发生了解耦，并在此基础上利用弹性分析确定解耦程度，这比前面所提到的弹性分析法更为精细，因为采用计量分析方法时往往可以将其他因素考虑在内，可以在一定程度上去除其他因素的影响，但采取这一方法对数据量的要求比较高，在统计数据缺乏的情况下，计量分析方法的应用会受到很大限制。

综上所述，我们可以看出仅仅对于某个层面上的碳排放进行测度，我们只能得到解耦的指标信息，不能对解耦的原因进行进一步的分解。但是引入因素分解后，IPAT 模型和 LMDI 分解法都无法区分绝对解耦和相对解耦，

① Bruyn SMD, Opschoor JB., "Developments in the Through put-income Relationship: Theoretical and Empirical Observations", *Ecological Economics*, Vol. 20, No. 3, 1997, pp. 255—268.

② 夏勇、钟茂初：《经济发展与环境污染解耦理论及 EKC 假说的关系——兼论中国地级城市的解耦划分》，《中国人口·资源与环境》2016 年第 10 期，第 8—16 页。

③ 张丽峰：《北京碳排放与经济增长间关系的实证研究——基于 EKC 和 STIRPAT 模型》，《技术经济》2013 年第 1 期，第 90—95 页。

对未解耦无法继续划分。因此，本文实证部分采用了 Tapio 解耦模式作为评估西北五省相关产业解耦指标模式，在此基础上再对总解耦指标进行因果链分解，这样即对解耦程度进行了细致的划分，又可以清楚地看出不同因素对于解耦指标变化的作用。

三、研究进展

王崇梅利用解耦理论评价模式，基于解耦指数分析中国能源消耗与经济增长的关联，以 1990—2007 年历史数据为样本，结果发现：在一定阶段经济增长与能源消耗处于绝对解耦和相对解耦阶段。[①] 王鹤鸣采用总物流分析方法对中国 1998—2008 年间的生物质、金属矿物质、非金属矿物质和化石燃料资源的国内消耗量指标进行核算，并应用资源解耦指数和解耦曲线图对我国资源消耗与经济增长的解耦情况进行分析。[②] 李从欣探讨了经济增长与三种污染排放指标的解耦关系及程度，分析了二者解耦发展的时间和空间演变趋势。[③] 杨嵘选取在国家区域发展战略中具有优先地位的西部地区作为研究对象，首先应用解耦理论对西部地区 1995—2010 年碳排放与经济增长特征进行分析，进而构建碳排放模型深入研究其驱动因素。[④] 丁胜以人口增长率、GDP 增长率、能源消耗量、能源技术进步率、能源结构优化系数变动率为影响因素，在对 IPAT 模型进行改进的基础上，对 2006—2011 年间长三角地区碳

---

① 王崇梅：《中国经济增长与能源消耗解耦分析》，《中国人口·资源与环境》2010 年第 3 期，第 35—37 页。

② 王鹤鸣、岳强、陆钟武：《中国 1998—2008 年资源消耗与经济增长的解耦分析》，《资源科学》2011 年第 9 期，第 1757—1767 页。

③ 李从欣、张再生、李国柱：《中国经济增长和环境污染解耦关系的实证检验》，《经济实证》2012 年第 19 期，第 133—136 页。

④ 杨嵘、常烜钰：《西部地区碳排放与经济增长关系的解耦及驱动因素》，《经济地理》2012 年第 12 期，第 34—39 页。

排放的影响因素进行定量分析，得出长三角地区能源技术进步率与能源结构优化的减排作用还不能抵消人口与 GDP 的快速增长的影响，但其减排的作用日趋明显。[1] 齐绍洲综合运用 Tapio 解耦模型、面板协整检验、滞后期工具变量法和碳排放峰值预测，研究中部六省经济增长方式对区域碳排放的影响。[2]

某些特定工业产业部门产出或经济增长与其相应环境冲击之间的解耦关系研究，主要有能源、交通、农业以及工业等领域的解耦分析。车亮亮针对当前煤炭资源利用效率测度存在的问题，构建了包含非期望产出的 SBM 模型，对 2000—2012 年间我国 30 个省级行政区进行煤炭资源利用效率评价。[3] 周银香测度了 1990—2013 年我国交通碳排放与行业经济增长解耦关系及演变态势，同时构造因果链探析交通碳排放解耦的影响因素及作用机理；进一步运用协整理论及 Granger 因果关系检验等方法，探究交通碳排放与行业经济增长的耦合关系。[4] 张文斌基于解耦分析方法，选取建设占用耕地量、非农 GDP 产值两个指标作为主要指标，对甘肃省康乐县耕地占用与经济发展的关系进行了实证研究。[5] 查建平利用相对"解耦""复钩"的理论与测度模型，对 2000—2009 年我国工业经济增长与能源消费和碳排放之间的解耦关系进行研究。[6] 涂红星研

① 丁胜、温作民：《长三角地区碳排放影响因素分析——基于 IPAT 改进模型》，《技术经济与管理研究》2014 年第 9 期，第 106—109 页。

② 齐绍洲、林屾、王班班：《中部六省经济增长方式对区域碳排放的影响——基于 Tapio 解耦模型、面板数据的滞后期工具变量法的研究》，《中国人口·资源与环境》2015 年第 5 期，第 59—66 页。

③ 车亮亮、韩雪、赵良仕等：《中国煤炭利用效率评价及与经济增长解耦分析》，《中国人口·资源与环境》2015 年第 3 期，第 104—110 页。

④ 周银香：《交通碳排放与行业经济增长解耦及耦合关系研究——基于 Tapio 解耦模型和协整理论》，《经济问题探究》2016 年第 6 期，第 41—48 页。

⑤ 张文斌、陈英等：《基于解耦分析方法的耕地占用与经济发展的关系研究——以甘肃省康乐县为例》，《自然资源学报》2013 年第 4 期，第 560—570 页。

⑥ 查建平等：《中国能源消费、碳排放与工业经济增长——个解耦理论视角的实证分析》，《当代经济科学》2011 年第 6 期，第 81—89 页。

究了工业经济增长与碳排放的解耦关系，并运用 LMDI 方法对影响碳排放强度变化的主要因素进行了分解。[1] 刘怡君定性与定量相结合研究了不同时期、不同地域、不同类别的中国百强城市经济发展与能源消耗的关系，发现我国多数东部城市的经济发展建立在高能耗基础之上。[2]

本章希望通过借鉴国内外的研究成果，探寻西北地区碳排放与经济增长的解耦关系，并比较其差异，从而推动西北地区低碳发展的研究。

第二节　能源消费、碳排放与经济增长

二氧化碳排放的主要污染来源指化石能源使用，所以无论以什么方法分析碳排放问题，应对相应的化石能源使用状况予以分析。

一、能源消费总量变化

图 3-3 为西北五省能源消费总量（1978—2014 年），由图可知西北五省在 1978—2014 年间的能源消费总量呈逐年上升的趋势。新疆与陕西的能源消费量在 2008 年之前基本呈同步增长状态。2008—2012 年期间新疆的能源消费量低于陕西，但两地区的能源消费量均以较高的速度增长，2012 年以后新疆的能源消费量超过了陕西，成为西北五省中能源消费最多的地区。甘肃省的能源消费量在 2002 年前保持增长，2003 年以后增速加快，其能源消费增长速度低于新疆和陕西，高于宁夏和青海。青海和宁夏能源消费量远低于西北其他省区，其能源消费量的增长速度也较为平缓，但也均在 2003 年

---

① 涂红星、肖序、许松涛：《基于 LMDI 的中国工业行业碳排放解耦分析》，《中南大学学报（社会科学版）》2014 年第 4 期，第 31—36 页。
② 刘怡君、王丽、牛文元：《中国城市经济发展与能源消耗的解耦分析》，《中国人口·资源与环境》2011 年第 1 期，第 70—77 页。

开始出现能源消耗总量的快速增长，宁夏在 1990—1995 年出现能源消费总量下降的情况。青海的能源消费量在西北五省中最低，其能源消费结构不稳定，煤炭和风电水电的消费量较大，其中风电水电的消费量除个别年份外，始终处于该省能源消费的首位。

能源消耗总量（万吨）

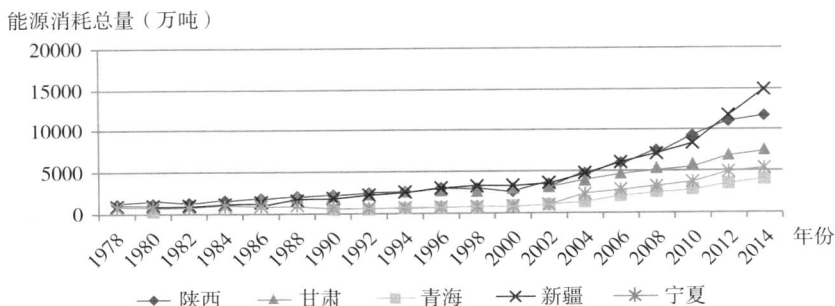

图 3-3　西北五省能源消费总量（1978—2014 年）

西北五省均以 2003 年为时间节点，能源消费显著增加，与全国宏观经济形态于 2003 年前连续五年通货紧缩后的高投资高增长以及高资源能源消费有关。青海能源消费总量低是由于其生产规模、人口规模均较小。新疆高能源消费与其较高化石能源生产、产业结构以及气候条件有关。

二、人均碳排放量

由表 3-1 可知，西北地区的人均碳排放总量在 1985 年之前低于全国，但从 1985 年开始到 2014 年人均碳排放量持续高于全国人均水平。1985—2002 年西北地区人均碳排放量略高于全国，从 2003 年差距越来越大。宁夏的人均碳排放量所研究时间段（1978—2014 年），除 1990—2002 年仅低于新疆 1993 年低于甘肃外，其他各年份均明显高于西北其他省份，除 1993 年外，在其他 36 年显著高于全国碳排放人均水平。宁夏 1990—2000 年期间碳

排放量有下降或增速减缓趋势，但是从 2002 年开始，宁夏的人均碳排放量
进入快速增长时期，2010、2011 年是增长最快的年份，2014 年人均碳排放
5.7 吨，是全国人均碳排放量的 3.06 倍。在西北五省中新疆人均碳排放仅
次于宁夏（1990—2002 年高于宁夏），人均碳排放量处于持续增长态势，
2004 年后人均碳排放量增长速度明显加快。陕西人均碳排放在 2008 年之前
低于全国水平，2001 年之后人均碳排放量明显增加。青海省的水电能源消
费量较大，化石能源消费总量在西北五省最低，人均碳排放量在 2005 年开
始超过全国水平，2003—2008 年出现一段时期的快速增长。甘肃人均碳排
放量一直处于较低水平，除 11 个年份略高于全国水平，其他时期均低于全
国水平。

表 3-1　西北五省及全国人均碳排放量（1978—2014 年）

单位：吨/人

区域\年份	陕西	甘肃	宁夏	新疆	青海	西北	全国	西北地区人均碳排放高出全国百分比
1978	0.30	–	1.62	0.55	–	0.31	0.38	(0.21)
1979	0.30	–	1.68	0.53	–	0.32	0.39	(0.24)
1980	0.30	–	1.54	0.55	0.41	0.34	0.40	(0.18)
1981	0.30	–	1.46	0.57	–	0.32	0.39	(0.23)
1982	0.32	–	1.39	0.56	–	0.32	0.40	(0.26)
1983	0.36	–	1.43	0.61	–	0.34	0.42	(0.21)
1984	0.38	–	1.69	0.63	–	0.37	0.45	(0.19)
1985	0.43	0.49	1.68	0.71	0.47	0.57	0.48	0.16
1986	0.45	0.52	1.62	0.71	–	0.56	0.49	0.12
1987	0.48	0.57	1.66	0.71	–	0.59	0.52	0.11
1988	0.48	0.59	1.68	0.79	–	0.61	0.55	0.10
1989	0.48	0.57	1.65	0.83	–	0.61	0.57	0.08
1990	0.47	0.57	0.75	0.86	0.53	0.59	0.57	0.05

续表

区域 年份	陕西	甘肃	宁夏	新疆	青海	西北	全国	西北地区人均碳排放 高出全国百分比
1991	0.49	0.62	0.69	0.91	0.43	0.61	0.59	0.04
1992	0.50	0.64	0.66	0.97	0.41	0.63	0.61	0.04
1993	0.52	0.65	0.63	1.04	0.42	0.66	0.64	0.03
1994	0.54	0.68	0.93	1.07	0.48	0.70	0.67	0.05
1995	0.60	0.70	0.95	1.11	0.53	0.74	0.70	0.06
1996	0.62	0.73	0.97	1.21	0.53	0.78	0.72	0.08
1997	0.63	0.65	0.96	1.24	0.68	0.78	0.71	0.09
1998	0.59	0.67	0.94	1.24	0.63	0.76	0.69	0.10
1999	0.51	0.71	0.92	1.19	0.75	0.74	0.71	0.05
2000	0.50	0.75	0.95	1.19	0.64	0.75	0.73	0.03
2001	0.57	0.76	1.00	1.21	0.64	0.79	0.75	0.05
2002	0.65	0.79	1.15	1.24	0.69	0.85	0.81	0.05
2003	0.75	0.88	1.87	1.36	0.77	0.98	0.95	0.04
2004	0.89	0.97	2.83	1.59	0.93	1.18	1.09	0.08
2005	1.04	1.08	3.02	1.77	1.43	1.35	1.23	0.09
2006	1.13	1.18	3.34	1.90	1.63	1.48	1.34	0.09
2007	1.29	1.26	3.61	2.03	1.86	1.63	1.45	0.11
2008	1.38	1.31	3.74	2.16	1.99	1.72	1.47	0.15
2009	1.50	1.28	3.83	2.29	1.99	1.79	1.58	0.12
2010	1.67	1.38	4.21	2.48	1.78	1.94	1.66	0.15
2011	1.82	1.50	5.36	2.96	1.88	2.22	1.79	0.19
2012	1.98	1.57	5.43	3.48	2.19	2.45	1.82	0.26
2013	2.10	1.64	5.67	3.85	2.29	2.62	1.86	0.29
2014	2.08	1.67	5.70	4.14	2.19	2.69	1.86	0.31

注：数据来源于中华人民共和国国家统计局：《新中国六十年统计资料汇编》，中国统计出版社
2010 年版。"－"表示统计数据缺失。

从基期趋势观察，由于宁夏、新疆人均碳排放量持续且显著高于全国水

平，西北地区 1985—2014 年连续 30 年人均碳排放高于全国水平，青海和陕西分别于 2005、2010 年开始碳排放量持续高于全国水平。亦可预期在未来较长一段时期，由于经济结构、地理环境与气候条件以及能源的结构与制度等因素，西北地区降低生产生活对化石能源依赖程度，从而减少二氧化碳排放，任务极为艰巨。

三、生产总值指数、能源消费量与碳排放总量

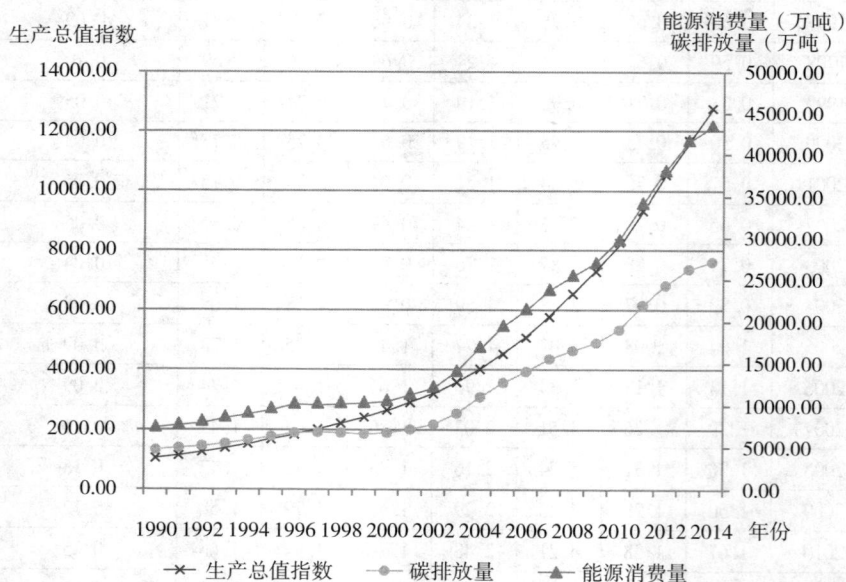

图 3-4　西北五省生产总值指数、能源消费量与碳排放总量（1990—2014 年）

数据来源：《新中国六十年统计资料汇编》，中华人民共和国国家统计局，2010 年 1 月。西北五省的生产总值指数以 1990 年为基期计算得到。

从图 3-4 可以看出，1990—2014 年，西北五省的能源消费总量、碳排放总量及生产总值指数①总体上均呈增长趋势。所不同的是，生产总值指数

———————————

① 国内生产总值指数是指反映一定时期内国内生产总值变动趋势和程度的相对数。

一直处于增长态势，增长速度也表现出加快的特征，2000—2002 年出现一次波动。能源消费量变化大致可以分为三个阶段：在 1990—2001 年呈现平稳增长，增长幅度较小；2002—2010 年和 2011—2014 年增幅均分别高于前一阶段，且有下降的迹象。碳排放量则和能源消费量的变动趋势基本相似，也可以大致分为三个阶段：1990—1998 年平缓增长，1998—2000 年有小幅下降，2001—2014 年增速加快。碳排放总量的增长速度低于能源消费量的增长速度，说明能源使用效率有所提高。

四、能源消费结构

从能源消费构成来看，由于西北地区的煤炭储量丰富，所以煤炭的消费量始终居于西北五省区能源消费量的第一位，石油、天然气、风水电的消费量与煤炭相比差距明显，但也保持增长趋势。从图 3-5 可以看出，宁夏的煤炭消费占比在西北五省中最高。由于煤炭的碳排放系数在三种能源中最高，宁夏的煤炭使用量高，是人均碳排放总量高的重要原因。陕西煤炭使用占比在西北五省中仅次于宁夏，甘肃和新疆煤炭使用占比基本持平，低于宁夏、青海。青海的煤炭使用占比远低于其他四省区，石油和天然气的占比也仅为 10%，其能源消费 40% 为水力发电。此外，新疆相较其他四省区来说，使用石油和天然气占比较高。

总体来看，中国能源消费结构中水电、核电、太阳能和风能等零碳含量的新能源比例较低，因而进一步改善能源结构，提升新能源的市场份额成为节能减排的必然选择。西北地区是全国能源依赖性很强的地区，生产和生活过度依赖煤炭、石油、天然气等化石能源，在发展经济的同时伴随着高强度碳排放。改变能源消费结构提高能源使用效率和转变经济增长方式是降低碳排放的有效途径。

三种能源消费量占比（%）

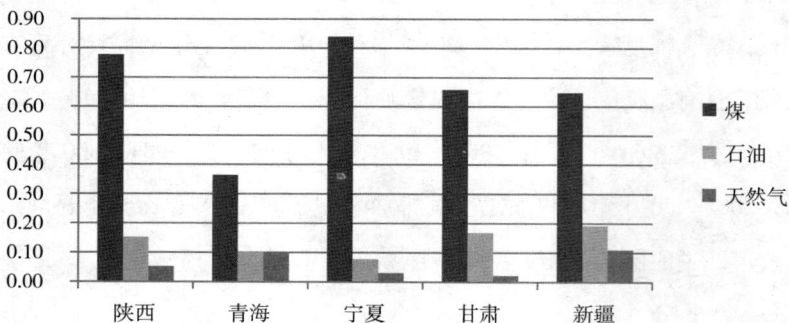

图 3-5　西北五省能源消费结构（1978—2014 年）

第三节　经济增长与碳排放解耦轨迹：
区域与整体尺度

一、解耦指标与解耦状态描述

本节对 Tapio 模型进行了改进，定义如下：

第一，经济增长与二氧化碳排放间的解耦指标用 $e(CO_2，GDP)$ 表示总解耦指标，即式（3.12）。其表达式为：

$$e_{(CO_2, GDP)} = \frac{\Delta CO_2}{CO_2} \Big/ \frac{\Delta GDP}{GDP} \tag{3.12}$$

第二，能源消耗与经济增长间的解耦指标以 $e(E，GDP)$ 表示节能解耦指标，即式（3.13）其表达式为：

$$e_{(E, GDP)} = \frac{\Delta E}{E} \Big/ \frac{\Delta GDP}{GDP} \tag{3.13}$$

不同产业单位产值能耗不同。一般情况下，单位工业产值能耗要大于农业和服务业，重工业单位产值能耗大于轻工业。所以，节能解耦指标主要受能源利用技术水平和产业结构影响。

第三，减排解耦指标为二氧化碳排放与能源消耗间的解耦指标$e(CO_2，E)$，即式（3.14），其表达式为：

$$e_{(CO_2,\ E)} = \frac{\Delta CO_2}{CO_2} \Big/ \frac{\Delta E}{E} \tag{3.14}$$

因为不同种类能源的二氧化碳排放系数不同，减排解耦指标主要受能源消费结构及能源清洁利用技术水平影响。例如煤炭在能源消费结构中比例的上升会导致减排解耦指标值上升，而清洁能源使用比重的上升则会使减排解耦指标值下降。

由式（3.12）、（3.13）、（3.14）可得式（3.15）：

$$e_{(CO_2,\ GDP)} = e_{(CO_2,\ E)} \times e_{(E,\ GDP)} \tag{3.15}$$

总解耦指标$e(CO_2，GDP)$为节能解耦指标$e(E，GDP)$与减排解耦指标$e(CO_2，E)$的乘积，其变化主要由产业结构、技术水平和能源消费结构决定。综上所述说明，利用恒等式构建 Tapio 解耦指标的实质就是引入一个或多个与碳排放和经济发展有关的中间变量，例如能源消费量或某一产业的发展状况，不同变量之间弹性乘积的最终结果为碳排放与经济增长之间的解耦弹性指标，进而构造对解耦弹性指标进行分解的因果链，从不同中间变量之间弹性与 1 的比较可以看出其对解耦指标变化的作用，若大于 1，表示对碳排放与经济增长之间的解耦弹性指标的上升起正向作用；反之，则起负向作用。表 3-2 说明解耦状态及其所对应的含义。

表 3-2 8 种解耦状态及特征

解耦状态	解 耦 特 征	碳排放和经济增长的解耦状态含义
弱解耦	$\Delta GDP > 0,\ \Delta CO_2 > 0,\ \dfrac{\%\Delta CO_2}{\%\Delta GDP} = 0—0.8$	经济增长，碳排放增加，碳排放增加幅度小于经济增长幅度
强解耦	$\Delta GDP > 0,\ \Delta CO_2 < 0,\ \dfrac{\%\Delta CO_2}{\%\Delta GDP} < 0$	经济增长，碳排放下降
衰退解耦	$\Delta GDP < 0,\ \Delta CO_2 < 0,\ \dfrac{\%\Delta CO_2}{\%\Delta GDP} > 1.2$	经济衰退，碳排放下降，碳排放下降幅度大于经济衰退幅度
扩张负解耦	$\Delta GDP > 0,\ \Delta CO_2 > 0,\ \dfrac{\%\Delta CO_2}{\%\Delta GDP} > 1.2$	经济增长，碳排放增加，碳排放增加幅度大于经济增长幅度
强负解耦	$\Delta GDP < 0,\ \Delta CO_2 > 0,\ \dfrac{\%\Delta CO_2}{\%\Delta GDP} < 0$	经济衰退，碳排放增加
弱负解耦	$\Delta GDP < 0,\ \Delta CO_2 < 0,\ \dfrac{\%\Delta CO_2}{\%\Delta GDP} = 0—0.8$	经济衰退，碳排放下降，碳排放下降的幅度小于经济衰退的幅度
扩张性耦合	$\Delta GDP > 0,\ \Delta CO_2 > 0,\ \dfrac{\%\Delta CO_2}{\%\Delta GDP} = 0.8—1.2$	经济增长，碳排放增加，碳排放增加的幅度大于或相当于经济增长的幅度
衰退性耦合	$\Delta GDP < 0,\ \Delta CO_2 < 0,\ \dfrac{\%\Delta CO_2}{\%\Delta GDP} = 0.8—1.2$	经济衰退，碳排放下降，碳排放下降的幅度小于或相当于经济增长的幅度

二、解耦总体变化趋势

本章对西北五省碳排放量估算主要依据化石能源的消费量，包括煤炭、石油、天然气三种化石能源。我们采用西北五省 1978—2014 年共 37 年的数据。

（一）总解耦变化（1978—2014 年）

由表 3-3 可知，无论就全国范围还是西北五省而言，经济增长与碳排放的解耦趋势不稳定，在 1978—2014 年 37 年中的大部分年份，GDP 与二氧化碳排放均呈增长态势，前者增长快于后者。各省区总解耦指标分布集中在小于 1 的正数区间范围，说明处于弱解耦状态。

陕西省在大部分时间处于弱解耦状态，在 1998—2000 年三年中呈强解耦状态，经济增长同时碳排放量下降。强解耦状态必转为扩张负解耦，经济增长与二氧化碳排放之间的关系没能保持住良好的状态，出现了扩张负解耦，经济增长碳排放增加，碳排放增加幅度大于经济增长幅度。从图 3-6 发现陕西的解耦指数变化幅度较小，大多集中在 0—1 之间。

青海的解耦指数变化极为显著。其中 1994 年、1997 年、1999 年和 2005 年解耦指标值陡增。1994 年总解耦指标值突然增加是由于青海当年能源消耗量增长了 11%，碳排放量有了大幅度增长。1997 年当年能源消耗总量并未明显增长，但是煤炭和石油占能源消费的比重增加，煤炭消费量增加 12%，石油消费量增加 126%。1999 年能源消费总量增长 27%，导致其解耦指标出现大幅度向上波动。2005 年的解耦指标值达到 3.84，是青海省解耦情况最差的一年，原因在于其能源消费总量增 34%，煤炭的使用占比也增加了 17%。

从甘肃省的解耦指数值判断，其经济增长对碳排放的影响地区中程度最低，仅有一年处于扩张负解耦状态，其余各年均为经济增长速度大于或等于二氧化碳排放增长速度。

宁夏回族自治区 1979—1982 年、1985—1986 年、1989—1993 年和 1997—1999 年均出现碳排放量持续减少，因此其解耦状态表现为强解耦，但 2002—2006 年能源消费量大幅度增加，经济增长速度小于碳排放增长。1994 年宁夏的解耦指数出现明显的跳跃式增长，其解耦指数达到了 6.6585，主要由于其化石能源结构中煤炭使用占比从 1993 年的 47.7% 增加到 75%。

新疆在 2002 年之前以弱解耦为主，但从 2003 年开始主要为扩张负解耦和增长连接两种状态。

比较西北地区与全国的解耦指数动态，两者基本保持相同趋势，但西北地区的解耦指数在大部分年份高于全国。西北地区与全国的解耦状态变化的动因有共同点，即大致从 2000 年开始，能源消费量大幅度增加，但经济增长的幅度却低于碳排放增加幅度。直到 2012 年上述情况开始缓解，碳排放量的增长速度逐渐下降。从宏观环境分析，2000 年以来由于国际经济形势好转以及国家扩大内需和增加投资的宏观经济政策效应，大批高耗能、高污染工业项目集中建设，导致二氧化碳等污染物排放大幅增长。

表3-3　西北五省及西北地区总解耦指标及其解耦状态（1978—2014年）

时间	陕西省 解耦指标	陕西省 解耦状态	青海省 解耦指标	青海省 解耦状态	甘肃省 解耦指标	甘肃省 解耦状态	宁夏 解耦指标	宁夏 解耦状态	新疆 解耦指标	新疆 解耦状态	西北地区 解耦指标	西北地区 解耦状态	全国范围 解耦指标	全国范围 解耦状态
1978—1979	0.3498	弱解耦	--	--	--	--	1.0324	扩张性耦合	(0.2484)	强解耦	--	--	0.3274	弱解耦
1979—1980	0.3198	弱解耦	--	--	--	--	(0.7888)	强解耦	0.9859	扩张性耦合	--	--	0.3597	弱解耦
1980—1981	0.2714	弱解耦	--	--	--	--	(1.2496)	强解耦	0.4668	弱解耦	--	--	(0.3161)	强解耦
1981—1982	0.5710	弱解耦	--	--	--	--	(0.2889)	强解耦	0.0214	弱解耦	--	--	0.4844	弱解耦
1982—1983	1.9110	扩张负解耦	--	--	--	--	0.2918	弱解耦	0.7387	弱解耦	--	--	0.5547	弱解耦
1983—1984	0.5043	弱解耦	--	--	--	--	1.5189	扩张负解耦	0.3346	弱解耦	--	--	0.5294	弱解耦
1984—1985	0.7595	弱解耦	--	--	--	--	0.0565	弱解耦	0.8249	扩张性耦合	--	--	0.6805	弱解耦
1985—1986	0.6199	弱解耦	--	--	0.7522	弱解耦	(0.0937)	强解耦	0.1796	弱解耦	--	--	0.5677	弱解耦
1986—1987	0.8902	扩张性耦合	--	--	1.1511	扩张性耦合	0.6326	弱解耦	0.0731	弱解耦	--	--	0.6301	弱解耦
1987—1988	0.0751	弱解耦	--	--	0.3699	弱解耦	0.2728	弱解耦	1.3419	扩张负解耦	--	--	0.6509	弱解耦
1988—1989	0.6406	弱解耦	--	--	(0.0916)	强解耦	0.0490	弱解耦	1.0967	扩张性耦合	--	--	0.9865	扩张性耦合
1989—1990	0.7553	弱解耦	--	--	0.5735	弱解耦	14.4738	强解耦	0.7891	弱解耦	--	--	0.3614	弱解耦
1990—1991	0.7354	弱解耦	(2.2181)	强解耦	1.4781	扩张负解耦	(1.3241)	强解耦	0.5364	弱解耦	0.5945	弱解耦	0.5883	弱解耦

续表

时间	陕西省		青海省		甘肃省		宁夏		新疆		西北地区		全国范围	
	解耦指标	解耦状态	解耦指标	解耦状态	解耦指标	解耦状态	解耦指标	解耦状态	解耦指标	解耦状态	解耦指标	解耦状态	解耦指标	解耦状态
1991—1992	0.4010	弱解耦	(0.2650)	强解耦	0.4572	弱解耦	(0.2514)	强解耦	0.6678	弱解耦	0.4435	弱解耦	0.3567	弱解耦
1992—1993	0.4117	弱解耦	0.5181	弱解耦	0.2718	弱解耦	(0.2536)	强解耦	0.9018	强解耦	0.4709	弱解耦	0.4203	弱解耦
1993—1994	0.5785	弱解耦	2.3904	扩张负解耦	0.6744	弱解耦	6.6585	扩张负解耦	0.3619	弱解耦	0.8556	扩张性耦合	0.4170	弱解耦
1994—1995	1.0845	扩张性耦合	1.6595	扩张负解耦	0.4575	弱解耦	0.4177	弱解耦	0.5557	弱解耦	0.7282	弱解耦	0.6846	弱解耦
1995—1996	0.4617	弱解耦	0.0989	弱解耦	0.4090	弱解耦	0.3278	弱解耦	1.7493	扩张负解耦	0.6584	弱解耦	0.6429	弱解耦
1996—1997	0.1875	弱解耦	2.8560	扩张负解耦	(0.9923)	强解耦	0.0345	强解耦	0.4766	弱解耦	0.0701	弱解耦	(0.2272)	强解耦
1997—1998	(0.5148)	强解耦	(0.5046)	强解耦	0.3289	弱解耦	(0.1058)	强解耦	0.2398	弱解耦	(0.0998)	强解耦	(0.7738)	强解耦
1998—1999	(1.2016)	强解耦	2.3079	扩张负解耦	0.8722	扩张性耦合	(0.0710)	强解耦	(0.2941)	强解耦	(0.1891)	强解耦	0.1504	弱解耦
1999—2000	(0.1167)	强解耦	(1.4166)	强解耦	0.3914	弱解耦	0.4967	弱解耦	0.4302	弱解耦	0.1537	弱解耦	0.3069	弱解耦
2000—2001	1.5292	扩张负解耦	0.1430	强负解耦	0.1726	弱解耦	0.7618	弱解耦	0.3726	弱解耦	0.6418	强负解耦	0.1772	弱解耦
2001—2002	1.3025	扩张负解耦	0.6712	弱解耦	0.4560	弱解耦	1.5410	扩张负解耦	0.5282	弱解耦	0.8302	弱解耦	0.5533	弱解耦
2002—2003	1.2750	扩张负解耦	1.0256	扩张性耦合	1.0246	扩张性耦合	5.1703	扩张负解耦	1.0106	扩张性耦合	1.4754	扩张性耦合	1.6431	扩张负解耦
2003—2004	1.5227	扩张负解耦	1.7538	扩张负解耦	0.9724	扩张性耦合	4.7420	扩张负解耦	1.6175	扩张负解耦	1.7647	扩张负解耦	1.4637	扩张负解耦

续表

时间	陕西省		青海省		甘肃省		宁夏		新疆		西北地区		全国范围	
	解耦指标	解耦状态	解耦指标	解耦状态	解耦指标	解耦状态	解耦指标	解耦状态	解耦指标	解耦状态	解耦指标	解耦状态	解耦指标	解耦状态
2004—2005	1.2338	扩张负解耦	3.8416	扩张负解耦	0.9061	扩张性耦合	0.7857	弱解耦	1.3002	扩张负解耦	1.2193	扩张负解耦	0.9209	扩张性耦合
2005—2006	0.6626	弱解耦	1.3780	扩张负解耦	0.8538	扩张性耦合	0.9367	扩张性耦合	0.8610	扩张性耦合	0.8192	扩张性耦合	0.7402	弱解耦
2006—2007	0.9303	扩张性耦合	1.1402	扩张负解耦	0.5923	弱解耦	0.7285	弱解耦	0.7507	弱解耦	0.7836	弱解耦	0.5340	弱解耦
2007—2008	0.4485	弱解耦	0.5635	弱解耦	0.3938	弱解耦	0.3929	弱解耦	0.7236	弱解耦	0.4860	弱解耦	0.6177	弱解耦
2008—2009	0.8295	扩张性耦合	0.0527	弱解耦	(0.2345)	强解耦	0.3016	弱解耦	0.9133	扩张性耦合	0.4967	弱解耦	2.5114	扩张负解耦
2009—2010	0.7967	弱解耦	(0.4928)	强解耦	0.6604	弱解耦	0.8464	弱解耦	0.9271	扩张性耦合	0.6741	弱解耦	0.5440	弱解耦
2010—2011	0.7168	弱解耦	0.4419	弱解耦	0.7395	弱解耦	2.3555	扩张负解耦	1.7188	扩张负解耦	1.1557	扩张性耦合	0.9394	扩张性耦合
2011—2012	0.7217	弱解耦	1.2608	扩张负解耦	0.4128	弱解耦	0.2265	弱解耦	1.5741	扩张负解耦	0.8543	扩张性耦合	0.2517	弱解耦
2012—2013	0.6367	弱解耦	0.5360	弱解耦	0.3932	弱解耦	0.5699	弱解耦	1.0988	扩张负解耦	0.7284	弱解耦	0.3891	弱解耦
2013—2014	(0.1162)	强解耦	(0.3862)	强解耦	0.3023	弱解耦	0.3286	弱解耦	0.9003	扩张性耦合	0.3417	弱解耦	0.0604	弱解耦

注：表中加括号的数字为负值；以"——"符号表示为统计数据有缺失。

解耦指标

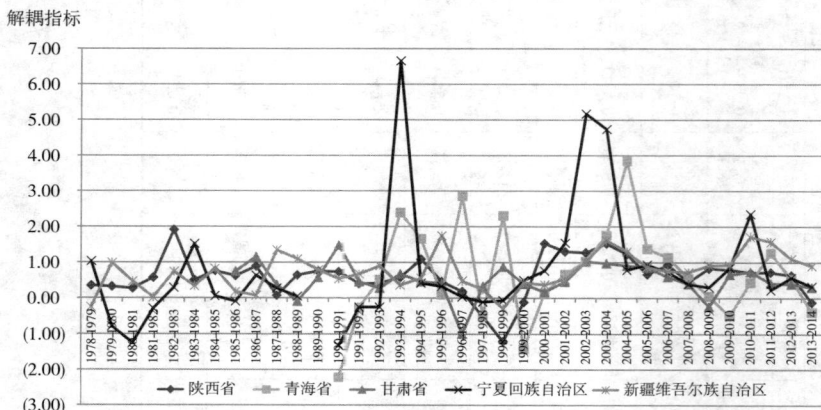

图 3-6 西北五省总解耦指标 （1978—2014 年）

注：宁夏回族自治区 1990 年的数据 （14.4738） 与其他值差异大，为了清楚显示解耦指数的变化趋势，未将其表示在图中。

（二） 节能解耦指标分析

节能解耦指标值差距反映出各地区因技术水平和产业结构差异所导致的能源利用效率不同。陕西的节能解耦指标有两年显示强解耦状态 （见表 3-4），1998 年和 1999 年，因为其 1997 年到 1999 年化石能源消耗总量下降但经济依然增长。青海在 1993—1995 年、1998 年、1999 年、2004—2007 年共 7 次处于扩张负解耦的状态，2000 年为强解耦状态。2001 年青海省出现强负解耦，经济衰退但能源消耗量增加。宁夏回族自治区 2003年、2004 年能源消费量较上年分别增长了 46% 和 49%，导致宁夏节能解耦指标值出现较大波动。新疆强解耦状态出现在 1979 年和 1999 年。2009—2014 年各年均处于扩张性解耦和扩张负解耦状态，说明其解耦状态主要呈负。

比较西北地区和全国的节能解耦指标，西北地区处于扩张负解耦和增长连接状态的年份多于全国。较多的年份处于扩张负解耦或扩张性耦合状态，且在 25 年（1990—2014 年）中节能解耦指标值有 15 年高于全国，说明其经济规模扩大同时经济结构呈现"重型化"趋势以及在新能源开发利用领域的不足，煤炭等高排放能源品种在能源结构中的主体地位不断强化，能源消费结构呈现恶化的趋势。

比较西北五省区，由图 3-7 发现青海和宁夏的节能解耦指数较大，陕西和新疆的相应指标值居中，甘肃减排解耦指标值最小，这反映出西北五省区之间不同地区的能源利用效率也存在较大的差异。在整个观察期（1978—2014 年），能源消费量与经济增长碳排放之间的解耦指标走势极为相似，我国"高排放"能源结构并无显著改善，目前能源消耗依然以传统化石能源为主。

（三）减排解耦指标分析

由表 3-5 发现，伴随着经济增长，二氧化碳排放和能源消耗量都呈现增长趋势，减排解耦指标值大部分在 0.8—1.2 这一范围内，说明二氧化碳排放与能源消费量的速度基本一致。由图 3-8 可知，西北五省与全国范围的总解耦指标基本保持着相同的趋势，但其减排解耦指标远大于全国总体水平。

陕西省在 2014 年出现了衰退连接状态，二氧化碳排放量和能源消耗量都在减少，并且二氧化碳的减少幅度大于能源消耗总量的减少幅度。说明陕西省的能源利用率在提高。青海省有 9 年的减排解耦状态为扩张负解耦，也就是二氧化碳排放的增长速度要远大于能源总量的增长速度，青海省的能源利用效率偏低。甘肃省的节能解耦状态多数为弱解耦，也就是二氧化碳排放增长速度小于能源消费总量的增长速度。是西北五省中能源利用效率较高的地区。宁夏回族自治区 1979—1982 年解耦状态为衰退连接，二氧化碳排放总量与能源消费量都在减少，并且速度相当。1994 年宁夏回族自治区的能源消费总量有较小幅度的增长，但煤炭的使用占比增加，导致碳排放量的大幅度增加，减排解耦指标为 14.6，由于数值过大，没有显示在图 3-8 中。新疆维吾尔族自治区的减排解耦指标多年以来一直处于扩张性耦合状态，能源利用效率一直没有明显的提高。西北五省的节能解耦指标在 1994 年、1995 年和 1997 年出现扩张负解耦，在 1998 年和1999 年为强解耦，在随后的年份里基本都为扩张性耦合状态。与全国范围的减排解耦指标相比，西北五省的能源利用效率普遍偏低。这反映出西北地区经济增长方式的粗放和不可持续。西北地区的减排解耦指标较全国无明显的特点，说明我国各地区在能源消耗方面没有明显的区别。同时，这一现象也反映出了我国新能源产业发展缓慢，以煤炭为主的能源消费结构多年来未发生根本性的转变。能源优化结构对整体节能减排工作贡献有限。

表3-4　西北五省及西北地区节能解耦指标及其解耦状态（1978—2014年）

时间	陕西省		青海省		甘肃省		宁夏		新疆		西北地区		全国范围	
	解耦指标	解耦状态	解耦指标	解耦状态	解耦指标	解耦状态	解耦指标	解耦状态	解耦指标	解耦状态	解耦指标	解耦状态	解耦指标	解耦状态
1978—1979	0.2940	弱解耦	--	--	--	--	1.1277	扩张性耦合	(0.2627)	强解耦	--	--	0.3325	弱解耦
1979—1980	0.3416	弱解耦	--	--	--	--	(0.7877)	强解耦	1.1444	扩张性耦合	--	--	0.3688	弱解耦
1980—1981	0.4678	弱解耦	--	--	--	--	(1.0977)	强解耦	0.3867	弱解耦	--	--	(0.2701)	强解耦
1981—1982	0.7635	弱解耦	--	--	--	--	(0.2225)	强解耦	0.0912	弱解耦	--	--	0.4797	弱解耦
1982—1983	1.7952	扩张负解耦	--	--	--	--	0.2799	弱解耦	0.7189	弱解耦	--	--	0.5796	弱解耦
1983—1984	0.4706	弱解耦	--	--	--	--	1.4637	扩张负解耦	0.3273	弱解耦	--	--	0.4796	弱解耦
1984—1985	0.5270	弱解耦	--	--	--	--	0.0052	弱解耦	0.8815	弱解耦	--	--	0.6203	弱解耦
1985—1986	0.4569	弱解耦	--	--	0.3398	弱解耦	(0.1572)	强解耦	0.2107	弱解耦	--	--	0.6278	弱解耦
1986—1987	0.7700	弱解耦	--	--	0.4859	弱解耦	0.4903	弱解耦	0.1039	弱解耦	--	--	0.6169	弱解耦
1987—1988	0.2092	弱解耦	--	--	0.3172	弱解耦	0.2833	弱解耦	1.3438	扩张负解耦	--	--	0.6509	弱解耦
1988—1989	1.2390	扩张负解耦	--	--	0.6032	弱解耦	0.2386	弱解耦	1.1099	扩张性耦合	--	--	0.9928	扩张性耦合
1989—1990	1.0574	扩张性耦合	--	--	0.3864	弱解耦	(8.8384)	强解耦	0.7943	弱解耦	--	--	0.4383	弱解耦
1990—1991	0.7425	弱解耦	(0.7497)	强解耦	0.9547	扩张性耦合	(0.3800)	强解耦	0.5300	弱解耦	(0.3980)	弱解耦	0.5596	弱解耦
1991—1992	0.4194	弱解耦	0.3876	弱解耦	0.1663	弱解耦	0.1775	弱解耦	0.6980	弱解耦	1.0676	弱解耦	0.3692	弱解耦

时间	陕西省 解耦指标	陕西省 解耦状态	青海省 解耦指标	青海省 解耦状态	甘肃省 解耦指标	甘肃省 解耦状态	宁夏 解耦指标	宁夏 解耦状态	新疆 解耦指标	新疆 解耦状态	西北地区 解耦指标	西北地区 解耦状态	全国范围 解耦指标	全国范围 解耦状态
1992—1993	0.1202	弱解耦	1.6674	扩张负解耦	0.5854	弱解耦	0.1487	弱解耦	1.0238	扩张性耦合	0.2541	弱解耦	0.4604	弱解耦
1993—1994	0.5762	弱解耦	1.8220	扩张负解耦	0.6491	弱解耦	0.4536	弱解耦	0.3596	弱解耦	0.6988	弱解耦	0.4454	弱解耦
1994—1995	0.9993	扩张性耦合	1.2505	扩张负解耦	0.1942	弱解耦	0.4888	弱解耦	0.5365	弱解耦	2.5166	弱解耦	0.7331	弱解耦
1995—1996	0.4224	弱解耦	0.1378	弱解耦	0.2050	弱解耦	0.3976	弱解耦	1.7579	扩张负解耦	1.9399	弱解耦	0.3028	弱解耦
1996—1997	0.2099	弱解耦	0.1129	弱解耦	(0.8726)	强解耦	0.0814	弱解耦	0.6377	弱解耦	(0.0933)	弱解耦	0.0555	弱解耦
1997—1998	(0.4040)	强解耦	0.3912	弱解耦	0.4237	弱解耦	0.0405	弱解耦	0.2975	弱解耦	0.0955	弱解耦	0.0276	弱解耦
1998—1999	(1.1306)	强解耦	3.2001	扩张负解耦	0.9474	扩张性耦合	0.0834	弱解耦	(0.2669)	强解耦	0.0880	弱解耦	0.4035	弱解耦
1999—2000	0.1213	弱解耦	(0.4629)	强解耦	0.3332	弱解耦	0.6182	弱解耦	0.3612	弱解耦	1.8551	弱解耦	0.5278	弱解耦
2000—2001	1.6280	扩张负解耦	(0.0872)	强负解耦	0.1932	弱解耦	0.4594	弱解耦	0.6330	弱解耦	2.3774	强解耦	0.7214	弱解耦
2001—2002	1.2280	扩张负解耦	0.6836	弱解耦	0.3497	弱解耦	1.3481	扩张负解耦	0.4394	弱解耦	3.8550	弱解耦	0.9400	扩张性耦合
2002—2003	1.1579	扩张负解耦	0.7637	弱解耦	1.0293	扩张性耦合	3.6932	扩张负解耦	1.0895	扩张性耦合	3.5880	扩张负解耦	1.5484	扩张负解耦
2003—2004	1.5304	扩张负解耦	1.8044	扩张负解耦	0.9430	扩张性耦合	4.3943	扩张负解耦	1.5552	扩张负解耦	4.6600	扩张负解耦	1.6028	扩张负解耦
2004—2005	1.1159	扩张负解耦	2.3806	扩张负解耦	0.9942	扩张性耦合	0.7933	弱解耦	1.3833	扩张负解耦	0.7979	扩张负解耦	1.2385	扩张负解耦

续表

时间	陕西省		青海省		甘肃省		宁夏		新疆		西北地区		全国范围	
	解耦指标	解耦状态	解耦指标	解耦状态	解耦指标	解耦状态	解耦指标	解耦状态	解耦指标	解耦状态	解耦指标	解耦状态	解耦指标	解耦状态
2005—2006	0.7132	弱解耦	1.2787	扩张负解耦	0.7467	弱解耦	0.9358	扩张性耦合	0.8926	扩张性耦合	1.2532	扩张性耦合	0.7216	弱解耦
2006—2007	0.9860	增长连接	0.7630	扩张负解耦	0.6418	弱解耦	0.7204	弱解耦	0.7166	弱解耦	1.1225	弱解耦	0.5929	弱解耦
2007—2008	0.5037	弱解耦	0.6799	弱解耦	0.5092	弱解耦	0.4319	弱解耦	0.6824	弱解耦	0.8482	弱解耦	0.2921	弱解耦
2008—2009	0.8045	增长连接	0.2775	弱解耦	0.0450	弱解耦	0.3123	弱解耦	0.7965	弱解耦	6.9410	弱解耦	0.5666	弱解耦
2009—2010	0.8161	增长连接	0.4803	弱解耦	0.6791	弱解耦	0.8444	扩张性耦合	0.9586	扩张性耦合	1.2433	弱解耦	0.7049	弱解耦
2010—2011	0.6933	弱解耦	0.7432	弱解耦	0.7725	弱解耦	2.3233	扩张负解耦	1.6449	扩张负解耦	3.0075	扩张性耦合	0.8144	扩张性耦合
2011—2012	0.6770	弱解耦	0.7655	弱解耦	0.6227	弱解耦	0.3230	弱解耦	1.5992	扩张负解耦	0.5186	扩张性耦合	0.4525	弱解耦
2012—2013	0.6792	弱解耦	0.8285	扩张性耦合	0.5298	弱解耦	0.6078	弱解耦	1.3830	扩张负解耦	1.1474	扩张性耦合	0.5151	弱解耦
2013—2014	(0.0938)	强解耦	0.6122	弱解耦	0.3624	弱解耦	0.3196	弱解耦	0.9495	扩张性耦合	0.8819	弱解耦	0.2567	弱解耦

注：表中加括号的数字为负值；以"——"符号表示为统计数据有缺失。

解耦指标

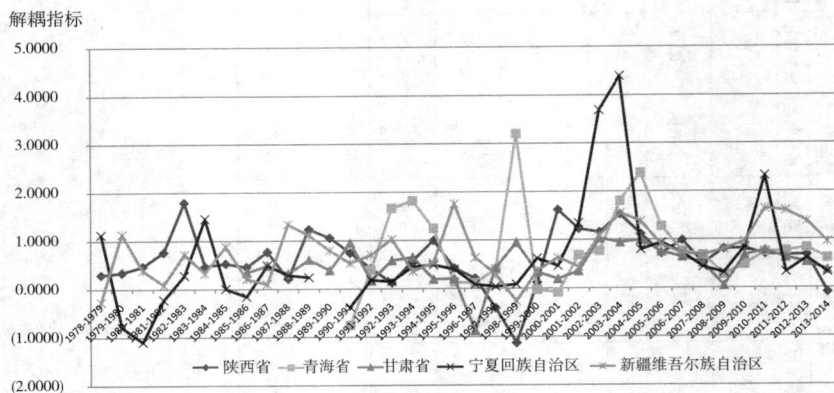

图 3-7　西北五省节能解耦指标（1978—2014 年）

注：宁夏回族自治区 1990 年的数据波动过大，为了更清楚地显示解耦指数的变化趋势，没有将
　　其显示在图中。

解耦指标

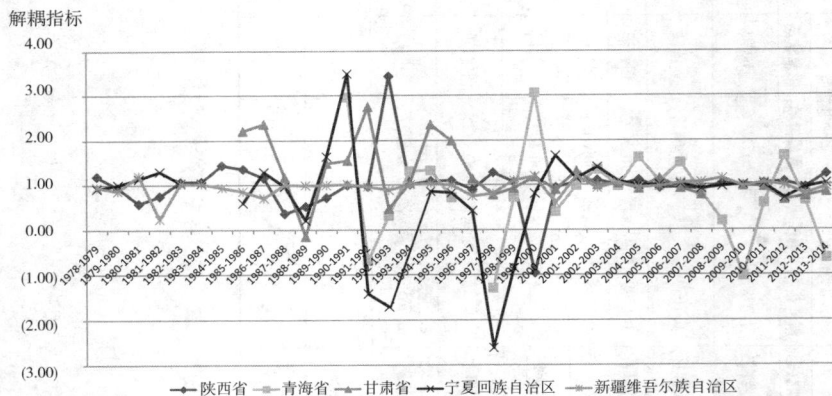

图 3-8　西北五省减排解耦指标（1978—2014 年）

注：宁夏回族自治区 1985 年和 1994 年的数据、青海省 1997 年数据、甘肃省 2009 年数据波动过
　　大，为了更清楚地显示解耦指数的变化趋势，没有将其表示在图中。

表 3-5　西北五省及西北地区减排解耦指标及其解耦状态（1978—2014 年）

时间	陕西省 解耦指标	陕西省 解耦状态	青海省 解耦指标	青海省 解耦状态	甘肃省 解耦指标	甘肃省 解耦状态	宁夏 解耦指标	宁夏 解耦状态	新疆 解耦指标	新疆 解耦状态	西北地区 解耦指标	西北地区 解耦状态	全国范围 解耦指标	全国范围 解耦状态
1978—1979	1.1897	扩张性耦合	--	--	--	--	0.9155	扩张性耦合	0.9454	衰退连结	--	--	1.8441	扩张负解耦
1979—1980	0.9361	扩张性耦合	--	--	--	--	1.0015	衰退连结	0.8615	扩张性耦合	--	--	0.9751	扩张性耦合
1980—1981	0.5802	弱解耦	--	--	--	--	1.1384	衰退连结	1.2072	扩张负解耦	--	--	1.1704	扩张性耦合
1981—1982	0.7479	弱解耦	--	--	--	--	1.2988	衰退连结	0.2350	弱解耦	--	--	1.0098	扩张性耦合
1982—1983	1.0645	扩张性耦合	--	--	--	--	1.0427	扩张性耦合	1.0276	扩张性耦合	--	--	0.9570	扩张性耦合
1983—1984	1.0717	扩张性耦合	--	--	--	--	1.0377	扩张性耦合	1.0224	扩张性耦合	--	--	1.1040	扩张性耦合
1984—1985	1.4411	扩张负解耦	--	--	--	--	10.8734	扩张负解耦	0.9357	扩张性耦合	--	--	1.0971	扩张性耦合
1985—1986	1.3568	扩张负解耦	--	--	2.2135	扩张负解耦	0.5958	弱负解耦	0.8525	扩张性耦合	--	--	0.9042	扩张性耦合
1986—1987	1.1561	扩张性耦合	--	--	2.3688	扩张负解耦	1.2902	扩张负解耦	0.7039	弱解耦	--	--	1.0215	扩张性耦合
1987—1988	0.3587	弱解耦	--	--	1.1661	扩张性耦合	0.9628	扩张性耦合	0.9986	增长连接	--	--	1.0000	扩张性耦合
1988—1989	0.5170	弱解耦	--	--	(0.1518)	强解耦	0.2056	弱解耦	0.9881	扩张性耦合	--	--	0.9937	扩张性耦合
1989—1990	0.7144	弱解耦	--	--	1.4843	扩张负解耦	1.6376	衰退解耦	0.9934	增长连接	--	--	0.8245	扩张性耦合

续表

时间	陕西省		青海省		甘肃省		宁夏		新疆		西北地区		全国范围	
	解耦指标	解耦状态	解耦指标	解耦状态	解耦指标	解耦状态	解耦指标	解耦状态	解耦指标	解耦状态	解耦指标	解耦状态	解耦指标	解耦状态
1990—1991	0.9904	增长连接	2.9587	衰退解耦	1.5482	扩张负解耦	3.4848	衰退解耦	1.0121	扩张性耦合	1.0823	扩张性耦合	1.0512	扩张性耦合
1991—1992	0.9562	增长连接	(0.6837)	强解耦	2.7500	扩张负解耦	(1.4162)	强解耦	0.9568	扩张性耦合	1.0467	扩张性耦合	0.9662	扩张性耦合
1992—1993	3.4249	扩张负解耦	0.3107	弱解耦	0.4644	弱解耦	(1.7049)	强解耦	0.8809	扩张性耦合	0.8538	扩张性耦合	0.9131	扩张性耦合
1993—1994	1.0040	扩张性耦合	1.3120	扩张负解耦	1.0389	扩张性耦合	14.6797	扩张性耦合	1.0062	扩张性耦合	1.4822	扩张负解耦	0.9361	扩张性耦合
1994—1995	1.0853	扩张性耦合	1.3271	扩张负解耦	2.3554	扩张负解耦	0.8546	扩张负解耦	1.0356	扩张性耦合	1.2083	扩张性耦合	0.9337	扩张性耦合
1995—1996	1.0931	扩张性耦合	0.7175	弱解耦	1.9953	弱解耦	0.8243	扩张性耦合	0.9951	扩张性耦合	1.1535	扩张性耦合	1.1830	扩张性耦合
1996—1997	0.8934	扩张性耦合	25.2961	扩张负解耦	1.1372	衰退解耦	0.4243	弱解耦	0.7474	弱解耦	3.1521	强解耦	(1.5655)	强解耦
1997—1998	1.2744	衰退解耦	(1.2899)	强解耦	0.7763	弱解耦	(2.6128)	强解耦	0.8060	扩张性耦合	(1.4887)	强解耦	(7.4078)	强解耦
1998—1999	1.0628	衰退连接	0.7212	弱解耦	0.9206	扩张性耦合	(0.8512)	强解耦	1.1020	衰退连接	(5.8802)	强解耦	0.9926	扩张性耦合
1999—2000	(0.962)	强解耦	3.0605	衰退解耦	1.1745	扩张性耦合	0.8035	扩张性耦合	1.1910	扩张性耦合	0.6584	弱解耦	0.8041	扩张性耦合
2000—2001	0.9393	扩张性耦合	0.3984	弱解耦	0.8933	扩张性耦合	1.6583	扩张负解耦	0.5886	弱解耦	0.9069	扩张性耦合	0.6636	弱解耦
2001—2002	1.0606	扩张性耦合	0.9817	增长连接	1.3039	扩张负解耦	1.1431	扩张性耦合	1.2020	扩张性耦合	1.1325	扩张性耦合	0.9208	扩张性耦合

续表

时间	陕西省 解耦指标	陕西省 解耦状态	青海省 解耦指标	青海省 解耦状态	甘肃省 解耦指标	甘肃省 解耦状态	宁夏 解耦指标	宁夏 解耦状态	新疆 解耦指标	新疆 解耦状态	西北地区 解耦指标	西北地区 解耦状态	全国范围 解耦指标	全国范围 解耦状态
2002—2003	1.1011	扩张性耦合	1.3430	扩张负解耦	0.9955	扩张性耦合	1.4000	扩张负解耦	0.9276	扩张性耦合	1.1310	扩张性耦合	1.1201	扩张性耦合
2003—2004	0.9950	扩张性耦合	0.9719	增长连接	1.0312	扩张性耦合	1.0791	扩张性耦合	1.0401	扩张性耦合	1.0490	扩张性耦合	0.9550	扩张性耦合
2004—2005	1.1057	扩张性耦合	1.6137	扩张负解耦	0.9114	扩张性耦合	0.9905	扩张性耦合	0.9399	扩张性耦合	1.0121	扩张性耦合	0.9508	扩张性耦合
2005—2006	0.9291	扩张性耦合	1.0777	扩张负解耦	1.1434	扩张性耦合	1.0009	扩张性耦合	0.9646	扩张性耦合	0.9932	扩张性耦合	1.0251	扩张性耦合
2006—2007	0.9435	扩张性耦合	1.4944	扩张负解耦	0.9229	扩张性耦合	1.0113	扩张性耦合	1.0476	扩张性耦合	1.0183	扩张性耦合	1.0012	扩张性耦合
2007—2008	0.8904	扩张性耦合	0.8288	扩张性耦合	0.7735	弱解耦	0.9097	扩张性耦合	1.0604	扩张性耦合	0.9143	扩张性耦合	0.8516	弱解耦
2008—2009	1.0310	扩张性耦合	0.1900	弱解耦	(5.2124)	强解耦	0.9657	扩张性耦合	1.1467	扩张性耦合	0.9692	扩张性耦合	1.1958	扩张性耦合
2009—2010	0.9762	扩张性耦合	(1.0261)	强解耦	0.9724	扩张性耦合	1.0023	扩张性耦合	0.9672	扩张性耦合	0.8731	扩张性耦合	0.7717	扩张性耦合
2010—2011	1.0339	扩张性耦合	0.5946	弱解耦	0.9572	扩张性耦合	1.0139	扩张性耦合	1.0449	扩张性耦合	1.0251	扩张性耦合	1.1535	扩张性耦合
2011—2012	1.0659	扩张性耦合	1.6469	扩张负解耦	0.6630	弱解耦	0.7015	弱解耦	0.9843	扩张性耦合	0.9749	扩张性耦合	0.5562	扩张性耦合
2012—2013	0.9374	扩张性耦合	0.6470	弱解耦	0.7421	弱解耦	0.9376	扩张性耦合	0.7945	弱解耦	0.8343	扩张性耦合	0.7554	弱解耦
2013—2014	1.2385	衰退解耦	(0.6308)	强解耦	0.8343	扩张性耦合	1.0282	扩张性耦合	0.9481	扩张性耦合	0.7618	弱解耦	0.2353	弱解耦

注：表中加括号的数字为负值；以"—"符号表示为统计数据有缺失。

结合中间变量（能源消费总量）来看，能源消费的 GDP 解耦弹性值与碳排放的能源消费解耦弹性值非常接近，这说明西北地区的能源碳排放与区域经济增长解耦主要是由能源消费与经济解耦引起的。目前西部地区碳减排技术水平对碳排放与区域经济增长解耦的贡献作用尚未显现，这与西北地区长期以来以煤炭为主的能源消费结构以及相对落后的技术发展有关。

第四节　经济周期阶段中解耦指标变化

根据西北各省区、西北地区以及全国的总解耦指标值以及减排和节能指标（见表 3-6—表 3-12），发现在表 3-2 所归纳的 8 种解耦状态中，由于在观察期间无论西北五省区还是全国，未曾出现经济负增长（即经济衰退）的情况，所以全部观察点的总解耦指标未出现衰退解耦、强负解耦、弱负解耦和衰退连接四种情况，仅可能有其他四种解耦状态，即强解耦、弱解耦、增长连接和扩张负解耦。

根据前文分析发现，无论全国以及西北地区和西北五省区，在不同经济增长（与发展）阶段或全国宏观经济波动的一些典型周期阶段，碳排放与经济增长的总解耦、节能减排解耦呈现周期性特征。这一重要特征既说明在特定的经济扩张繁荣或收缩不景气周期阶段，全国、西北地区或省（区）域范围，能源使用并非与经济规模成比例或者协同的线性变化，也隐含地表明，存在经济周期中经济结构变动，例如不同产业行业的相对变化，能源使用效率变化，以及相关产业政策、碳减排和生态环境治理政策发生变化。而且，上述变动规律呈现出区域差异。

一、观察期划分

基于上述观察，根据我国宏观经济运行状况划分若干经济周期，并考虑到改革开放初期很可能经济体系保留原有体制更多特征以及经济结构的惯性。将改革总时期划分为两大阶段，即 1978—1990 年和 1991—2014 年两个较长时段。同时为了对 1978 年改革开放以来总时间段中全国、西北以及西北五省区分别呈现的经济增长与二氧化碳排放解耦状态的一般趋势做综合判断，根据数据可得情况，将 1978—2014 年 37 年间作为总解耦时期予以观察。

对经济周期划分并未完全按照周期理论所区分的类型（如基钦周期、朱格拉周期、库兹涅茨周期、康德拉基耶夫周期），而按照中国宏观经济运行的波动阶段，有些周期也并未遵循经济增长完成一轮上升（下降）、下降（上升）的判断方法，例如1991—1997 年，考虑到这一阶段是接续中国经济改革、转型初期，经历过一次大的波动（1988—1990），其后又出现改革以来所遇到的连续 5 年通货紧缩以及经济增长下滑（1998—2002 年），仍可判定为一个相对独立的经济周期。

将 1978 年改革开放至 2014 年我们所观察时期划分为改革总时期：即1978—2014 年，其持续 37 年；两个经济阶段：即"转型初期"，1978—1990 年，持续 13 年；"持续转型期"，1991—2014 年，共持续 24 年。两个繁荣时期：1991—1997 年，周期长度 7 年，宏观经济经历了一轮持续高速增长时期。但也遭遇改革以来新一轮高通货膨胀，1994 年消费价格指数达到 24%；2003—2008 年，周期长度 6 年，经济实现新一轮高增长，同时出现信贷陡增和投资快速扩张。2008 年后半期，美国次贷危机诱发全球经济金融危机，危机迅速向包括中国在内的新兴市场经济体扩散。

两个收缩周期：1998—2002 年通货紧缩时期，经济增长率明显下滑，价格水平下降，投资增长乏力；2009—2014 年并持续到目前（2017），① 经济增长率下降，经济迈入新常态，国民经济结构正在进行一轮深度的较长时期调整，供给侧结构性改革逐步深入。

二、全国与西北解耦的周期趋势

根据分时段以及对经济周期的划分，对全国、西北地区和西北五省区经济增长与碳排放解耦状态作以下分析（参见表 3-6 至表 3-12）：

（一）全国在不同转型阶段和经济周期中总解耦均为弱解耦；西北地区除 2003—2008 年经济扩张周期为扩张性耦合外，其他各时段与周期同为弱解耦，说明全国以及西北地区经济增长与碳排放解耦状态保持较好态势。但由于西北地区各项解耦指标值均不如全国，且有 2003—2008 年五年期的扩张性耦合状态，说明其经济增长结构性特点决定其对传统化石能源（煤炭、石油和天然气）有较强的依赖。

从总体趋势看，全国以及西北地区节能指标以及解耦状态均优于减排解耦指标和状态。说明节能对总解耦的贡献大于减排，原因可能在于三种能源使用中，煤炭的比例偏高，以及煤炭、石油的能源使用效率较低。进一步分析全国在不同转型阶段和经济周期的解耦动态变化发现：

第一，全国在持续转型期（1991—2014 年）总解耦指标以及节能减排指标均低于转型初期（1978—1990 年），印证了经济增长对碳排放（能源使用）的依赖减轻了。

第二，1991—2008 年共经历了三个经济周期，即繁荣—收缩—繁荣，

① 根据数据收集情况，对本轮周期分析到 2014 年。

在两次经济周期转向中（即繁荣—收缩，收缩—繁荣）各项解耦指标均上升，说明尽管总体处于弱解耦状态，但经济增长与碳排放的结构性依存关系没有发生实质性变化。而且，总解耦与节能解耦指数值上升比较显著，说明在这一阶段经济增长对能源的依赖实际是加强的。[①]

第三，在全部观察期中，2009—2014 年是最新最近也是正在经历的经济周期，本轮周期是我国改革开放经济体制转型以来所经历的一个较为特殊也极为关键时期。其中，供给侧结构性改革的主要内容之一是秉持绿色发展理念，力推绿色金融、碳交易市场、企业环境责任制度等一系列有利于降低经济增长对能源消费强度的政策。在全国范围实施《中国应对气候变化国家方案》《节能减排"十二五"规划》等改革方案，事实表明相关举措收到了实效。

2009—2014 年收缩调整周期，三种解耦指标值既低于上一轮经济繁荣周期（2003—2008 年），也低于上一轮的收缩周期（1998—2003 年）。总解耦、节能解耦和减排解耦指标值分别比上一周期三种指标值下降 49.37%、37.53% 和 17.90%。2014 年，全国单位国民生产总值、二氧化碳排放比 2005 年下降 33.8%，非化石能源对一次能源比重达到 11.2%，森林面积比 2005 年增加 2160 万公顷，森林储积量比 2005 年增加 21.88 亿立方米。

（二）西北地区除 1998—2002 年收缩周期的解耦指标值小于全国外，其他各周期阶段的三种解耦指标值均高于全国，1978—1990 年的节能解耦指标值与全国相等，说明西北地区经济增长解耦总趋势与全国总体状况比较，尚不能乐观。进而做以下分析：

第一，在经济增长进入新常态，供给侧结构性改革的最新一轮经济周期

---

①　此处分析也说明，在运用"解耦"方法观察经济增长与碳排放的关系时，须同时结合解耦状态与指数进行分析。

中（2009—2014 年），西北地区尽管呈现解耦指标值比上一轮周期（2003—2008 年）下降，但下降幅度明显低于全国，约为全国下降幅度的 50%，总解耦指标、节能解耦指标和减排解耦指标分别下降 26.26%、18.37% 和 9.90%。比较 2003—2008 年和 1998—2002 年两个周期，西北三种解耦指标反弹恶化情况也明显比全国严重。

第二，西北地区经济增长对碳排放解耦指标值呈现出"顺周期"特点（解耦状态则为逆周期）。观察 1991—2014 年依次经历四次经济周期的解耦数据，西北地区各种解耦指标值比较有规律地遵循经济由繁荣转向收缩时下降、由收缩转向繁荣时上升的趋势。而且，当经济由繁荣转向收缩时，解耦指标值下降幅度较小，当经济由紧缩转向繁荣时，解耦指标值上升幅度较大。

上述分析的潜在意义是，西北地区经济规模扩大时，对能源依赖进一步强化，很有可能是因为高耗能行业成为经济扩张主要动力，新增投资对传统化石能源的使用是"不经济"的。进而言之，高耗能生产项目一旦形成，很难在经济紧缩、调整过程中被压缩掉。

三、西北五省区解耦周期动态分析

（一）五省区与西北地区解耦指标值相对变化

在西北五省区中，陕西在 1978—2014 年的各个分时期中，解耦指标值高于西北地区及全国的仅有 1991—1997 年周期的总解耦、减排解耦指数和 2009—2014 年的减排解耦指标值。其中，2009—2014 年周期总解耦指标值低于西北地区 27.4%。

甘肃在 1991—2014 年观察期中经历四次经济周期，仅有 1991—1997 年周期的减排解耦指标值低于西北地区和全国，其他解耦指标值均低于西北地区，接近或低于全国相应指标值。

　　青海总解耦指数在 1991—2014 年四个周期中呈现出繁荣期高于西北地区与全国，收缩期低于西北地区与全国。节能解耦指标值低于全国但高于西北地区。减排解耦指标值在 1991—2014 年四个周期中，繁荣期高于西北和全国，收缩期低于西北地区和全国。显而易见波动很大，由于青海省作为我国一个省份属于小规模区域经济体，很可能个别事件即导致相关指数发生显著变化。例如位于青海省南部的三江源①地区是长江、黄河、澜沧江的发源地，也是亚洲最主要的生态安全屏障和全球最敏感的气候启动区之一。国家于 2005 年开始实施三江源保护和建设工程，2014 年进一步在三江源与青海湖周边地区试行分户式太阳能碳权开发与碳交易试点。这些主要举措及其他一系列生态文明与环境建设项目的实施，必然会对青海低碳增长机制起到重要推动作用。

　　宁夏 1991—2014 年所经历的四个经济周期中总解耦、减排解耦指标值均大于西北地区和全国。节能解耦指标值 2003—2008 年繁荣周期和 2009—2014 年收缩调整周期均高于西北地区和全国。

　　新疆在 1991—2014 年四个周期中除 1998—2002 年收缩周期之外的三个周期各项解耦指标值均大于西北地区。值得注意的是，在 2009—2014 年收缩调整周期中，新疆总解耦与节能解耦指标值均显著上升，解耦状态则从 1991—1997 年、1998—2002 年两轮周期的弱解耦依次转变为扩张性耦合与扩张负解耦。说明新疆在最近两次周期中经济增长的路径、模式发生内部变化，不同于西北地区，经济增长的低碳模式被弱化。

---

　　①　2016 年启动三江源国家公园体制试点，青海省政府 2017 年 8 月 1 日开始实施《三江源国家公园案例（试行）》，以实现三江源自然资源的永久保育和永续利用，是保护国家重要生态安全的屏障。

根据上述分析对对西北五省区在 1991 年以后各周期阶段以及观察期，经济增长的解耦状况可大致排序（由最优状态递减）：甘肃、陕西、青海、新疆、宁夏。

（二） 解耦趋势与经济周期的同质性与差异

在不同经济周期阶段，不同产业行业及微观企业对化石能源的投入量及其能源使用效率均可能发生变化。原因主要在于：在经济上行阶段行业、企业对市场前景预期乐观，加大能源投入量以充分、满负荷利用生产能力；企业资产负债表改善，融资能力增强，能源资源交易中支付手段、支付方式更趋灵活。这些因素决定了能源使用存在"非节约"型，能源效率由于存在边际收益递减引起的规模不经济。经济下行阶段则相反，行业、企业对市场预期悲观，产能利用率下降，能源投入减少；企业资产缩水，实际债务加剧，在通货紧缩条件下更加明显，融资能力下降，能源资源交易支付手段被压缩，现金经济交易规模相对增加，从另一方向减少能源投入。上述因素促使企业对能源使用趋向"节能"型，能源效率因规模不经济的解除而提高。

上述分析意味着，在经济周期扩张阶段，经济增长对能源的依赖增强，二氧化碳排放对经济增长的弹性上升。在经济周期的收缩阶段，二氧化碳排放对经济增长的弹性则下降。但是，由于经济增长的能源依赖强度，以及相应的碳排放强度。在一定时期受产业结构、化石能源价格相对变化、能源结构、能源利用、技术进步和能源金融市场机制与因素影响，对不同经济周期阶段经济增长与二氧化碳排放关系的分析仅具有一般意义。而且，就我国不同区域范围论之，各不同尺度的区域（包括习惯划分的大区为西北地区，省区和市）与全国经济运行周期的长度、波幅以及转折，波峰、波谷均未必完全同步。甚至，在全国宏观经济的特定周期阶段，某一省区经济增长可能出现与全国趋势相反的情况。[①] 所以按照全国宏观经济波动特征划分的周期阶段分析全国西北地区以及西北五省区经济增长与碳排放关系变化趋势，仍是一种大致判断，对由此得出相关结论，应结合各省区具体的经济运行、能源结构、能源金融市场、能源技术进步和气候政策的制定与实施做更深入分析。对西北五省区三种解耦指标值（解耦状态）在经济周期不同阶段的动态变化趋势做如下分析（参照表 3-6 至表 3-12）[②]：

陕西总解耦指标值、节能解耦指标值在所经历 1991—2014 年四个经济周期中均呈现出顺周期特征，节能解耦指标值在 2009—2014 年周期比前一周期下降较明显。减排解耦指标值仅在 2009—2014 年的收缩调整周期阶段出现逆周期变化趋势。说明陕西须进一步强化减排改革设计与实施，同时引导产业的减排技术进步，降低二氧化碳排放相对能源消费的强度。

甘肃总解耦指标与节能解耦指标值在 1991—1997 年繁荣周期向 1998—2002 年收缩周期转变后不降反升逆周期变化，三种解耦指标在其他各周期转向的节点均顺周期变化。

青海除 1991—1997 年繁荣周期向次轮收缩周期转变后节能解耦指标值逆周期变化以外，三种解耦指标值在所有其他周期转变过程中均呈顺周期变化。青海在最前一段经济周期中经济增长的碳排放强度向好变化尤为明显，总解耦指标及节能、减排解耦指标值比前一周期下降幅度分别为 91.67%、59.33% 和 80.15%。其中，总解耦与减排解耦指标值分别为 0.17、0.27，不但低于本轮周期中全国西北地区和其他四省区的相应指标值，与全部周期分类中的其他周期阶段的总解耦、节能解耦指标值序列比较也是最低。这进一

---

① 在 2008 年全球金融危机蔓延之后，西北地区与东部地区以及全国（平均的）经济运行即出现一定程度周期阶段差异。
② 这里对经济周期阶段实际做了简化，考虑到清晰对应关系，这里仅对 1991—2014 年所划分的经济周期的情况分省区加以分析。

步揭示出国家及地方政府在青海省推行的一系列生态工程已经产生良好生态价值，对其他地区是一种很好的可以借鉴的范例。不过，观察青海在转型初期（1978—1990 年）和持续转型期（1991—2014 年）的数据，青海总解耦与节能解耦指标值均高出全国和西北，说明青海的低碳增长模式仍未完全形成，基础仍未稳固，尤须防止在追求经济较快增长情况下生态环境的向好趋势被中断。

宁夏在所分析四个周期阶段中总解耦指标均顺周期变化。节能解耦指标除 1991—1997 年繁荣周期向 1998—2002 年收缩周期转变后逆周期变化（上升 40%）以外均呈顺周期变化，减排解耦指标值除 2003—2008 年繁荣周期向 2009—2014 年收缩调整周期转变后逆周期变化（上升 6.73%）外均呈顺周期变化。观察最近两轮周期（2003—2008 年，2009—2014 年）的变化，宁夏三种解耦指标值均呈现顺周期的下降趋势，2009—2014 年收缩调整周期比上一轮繁荣周期分别下降 41.61%、37.76% 和 6.73%，但三种解耦指标值在最近一轮周期阶段仍比较高。说明其经济增长与碳排放的联结形态出现向好变化的趋势，但潜在的不利影响因素仍不容忽视，须进一步强化节能减排措施，寻求新的更有力的"解耦"渠道。

新疆总解耦指标与节能解耦指标在所分析的前三段经济周期中均顺周期变化，减排指标在四个周期中均顺周期变化。观察新疆经济增长与二氧化碳排放的解耦状况尤其应注意以下：新疆在最新一轮经济周期中与西北地区、全国比较均呈逆向变动，总解耦和节能解耦指标值不降反升，分别上升 26.67%、36.54%，解耦状态由扩张性耦合变化为扩张负解耦，三种解耦指标值均显著高于全国和西北地区。新疆 2003—2008 年和 2009—2014 年两轮周期的经济增长均存在对化石能源的严重依赖，节能减排的形势比较严峻，应引起地方政府的关注。

表 3-6 陕西周期解耦状态（1978—2014 年）

时 期	名称	总解耦指标	解耦状态	节能解耦指标	解耦状态	减排解耦指标	解耦状态
1978—1990	转型初期	0.46	弱解耦	0.46	弱解耦	0.99	扩张性耦合
1991—1997	繁荣周期	0.45	弱解耦	0.38	弱解耦	1.19	扩张性耦合
1998—2002	收缩周期	0.29	弱解耦	0.37	弱解耦	0.78	弱解耦
2003—2008	繁荣周期	0.91	扩张性耦合	0.93	扩张性耦合	0.98	扩张性耦合
2009—2014	收缩调整周期	0.53	弱解耦	0.53	弱解耦	1.00	扩张性耦合
1978—2014	改革总时期	0.22	弱解耦	0.22	弱解耦	0.99	扩张性耦合

表 3-7 青海周期解耦状态（1978—2014 年）

时 期	名称	总解耦指标	解耦状态	节能解耦指标	解耦状态	减排解耦指标	解耦状态
1978—1990	转型初期						
1991—1997	繁荣周期	1.01	扩张性耦合	0.68	弱解耦	1.49	扩张负解耦
1998—2002	收缩周期	0.28	弱解耦	0.74	弱解耦	0.37	弱解耦
2003—2008	繁荣周期	2.04	扩张负解耦	1.50	扩张负解耦	1.36	扩张负解耦
2009—2014	收缩调整周期	0.17	弱解耦	0.61	弱解耦	0.27	弱解耦
1991—2014	持续转型期	0.47	弱解耦	0.64	弱解耦	0.74	弱解耦

表 3-8 甘肃周期解耦状态（1978—2014 年）

时 期	名称	总解耦指标	解耦状态	节能解耦指标	解耦状态	减排解耦指标	解耦状态
1978—1990	转型初期						
1991—1997	繁荣周期	0.19	弱解耦	0.14	弱解耦	1.32	扩张负解耦

续表

时　期	名称	总解耦指标	解耦状态	节能解耦指标	解耦状态	减排解耦指标	解耦状态
1998—2002	收缩周期	0.43	弱解耦	0.41	弱解耦	1.05	扩张性耦合
2003—2008	繁荣周期	0.71	弱解耦	0.73	弱解耦	0.97	扩张性耦合
2009—2014	收缩调整周期	0.46	弱解耦	0.56	弱解耦	0.83	扩张性耦合
1991—2014	持续转型期	0.22	弱解耦	0.24	弱解耦	0.92	扩张性耦合

表 3-9　宁夏周期解耦状态（1978—2014 年）

时　期	名称	总解耦指标	解耦状态	节能解耦指标	解耦状态	减排解耦指标	解耦状态
1978—1990	转型初期	(0.21)	强解耦	(0.07)	强解耦	3.20	衰退解耦
1991—1997	繁荣周期	0.81	扩张性耦合	0.25	弱解耦	3.23	扩张负解耦
1998—2002	收缩周期	0.66	若解耦	0.60	弱解耦	1.09	扩张性耦合
2003—2008	繁荣周期	1.49	扩张负解耦	1.43	扩张负解耦	1.04	扩张性耦合
2009—2014	收缩调整周期	0.87	扩张性耦合	0.89	扩张性耦合	0.97	扩张性耦合
1978—2014	改革总时期	0.19	弱解耦	0.19	弱解耦	1.01	扩张性耦合

表 3-10　新疆周期解耦状态（1978—2014 年）

时　期	名称	总解耦指标	解耦状态	节能解耦指标	解耦状态	减排解耦指标	解耦状态
1978—1990	转型初期	0.37	弱解耦	0.39	弱解耦	0.96	扩张性耦合
1991—1997	繁荣周期	0.67	弱解耦	0.72	弱解耦	0.93	扩张性耦合
1998—2002	收缩周期	0.25	弱解耦	0.28	弱解耦	0.89	扩张性耦合
2003—2008	繁荣周期	1.05	扩张性耦合	1.04	扩张性耦合	1.01	扩张性耦合

续表

时　期	名称	总解耦指标	解耦状态	节能解耦指标	解耦状态	减排解耦指标	解耦状态
2009—2014	收缩调整周期	1.33	扩张负解耦	1.42	扩张负解耦	0.94	扩张性耦合
1978—2014	改革总时期	0.37	弱解耦	0.41	弱解耦	0.91	扩张性耦合

表 3-11　西北周期解耦状态（1978—2014 年）

时　期	名称	总解耦指标	解耦状态	节能解耦指标	解耦状态	减排解耦指标	解耦状态
1978—1990	转型初期						
1991—1997	繁荣周期	0.47	弱解耦	0.40	弱解耦	1.18	扩张性耦合
1998—2002	收缩周期	0.33	弱解耦	0.40	弱解耦	0.84	扩张性耦合
2003—2008	繁荣周期	0.99	扩张性耦合	0.98	扩张性耦合	1.01	扩张性耦合
2009—2014	收缩调整周期	0.73	弱解耦	0.80	弱解耦	0.91	扩张性耦合
1991—2014	持续转型期	0.42	弱解耦	0.42	弱解耦	0.99	扩张性耦合

表 3-12　全国周期解耦状态（1978—2014 年）

时　期	名称	总解耦指标	解耦状态	节能解耦指标	解耦状态	减排解耦指标	解耦状态
1978—1990	转型初期	0.42	弱解耦	0.40	弱解耦	1.05	扩张性耦合
1991—1997	繁荣周期	0.30	弱解耦	0.33	弱解耦	0.90	扩张性耦合
1998—2002	收缩周期	0.52	弱解耦	0.63	弱解耦	0.83	扩张性耦合
2003—2008	繁荣周期	0.79	弱解耦	0.83	扩张性耦合	0.95	扩张性耦合
2009—2014	收缩调整周期	0.40	弱解耦	0.52	弱解耦	0.78	弱解耦
1991—2014	持续转型期	0.33	弱解耦	0.37	弱解耦	0.89	扩张性耦合

第五节 碳排放影响因素

西北地区具有独特的自然地理条件，能源资源较为丰富，既拥有常规能源储藏，如石油、天然气、煤、油页岩、泥炭等，又有水电、核能、太阳能、风能、地热及生物质能等能源资源。其煤炭与石油、天然气资源，具有分布相对集中，开发成本低，开发潜力大等特点。近年来利用丰富的优势资源，西北地区形成了以农业为基础，轻重工业协调配合，包括煤炭、石油、电力、冶金、机械、化学工业、建材、森林、食品、纺织造纸等十多个部门在内的生产体系，已成为我国有色金属、石油、化工、石油机械制造和建筑材料的重要生产基地。目前，已初步形成门类较为齐全的工业体系，建成一批大型骨干企业和工矿城市。但是随着经济持续较快增长，能源消费量呈快速增长态势，碳排放量也呈较快增长趋势，由此而引发的环境问题日益受到关注。

一、产业结构不合理

造成西北地区经济增长——碳排放解耦指标高于全国的很大一部分原因是由于西北地区三次产业结构比例不合理。由表 3-6 和图 3-9，对比全国和西北五省区的三次产业结构可以发现，1978—2014 年期间全国第二产业占比一直处于 40%—50% 之间，并且从 2008 年开始其比例开始有所下降。2012 年全国第二产业与第三产业的比重持平，为 45%，2014 年全国的第二产业占比为 43%，第三产业占比达到 48%，第三产业比重超过第二产业。西北五省的第二产业占比一直较大，只有在 2001 年和 2002 年，第三产业出现了快速增长的趋势，超过了第二产业的比例。在 2003

年之后，西北地区第三产业比重有所下降，第二产业比重上升，第二产业和第三产业的差距变大，直到 2012 年这一趋势开始缓解。2014 年西北地区第二产业占比为 49%，第三产业为 39%，第二产业与第三产业之间的差距依然较大。

表3-13 全国范围和西北地区三产增加值及占比（1978—2014年）

三产增加值(亿元)及占比(%) 年份	全国范围							西北地区						
	国内生产总值	第一产业增加值	第一产业占比	第二产业增加值	第二产业占比	第三产业增加值	第三产业占比	西北地区生产总值	第一产业增加值	第一产业占比	第二产业增加值	第二产业占比	第三产业增加值	第三产业占比
1978年	3678.70	1018.50	0.28	1755.20	0.48	905.10	0.25	213.44	58.61	0.27	113.80	0.53	40.92	0.19
1979年	4100.50	1259.00	0.31	1925.40	0.47	916.10	0.22	237.19	69.09	0.29	121.91	0.51	46.18	0.19
1980年	4587.60	1359.50	0.30	2204.70	0.48	1023.40	0.22	255.79	78.79	0.31	124.09	0.49	55.94	0.22
1981年	4935.80	1545.70	0.31	2269.10	0.46	1121.10	0.23	267.31	88.31	0.33	118.19	0.44	60.54	0.23
1982年	5373.40	1761.70	0.33	2397.70	0.45	1214.00	0.23	292.29	96.01	0.33	127.34	0.44	68.94	0.24
1983年	6020.90	1960.90	0.33	2663.00	0.44	1397.00	0.23	336.69	113.01	0.34	144.07	0.43	79.61	0.24
1984年	7278.50	2295.60	0.32	3124.80	0.43	1858.10	0.26	393.52	130.78	0.33	164.25	0.42	98.40	0.25
1985年	9098.90	2541.70	0.28	3886.50	0.43	2670.70	0.29	479.81	146.91	0.31	206.82	0.43	126.08	0.26
1986年	10376.20	2764.10	0.27	4515.20	0.44	3096.90	0.30	551.06	162.85	0.30	232.77	0.42	155.43	0.28
1987年	12174.60	3204.50	0.26	5274.00	0.43	3696.20	0.30	636.03	193.16	0.30	259.28	0.41	185.22	0.29
1988年	15180.40	3831.20	0.25	6607.40	0.44	4741.80	0.31	804.31	235.49	0.29	328.99	0.41	239.83	0.30
1989年	17179.70	4228.20	0.25	7300.90	0.42	5650.60	0.33	912.11	258.85	0.28	373.80	0.41	279.46	0.31
1990年	18872.90	5017.20	0.27	7744.30	0.41	6111.40	0.32	1043.32	308.26	0.30	400.74	0.38	334.42	0.32
1991年	22005.60	5288.80	0.24	9129.80	0.41	7587.00	0.34	1222.58	331.17	0.27	475.01	0.39	416.49	0.34
1992年	27194.50	5800.30	0.21	11725.30	0.43	9668.90	0.36	1422.36	343.61	0.24	578.76	0.41	500.09	0.35
1993年	35673.20	6887.60	0.19	16473.10	0.46	12312.60	0.35	1759.86	405.57	0.23	756.26	0.43	598.03	0.34
1994年	48637.50	9471.80	0.19	22453.10	0.46	16712.50	0.34	2229.62	525.71	0.24	925.97	0.42	777.94	0.35
1995年	61339.90	12020.50	0.20	28677.50	0.47	20641.90	0.34	2752.45	643.66	0.23	1121.72	0.41	987.06	0.36
1996年	71813.60	13878.30	0.19	33828.10	0.47	24107.20	0.34	3226.36	771.70	0.24	1290.49	0.40	1164.18	0.36
1997年	79715.00	14265.20	0.18	37546.00	0.47	27903.80	0.35	3624.40	812.03	0.22	1455.71	0.40	1356.67	0.37

续表

年份	全国范围 国内生产总值	第一产业增加值	第一产业占比	第二产业增加值	第二产业占比	第三产业增加值	第三产业占比	西北地区生产总值	西北地区 第一产业增加值	第一产业占比	第二产业增加值	第二产业占比	第三产业增加值	第三产业占比
1998年	85195.50	14618.70	0.17	39018.50	0.46	31558.30	0.37	3919.38	852.42	0.22	1557.55	0.40	1509.41	0.39
1999年	90564.40	14549.00	0.16	41080.90	0.45	34934.50	0.39	4216.09	805.03	0.19	1709.83	0.41	1701.23	0.40
2000年	100280	14717.40	0.15	45664.80	0.46	39897.90	0.40	4779.14	826.65	0.17	1972.07	0.41	1980.42	0.41
2001年	110863.1	15502.50	0.14	49660.70	0.45	45700.00	0.41	5265.16	854.12	0.16	2171.79	0.41	2239.27	0.43
2002年	121717.4	16190.20	0.13	54105.50	0.44	51421.70	0.42	5815.88	902.98	0.16	2409.97	0.41	2502.92	0.43
2003年	137422.0	16970.20	0.12	62697.40	0.46	57754.40	0.42	6709.46	1057.57	0.16	2878.92	0.43	2772.98	0.41
2004年	161840.2	20904.30	0.13	74286.90	0.46	66648.90	0.41	8076.37	1261.95	0.16	3636.62	0.45	3177.80	0.39
2005年	187318.9	21806.70	0.12	88084.40	0.47	77427.80	0.41	9627.82	1391.23	0.14	4500.37	0.47	3736.22	0.39
2006年	219438.5	23317.00	0.11	104361.8	0.48	91759.70	0.42	11440.62	1493.70	0.13	5638.42	0.49	4308.50	0.38
2007年	270232.3	27788.00	0.10	126633.6	0.47	115810.7	0.43	13700.89	1790.20	0.13	6787.40	0.50	5123.29	0.37
2008年	319515.5	32753.20	0.10	149956.6	0.47	136805.8	0.43	16887.15	2131.57	0.13	8569.32	0.51	6186.26	0.37
2009年	349081.4	34161.80	0.10	160171.7	0.46	154747.9	0.44	18268.99	2281.08	0.12	8930.90	0.49	7057.01	0.39
2010年	413030.3	39362.60	0.10	191629.8	0.46	182038.0	0.44	22721.78	2960.57	0.13	11595.76	0.51	8165.45	0.36
2011年	489300.6	46163.10	0.09	227038.8	0.46	216098.6	0.44	27915.37	3377.90	0.12	14570.65	0.52	9966.82	0.36
2012年	540367.4	50902.30	0.09	244643.3	0.45	244821.9	0.45	31844.02	3847.54	0.12	16407.23	0.52	11589.25	0.36
2013年	595244.4	55329.10	0.09	261956.1	0.44	277959.3	0.47	35679.61	4156.02	0.12	17643.44	0.49	13880.15	0.39
2014年	643974.0	58343.50	0.09	277571.8	0.43	308058.6	0.48	38855.64	4437.22	0.11	19028.20	0.49	15390.22	0.40

数据来源:中华人民共和国国家统计局:《新中国六十年统计资料汇编》。三产占比为作者计算得到。

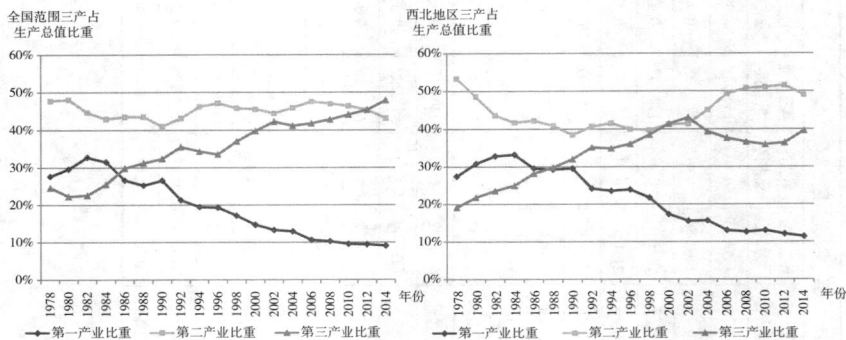

图 3-9　全国范围和西北地区三产增加值及占比

由图 3-9 至图 3-14 观察可知，1978—2014 年西北五省区第一产业占比下降，第二产业占比持续加大，第三产业未见较大提升，产业结构呈现"二三一"型，经济增长主要依靠第二产业拉动，第三产业发展相对落后，农业仍然占有较大比例。西北五省区的第二产业均呈现出先降后升的趋势。分省区观察，陕西第二产业占比最高为 2012 年，达到 56%，1998—2012 年第二产业占比一直处于上升状态。2002—2012 年其第三产业占比由 43% 下降至 35%。陕西第二产业的增加和第三产业的下降很可能是导致其 2002 年以后能源消费总量和碳排放量快速增加的原因之一。[①] 第一产业基本处于持续下降状态，占比由 30% 下降至 9.51%。青海 1996—2002 年第三产业的比重超过了第二产业，第二产业在 2000 年前一直保持在 40% 左右，但 2000 年后快速增长。甘肃第二产业占比 1982 年后一直在 40%—50% 之间波动，第三产业占比由 19% 上升至 44%，第一产业占比由 20% 下降至 13%。宁夏在

————————

① 在第二产业的上升过程中，高能耗工业项目建设扩张是主要原因（见后文分析）。也即产业变动过程中区域间出现行业分化，西北地区由于是化石能源高集地区，促使其新开工项目在高耗能行业较为集中。

1996—2003 年期间第三产业的比重超过了第二产业。新疆第一产业一直占比较高，最高达到 1982 年 43%，直到 1990 年为 40%，随后第一产业占比下降，但依然保持在 20% 左右。第一产业占比较大解释了新疆能源消耗量1990 年之前在西北五省区中处于较低位置的原因。

陕西省三产占
生产总值比重

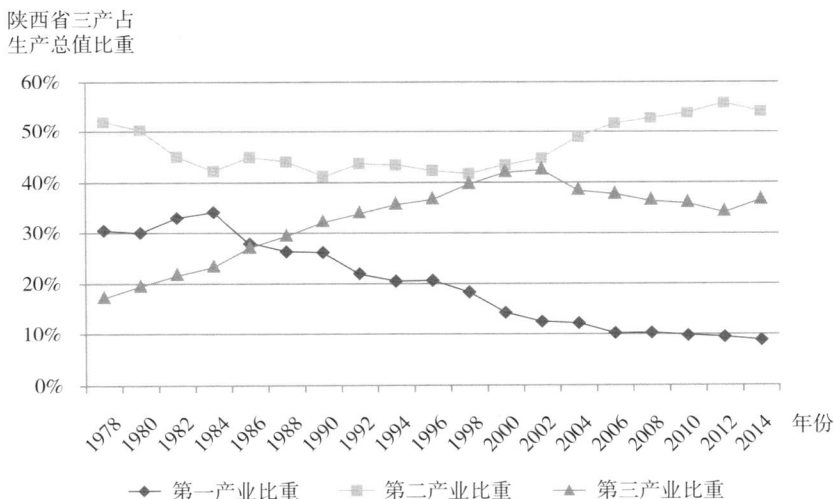

图 3-10　陕西第一、二、三产业占生产总值比重

西北地区经济在快速发展，实施了西部大开发战略和执行了中西部承接东部产业转移政策。西北地区自西部大开发 10 年以及深入实施西部大开发 5 年来，对中央投资和基础设施投资的依赖性非常强，固定资产投资是经济增长的第一动力，且固定资产投资的主要领域大多集中在资源型产业和房地产业，先进的机械制造业和高新技术产业方面的投资相对较少。上述因素无疑是西北地区经济增长的解耦指标值持续的高于全国的关键原因之一。

青海省三产占
生产总值比重

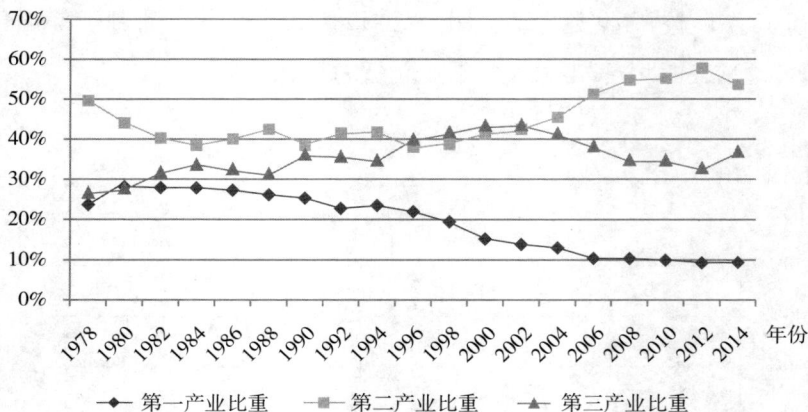

图 3-11　青海第一、二、三产业占生产总值比重

甘肃省三产占
生产总值比重

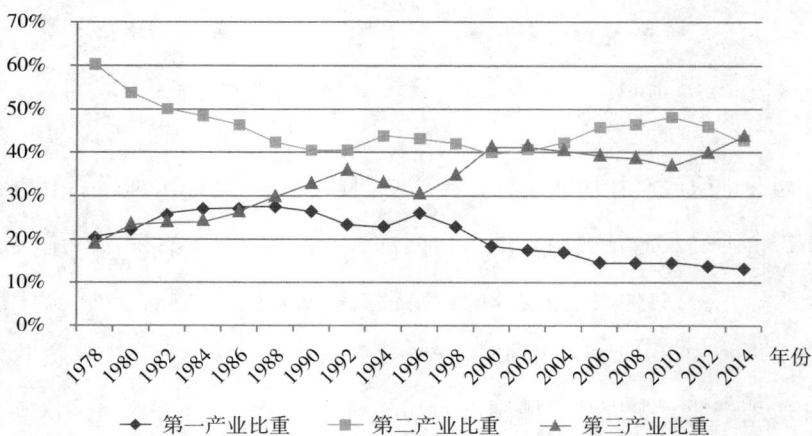

图 3-12　甘肃第一、二、三产业占生产总值比重

宁夏回族自治区
三产占生产总值比重

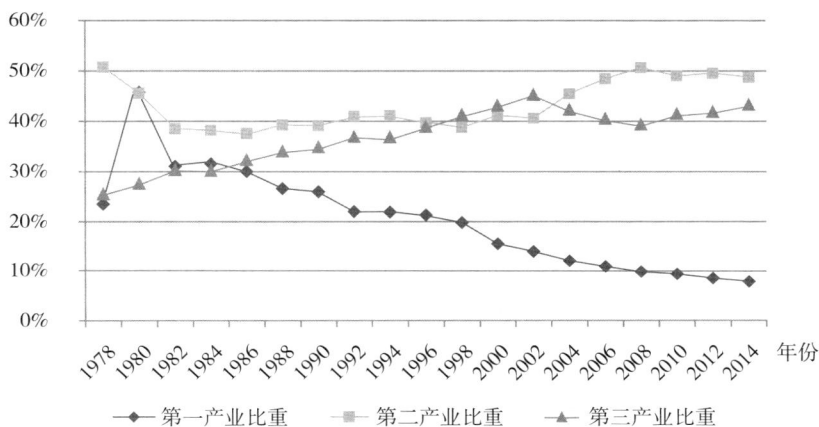

图 3-13　宁夏第一、二、三产业占生产总值比重

新疆维吾尔族自治区
三产占生产总值比重

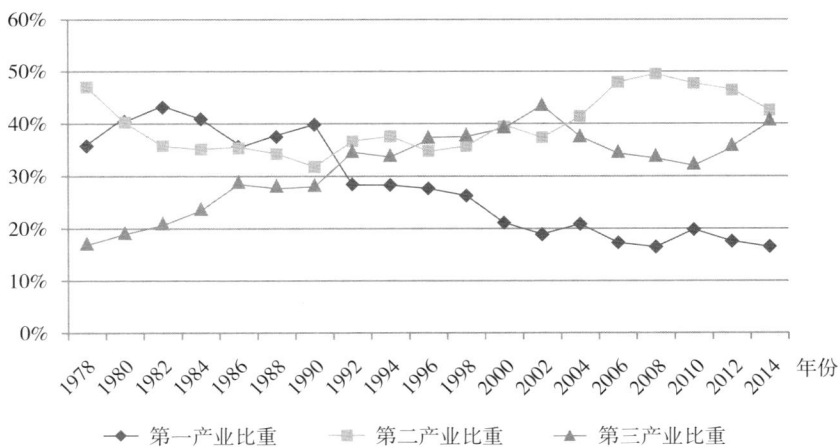

图 3-14　新疆维吾尔自治区第一、二、三产业占生产总值比重

二、城市化进程负向作用

城市化与碳排放之间在短期不存在直接的因果联系。通过对比长期以能源消耗为依据的碳排放弹性系数发现：在新工业化国家存在较高的能源消耗，高耗能成为碳排放增加的重要驱动。城市化率与碳排放之间在长期存在驱动关系，当城市化率每提高 1%，碳排放量大约以 1.61% 的比率增加。如果将高城市化率作为追求现代化的标志，"大跃进"式地推动城市化将造成碳排放总量急剧增加，无疑有悖于建设低碳城市的目标，从而阻碍可持续发展战略的实施。

西北五省区城市化水平整体呈上升趋势，但发展速度呈现出较大差异。1978—2012 年间，西北五省区城市化率均有 20 个百分点以上的增长。其中，陕西的城市化率从 16.3% 上升到 52.5%；甘肃的城市化率从 14.41% 上升到 41.68%；宁夏的城市化率从 17.17% 上升到 53.62%；青海的城市化率从 18.59% 上升到 50.34%；新疆的城市化率从 26.06% 上升到 47.24%。2014 年末，西北五省区城市化水平最高的是陕西和宁夏，两省区的城市化水平首次超过 50%，其依次是青海、新疆和甘肃。碳排放量除受到当期城市化率水平的影响，还受到来自前期城市化率水平的累积影响，即前期城市化率水平体现了城市化进程，而城市化进程的加快势必引起能源消耗的增加。从目前西北地区以煤炭为主要能源结构的情况判断，能源消耗的增加又与碳排放密切相关，前期城市化率对当期碳排放量水平的影响通过能源消耗的惯性体现出来。

三、家庭消费结构变化

西北地区消费升级会使该地区恩格尔系数不断下降，而随着居民消费结构中耐用消费品、汽车、住房等支出的增加，必然会对碳排放量产生影响。恩格尔系数低的地区碳排放量多。发达国家的经验表明随着生活水平的提升，家庭能源消耗的比重将上升，最终会超过工业用能。随着城镇化的推进，家庭直接碳排放谱呈现出"传统能源碳排放量迅速下降、私家车碳排放量迅速增加"的变化特征；家庭间接碳排放谱呈现出"生存性消费（如食品）碳排放比重下降、发展性消费（如交通通信、文教娱乐）碳排放比重上升"的变化特征。据测算，城镇居民生活用能已经占到能源消耗量的26%，大气中30%的二氧化碳排放量是由居民生活行为以及满足这些行为的需求造成的。伴随经济增长，居民收入的增加，舒适出行的要求造成西北地区民用客车数量激增，从1979年的17.11万辆增加到2014年的1002.29万辆。民用客车排量大、耗油多，其碳排放量占客运交通碳排放量的2/3。城镇化水平的不断提高，更多的人涌入城市，给公共交通也造成了很大的压力。同时公交车数量增长迅速，碳排放量增长的速度也在加快。西北地区的公共交通车辆运营数从2004年的19560万辆增加到2014年的31946万辆，增长率为63%。其中陕西省的公共交通车辆运营数增长最快，增长率为84%。科技改变生活，电子商务在短时间迅速兴起，成为我们生活中不可或缺的一部分。随之而来电子商务带动物流业的快速发展，货运交通的碳排放量也在增加。经济增长居民收入增加，人均住房面积也在提高，房地产行业成为最为热门的话题。房价的不断上涨也使人们越来越愿意持有房产。建筑业产出规模效应均导致碳排放的增长，是各省建筑业碳排放增长的主要促进因素。建筑业作为我国国民经济的支柱产业，面临碳排放较大和能耗较高等问题。

四、资源型产业集中

我国西北地区化石能源丰富，在传统经济增长模式下，化石能源生产是经济增长的强大动力，但却属于高碳排放产业、行业发展的主要推手，其扩张带来是气候以及生态环境总体的恶化。从西北地区能源消费的构成看，煤炭资源在一次能源生产中所占的主导地位没有发生根本性变化，维持在75%左右，2000 年下降到最低，为 73.2%。但在 2008 年金融危机以前，随着国际原油市场大幅波动和油价持续攀升，在经济快速增长的巨大能源需求拉动下，煤炭资源在一次能源生产中的比重呈现上升趋势。西北地区工业产业结构存在趋同问题，多数集中在资源型产业，区域专业化分工主要以石油、天然气、煤炭等资源为基础，优势也主要集中在资源型产业。陕西、宁夏、新疆、甘肃是全国煤炭生产及煤炭一体化基地，新疆、陕甘宁地区是大型石油、天然气开采及加工基地。新疆具有丰富的太阳能、风能等可再生资源，但由于设备和相关技术瓶颈，风电产业发展缓慢。由于我国煤炭资源的丰富储量和 2005—2007 年国际油价的持续上涨，全国各个地区包括西北五省区煤炭资源消费量较快增加，石油和天然气在能源结构中占比下降，导致碳排放量相应上升。

五、高能耗基础设施

西北地区的能源消耗量在 2000 年后进入快速增长阶段，人均碳排放量相应的明显增长。西北五省的总解耦指标在 2001 年后连续出现扩张负解耦状态，其中陕西和青海尤为明显。中国传统的工业化进程尚未完成，现代化进程开始不久，经济体制和经济增长方式的根本性转变还没有完成，西部和东部地区之间的经济发展水平又存在很大差别。西部大开发以来，国家加大了对于西北地区交通基础设施的投入，优先建设西部地区的水利、交通和能源基础产业。中央财政性建设资金、政府优惠贷款给予西部地区一定倾斜，解决制约西北地区经济发展的基础性因素。这些措施在一定程度上扭转了东西部地区发展差距逐步扩大的局面，但西北地区在经济快速增长的同时，大批高能耗、高物耗的基础设施项目和工程集中。1999 年西北五省中三个地区出现了强解耦，但在之后的三年中五个省（自治区）先后出现了扩张负解耦的状态，解耦指数也出现了峰值，二氧化碳的排放速度在逐年增加。

第六节　结　　论

为了对西北地区与全国碳排放趋势具有清晰理解，下文对前述主要结论进行归纳。

一、西北地区碳排放相对量高于全国

（一）做长时段观察，西北地区总解耦指数值高于全国。西北与全国解耦指数变化共同趋势是从 2000 年能源消费量大幅度增加，经济增长水平低于碳排放增加幅度，2012 年以后碳排放量的增长速度逐渐下降。上述态势的背景是 2000 年以后增加投资、扩大内需的宏观经济政策效应。

（二）西北地区经济结构呈现重型化趋势，新能源开发利用进展缓慢。观察节能解耦指标值，西北地区处于扩张负解耦和增长连接状态的年份多于全国。说明其经济结构呈现"重型化"趋势、新能源开发利用仍落后于区域气候治理的要求。对煤炭等高排放能源的依赖增强，能源消费结构呈现逆向变化趋势。在观察期全时段即 1978—2014 年，能源消费量、经济增长、碳排放指标走势极为相似，说明我国高排放能源结构类型未发生显著改变。

（三）西北地区减排解耦指标值远大于全国总体水平，能源利用效率普遍偏低。西北地区二氧化碳排放和能源消耗量均呈现增长趋势，减排解耦指标值多数年份在 0.8—1.2 范围内，二氧化碳排放与能源消费量增长速度基本一致。相较解耦指标值，西北地区减排解耦指标值远大于全国总体水平。

二、经济周期背景下西北地区解耦状态

引入经济周期分析碳排放或解耦状态，能够一定程度说明减排的可持续性，及其与碳减排对应的经济与技术基础是否稳健。

（一）全国在不同转型阶段和经济周期中总解耦指标均呈现弱解耦。由于西北地区各项解耦指标值均高于全国，且有 2003—2008 年五年期的扩张性耦合状态，说明其经济增长结构性特点决定其对传统化石能源（煤炭、石油和天然气）有较强依赖，与碳减排对应的经济与技术基础仍不够强固。

（二）全国以及西北地区节能对总解耦的贡献大于减排的贡献。不同转型阶段和经济周期的解耦动态变化具有以下特征：

其一，全国总体在持续转型期（1991—2014 年）总解耦指标以及节能减排指标均低于转型初期（1978—1990 年），说明经济增长对碳排放的依赖减轻。

其二，在 1991—2008 年所经历两次经济周期转向中（即繁荣—收缩，收缩—繁荣）三种解耦指标均上升，节能解耦指标上升显著，经济增长对碳排放的结构依存关系未发生实质变化。其内在机理可能在于：当经济增长率下降时，主要体现为生产潜能释放受限，微观以及加总后宏观的边际能源依赖是增强的；当经济增长加速时，意味着新增投资扩张，新增产能的边际能源依赖较强。

其三，2009—2014 年周期较为特殊也极为关键，在供给侧结构性改革思想指导下绿色金融、碳交易市场等相关举措收到实效。本轮周期三种解耦指标值既低于 2003—2008 年繁荣周期，也低于 1998—2003 年收缩周期。总解耦、节能解耦和减排解耦指标值均明显下降，非化石能源对一次能源比重

上升，森林面积、森林储积量比 2005 年均增加。

（三）西北地区各周期阶段三种解耦指标趋势与全国比较不容乐观。第一，经济增长加速可能引致解耦指标值反弹。在 2009—2014 年最新一轮经济周期中，西北地区解耦指标值比 2003—2008 年周期下降，下降幅度低于全国，下降约为全国的 50%。在 2003—2008 年和 1998—2002 年前后两个周期之间，西北地区三种解耦指标反弹严重。由于 2009—2014 年经济增长率总体是下降的，除非经济结构以及能源利用、能源结构发生明显变化，伴随经济增长加速，不排除解耦指标值具有反弹风险。

第二，解耦指标值具有顺周期特征，即经济增长上升周期伴随二氧化碳排放加快。1991 年后各种解耦指标值当经济由繁荣转向收缩时下降，由收缩转向繁荣时上升。解耦指标值对经济规模扩张敏感。

三、西北地区五省区解耦轨迹排序

陕西在 1978—2014 年的各个分时期中，解耦指标值高于西北地区及全国的仅有 1991—1997 年周期的总解耦、减排解耦指标值和 2009—2014 年的减排解耦指标值。其中，2009—2014 年周期总解耦指标值低于西北地区 27.4%。

甘肃在 1991—2014 年观察期中经历四次经济周期，仅有 1991—1997 年周期的减排解耦指标值高于西北地区和全国，其他解耦指标值均低于西北地区，接近或低于全国相应指标值。

青海总解耦和减排解耦指标值在 1991—2014 年四个周期中均呈现繁荣期高于西北地区与全国，收缩期低于西北地区与全国。国家实施三江源保护和建设工程，在三江源与青海湖周边试行分户式太阳能碳权开发与碳交易试点，一系列生态文明与环境建设项目的实施对青海低碳增长发挥了积极作用。

宁夏在 1991—2014 年总解耦、减排解耦指标值均大于西北地区和全国。节能解耦指标值在 2003—2008 年和 2009—2014 年收缩调整周期均高于西北地区和全国。其碳排放形势不容乐观。

新疆在 1991—2014 年各项解耦指标值主要呈现为大于西北地区。尤其是解耦状态从以前弱解耦转变为扩张性耦合与扩张负解耦。新疆在最近周期中经济增长模式发生内部变化，低碳模式被弱化。

根据对解耦指标值在经济周期运行中的分析，对西北五省区各自经济增长的解耦态势可排序为（从相对最优递减降序）：甘肃、陕西、青海、新疆、宁夏。①

造成西北地区以解耦指标值衡量的碳排放高于全国水平，既有上一节所概括因素，也有西北地区各省区内部特殊因素。例如，宁夏主要是因为能源结构中煤炭占比较高，新疆则可能是产业总体对能源依赖较强。所以，在施策进行区域碳排放治理时，既要注意此前分析诸因素，也需要根据西北各省区较为突出环境问题的省情、区情做具体分析。

---

① 此处依据二氧化碳排放的周期趋势对西北五省区进行比较，仅在解耦指标值分析上具有相对意义。其中，宁夏与新疆的"边际"差异不很显著。需要说明的是，本章分析解耦指标值针对的是碳排放，本书第一章则根据综合环境指数分析西北五省区趋势性差异，两者不完全可比。

第四章 西北土地生态系统服务价值动态分析

    生态系统服务指通过生态系统的结构、过程和服务直接或间接得到生命支持产品和服务。[①] 联合国千年生态评估报告的分类中生态系统服务包括有形的物质产品供给和无形的服务提供两方面，主要分为供给服务、调节服务和文化服务，以及维持其他服务所必需的支持服务。[②] 土地利用是人类从自然界获取惠益，得到生命支持产品和服务的主要来源。与此同时，土地利用也意味着人类根据土地的自然特点，按照一定的经济与社会目的，采取生物、技术等手段对土地开展长期性和周期性的经营管理与治理。[③] 人类长期在土地上的经营活动对土地覆盖状况产生较大影响，同时推动土地生态系统服务的提供能力发生重要变化。

    西北地区总体占我国国土面积比例及其人均土地面积较高，但由于自然条件以及长期生产生活活动对土地生态系统的干预，单位土地面积所能提供

[①] Costanza, R. (et al.), "The Value of the World's Ecosystem Services and Natural Capital", *Nature*, Vol. 387, No. 6630, 1997, pp. 253—260.

[②] 联合国环境规划署："全球千年生态系统评估"项目（简称 MA），2005 年 3 月 30 日。

[③] 傅伯杰、张立伟：《土地利用变化与生态系统服务：概念、方法与进展》，《地理科学进展》2014 年第 4 期，第 441—446 页。

的生态系统服务价值低，是全国土地生态系统服务功能脆弱地区。客观评价西北地区土地生态系统服务价值，是进一步认识西北土地生态系统变化趋势、揭示西北地区土地生态系统退化及其服务功能下降的动因的重要环节和基础。

本章参照联合国千年生态系统评估报告的概念框架，借鉴国内外学者对陆地生态系统的研究成果，依据全国 2008 年土地普查材料等公开数据对西北地区土地生态系统服务价值进行评估。由于西北地区内部各区域土地资源的差异化，对西北五省区（陕西、甘肃、青海、宁夏和新疆）分别评估，在必要时分五省区、西北地区总体和全国做比较分析。①

第一节　土地资源分布与利用

西北五省区地域毗连，处于我国内陆和亚欧大陆腹地，大体位于大兴安岭以西，昆仑山、阿尔金山、祁连山以北。地形以高原、盆地和山地为主。地域辽阔，总面积约 309.3 万平方公里，占我国国土面积的 32.2%，人均土地面积是全国平均水平的 4.75 倍。总体看来，西北地区土地资源具有土地后备资源富集、草场资源丰富的自然资源优势，但耕地中旱地、低等地居多，土地荒漠化、草地退化和水土流失严重。从经济社会长期发展对土地生态系统服务功能的需要看土地生态系统安全形势严峻。

一、西北五省区土地资源分布

（一）西北五省区地形主要以高原、盆地为主，包括黄土高原、秦巴山

---

① 为叙述上方便，本章亦称"土地生态系统服务价值"为"土地生态价值"。

地、塔里木盆地、柴达木盆地、渭河平原等。西北地区年日照长、温差大、降水少，降水量从东部的 400 毫米左右，往西减少到 200 毫米，甚至 50 毫米以下，稀疏植被覆盖是其主要特征，自然景观从森林逐渐过渡到草原、荒漠。

（二）西北五省区草场资源丰富，西北地区是我国主要的天然草场分布区，新疆、甘肃、宁夏的天然草场，为我国畜牧业的发展提供了有利的条件，许多地方已成为重要的畜牧业基地。

（三）西北五省区是我国土地后备资源的富集区，后备土地资源主要包括荒草地、沼泽地、盐碱地和水域中的苇地和滩涂，西北地区待开发的土地资源中适宜开发成耕地的后备资源面积多，占全国的 66.5%。

（四）干旱是本区的主要自然特征（为半干旱、干旱气候），西北五省区是我国戈壁和沙漠地貌集中的省区（外加内蒙古西部），生态环境极其脆弱，加之人类长期不合理的开发利用，引发许多严重的生态环境问题，如土地荒漠化、草场退化、盐碱化、水土流失严重、湿地面积减少、土地污染及土壤退化等问题日趋严重，生态系统服务功能呈萎缩态势。

（五）西北五省区耕地中以旱地居多，耕地等别较全国总体水平偏低。土地利用粗放，产出率低，缺乏统筹规划，重用轻养，致使部分区域土地水土流失、次生盐渍化严重，促使耕地质量下降、生态环境恶化。

表 4-1　西北五省区耕地等别构成

等级	指　标	陕西	甘肃	青海	宁夏	新疆
4 等地	面积（万公顷）	0	0	0	0	0
	比例（%）	0	0	0	0	0
5 等地	面积（万公顷）	0.88	0	0	0	0
	比例（%）	0.22	0	0	0	0

等级	指　标	陕西	甘肃	青海	宁夏	新疆
6 等地	面积（万公顷）	13.25	0	0	0.18	0.02
	比例（%）	3.24	0	0	0.16	0
7 等地	面积（万公顷）	29.93	0.27	0	2.92	0.37
	比例（%）	7.32	0.06	0	2.65	0.09
8 等地	面积（万公顷）	38.32	0.45	0	10.94	2.92
	比例（%）	9.37	0.1	0	9.94	0.7
9 等地	面积（万公顷）	37.96	2.75	0	13.41	7.86
	比例（%）	9.28	0.59	0	12.2	1.89
10 等地	面积（万公顷）	28.21	22.01	0	11.46	26.65
	比例（%）	6.9	4.75	0	10.41	6.4
11 等地	面积（万公顷）	29.61	39.9	2.33	8.75	146.51
	比例（%）	7.24	8.61	4.7	7.95	35.2
12 等地	面积（万公顷）	55.91	71.45	18.23	20.19	174.4
	比例（%）	13.67	15.42	36.85	18.36	41.9
13 等地	面积（万公顷）	86.98	127.88	25.72	31.71	46.12
	比例（%）	21.27	27.6	51.99	28.83	11.08
14 等地	面积（万公顷）	87.84	198.56	3.2	10.44	11.4
	比例（%）	21.43	42.86	6.46	9.49	2.74
15 等地	面积（万公顷）	0	0	0	0	0
	比例（%）	0	0	0	0	0

注：表 4-1 来源于孔祥斌、张青璞：《中国西部区耕地等别空间分布特征》，《农业工程学报》
　　2012 年第 28 期，第 1—7 页。

　　参照全国耕地等别划分档次，我们将西北五省区耕地按照 1—4 等、5—
8 等、9—12 等、13—14 等划分为优等地、高等地、中等地和低等地。从表
4-1 可以看出西北五省区无优等地，耕地等别只有 5—14 等，且以 11—14
等低等为主，高等地 100.45 万公顷，占西北农用地总面积的 6.94%，中等
地 717.59 万公顷，占西北农用地总面积的 49.56%，低等地 629.8 万公顷，
占西北五省区农用地总面积的 43.50%。高等地主要分布在陕西和宁夏，中
等地主要分布在新疆和陕西，低等地主要分布在陕西、甘肃、青海以及宁

夏。西北五省区耕地面积加权平均等别为 11.9 等，比全国平均等别 9.8 等低 2.1 个等别。

二、西北五省区土地资源利用

（一）土地利用各类别构成

参照表 4-2，陕西省林地面积占本区域总国土面积的比例最高，达到 50.36%，耕地次之，与其他西北四省比较，未利用土地占国土面积的 4.88%，说明陕西省土地利用率较高。甘肃省未利用土地面积占国土面积比例最高，达到 42%，草地次之，说明甘肃省存在较多未利用土地，主要与甘肃的地貌地形有关。青海的草地面积占国土面积的比例最高，达到 55.96%，未利用土地次之，耕地和建设用地所占国土面积的比例较小，均不足 1%。宁夏草地面积占国土面积的比例最高，达到 34.1%，耕地次之（除去其他土地）。新疆未利用土地占总国土面积的比例最大，未利用土地超过总国土面积的一半，达到 61.36%，草地次之。西北地区总体未利用土地占总国土面积的比例最大，达到 47.42%，草地次之，达到 35.63%，说明西北地区总体的土地利用率较低（除陕西省外）。

表 4-2　2008 年西北五省区土地利用各自占比情况

单位:%

地区 土地类型	陕西	甘肃	青海	宁夏	新疆	西北地区
耕地	19.69	10.18	0.75	16.67	2.48	4.64
园地	3.43	0.45	0.01	0.52	0.22	0.42
林地	50.36	11.41	3.70	9.13	4.06	8.22
草地	14.91	31.04	55.96	34.10	30.70	35.63
建设用地	3.93	2.15	0.45	3.20	0.74	1.15

续表

地区 土地类型	陕西	甘肃	青海	宁夏	新疆	西北地区
未利用土地	4.88	42.00	34.12	10.96	61.36	47.42
其他	2.80	2.77	5.01	25.42	0.43	2.52
总计	100.00	100.00	100.00	100.00	100.00	100.00

注：数据来源于各省统计年鉴，此处选取2008年数据是因为第二次全国土地普查于2009年结束。

（二）耕地按坡度分类构成

1984年中国农业区划委员会颁发《土地利用现状调查技术规程》，对耕地坡度分为五级，即<2°、2°-6°、6°-15°、15°-25°、>25°。地面坡度的不同级别对耕地利用的影响不同。<2°（平耕地）一般无水土流失现象；2°-6°（平耕地）可发生轻度土壤侵蚀，需注意水土保持；6°-15°（缓坡地）可发生中度水土流失，应采取修筑梯田、等高种植等措施加强水土保持；15°-25°（缓坡地）水土流失严重，必须采取工程、生物等综合措施防治水土流失；>25°（陡坡地）为《水土保持法》规定的开荒限制坡度，即不允许开荒种植农作物，已经开垦为耕地的要逐步退耕还林还草。表4-3为西北四省区（除新疆外，新疆无数据）不同坡度耕地情况。

参照表4-3，全国2°以下耕地占比达到57.1%。西北地区有统计数据的甘肃、青海、宁夏三省2°以下的耕地占比均小于全部耕地一半，甘肃省2°以下的耕地只占其全部耕地的26.23%。全国2°-6°的耕地占全部耕地的15.9%，西北有统计数据的省区2°-6°的耕地所占其耕地的比例基本低于全国水平。这说明西北四省区的平耕地所占全部耕地的比例不及全国水平。西北四省区6°-15°以及15°-25°耕地占其全部耕地的比例均高于全国水平，说明西北地区的缓坡地占其耕地的比例高于全国水平。25°以上的耕地比例，陕西和甘肃高于全国水平，青海和宁夏低于全国水平，说明陕西和甘肃陡坡地较多。

　　总体上，西北四省区高坡度地占耕地比例大于全国水平，低坡度地小于全国水平。与全国相比，西北四省区的优质耕地少、耕地质量差、开发难度大、水土流失严重。

表4-3　第二次土调全国及西北地区不同坡度耕地情况

地区\指标	陕西	甘肃	青海	宁夏	全国
2度以下（万公顷）	Na	141.94	19.73	61.78	7735.6
占比（%）	Na	26.23	33.5	47.8	57.1
2-6度（万公顷）	Na	47.39	9.4	16.36	2161.2
占比（%）	Na	8.76	15.9	12.7	15.9
6-15度（万公顷）	Na	138.95	20.8	32.83	2026.5
占比（%）	Na	25.68	35.4	25.4	15
15-25度（万公顷）	50.27	171.52	8.4	17.71	1065.6
占比（%）	12.58	31.71	14.3	13.7	7.9
25度以上（万公顷）	93.9	41.22	0.53	0.47	549.6
占比（%）	23.5	7.62	0.9	0.4	4.1

注：数据来源于第二次全国土地调查，Na表示数据缺省。

三、西北五省区沙化土地面积

　　观察表4-4发现，与全国相同，陕西、青海以及宁夏的沙化土地面积在2004—2014年间趋于减少，2004—2014年间全国沙化土地减少184.63万公顷，陕西减少8.05万公顷，青海减少9.83万公顷，宁夏减少5.8万公顷。且陕西和宁夏沙化土地面积占全国的比例较低，均低于1%。2004—2009年甘肃沙化土地面积在增加，2009—2014年则有所下降，这与甘肃政府重视防沙治沙有关。新疆的沙化土地面积逐年增加，且新疆的沙化土地占全国的比例较大，2014 年达到了 43.41%，说明新疆土地沙化严重，土地生态系统的环境问题较为严重。西北五省区总体的沙化土地面积在 2004—2009 年有所增加，2009—2014 年又有所下降，且 2014 年较 2004 年沙化土地面积下降了 1.95 万公顷。西北五省区总体的沙化面积占全国沙化土地面积的比例在上升，说明西北五省区总体的防沙治沙效果不及全国水平，主要是因为新疆地区对防沙治沙意识不强，相关的法律法规不完善，公众参与度不高，且新疆土地生态系统环境极为脆弱，受气候干旱、土壤贫瘠、植被稀疏，沙漠广布等自然条件影响，使得防沙治沙成本较高，防沙治沙的资金来源单一，主要依靠国家财政资金，资金投入规模与防沙治沙实际需要差距很大。

总体而言，西北五省区土地资源的特点是量多质差、山地多、平地少。其耕地比重低、牧草地比重较高。土层较薄、土地肥力较低，坡度较大、地势与气候条件恶劣，降水稀少，土地中沙漠、戈壁占比较高（占比为59.16%，主要集中在新疆，其次为青海、甘肃），土地沙化严重，生态环境脆弱。除陕西省外（陕西省存在土地过度利用问题），西北四省区土地利用率低，所以西北地区土地利用率存在较大的潜力。①

表4-4　西北五省区沙化土地统计

年份 指标 地区	2004		2009		2014	
	面积 （万公顷）	占全国 比例（%）	面积 （万公顷）	占全国 比例（%）	面积 （万公顷）	占全国 比例（%）
陕西	143.44	0.82	141.32	0.82	135.39	0.79
甘肃	1203.46	6.92	1224.44	7.07	1217.02	7.07

---

① 李晓菊：《西北地区土地资源非持续性利用研究》，《兰州交通大学学报》2007 年第 5 期，第 37—39 页。

续表

年份 指标 地区	2004		2009		2014	
	面积 （万公顷）	占全国 比例（%）	面积 （万公顷）	占全国 比例（%）	面积 （万公顷）	占全国 比例（%）
青海	1255.83	7.22	1250.35	7.22	1246	7.24
宁夏	118.26	0.68	116.23	0.67	112.46	0.65
新疆	7462.83	42.90	7466.97	43.13	7471	43.41
西北地区	10183.82	58.54	10199.31	58.92	10181.87	59.16
全国	17396.63	100	17310.77	100	17212	100

注：数据来源于《中国环境统计年鉴》。

第二节 土地结构类型变动

参照统计年鉴的土地类型：耕地、园地、林地、草地、居民点及工矿用地、交通运输用地、水利设施用地、未利用地和其他。

一、陕西土地利用类型结构变化

从表4-5可以看出，2003—2014年间，不同类型土地中年变化量最多的是林地，每年平均增加9.93万公顷；年变化量最少的是居民点及工矿用地，每年平均增加0.68万公顷。2003—2008年，园地、林地、居民点及工矿用地、交通运输用地、水利设施及其他土地面积增加，耕地、草地、未利用地面积减少。2008—2014年土地利用类型的结构变化与2003—2008年的趋势基本相似，不同的是"其他"类型土地面积减少，园地、林地、居民点及工矿用地、交通运输用地、水利设施用地大幅增长，草地退化趋势加剧。这时期未利用地减少幅度明显，原因在于"十二五"期间，陕西全面推进"关中大地园林化、陕北高原大绿化、陕南山地森林化"林业生态建设战略，使林地面积大幅增加。2003—2014 年耕地累计减少 25.7 万公顷，减少幅度为 6.06%。

表 4-5　陕西土地利用类型结构变化（2003—2014 年）

年份	指标　土地类型	耕地	园地	林地	草地	居民点及工矿用地	交通运输用地	水利设施用地	未利用土地	其他
2003	面积（万公顷）	424.20	65.10	1011.90	316.00	69.10	5.80	3.90	131.60	28.40
	占比（%）	20.63	3.17	49.22	15.37	3.36	0.28	0.19	6.40	1.38
2008	面积（万公顷）	404.90	70.50	1035.40	306.60	70.30	6.50	4.00	100.30	57.50
	占比（%）	19.69	3.43	50.36	14.91	3.42	0.32	0.19	4.88	2.80
2014	面积（万公顷）	398.50	83.30	1121.10	287.80	76.60	24.40	31.00	33.50	0
	占比（%）	19.38	4.05	54.52	14.00	3.73	1.19	1.51	1.63	0.00
2003—2008	面积变化（万公顷）	-19.30	5.40	23.50	-9.40	1.20	0.70	0.10	-31.30	29.10
	变化率（%）	-4.55	8.29	2.32	-2.97	1.74	12.07	2.56	-23.78	102.46
2008—2014	面积变化（万公顷）	-6.40	12.80	85.70	-18.80	6.30	17.90	27.00	-66.80	-57.50
	变化率（%）	-1.58	18.16	8.28	-6.13	8.96	275.38	675.00	-66.60	-100.0
2003—2014	面积变化（万公顷）	-25.70	18.20	109.20	-28.20	7.50	18.60	27.10	-98.10	-28.40
	变化率（%）	-6.06	27.96	10.79	-8.92	10.85	320.69	694.87	-74.54	-100.0

注：数据来源于《陕西统计年鉴》，各项占比表示某土地利用类型占总国土面积的比例，变化率表示面积变化量的绝对值与变化前面积的比值。

二、甘肃土地利用类型结构变化

根据表 4-6，2003—2014 年间，甘肃各类型土地中年变化量最多的是未利用地，每年平均减少 38.53 万公顷；年变化量最少的是园地，每年平均增加 0.52 万公顷。2003—2008 年，园地、林地、居民点及工矿用地、交通运输用地及水利设施用地的面积增加，耕地、草地、未利用地及其他土地的面积减少。2008—2014 年，耕地、园地、林地、交通运输用地、水利设施用地及其他类型土地面积增加，居民点及工矿用地及未利用地的面积减少，且各土地利用类型的增减幅度较 2003—2008 年明显增加。耕地面积增加主要是因为甘肃省多年实现耕地占补平衡以及最严格的耕地保护制度。2003—2008 年草地面积减少，2008—2014 年又增加，这是由于近年来甘肃省重视草地生态恢复，紧紧抓住国家实施草原补奖政策、振兴奶业苜蓿发展行动和退牧还草等工程的机遇，不断加大对草产业的政策引导，促进草产业持续健康发展。在 2003—2014 年期间甘肃耕地和林地分别增加 14.79%、20.39%，2008 年以后遏制了草地减少态势，有利于恢复土地生态系统的服务功能。城镇化推进的措施，使农村闲置的住宅减少，进一步促使居民点及工矿用地减少。

表 4-6　甘肃土地利用类型结构变化（2003—2014 年）

年份	土地类型 指标	耕地	园地	林地	草地	居民点及工矿用地	交通运输用地	水利设施用地	未利用土地	其他
2003	面积（万公顷）	468.52	20.02	506.73	1414.22	87.09	6.06	2.80	1912.09	119.46
	占比（%）	10.33	0.44	11.17	31.17	1.92	0.13	0.06	42.14	2.63

续表

年份	土地类型 指标	耕地	园地	林地	草地	居民点及工矿用地	交通运输用地	水利设施用地	未利用土地	其他
2008	面积（万公顷）	462.37	20.60	518.32	1410.69	88.17	6.63	2.88	1908.41	118.93
	占比（%）	10.19	0.45	11.42	31.09	1.94	0.15	0.06	42.06	2.62
2014	面积（万公顷）	537.80	25.77	610.03	1419.98	76.47	25.83	74.76	1488.25	278.11
	占比（%）	11.85	0.57	13.45	31.30	1.69	0.57	1.65	32.80	6.13
2003—2008	面积变化（万公顷）	-6.15	0.58	11.59	-3.53	1.08	0.57	0.08	-3.68	-0.53
	变化率（%）	-1.31	2.91	2.29	-0.25	1.24	9.35	2.73	-0.19	-0.44
2008—2014	面积变化（万公顷）	75.43	5.17	91.71	9.29	-11.70	19.20	71.88	-420.16	159.18
	变化率（%）	16.31	25.10	17.69	0.66	-13.27	289.59	2495.83	-22.02	133.84
2003—2014	面积变化（万公顷）	69.28	5.75	103.30	5.76	-10.62	19.77	71.96	-423.84	158.65
	变化率（%）	14.79	28.74	20.39	0.41	-12.20	326.00	2566.82	-22.17	132.81

注：数据来源于《甘肃统计年鉴》，各项占比表示某土地利用类型占总国土面积的比例，变化率表示面积变化量的绝对值与变化前面积的比值。

三、青海土地利用类型结构变化

参照表4-7，2003—2014年间，青海各类型土地中年变化量最多的是林地，每年平均增加8.84万公顷；年变化量最少的是园地，每年平均减少0.015万公顷。2003—2008年，林地、居民点及工矿用地、交通运输用地及水利设施用地面积增加，耕地、园地、草地、未利用地及其他土地面积减少。2008—2014年，耕地、林地、草地、交通运输用地及水利设施用地面积增加，园地及居民点及工矿用地面积减少，且各土地利用类型的增减幅度较2003—2008年明显增加。林地及草地面积陡增的原因是"十二五"期间青海省以建设生态文明、优化生态和改善民生为目标，全面深化林业改革，着力实施三江源、青海湖、祁连山地区生态建设重点工程，推进国土绿化，共落实各类林业建设资金115.45亿元，相当于"十一五"期间（51.5亿元）的2.2倍。累计完成人工造林372.1万亩，封山（沙）育林草419.39万亩，沙化土地治理556.88万亩。

表4-7　青海土地利用类型结构变化（2003—2014年）

年份	土地类型 指标	耕地	园地	林地	草地	居民点及工矿用地	交通运输用地	水利设施用地	未利用土地	其他
2003	面积（万公顷）	55.52	0.77	256.99	4038.58	23.95	2.69	4.39	2465.88	361.24
	占比（%）	0.77	0.01	3.56	56.01	0.33	0.04	0.06	34.20	5.01
2008	面积（万公顷）	54.27	0.74	266.47	4034.75	24.73	3.20	4.78	2459.91	361.15
	占比（%）	0.75	0.01	3.70	55.96	0.34	0.04	0.07	34.12	5.01
2014	面积（万公顷）	58.57	0.61	354.24	4081.59	22.61	4.86	6.19	--	--
	占比（%）	0.81	0.01	4.91	56.61	0.31	0.07	0.09	--	--
2003—2008	面积变化（万公顷）	-1.25	-0.03	9.48	-3.83	0.79	0.51	0.39	-5.97	-0.09
	变化率（%）	-2.25	-3.37	3.69	-0.09	3.28	18.93	8.84	-0.24	-0.02
2008—2014	面积变化（万公顷）	4.30	-0.13	87.77	46.84	-2.12	1.66	1.41	--	--
	变化率（%）	7.92	-17.52	32.94	1.16	-8.58	51.98	29.50	--	--
2003—2014	面积变化（万公顷）	3.05	-0.16	97.25	43.01	-1.34	2.17	1.80	--	--
	变化率（%）	5.49	-20.30	37.84	1.07	-5.58	80.76	40.94	--	--

注：数据来源于《青海统计年鉴》，占比表示某土地利用类型占总国土面积的比例，变化率表示面积变化量的绝对值与变化前面积的比值，--表示数据缺省。

四、宁夏土地利用类型结构变化

根据表4-8可以看出，2003—2014年间，宁夏各类型土地中草地每年平均减少2.13万公顷，林地每年平均增加2.16万公顷。2003—2008年，园地、林地、居民点及工矿用地、交通运输用地、水利设施用地、未利用地及其他土地面积均增加，耕地和草地面积减少。2008—2014年，耕地、园地、林地、居民点及工矿用地、交通运输用地及水利设施用地面积均增加，草地面积减少，且各土地利用类型的增减幅度较2003—2008年明显增加，2003—2014年草地面积一直在减少，草地面积累计减少23.44万公顷，减少幅度为10.04%，说明宁夏的草地退化严重，有可能影响宁夏的土地生态系统功能。

表4-8 宁夏土地利用类型结构变化（2003—2014年）

年份	土地类型 指标	耕地	园地	林地	草地	居民点及工矿用地	交通运输用地	水利设施用地	未利用土地	其他
2003	面积（万公顷）	114.52	3.38	53.16	233.39	16.66	1.52	0.51	72.05	168.81
	占比（%）	17.25	0.51	8.01	35.15	2.51	0.23	0.08	10.85	25.42
2008	面积（万公顷）	110.71	3.43	60.62	226.42	18.64	1.86	0.74	72.78	168.80
	占比（%）	16.67	0.52	9.13	34.10	2.81	0.28	0.11	10.96	25.42
2014	面积（万公顷）	128.92	5.10	76.97	209.95	26.33	7.71	0.91	--	--
	占比（%）	19.42	0.77	11.59	31.62	3.97	1.16	0.14	--	--
2003—2008	面积变化（万公顷）	-3.81	0.05	7.46	-6.97	1.98	0.34	0.23	0.73	8.06
	变化率（%）	-3.33	1.44	14.03	-2.99	11.88	22.32	45.36	1.01	5.02

续表

年份	土地类型 指标	耕地	园地	林地	草地	居民点及工矿用地	交通运输用地	水利设施用地	未利用土地	其他
2008 — 2014	面积变化 （万公顷）	18.21	1.67	16.35	-16.47	7.69	5.85	0.17	--	--
	变化率（%）	16.45	48.75	26.97	-7.28	41.26	314.66	22.75	--	--
2003 — 2014	面积变化 （万公顷）	14.40	1.72	23.81	-23.44	9.67	6.19	0.4	--	--
	变化率（%）	12.57	50.89	44.79	-10.04	58.04	407.24	78.43	--	--

注：数据来源于《宁夏统计年鉴》，占比表示某土地利用类型占总国土面积的比例，变化率表示面积变化量的绝对值与变化前面积的比值，--表示数据缺省。

五、新疆土地利用类型结构变化

根据表4-9，2003—2014年间，新疆各类型土地中变化最明显的是草地，每年平均减少1.83万公顷；年变化量最少的是其他土地，每年平均增加0.33万公顷。2003—2008年，耕地、园地、林地、建设用地及其他土地的面积增加，其中园地增加较为明显，增加规模为6.85万公顷，增加幅度为23.17%。未利用地面积减少。2008—2014年，各土地利用类型没有变化。

表4-9 新疆土地利用类型结构变化（2003—2014年）

年份	土地类型 指标	耕地	园地	林地	草地	建设用地	未利用土地	其他
2003	面积（万公顷）	403.72	29.57	668.58	5131.49	119.95	10227.48	68.17
	占比（%）	2.42	0.18	4.02	30.82	0.72	61.43	0.41

续表

年份	土地类型\指标	耕地	园地	林地	草地	建设用地	未利用土地	其他
2008	面积（万公顷）	412.46	36.42	676.48	5111.38	123.98	10216.51	71.75
	占比（%）	2.48	0.22	4.06	30.70	0.74	61.36	0.43
2014	面积（万公顷）	412.46	36.42	676.48	5111.38	123.98	10216.51	71.75
	占比（%）	2.48	0.22	4.06	30.70	0.74	61.36	0.43
2003—2008	面积变化（万公顷）	8.74	6.85	7.90	−20.11	4.03	−10.97	3.58
	变化率（%）	2.16	23.17	1.18	−0.39	3.36	−0.11	5.25
2008—2014	面积变化（万公顷）	0.00	0.00	0.00	0.00	0.00	0.00	0.00
	变化率（%）	0.00	0.00	0.00	0.00	0.00	0.00	0.00
2003—2014	面积变化（万公顷）	8.74	6.85	7.90	−20.11	4.03	−10.97	3.58
	变化率（%）	2.16	23.17	1.18	−0.39	3.36	−0.11	5.25

注：数据来源于《新疆统计年鉴》，占比表示某土地利用类型占总国土面积的比例，变化率表示面积变化量的绝对值与变化前面积的比值。

第三节　对土地生态价值评价方法的考察

一、内涵范围

按照对生态系统服务的定义，土地生态系统服务即土地生态系统通过其结构、过程和功能直接或间接提供生命支持产品和服务。从狭义看，土地生态系统似乎仅包括人类以土地（生态系统）得到或生产出支持生命所必需的产品，否则若包括"服务"，即有同义反复之嫌。也有观点认为生态系统服务一般是指生命支持功能，而不包括生态系统功能和生态系统提供的产品。但最终，"产品""服务"均由生态系统发挥功能而产生，产品、服务与功能密切相关。[1] Costanza 等将生态系统提供的产品和服务统称为生态系统服务。[2] 首次使用生态系统服务功能的"Service"一词著者所罗列的自然生态系统对人类的环境服务功能包括害虫控制、昆虫授粉、渔业、土壤形成、水土保持、气候调节、洪水控制、物质循环与大气组成等。[3]

二、土地生态系统服务是一种动态变化过程

土地生态系统过程由于自然内部规律以及人类活动的干扰，其结构过程呈现出由自然条件内在决定的生态系统部分与人为控制的生态系统部分此消彼长的特点。生产技术的变化与人类生活方式的变化，均影响土地生态系统提供生命支持产品与服务的功能。上述因素可以归结为土地利用变化或通过利用转而影响土地生态系统服务的变化。

第一，土地类型变化的影响。土地利用类型变化（如耕地转为建筑用地）将影响生态系统的能量交换、水分循环、土壤侵蚀与堆积生物地球化学循环等生态过程，从而改变生态系统提供的服务。[4] 在西北干旱地区，由于粮食作物、牧草等产品的服务供给受到土地营养、水分不足而经常不能满足人们生活需要，引起人们砍伐森林，对草地等植被过度摄取而获得食物、

---

[1]　傅伯杰、刘世梁、马克明：《生态系统综合评价的内容与方法》，《生态学报》2001 年第 11 期，第 1885—1892 页。

[2]　Costanza, R. (et al.), "The Value of the World's Ecosystem Services and Natural Capital", *Nature*, Vol. 387, No. 6630, 1997, pp. 253—260.

[3]　欧阳志云：《生态系统服务功能及其生态经济价值评价》，《应用生态学报》1997 年第 5 期，第 635—640 页。

[4]　傅伯杰、张立伟：《土地利用变化与生态系统服务：概念、方法与进展》，《地理科学进展》2014 年第 4 期，第 441—446 页。

燃料与建材等，导致土壤过度流失、植被组成变化、植被覆盖下降和区域气候变化等，在长期历史中形成大规模的土地荒漠化，极大弱化了土地生态系统的服务功能。[①]

第二，土地利用格局变化对生态系统服务的影响。根据 Fu 对陕北黄土高原丘陵和山区地区土地利用格局变化与土壤条件关系的调查，发现不同土地利用格局对应相应生态过程，进而影响生态系统服务。Fu 的研究，从坡顶到坡底将土地利用格局分为三种：一是林地—草地—坡耕地；二是林地—坡耕地—草地；三是草地—林地—坡耕地。第一种格局具有较好的土壤养分和水分保持能力。[②]

第三，土地利用强度对生态系统服务产生影响。耕地的利用强度大于林地和草地，耕地所能提供的直接产品与服务也大于林地和草地，但林地、草地所提供的气候调节与水分调节服务大于耕地。一般而论，人类干扰程度较小的自然生态系统的供给服务提供能力较弱，调节和支持服务能力较强；而人类适度干扰的生态系统供给服务能力较强，但调节与支持服务能力较弱。当人类过度干扰土地生态系统而导致土地退化时，其各种生态系统服务类型提供能力均严重下降。[③]

三、对生态系统服务评价方法的讨论

对生态系统服务价值进行静态和动态化评估可以对生态系统过程、结构

---

① 《生态系统与人类福祉：荒漠化综合报告（千年生态系统评估报告集二）》，赵世洞、赖鹏飞译，中国环境科学出版社 2007 年版，第 4 页。

② Fu Bojie, Chen Liding, Ma Keming（et al.），"The Relationships between Land Use and Soil Conditions in the Hilly Area of the Loess Plateau in Northern Shaanxi", *Cntena*, Vol. 39, No. 1, 2000, pp. 69-78.

③ Braat L, Ten B P, The Cost of Policy Inaction：the Case of Not Meeting the 2010 Biodiversity Target, Brussels, Belgium：The COPI Project, 2008.

及其功能变化进行实际验证，对国民经济绿色核算与生态补偿提供依据。但迄今为止，尽管自 1997 年 Costanza 在《自然》发表《全球生态系统服务和自然资本的价值》一文之后国内外学者均做了不懈探索，对相关评价方法仍很难形成共识，分歧很大。国内学者将生态系统服务价值评估归纳为显示性偏好、叙述性偏好、基于成本法、非货币化估价、价值比较和汇总、利益相关者分析五种基本方法，① 由之拓广了对生态系统服务价值评估的基本思路。

对生态系统服务价值评价方法的讨论观点主要有以下三点：

第一，生态系统支持服务是否进入价值量评估？在 MA 对生态系统服务的分类体系中，供给服务、调节服务和文化服务通常对人类是有较为直接的短期影响，例如供给服务所形成产品可以直接进入人们的消费领域，调节服务所提供的气候调节，对人类疾病的调控在短期内可以对人提供惠益。相应地，这些服务的价值也相对较容易观察，并对其量化评价。支持服务主要在较长时期内对人类提供惠益，而且更多的是间接地提供服务，更为重要的是，支持服务是服务于"生产出"其他生态系统服务，其土壤形成、养分循环、初级生产和水分循环服务已经反映在供给、调节、文化三种生态服务中。在评价计算其他三种服务基础上，若再纳入对支持服务的计算，即存在重复计算问题。鉴于此，MA 项目组不主张对支持服务进行估价。②

第二，生态系统服务价值评估的"量纲"应取价值量还是物质量？生态系统服务价值量评估方法受到质疑，例如存在指标选取随意性，赋值的机

---

① 戴君虎、王焕炯、王红丽、陈春阳：《生态系统服务价值评估理论框架与生态补偿实践》，《地理科学进展》2012 年第 7 期，第 963—969 页。
② 戴君虎、王焕炯、王红丽、陈春阳：《生态系统服务价值评估理论框架与生态补偿实践》，《地理科学进展》2012 年第 7 期，第 963—969 页。

械性，重复计算导致评价结果的不确定性，价值量测度存在困难等。①② 傅伯杰等指出生态系统服务的物质量评价基于生态功能，反映生态系统服务的形成机理，如果是针对生态系统服务的可持续性，应选择物质量评价方法③。通过揭示生态系统服务所产生物质量的动态变化水平，能够反映生态系统过程的特点，从而有益于对生态系统服务可持续性的分析。④ 笔者以为，对于较大区域生态系统在一定时期的变化做出评价，由于涉及诸多自然的生态子系统以及一系列为改善生态系统所规划、建设的生态工程项目，即需要对生态系统总体的服务价值作量化评估，并可同时对不同物质量变化作分类比较，从价值量与物质量（分类）两个方面予以评价、判断。简言之，以价值量估计、判断生态总系统进程，以物质量评估、判断生态系统结构化进展。

第三，Costanza—谢高地当量因子法使用中须注意的问题。目前，国内学者对不同尺度范围的生态系统服务的价值评估主要参照 Costanza 和谢高地的价值系数与当量因子法，但在实践中仍需进一步探索。例如生态系统服务价值的当量因子指生态系统产生的生态服务的相对贡献大小的潜在能力，定义为 $1hm^2$ 全国平均产量的农田每年自然粮食产量的经济价值。参照 Costanza 指标体系并对国内 200 位生态学者进行问卷调查，在此基础上将 1 个当量因子的经济价值量具体确定为当年全国平均粮食单产市场价值的 1/7。⑤ 无疑，上述进

① 傅伯杰、张立伟：《土地利用变化与生态系统服务：概念、方法与进展》，《地理科学进展》2014 年第 4 期，第 441—446 页。
② 张舟、吴次芳、谭荣：《生态系统服务价值在土地利用变化研究中的应用：瓶颈和展望》，《应用生态学报》2013 年第 2 期，第 556—562 页。
③ 傅伯杰、张立伟：《土地利用变化与生态系统服务：概念、方法与进展》，《地理科学进展》2014 年第 4 期，第 441—446 页。
④ 赵景柱、肖寒、吴刚：《生态系统服务的物质量与价值量评价方法的比较分析》，《应用生态学报》2000 年第 2 期，第 290—292 页。
⑤ 谢高地、鲁春霞、冷允法等：《青藏高原生态资产的价值评估》，《自然资源学报》2003 年第 2 期，第 189—196 页。

展对我国自然资源以及生态产品价值的量化评估、科研工作起到了很好的引导。作为下一步探索的问题导向，笔者提出以下讨论：

其一，计算 1 个当量因子首先遇到的问题是计算全国平均单产（1 公顷土地的粮食产量），涉及全国各地区粮食作物权重选择，但这种权重组合在不同年份可能变化显著。进而论之，粮食价格变动有各种复杂原因，有国内外供需变动影响，也有种植成本影响。按照经济学分析，可以选择某一基期价格推算所评价年份的不变价格（或实际价格）。但有些情况下粮食市场价格变化可能恰好反映了一定数量粮食产品提供给人们的生态服务的相对价值变化，若同时考虑上述因素，那么，究竟是采用当年名义市场价格还是按基期调整的不变价格？

其二，专家调查过程可能没有考虑以下问题：首先，无论专家调查还是消费者调查，是基于效用理论的支付意愿，其中的主观性很强。尤其中国地域辽阔，不同地区群体会因受到习惯、民族以及自然条件影响，对同一生态产品和服务具有不同偏好（或效用评价），对产品与服务的边际收益感知差别明显。在植被条件以及空气质量"常态"良好地区的居民对植被、空气质量生态产品、服务的价值量的边际感知可能显著低于植被遭到严重破坏，空气质量"常态"很差地区居民的感知。这时若根据在不同地区所获取的调查问卷做加总平均，从而确定生态系统服务价值，会同时出现高估和低估的结果。很简单的例子是，在江苏、浙江一带人工造林很容易，然而在西北沙漠地带培育成活一棵树却很困难。①

---

① 专家调查中主观评价可能导致对生态服务价值估算存在偏高或偏低的问题，谢高地等已经意识到。见谢高地、甄霖、鲁春霞、肖玉、陈操：《一个基于专家知识的生态系统服务价值化方法》，《自然资源学报》2008 年第 5 期，第 911—919 页。此外，作者先后于 2002 年、2007 年进行两次专家调查，2002 年发放问卷 200 份，回收 38 份，回收率偏低也会影响评价结果的客观性。

四、计算方法

Costanza 等人的工作是开创性的，他们提出的估计生态系统服务价值的方法（生态价值系数法）对国际上以及中国学者的研究均产生重要影响。谢高地等人在 Costanza 等人的基础上结合中国的资源状况提出当量因子法。我们对西北五省区土地生态系统服务价值的评价是基于 Costanza 和谢高地，所以，有必要对两种方法予以讨论。[①]

（一）Costanza 等提出的生态价值系数法

Costanza 等将全球生物圈划分为两个生态系统和 17 种生态系统功能，并估算了它们的生态系统服务价值，两个生态系统分别为海洋系统和陆地系统，海洋系统进一步细分为开放的海洋和海岸（河口、海草/藻类床、珊瑚礁和货架）系统；陆地系统分为森林（热带和温带/寒带）、草原/牧场、湿地（沼泽，红树林沼泽和洪泛区）、湖泊/河流、沙漠、苔原、冰/岩、农田和城市系统，以此代表当前的全球土地利用。根据相关生态学方法，Costanza 等划分的 17 种生态系统功能和服务如表 4-10 所示：

表 4-10　Costanza 使用的生态系统服务和功能

数字	生态系统服务	生态系统功能	例　子
1	气体调节	大气化学成分调节	二氧化碳/氧气平衡，臭氧对紫外线的保护，SOx 水平

---

① 读者若希望进一步了解 Costanza 和谢高地等人的生态服务价值评价方法，可参见 Costanza, R. （et al.）, "The Value of The World's Ecosystem Services and Natural Capital", *Nature*, Vol. 387, No. 6630, 1997, pp. 253—260. 以及谢高地、鲁春霞、冷允法等：《青藏高原生态资产的价值评估》，《自然资源学报》2003 年第 2 期，第 189—196 页。为行文方便，以 "Costanza" 和 "谢高地" 分别代表两个课题组全部作者。

续表

数字	生态系统服务	生态系统功能	例　子
2	气候调节	全球温度，降水以及其他生物介导的全球或地方气候变化过程。	温室气体调节，DMS 生产影响云形成
3	干扰调节	生态系统响应环境波动的电容，阻尼和完整性。	风暴保护，防洪，干旱恢复等环境因素对环境变异的响应主要由植被结构控制
4	水分调节	水文流量调节	农业用水（如灌溉）或工业（如铣削）工艺或运输
5	水分供水	储存和保留水分	流域，水库和水库的供水含水层。
6	侵蚀控制和沉积物保留	保持生态系统内的土壤	防止风，径流或其他清除过程中的土壤损失，在湖泊和湿地高跷存储
7	土壤形成	土壤形成过程	岩石的风化和有机物的积累
8	营养循环	营养储存，内部循环，加工及获取	固氮、N、P 等元素或营养循环。
9	废物处理	回收移动营养物质，去除或分解过量营养元素和化合物。	废物处理，污染控制，排毒
10	授粉	花配子的运动	为传播植物种群提供授粉媒介。
11	生物控制	种群营养动态规律	猎物捕食者控制猎物物种，由顶级捕食者减少食草动物。
12	避难所（栖息地）	居民和临时人口的栖息地	苗圃，迁徙物种的栖息地，当地采伐物种的区域栖息地或越冬地区
13	食物生产	初级生产总值可以作为食物提取	通过狩猎、聚会、自给自足以及垂钓获得鱼、野味、作物、坚果、水果。
14	原材料	初级生产总值可提炼为原料	生产木材，燃料或饲料
15	基因资源	独特的生物材料和产品的来源。	医药、材料科学产品、抗植物病原体和作物害虫基因，观赏物种（植物的宠物和园艺品种）
16	娱乐	提供娱乐活动的机会	生态旅游，体育钓鱼等户外娱乐活动。

续表

数字	生态系统服务	生态系统功能	例　　子
17	文化	提供非商业用途的机会	美学、艺术、教育、精神和/或科学价值观的生态系统。

Costanza 等借鉴商品的供给需求曲线，刻画出生态系统服务的供给和需求曲线，尝试估计生态服务总价值。

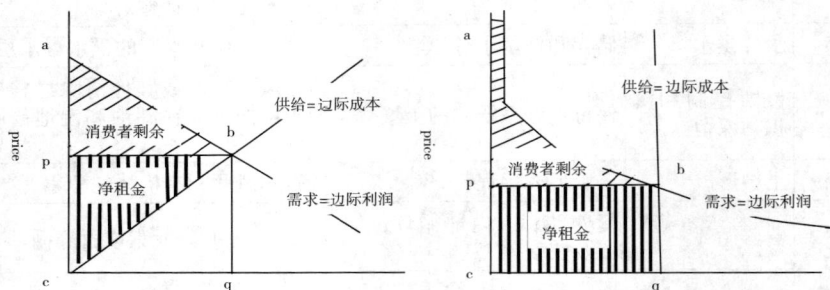

图 4-1　一般商品供给和需求曲线图　4.2　生态系统服务供给和需求曲线

注：图 4-1 和图 4-2 来源于 Costanza, R. （et al.），"The Value of the World´s Ecosystem Services and Natural Capita"，*Nature*，Vol. 387，No. 6630，1997，pp. 253- 260.

图 4-1 描绘市场中一般商品或服务的供给（边际成本）和需求（边际效应）曲线。国民生产总值（GNP）的价值是市场价格 p 乘以数量 q，即区域 pbqc，生产成本是供给曲线下的面积 cbq，资源的"生产者剩余"或"净租金"是市场价格与供给曲线之间的区域 pbc，"消费者剩余"或消费者获得超过市场总支付额的福利金额是需求曲线与市场价格之间的区域 abp。资源的总经济价值是生产者剩余和消费者剩余（不包括生产成本）的总和，即 abc 围成区域的面积。

图 4-1 是指人造的可替代商品。许多生态系统服务只能在一定程度上被替代，相应的需求曲线可能看起来更像图 4-2 中的有斜率的曲线。当某

些生态服务系统可用数量接近零（或一些最低必需服务水平），需求抑或消费者意愿支付趋于无穷大，消费者剩余（以及总体经济价值）接近无穷大。生态系统服务的需求曲线在实践中应用非常困难，甚至不可能估计。此外，如果生态系统服务不能随经济体系的运行增加或减少，其供给曲线更接近垂直，如图4-2所示。

Costanza 的基本思路是估计每个生态系统类型所对应生态系统服务的单位面积价值。估计"单位价值"的流程（按优先次序）如下：（1）消费者和生产者剩余的总和；（2）净租金（或生产者剩余）；（3）价格乘以数量作为生态服务经济价值的代表，假设生态系统服务的需求曲线如图4-2所示，而非图4-1，则图4-2中的区域 pbqc 是图4-1中的区域 abc 的保守低估。最后以单位值乘以每个生态系统的表面积得到总体价值。

Costanza 提出的评估生态系统服务价值的算式可以表达为：

$$ESV = \sum_{i=1}^{n} VC_i \times A_i \qquad (4.1)$$

式（4.1）中，ESV 为研究区生态系统服务总价值（元）；VC_i 为第 i 类土地利用类型单位面积的生态价值系数（元/hm²）；A_i 为研究区内第 i 类土地利用类型的面积（hm² 公顷），n 为土地利用类型数目。

（二）生态价值当量因子法

Costanza 等的方法是基于全球尺度，所得出某些估计数据被认为存在较大偏差，如对耕地的生态服务价值量估计过低，对湿地的估计偏高，[1] 谢高

---

[1]　潜在原因在于当生态系统服务价值评估面临不具有市场交换的生态服务时，可量化结果必反映被调查对象或评价组织者的主观效应感知。说明生态系统服务价值具有异质性特征。张舟等对 Costanza 和谢高地的生态服务价值做了比较，发现谢高地等对森林、草地和耕地的生态服务价值估计量明显高于 Costanza 等的估计，但对湿地、水体生态服务价值的估计远远低于 Costanza 等所做的估计。见张舟、吴次芳、谭荣：《生态系统服务价值在土地利用变化研究中的应用：瓶颈和展望》，《应用生态学报》2013年第2期，第556—562页。

地等针对上述不足，同时参考其部分可置信成果，在对我国200位生态学者进行问卷调查的基础上，制定出我国生态系统服务价值当量因子表，见表4-11。

表4-11　中国陆地生态系统单位面积生态服务价值当量表

	森林	草地	农田	湿地	水体	荒漠
水体调节	3.5	0.8	0.5	1.8	0	0
气候调节	2.7	0.9	0.89	17.1	0.46	0
水源涵养	3.2	0.8	0.6	15.5	20.38	0.03
土壤形成与保护	3.9	1.95	1.46	1.71	0.01	0.02
废物处理	1.31	1.31	1.64	18.18	18.18	0.01
生物多样性保护	3.26	1.09	0.71	2.5	2.49	0.34
食物生产	0.1	0.3	1	0.3	0.1	0.01
原材料	2.6	0.05	0.1	0.07	0.01	0.1
娱乐文化	1.28	0.04	0.01	5.55	4.34	0.01

注：表4-11来源于谢高地、鲁春霞、冷允法等：《青藏高原生态资产的价值评估》，《自然资源学报》2003年第2期，第189—196页。农田与国内学者文献中所使用的耕地等同。

　　谢高地等将生态服务分为九类，其中气候调节功能的价值包括 Costanza 等（1997）体系中的干扰调节，土壤形成与保护包括 Costanza 等（1997）体系中的土壤形成、营养循环、侵蚀控制 3 项功能，生物多样性维持中包括了 Costanza 等（1997）体系中的授粉、生物控制、栖息地、基因资源 4 项功能。谢高地等所使用"生态系统生态服务当量因子"是指生态系统产生的生态服务的相对贡献大小的潜在能力，并将其定义为 1hm² 全国平均产量的耕地每年自然粮食产量的经济价值。以此可将权重因子表转换成当年生态系统服务单价表，通过综合比较分析，确定 1 个生态服务价值当量因子的经济价值量等于当年全国平均粮食单产市场价值的1/7。[①] 生态系统生态服务当量因子乘以其经济价值量就得到中国陆地生态系统单位生态价值，见表4-12。

表4-12　中国不同陆地生态系统单位生态服务价值

单位：元/hm²

	农田	森林	草地	水体	湿地	荒漠（未利用土地）
气体调节	442.4	3097	707.9	0	1592.7	0
气候调节	787.5	2389.1	796.4	407	15130.9	0
水源涵养	530.9	2831.5	707.9	18033.2	13715.2	26.5
土壤形成与保护	1291.9	3450.9	1725.5	8.8	1513.1	17.7
废物处理	1451.2	1159.2	1159.2	16086.6	16086.6	8.8
生物多样性保护	628.2	2884.6	964.5	2203.3	2212.2	300.8
食物生产	884.9	88.5	265.5	88.5	265.5	8.8
原材料	88.5	2300.6	44.2	8.8	61.9	0
娱乐文化	8.8	1132.6	35.4	3840.2	4910.9	8.8
总计	6114.3	19334	6406.5	40676.4	55489	371.4

注：表4-12来源于谢高地、鲁春霞、冷允法等：《青藏高原生态资产的价值评估》，《自然资源学报》2003年第2期，第189—196页。农田与国内学者文献中所使用的耕地等同。

第四节　西北五省区土地生态价值评估

西北地区的植被覆盖低，是全国水资源较为稀缺地区，全国陆地生态系统中单位面积的生态系统服务价值自东南向西北地区依次递减。正因如此，

[①] 估计的粮食生产的利润率为1/7，即在评估期当年中国（全区域）农业部门粮食生产的平均利润率为14.29%。估计平均利润率实际涉及很复杂因素，根据现有文献，对中国工业部门、农业部门国民经济总体的平均利润率，尚缺乏一致的统计评估结论。

对西北五省区生态系统服务价值进行客观评估就显得尤为重要。但是也须注意，一方面对生态系统服务价值的量化评估存在很大困难，目前国内外还没有成熟的人们一致认可的定价方法；[①] 另一方面，由于生态系统建设、国民经济绿色核算的迫切需要，即使对生态系统服务价值评估方法存有争议，在没有研究出更为科学的方法之前，借鉴 Costanza 以及国内学者已经提出且具有重要影响和实际意义的方法．对西北五省区生态系统服务价值做出评价，仍很有必要。

一、数据来源与评价方法

本章所涉及的全国和西北五省区土地利用基础数据来源于 2003—2014 年各省的统计年鉴、《中国统计年鉴》、《中国环境统计年鉴》、国家统计局及其他公开发表物。由于我国二地资源分类标准不统一，为使数据具有可比性，本章主要参考《中国统计年鉴》对土地的分类并兼顾其他分类标准，对不同省不同年份的土地利用数据进行了重新归并、分类，分类之后共有耕地、园地、林地、牧草地、水地、湿地和未利用地 7 种土地利用类型，以统一数据、提高分析精度。

本章将采用 Costanza 提出的生态价值系数法和谢高地提出的生态价值当量因子法计算西北五省区生态系统服务价值。表 4-12 仅提供了一个全国平均状态的生态系统生态服务价值的单价，但生态系统的生态服务功能大小与该生态系统的生物量有密切关系，一般来说，生物量越大，生态服务功能越强，为此，谢高地等提出生态系统服务价值单价订正方法，[②] 假定生态服务

---

① 谢高地、甄霖、鲁春霞、肖玉、陈操：《一个基于专家知识的生态系统服务价值化方法》，《自然资源学报》2008 年第 5 期，第 912—919 页。

② 谢高地、肖玉、甄霖、鲁春霞：《我国粮食生产的生态服务价值研究》，《中国生态农业学报》2005 年第 3 期，第 10—13 页。

功能强度与生物量呈线性关系，提出生态服务价值的生物量因子按下述公式
来进一步修订生态服务单价：

$$p_{ij} = \left(\frac{b_i}{B}\right) P_i \tag{4.2}$$

式（4.2）中 p_{ij} 为订正后的单位面积生态系统的生态服务价值，i＝1，
2，…，9，分别代表气体调节、气候调节等不同类型的生态系统服务价值；
j＝1，2，…，n，分别代表寒温带山地落叶针叶林、温带山地常绿针叶
林……高寒草甸草原类、高寒草原类、高寒荒漠草原类等不同生态资产类
型；P_i 为表4-13中不同生态系统服务价值基准单价，b_i 为 j 类生态系统的生
物量；B 为我国一级生态系统类型单位面积平均生物量，进而确定西北五省
区的生态系统单位面积生态服务价值表。

式（4.2）中 b_i/B 为生态价值修正系数，表4-13为西北五省区生态服
务价值修正系数。

表4-13　西北五省区生态服务价值修正系数

陕西省	甘肃省	青海省	宁夏回族自治区	新疆维吾尔自治区
0.51	0.42	0.4	0.61	0.58

将中国不同陆地生态系统单位面积生态服务价值与西北五省区的生态服
务价值修正系数相乘，园地取森林和草地的平均值，[1] 就得到西北五省区不
同陆地生态系统单位面积生态服务价值。

本章在对西北五省区生态系统服务价值做出评价时，为显示生态系统的
价值和人类的关系，引入了人均生态服务价值占有量 Ave（ESV），其变化

---

[1]　钟媛、赵敏娟：《城市土地利用变化对生态系统服务的影响——以西安市为例》，《水土
保持研究》2015 年第 1 期，第 274—279 页。

可显示生态系统服务功能与人口的相互关系。计算公式为：

$$Ave(ESV) = \frac{ESV}{N} = \frac{\sum_{i=1}^{n} VC_i \times A_i}{N} \qquad (4.3)$$

式（4.3）中，Ave（ESV）为人均生态服务价值占有量，N 为人口总数。与此同时，以贡献率表示某一种生态类型服务价值的变化量（正或负）占所有类型生态服务价值变化量（所有类型服务价值量绝对值加总）的比例。

二、西北五省区生态系统服务价值及其变化

（一）陕西土地生态系统服务价值估算

从表 4-14 可以看出，2003—2014 年陕西省的生态系统服务价值总量有所上升。其不同生态服务类型中耕地、草地和荒漠的生态服务价值减少，林地和园地的生态服务价值增加，且林地和园地的单位面积生态服务价值较高，弥补了耕地、草地和荒漠生态服务价值量的减少。

表 4-14 陕西生态系统服务价值（2003—2014 年）

单位：亿元

年份 \ 土地类型	耕地	园地	林地	草地	湿地	荒漠（未利用土地）	总计
2003	132.2730	42.7337	997.7437	103.2451	82.8875	2.4932	1361.3762
2004	129.5339	44.6997	1006.0505	102.3977	82.8875	2.4775	1368.0468
2005	129.5369	44.7154	1006.0654	102.4022	82.8875	2.4781	1368.0855
2006	126.5477	46.1913	1020.2011	100.3229	82.8875	2.4471	1378.5976
2007	126.2611	46.2681	1020.9078	100.1723	82.8875	2.4508	1378.9476
2008	126.3017	46.3469	1020.9507	100.1233	82.8875	2.4341	1379.0442
2009	126.3013	46.3450	1020.9528	100.1236	82.8875	2.4341	1379.0443
2010	126.2909	46.3406	1020.9396	100.1105	82.8875	1.8885	1378.4576
2011	124.3545	55.3394	1106.2615	94.1388	82.8875	1.9453	1464.9270

续表

土地类型 年份	耕地	园地	林地	草地	湿地	荒漠（未利用土地）	总计
2012	124.2792	54.6960	1105.4188	94.0385	82.8875	Na	1461.3200
2013	124.4831	54.1938	1104.6098	93.9022	87.3036	Na	1464.4925
2014	124.5687	53.9334	1104.0943	93.4694	87.3036	Na	1463.3694

注：耕地、园地、林地、草地、荒漠数据来源于《陕西省统计年鉴》，湿地数据来源于《中国环境统计年鉴》，所以湿地的统计数据与荒漠会有所重合。Na 表示数据缺省。

由表 4-15 可以看出，2003—2014 年间陕西省的生态服务价值增长了 104.4864 亿元。2003—2008 年生态服务价值增长了 17.6680 亿元，2008—2014 年的生态服务价值增长了 86.7593 亿元。这主要得益于对生态系统服务价值贡献率最高的林地面积不断增加，林地的生态系统服务价值系数也较高，两种因素综合使得林地生态系统服务价值为总体生态系统服务价值提供了增长动力。从各土地利用类型对生态系统服务价值贡献率分析，2003—2014 年，贡献率最高的是林地，达到 76.2663%，其次为园地、草地、耕地等。未利用地贡献率不足 0.2%。耕地的贡献率不断减少，由 16.5997% 降低为 1.6739%，这是由于耕地面积变动幅度减少所致。由此可见，土地利用变化会影响生态系统服务价值的变化，生态系统服务价值会随着土地利用类型的相互转换、土地的开发与整理发生显著变化。

表 4-15　陕西生态系统服务价值变化（2003—2014 年）

指标 土地类型	2003—2008 ΔESV（亿元）	贡献率（%）	2008—2014 ΔESV（亿元）	贡献率（%）	2003—2014 ΔESV（亿元）	贡献率（%）
耕地	-5.9713	16.5997	-1.7330	1.6739	-7.7043	5.5249
园地	3.6132	10.0444	7.5865	7.3276	11.1997	8.0316
林地	23.2071	64.5133	83.1436	80.3063	106.3506	76.2663

续表

指标 土地类型	2003—2008 ΔESV（亿元）	贡献率（%）	2008—2014 ΔESV（亿元）	贡献率（%）	2003—2014 ΔESV（亿元）	贡献率（%）
草地	-3.1218	8.6783	-6.6538	6.4268	-9.7757	7.0103
湿地	0.0000	0.0000	4.4161	4.2654	4.4161	3.1669
荒漠	-0.0591	0.1643	--	--	--	--
总计	17.6680	100	86.7593	100	104.4864	100

注： 耕地、园地、林地、草地、荒漠数据来源于《陕西省统计年鉴》，湿地数据来源于《中国环境统计年鉴》，所以湿地的统计数据与荒漠会有所重合。--表示因数据缺省无法计算，ΔESV 为生态系统服务价值变化量，贡献率为不同类型土地生态服务价值变化绝对值占总生态服务价值变化量绝对值的比例。

（二）甘肃土地生态系统服务价值估算

除去数据缺省的 2004 年，甘肃省的生态服务价值在 2003—2012 年期间变动幅度不大，2012—2013 年甘肃省的生态服务价值明显增大，生态服务价值增加了 101.5657 亿元，这主要是因为甘肃省林业厅正式批复同意建立总面积 12407 公顷民勤石羊河省级湿地公园，湿地面积变大所引起。2013—2014 年甘肃省土地生态系统服务价值上升幅度也较大，生态服务价值增加了 96.9003 亿元，这得益于 2014 年国家颁布了新一轮退耕还林政策，调动了农民退耕还林的积极性，林地面积变大所引起。

表 4-16　甘肃生态系统服务价值（2003—2014 年）

单位：亿元

土地类型 年份	耕地	园地	林地	草地	湿地	荒漠（未利用地）	总计
2003	120.3155	10.8204	411.4789	380.5295	293.2041	28.9066	1245.2550
2004	119.6997	Na	Na	Na	293.2041	29.8010	--
2005	118.9654	11.0597	419.5180	379.7400	293.2041	29.7881	1252.2753

续表

年份 \ 土地类型	耕地	园地	林地	草地	湿地	荒漠（未利用地）	总计
2006	118.8242	11.1029	420.4356	379.6593	293.2041	29.7794	1253.0055
2007	118.7626	11.1029	420.8335	379.6190	293.2041	29.7742	1253.2963
2008	118.7369	11.1353	420.8904	379.5786	293.2041	29.7689	1253.3142
2009	118.6855	11.1137	420.8660	379.5355	293.2041	29.6472	1253.0520
2010	119.6511	11.1299	421.0040	379.6512	293.2041	25.1701	1249.8104
2011	118.4955	11.1299	421.0040	379.6512	293.2041	25.2403	1248.7250
2012	119.6511	11.0434	420.8498	379.6593	293.2041	25.1406	1249.5483
2013	119.6511	11.0434	420.8498	379.6593	394.7698	25.1406	1351.1140
2014	138.1279	13.9786	495.6213	382.2935	394.7698	23.2232	1448.0143

注：2003—2013 年的耕地、园地、林地、草地、荒漠数据来源于《甘肃统计年鉴》，2014 年的耕
地、园地、林地、草地、荒漠数据来源于《中国环境统计年鉴》。湿地数据来源于《中国环
境统计年鉴》，所以湿地的统计数据与荒漠会有所重合。Na 表示数据缺省，−−表示因数据缺
省较多而无法计算。

　　由表 4-17 可以看出，2003—2014 年甘肃省的生态服务价值处于增长
趋势，这 11 年间甘肃省的生态服务价值增长了 202.7593 亿元。2003—
2008 年生态服务价值增长了 8.0592 亿元，主因是对生态系统服务价值贡
献率最高的林地面积不断增加，同时林地的生态系统服务价值系数高，二
者综合使得总体生态系统服务价值增加。2008—2014 年的生态服务价值
增长了 194.7001 亿元，主因是湿地及林地面积增加导致。从各土地利用
类型对生态系统服务价值贡献率方面分析，2003—2014 年，贡献率最高
的是湿地，达到 47.4327%，其次为林地、耕地等，草地的贡献率相对
较少。

表 4-17　甘肃生态系统服务价值变化（2003—2014 年）

指标 / 土地类型	2003—2008 ΔESV（亿元）	贡献率（%）	2008—2014 ΔESV（亿元）	贡献率（%）	2003—2014 ΔESV（亿元）	贡献率（%）
耕地	-1.5786	-19.5876	19.3910	9.3320	17.8124	8.3187
园地	0.3149	3.9073	2.8433	1.3683	3.1582	1.4749
林地	9.4115	116.7796	74.7309	35.9644	84.1424	39.2957
草地	-0.9509	-11.7939	2.7149	1.3065	1.7640	0.8238
湿地	0	0	101.5657	48.8787	101.5657	47.4327
荒漠	0.8623	10.6996	-6.5457	3.1501	-5.6834	2.6542
总计	8.0592	100	194.7001	100	202.7593	100

注：耕地、园地、林地、草地、荒漠数据来源于《甘肃统计年鉴》，湿地数据来源于《中国环境统计年鉴》，所以湿地的统计数据与荒漠会有所重合。ΔESV 为生态系统服务价值变化量，贡献率为不同类型土地生态服务价值变化绝对值占总生态服务价值变化量绝对值的比例。

（三）青海土地生态系统服务价值估算

观察表 4-18，除去数据缺省的 2009 年、2010 年，2003—2011 年青海省的生态系统服务价值变化不大，略有上升，2012 年青海省生态系统服务价值陡然增大，较 2011 年增加了 103.5161 亿元，主因是耕地、林地、草地生态服务价值增加，其中林地、草地生态服务价值增长幅度较大，弥补了园地、未利用土地生态价值的减少，2013 年和 2014 年生态服务价值的增大主要是因为湿地面积增大引起的。

表 4-18　青海生态系统服务价值（2003—2014 年）

单位：亿元

土地类型 / 年份	耕地	园地	林地	草地	湿地	未利用土地	总计
2003	13.5789	0.3940	198.7472	1034.9251	915.7831	36.6331	2200.0614
2004	13.2570	0.3940	201.2936	1034.6575	915.7831	36.6166	2202.0018
2005	13.2618	0.3828	204.0349	1035.1746	915.7831	36.5744	2205.2116

续表

年份＼土地类型	耕地	园地	林地	草地	湿地	未利用土地	总计
2006	13. 2595	0. 3827	205. 0188	1034. 1882	915. 7831	36. 5619	2205. 1942
2007	13. 2607	0. 3809	205. 7542	1033. 9909	915. 7831	36. 5534	2205. 7232
2008	13. 2734	0. 3807	206. 0748	1033. 9444	915. 7831	36. 5444	2206. 0008
2009	Na	Na	Na	Na	915. 7831	Na	--
2010	Na	Na	Na	Na	915. 7831	Na	--
2011	13. 2729	0. 3810	206. 2319	1033. 5811	915. 7831	41. 1016	2210. 3516
2012	14. 3937	0. 3162	274. 0743	1079. 1397	915. 7831	30. 1607	2313. 8677
2013	14. 3931	0. 3140	274. 4964	1079. 1109	1807. 5209	11. 3896	3187. 2249
2014	14. 3857	0. 3140	274. 4964	1079. 1109	1807. 5209	41. 1016	3216. 9295

注：耕地、园地、林地、草地、荒漠数据来源于《青海统计年鉴》，湿地数据来源于《中国环境统计年鉴》，所以湿地的统计数据与荒漠会有所重合。Na 表示数据缺省，-- 表示因数据缺省较多而无法计算。

由表 4-19 可以看出，2003—2014 年青海省的生态服务价值处于增长趋势，这 11 年间青海省的生态服务价值增长了 1016. 8683 亿元，2003—2008 年生态服务价值增长了 5. 9394 亿元，2008—2014 年的生态服务价值增长了 1010. 9289 亿元，这主要是因为对生态系统服务价值贡献率最高的湿地面积不断增加，同时湿地的生态系统服务价值系数最高，二者综合使得总体生态系统服务价值增加。从各土地利用类型对生态系统服务价值贡献率方面分析，2003—2014 年，贡献率最高的是湿地，达到 87. 6807%，其次为林地、草地等。园地贡献率相对很少，不足 0. 01%。耕地、园地、林地、草地以及荒漠的贡献率都在不断减少，其中林地的贡献率减少的最多，由 84. 0726% 降低为 6. 7673%，耕地由 3. 5051% 降低为 0. 11%。由此可见，土地利用变化会影响生态系统服务价值的变化，生态系统服务价值会随着土地利用类型的相互转换、土地的开发与整理发生显著变化。

表 4-19 青海生态系统服务价值变化（2003—2014 年）

指标 / 土地类型	2003—2008 ΔESV（亿元）	贡献率（%）	2008—2014 ΔESV（亿元）	贡献率（%）	2003—2014 ΔESV（亿元）	贡献率（%）
耕地	−0.3055	3.5051	1.1123	0.11	0.8068	0.0793
园地	−0.0133	0.1526	−0.0667	0.0066	−0.0800	0.0079
林地	7.3276	84.0726	68.4216	6.7673	75.7492	7.4481
草地	−0.9807	11.2520	45.1666	4.4673	44.1859	4.3446
湿地	0	0	891.7379	88.1981	891.7379	87.6807
荒漠	−0.0887	1.0177	4.5572	0.4507	4.4685	0.4394
总计	5.9394	100	1010.9289	100	1016.8683	100

注：耕地、园地、林地、草地、荒漠数据来源于《青海统计年鉴》，湿地数据来源于《中国环境统计年鉴》，所以湿地的统计数据与荒漠会有所重合。ΔESV 为生态系统服务价值变化量，贡献率为不同类型土地生态服务价值变化绝对值占总生态服务价值变化量绝对值的比例。

（四）宁夏土地生态系统服务价值估算

从表 4-20 可以看出，宁夏 2003—2013 年的生态系统服务价值有所上升，2008—2009 年生态系统服务价值上升的幅度较大，生态服务价值增加了 21.144 亿元，主因是耕地、园地及林地生态价值上升大于草地退化引起的生态价值下降。2010 年相对于 2009 年宁夏生态系统服务价值有所下降，下降了 21.8077 亿元，主因是耕地、园地、林地生态价值减少造成的。

表 4-20 宁夏生态系统服务价值（2003—2014 年）

单位：亿元

土地类型 / 年份	耕地	园地	林地	草地	湿地	未利用土地	总计
2003	42.7128	2.6536	62.6955	91.2080	86.5308	1.6323	287.433
2004	41.1500	2.6222	70.1138	89.6292	86.5308	1.6527	291.6987
2005	41.0232	2.6850	71.1988	89.0430	86.5308	1.6620	292.1428
2006	41.0344	2.7007	71.5172	88.8788	86.5308	1.6591	292.321

续表

年份 \ 土地类型	耕地	园地	林地	草地	湿地	未利用土地	总计
2007	41.2619	2.6928	71.5172	88.6014	86.5308	1.6527	292.2568
2008	41.2903	2.6918	71.4921	88.4852	86.5308	1.6488	292.139
2009	48.1647	4.1644	91.4046	83.0185	86.5308	Na	313.283
2010	41.2657	2.6274	71.4103	88.1947	86.5308	1.4464	291.4753
2011	41.2018	2.6389	71.2774	91.2283	86.5308	1.4412	294.3184
2012	41.1570	2.6107	71.1815	91.0892	86.5308	1.4383	294.0075
2013	47.9054	4.0473	90.9964	82.3563	70.1337	Na	295.4391
2014	48.0829	4.0082	90.7705	82.0473	70.1337	Na	295.0426

注：耕地、园地、林地、草地、荒漠数据来源于《宁夏统计年鉴》，湿地数据来源于《中国环境统计年鉴》，所以湿地的统计数据与荒漠会有所重合。Na 表示数据缺省。

由表4-21可以看出，2003—2014年间宁夏的生态服务价值增加9.2419亿元，2003—2008年生态服务价值增加4.706亿元，2008—2014年的生态服务价值增加2.9036亿元（因2014年宁夏未利用土地面积缺省，所以生态服务价值的增加可能被低估），这主要是因为贡献率较高的林地面积增加造成的。从各土地利用类型对生态系统服务价值贡献率方面分析，2003—2014年，贡献率最高的是林地，达到46.5145%，其次为林地、湿地、草地等。

表4-21　宁夏生态系统服务价值变化（2003—2014年）

土地类型 \ 指标	2003—2008 ΔESV（亿元）	贡献率（%）	2008—2014 ΔESV（亿元）	贡献率（%）	2003—2014 ΔESV（亿元）	贡献率（%）
耕地	-1.4225	10.9452	6.7926	13.5250	5.3701	8.8972
园地	0.0382	0.2939	1.3164	2.6211	1.3546	2.2443
林地	8.7966	67.6838	19.2784	38.3861	28.075	46.5145
草地	-2.7228	20.9501	-6.4379	12.8188	-9.1607	15.1774
湿地	0	0	-16.3971	32.6490	-16.3971	27.1666

续表

指标 土地类型	2003—2008 ΔESV（亿元）	贡献率（%）	2008—2014 ΔESV（亿元）	贡献率（%）	2003—2014 ΔESV（亿元）	贡献率（%）
荒漠	0.0165	0.1270	--	--	--	--
总计	4.706	100	2.9036	100	9.2419	100

注：耕地、园地、林地、草地、荒漠数据来源于《宁夏统计年鉴》，湿地数据来源于《中国环境统计年鉴》，所以湿地的统计数据与荒漠会有所重合。--表示因数据缺省较多而无法计算，ΔESV 为生态系统服务价值变化量，贡献率为不同类型土地生态服务价值变化绝对值占总生态服务价值变化量绝对值的比例。

（五）新疆土地生态系统服务价值估算

从表 4-22 可看出，2003—2014 年新疆生态系统服务价值有所上升，2012—2013 年生态服务价值上升幅度较大，主要由湿地面积增大引起。湿地面积变化原因：一是调查方法和手段不同，第一次调查主要采用收集资料为主，第二次湿地调查面积上采用的是 3S 技术，比第一次调查方法更为先进、调查手段更为科学；二是气候变化导致湿地面积有所增加；三是起调面积不同，此次调查起始面积是 8 公顷，相对于第一次调查 100 公顷的起调面积，大大扩大了调查范围，将第一次调查许多未列入调查范围的湿地列入并统计面积。加之今年保护区内的湿地加强了保护管理，湿地面积有所增加。

表 4-22　新疆生态系统服务价值（2003—2014 年）

单位：亿元

土地类型 年份	耕地	园地	林地	草地	湿地	荒漠 未利用 土地	总计
2003	143.1710	22.0733	749.7269	1906.7437	453.8392	220.3122	3495.8663
2004	142.7561	25.0741	757.9802	1903.0613	453.8392	220.2232	3502.9341
2005	144.1001	26.4476	759.2473	1901.0139	453.8392	220.1689	3504.8170
2006	145.6498	27.1493	758.4736	1899.6763	453.8392	220.1231	3504.9113

续表

年份 \ 土地类型	耕地	园地	林地	草地	湿地	荒漠未利用土地	总计
2007	145.9016	27.2090	758.6530	1899.4756	453.8392	220.0970	3505.1754
2008	146.2704	27.1866	758.5857	1899.2712	453.8392	220.0759	3505.2290
2009	146.2704	27.1866	758.5857	1899.2712	453.8392	220.0759	3505.2290
2010	146.2704	27.1866	758.5857	1899.2712	453.8392	220.0759	3505.2290
2011	146.2704	27.1866	758.5857	1899.2712	453.8392	220.0759	3505.2290
2012	146.2704	27.1866	758.5857	1899.2712	453.8392	220.0759	3505.2292
2013	146.2704	27.1866	758.5857	1899.2712	1270.6737	220.0759	4322.0636
2014	146.2704	27.1866	758.5857	1899.2712	1270.6737	220.0759	4322.0636

注：耕地、园地、林地、草地、荒漠数据来源于《新疆统计年鉴》，湿地数据来源于《中国环境统计年鉴》，所以湿地的统计数据与荒漠会有所重合。Na 表示数据缺省。

由表 4-23 可以看出，2003—2014 年新疆的生态服务价值处于增长趋势，这 11 年间新疆的生态服务价值增长了 826.1973 亿元，这主要得利于对生态系统服务价值贡献率最高的湿地面积不断增加，同时湿地的生态系统服务价值系数也最高，二者综合使得湿地生态系统服务价值为总体生态系统服务价值提供了增长动力。2003—2008 年生态服务价值增长了 9.3627 亿元，这主要是林地面积增加导致的。2008—2014 年的生态服务价值增长了 816.8344 亿元，这主要因为湿地面积增加引起的。从各土地利用类型对生态系统服务价值贡献率方面分析，2003—2014 年，贡献率最高的是湿地，达到 97.0556%，其次为林地、草地、园地等。未利用地贡献率相对较少，不足 0.03%。从贡献率上看，耕地、园地、林地、草地、荒漠的贡献率都在不断减少，只有湿地的贡献率在上升。由此可见，土地利用变化会影响生态系统服务价值的变化，生态系统服务价值会随着土地利用类型的相互转换、土地的开发与整理发生显著变化。

表 4-23　新疆生态系统服务价值变化（2003—2014 年）

指标 土地类型	2003—2008 ΔESV（亿元）	贡献率（%）	2008—2014 ΔESV（亿元）	贡献率（%）	2003—2014 ΔESV（亿元）	贡献率（%）
耕地	3.0994	12.5075	0	0	3.0995	0.3683
园地	5.1133	20.6345	0	0	5.1133	0.6076
林地	8.8588	35.7494	0	0	8.8588	1.0526
草地	-7.4725	30.1550	0	0	-7.4725	0.8879
湿地	0	0	816.8345	100	816.8345	97.0556
荒漠	-0.2363	0.9536	0	0	-0.2363	0.0281
总计	9.3627	100	816.8344	100	826.1973	100

注：耕地、园地、林地、草地、荒漠数据来源于《新疆统计年鉴》，湿地数据来源于《中国环境
　　统计年鉴》，所以湿地的统计数据与荒漠会有所重合。ΔESV 为生态系统服务价值变化量，贡
　　献率为不同类型土地生态服务价值变化绝对值占总生态服务价值变化量绝对值的比例。

三、西北与全国土地生态系统服务价值比较

青海和新疆的人均生态系统服务价值高于全国和西北五省区整体的人均
生态系统服务价值水平，且青海的人均生态系统服务价值最高。主因是青海
和新疆地广人稀。青海的人均生态服务价值高于新疆，不仅仅是青海的人均
土地面积大于新疆，而是青海的土地利用结构比新疆更为合理。青海的草地
资源丰富，且耕地、林地、草地、湿地的生态服务价值都有所上升，但新疆
却存在着较多的未利用地。

西北五省区总体的人均生态服务价值高于全国水平，同时也高于陕西、
甘肃及宁夏的人均生态服务价值，主因是青海和新疆的人均生态服务价
值大。

甘肃的人均生态服务价值大于宁夏，主因是甘肃人均土地面积大于宁夏，且宁夏草地和湿地的生态服务价值在减少，而甘肃各种土地类型（除未利用地外）的生态服务价值基本都在增长引起的。

陕西省的人均生态服务价值最低，主要是因为陕西人口多，人均土地少，且陕西省耕地和草地的生态服务价值在减少造成的。

总体来看，所有地区的人均生态服务价值都有上升的趋势，且陕西、甘肃以及宁夏的人均生态服务价值偏离全国平均水平程度不多，并有向全国水平逼近的趋势。

表 4-24　全国与西北五省人均生态系统服务价值（2003—2014 年）

单位：元

地区 年份	全国	西北地区	陕西	甘肃	青海	宁夏	新疆
2003	6126.94	9270.44	3707.45	4908.38	40516.78	4955.74	18075.83
2004	6478.20	--	3716.51	--	40552.52	4960.86	17844.80
2005	6495.64	9188.55	3707.55	4920.53	40611.63	4901.72	17652.05
2006	6537.73	9138.47	3726.95	4919.53	40240.77	4839.75	17097.13
2007	6591.13	9077.47	3718.84	4918.74	39958.75	4791.10	16731.15
2008	6625.92	9021.86	3709.10	4913.03	39819.51	4727.17	16448.75
2009	6970.26	--	3700.15	4904.31	--	5012.53	16235.43
2010	7054.38	--	3690.65	4882.07	--	4604.67	16042.24
2011	6830.03	8972.08	3913.78	4870.22	38914.64	4605.92	15867.95
2012	7367.03	9018.78	3893.74	4846.97	40381.64	4544.17	15697.40
2013	7855.87	10790.83	3890.79	5232.82	55142.30	4517.42	19090.39
2014	8076.37	10844.10	3876.48	5588.63	55178.89	4456.84	19051.05

数据来源：《中国统计年鉴》及各省统计年鉴。--表示因数据缺省较多而无法计算。

单位：元

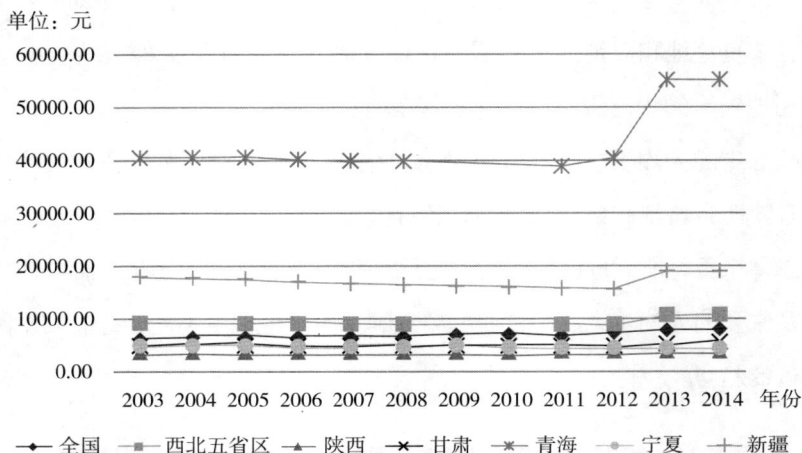

图 4-3 全国与西北五省区人均生态系统服务价值（2003—2014 年）

第五节 结论与政策建议

一、结论

2003—2014 年陕西土地生态服务价值上升，主因是林地、园地面积增加引起的生态服务价值增加大于耕地、草地及未利用地面积下降引起的生态服务价值减少。但不能忽略耕地、草地面积的减少，说明陕西存在耕地生态系统服务萎缩、草地退化的生态问题。

2003—2014 年甘肃和青海土地生态服务价值增加，主因是未利用土地转化为其他类型土地，使生态服务价值上升。

宁夏的土地生态服务价值整体呈上升趋势，各类土地面积增加引起生态服务价值增加大于草地面积减少引起服务价值减少。对宁夏草地面积减少的趋势仍需重视。

2003—2014 年新疆土地生态服务价值增加，主因是 2003—2008 年耕地、园地、林地面积均增加和 2008—2014 年湿地面积增加。新疆草地面积下降，面临草地退化的生态问题。

总体来看，西北五省区土地生态服务价值均有上升，这一趋势与未利用地面积减少有关，未利用地转化为其他类型土地，使生态服务价值增加。与全国人均土地生态系统服务价值相比，青海、新疆以及西北五省区整体的人均土地生态系统服务价值高于全国水平。青海的人均价值远高于全国平均水平，陕西、甘肃、宁夏三省低于全国人均价值。就新疆而论，尽管人均生态系统服务价值高于全国，但单位面积生态服务密度显著低于全国。① 所以，西北地区整体人均实际享有的土地生态服务价值可能偏低。

二、政策建议

基于本章研究对西北地区土地整治提出以下建议：

（一）出台相关的法律法规

土地整治涉及国家、地方政府、中介机构以及土地权利人等不同利益主体及其关系重构，统筹政府与市场力量、平衡不同权利人利益、调节农村和城镇关系，规范市场行为等，都须发挥法治对土地整治的引领和规范作用。西北各省区应依据各自的省情完善现有的土地治理体系，使土地治理有法可依。

（二）顺应土地整治的自然规律

西北五省区的土地退化问题主要为水土流失、土地沙漠化、土地盐渍化和草地退化。在土地治理过程中应当尊重自然，不宜大面积植树造林、片面

---

① 截至 2014 年，新疆总人口 2298 万，国土面积 166 万平方公里。

追求森林覆被率的提高。采取生态修复和建立自然保护区等措施有助于环境整治与生态建设，在区域发展中应当重视土地与水资源的合理开发利用以及区域间环境与发展的协调等问题，实现综合治理。

（三）引导多渠道资金流向土地整治

西北五省区土地治理的资金来源都较为单一，基本来源于国家和政府的财政投入，并不能满足日益增长的土地整治需求。为了扩大土地整治的资金来源渠道，提高土地整治效率，国家从政策层面一直在鼓励民间资本参与土地整治，但土地整治所需时限长，存在较高的成本和不确定性，目前大规模的土地治理还没有吸引民资进入的利润增长点和相应机制。如何引导民间资本进入土地整治领域是迫切需要解决的大问题。首先，要保障民间资本投资主体参与土地整治领域市场竞争的平等权利，为鼓励民资进入土地治理领域也可给予其一定的优惠政策；其次，发挥市场作用，鼓励民间投资主体通过多种方式（转让、租赁、作价出资入股等）盘活利用所拥有的土地；最后，加快土地确权，为民资参与土地整治制定科学的利益分配机制。

（四）依托技术加快土地整治创新

土地整治不仅关乎土地，还涉及生态、环境、经济与社会等各个方面，具有很强的技术性，需要有充分的技术支持，以防止不当的土地整治后果出现。榆林的"砒砂岩+沙"模式，新疆利用非常规水资源生态利用技术系统开发挖掘生态用水潜力，两者都在土地治理方面取得了一定的成果。西北五省区结合各自的土地生态问题，依托科技进行技术研发，攻克土地整治的技术瓶颈。

（五）培养重用土地治理专业人才

土地整治专业人才培养是实施土地整治国家战略，提高国家土地整治管理水平及促进土地整治行业健康发展的重要基础和基本保障。西北五省区应该培养重用有志于土地治理的专业人才，发挥其聪明才智，有针对性地解决水土流失、风沙、草场退化等自然环境问题，促进西北五省区可持续发展。

（六）鼓励公众广泛参与土地治理

公众对土地治理的意识较弱，参与土地治理活动的总体水平较低，且表现出很强的政府依赖性。政府以往的土地整治工程基本上是以单纯生态为目的，生态经济收益产出慢且少，导致群众生态建设积极性不高，导致生态建设工程后期维护差，建设成果难以巩固。西北五省区应将土地整治工程与解决当地民众迫切需求的生活能源和脱贫致富结合起来，充分调动民众参与土地治理的积极性，使土地整治工程能够长期健康发展下去。

第五章　西北森林资源资产负债表
编制与空气质量变化成因

　　森林生态系统是人类生存的摇篮。森林能够直接为人类的生存提供原料，药材，食物等，且具有净化空气、保持水土、调节气候、防风固沙等一系列有助于改善生态环境的功能。我国地大物博，物产多样，森林资源总量丰富。据联合国粮食与农业组织 2015 年发布的《全球森林资源评估报告》显示我国森林面积总量排名世界第五，仅次于俄罗斯、巴西、加拿大和美国。不过我国资源的总体特点是总量大，人均量小，森林资源也不例外。统计显示，我国人均森林面积为 0. 16 公顷左右，远低于 0. 6 公顷的世界人均水平（图 5-1），就森林覆盖率而言，我国仅占世界水平的五成左右（图 5-2），足以说明我国森林资源难以满足经济社会发展的需要。

　　我国森林资源的另一大特点是地区分布极不平衡（图 5-3），森林资源主要分布在东北、东南沿海及华南地区，经济发展水平不高的西部地区森林资源相对稀缺。在西部地区，西南地区森林资源现状又优于西北地区（图 5-4）。随着改革开放的不断深化，我国在不断取得经济成就的同时，经济社会实质上仍停留在传统的粗放型发展阶段，这种粗放型经济的快速增长使

公顷

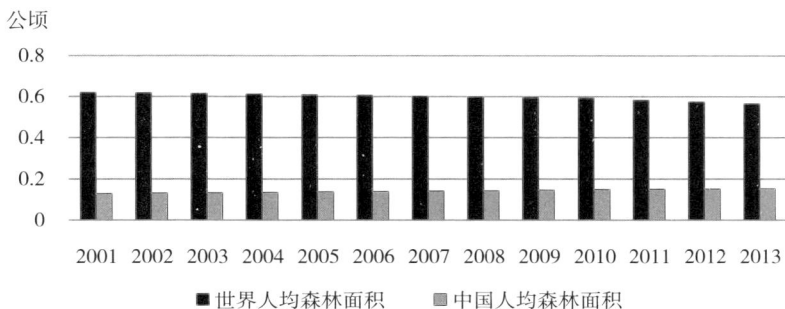

图 5-1 世界和中国人均森林面积（2001—2013 年）

数据来源：联合国粮食与农业组织《全球森林资源评估报告》，中国国家林业和草原局《林业统计年鉴》。

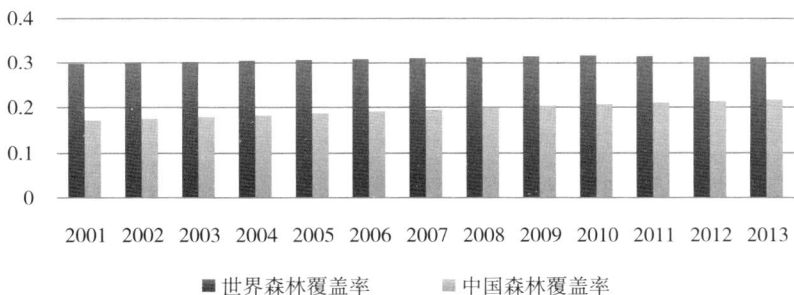

图 5-2 世界和中国森林覆盖率（2001—2013 年）

数据来源：联合国粮食与农业组织《全球森林资源评估报告》，中国国家林业和草原局《林业统计年鉴》。

我国付出了生态环境遭到严重破坏的惨痛代价，原本森林资源匮乏的西北地区生态环境雪上加霜。因此，对西北地区森林资源的防护迫在眉睫。准确掌握我国西北地区森林资源的数量及其地域分布并进行合理规划，客观评价西北地区森林生态服务功能价值，编制森林资源资产负债表，对于西北地区加快建立生态文明制度，健全资源节约利用、生态环境保护体制有着重要意义。

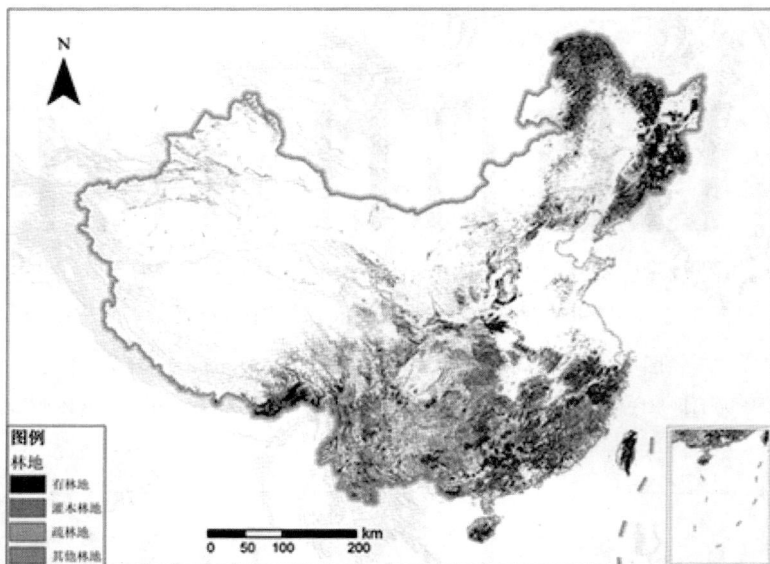

图 5-3　中国林业资源分布

资料来源：地理国情监测云平台，见 www.dsac.cn。

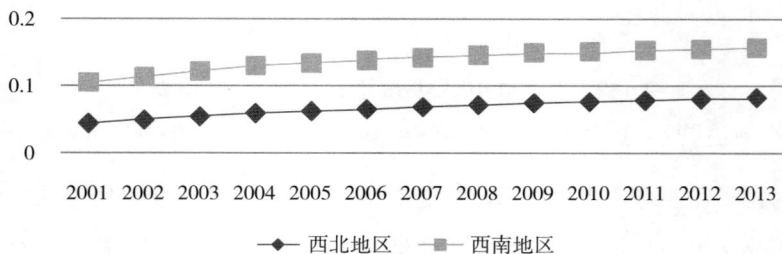

图 5-4　西北地区与西南地区森林覆盖率对比（2001—2013 年）

数据来源：国家林业和草原局《林业统计年鉴》。

　　基于自然资源负债表核算办法，本章选取 2001—2013 年西北地区的森林资源相关数据，以核算账户的形式对区域森林资源的存量及增减变化进行分类核算，形成西北森林资源资产负债表，并依据核算数据反映出的森林资源资产实物量和价值的变化，分析西北地区及其各省间经济发展的森林资源代价和生态效益，探求森林资源、区域经济发展对于空气质量的影响。

第一节　研究现状

一、国外研究

自然资源资产负债表起源于国民经济核算理论，是对绿色核算理论的进一步丰富。国民经济核算是为了解经济运行而由政府组织进行的核算，是反映国民经济运行结果数字特征的重要统计工作。最早提出"国民经济核算"概念的是荷兰经济学家克利夫（Cliff），他于 1944 年在荷兰《经济学家》杂志上发表的文章中公布了进行国民经济核算所采用的会计账户形式及方法。[①] 1953 年联合国统计委员会公布了国民经济账户体系（System of National Accounts，SNA），SNA 的公布对于国民经济核算理论有着里程碑式的意义，此后 SNA 逐渐得到了世界各国广泛应用并成为宏观经济管理的重要手段。

自 20 世纪 70 年代起，随着经济发展与生态环境之间的矛盾日益突出，越来越多的学者意识到仅显示宏观经济产值而忽视生态环境效益的传统国民经济核算理论的缺陷，开始尝试能够将生态指标包含在内的核算体系。麻省理工学院教授罗森塔尔（Rosenthal，1971）最早提出生态需求指标（Ecological Requisite Index），旨在定量反映经济增长对生态环境及资源的压力。[②] 托宾和诺德豪斯（Tobin，Nordhaus，1972）共同提出"净福利经济指标

---

① 李连友：《国民经济核算学》，经济管理出版社 2001 年版。

② Rosenthal, R. W., "External Economies and Cores", *Journal of Economic Theory*, Vol. 3, No. 2, 1971.

（NEW）范畴"，表明应从 GDP 中扣除包含环境污染在内的各项社会成本。赫尔曼（Herman，1989）将引入反映经济社会发展诸多指标，以核算真实经济增长率，并提出可持续经济福利指标（Index of Sustainable Economic Welfare，ISEW）。①

1994 年，联合国统计司公布综合环境与经济核算体系（System of Integrated Environment and Economic Accounting，SEEA），建立了涵盖各种自然资源与环境生态领域的卫星账户，将自然资源和环境生态账户与传统的国民账户连接起来，着重讨论了环境与经济综合核算体系的概念、框架结构、资源耗减和环境降级的估算方法，标志着绿色 GDP 核算已成为国民经济核算理论中的重要组成部分。②

近年来，随着人类对经济社会认识的不断深入，一些学者逐渐意识到绿色 GDP 核算的侧重点仅仅是从区域一定时期内所有单位生产的最终产品和服务中扣除掉生态损失后的总货币价值，说明绿色 GDP 理念中对国家或社会财富的理解仍然停留在传统 GDP 理念的层次，且绿色 GDP 理论的潜在假设为区域经济增长必然建立在对自然资源或生态环境破坏的基础上，即仅强调了自然资源或生态环境对经济增长的负价值，而对自然环境的主观能动性却认识不足。事实上，人类社会经济发展的助推力不仅仅来源于人类生产活动本身，良好的自然环境所提供的生态系统服务效益同时也更加有利于促进经济社会发展。编制自然资源资产负债表对区域内自然资源整体状况及增减变化进行核算，也同时对区域内自然资源生态系统服务价值予以评估。

---

① Daly H E.，Cobb J B.，*For the Common Good：Redirecting the Economy Toward Community，the Environment and a Sustainable Future*，Boston：Beacon Press，1989.

② United Nations，*System of Environmental-Economic Accounting* 2012：*Central Framework*.

二、国内研究

国内对自然资源资产负债表编制的相关探索大致分两个阶段。第一阶段主要是对自然资源资产负债表的编制理念及整体框架进行研究。封志明等简要梳理了国内外自然资源核算的研究进展和发展趋向，认为自然资源核算研究应优先解决自然资源的分类、价值核算方法的统一、国民经济核算账户的联系和评估指标体系的建立等问题，并尝试性提出自然资源资产负债表的编制路径及技术原则方面的构想。[①] 耿建新等基于 SNA2008、SEEA2012 等国际规范，对国家资产负债表，自然资源资产负债表的相关概念内容以及相互关系进行了较为详尽的梳理，阐释了这两种表格与会计，审计之间的关系，认为其内容远比会计，审计更广泛，并就这两种报表的编制和运用进行了初步的设想。[②] 黄溶冰等认为自然资源资产负债表是宏观环境会计体系中的重要一环，结合国际经验与我国基本国情，分析了自然资源资产负债表框架结构以及编制过程中的主要难点及对策，探讨了自然资源资产负债表审计与领导干部自然资源资产离任审计的关系。[③] 操建华等认为编制自然资源资产负债表的概念基础是自然资源或生态资源的资本化，理论基础是绿色国民经济账户核算和生态系统服务价值理论，增强编制工作的可操作性需要在自然资源的会计核算制度、监测及数据管理等方面实现创新。[④] 陈玥等对国际上主要的资源环境核算体系进行梳理，认为不同核算体系的核算内容和方法各有

① 封志明、杨艳昭、李鹏：《从自然资源核算到自然资源资产负债表编制》，《中国科学院院刊》2014 年第 4 期。
② 耿建新、胡天雨、刘祝君：《我国国家资产负债表与自然资源资产负债表的编制与运用初探——以 SNA 2008 和 SEEA 2012 为线索的分析》，《会计研究》2015 年第 1 期。
③ 黄溶冰、赵谦：《自然资源资产负债表编制与审计的探讨》，《审计研究》2015 年第 1 期。
④ 操建华、孙若梅：《自然资源资产负债表的编制框架研究》，《生态经济》2015 年第 31 期。

侧重，在编制我国自然资源资产负债表时应充分借鉴国际经验，并就编制路径和存在的难点做了探讨。① 陈艳利等从环境会计理论、资源价值理论、产权理论等诸多方面论述自然资源资产负债表的编制理念，提出自然资源资产负债表的资源计量类型和价值计量方法，列示出含有多种自然资源的资产负债表框架。② 雷进贤等探讨了加拿大自然资源资产账户构成及估计方法，认为我国的 SNA 体系存在许多缺陷，指出要严格区分自然资源的经济储量和总资源储量，建立实物账户是自然资源账户体系的重要前提。③

对编制自然资源资产负债表的理论成果丰硕，但不同类型自然资源的存储、再生方式、价值实现过程等方面的差异过大，由此在进一步的实践中须针对不同的资源类型确立不同的编制理念及核算原则。就森林资源资产负债表编制而论，柏连玉对与之相关的林业可持续发展、绿色 GDP 核算、森林资源会计核算、森林资源资产化管理等理论方面做了综述，认为上述相关理论相辅相成，互为依托，共同构成编制森林资源资产负债表的理论体系。④ 耿建新等对澳大利亚的森林资源平衡表及 SEEA 中所包含的其他森林资源表进行分析，认为编制森林资源平衡表应体现"供给量＝使用量"这一平衡关系等式，编制时至少包含流量和存量两种类型表格，并就我国与国外的森林资源统计表的差异作比较分析。⑤ 张颖等以森林资源清查结果为主要依据，建立了全国的森林资源资产实物量账户，并以重置成本法，市场价倒置法等

---

① 陈玥、杨艳昭、闫慧敏、封志明：《自然资源核算进展及其对自然资源资产负债表编制的启示》，《资源科学》2015 年第 37 期。
② 陈艳利、弓锐、赵红云：《自然资源资产负债表编制：理论基础、关键概念、框架设计》，《会计研究》2015 年第 9 期。
③ 雷进贤、王毅：《加拿大自然资源资产账户的核算方法及启示》，《金融与经济》2016 年第 1 期。
④ 柏连玉：《森林资源资产负债表编制的理论基础探讨》，《理论研究》2015 年第 10 期。
⑤ 耿建新、安琪、尚会君：《我国森林资源资产平衡表的编制工作研究——以国际规范与实践为视角》，《审计与经济研究》2017 年第 4 期。

方法对全国森林资源价值做初步估算，认为依据现有的数据资料开展森林资源核算和负债表的编制是可行的。[1] 朱婷等认为林木资源不仅具有作为实物资源直接被人们所使用的价值，还具有固碳释氧等生态功能价值，并以京津冀地区林木资源直接价值为例尝试编制了林木资源的资产负债表，指出林木资源资产负债表应当包含生态价值以科学合理地反映其原有价值。[2] 卜小芮等以国家林业局 2008 年发布的《森林生态系统服务功能评估规范》为蓝本，对森林资源的生态服务功能价值核算方法进行了梳理，认为做好资源数据普查是合理编制森林资源资产负债表的关键所在。[3]

我国对森林资源资产负债表的编制理念以及具体的价值分类和核算方法仍处于探索阶段，在实践过程中缺乏一整套完整成熟的体系，尤其是针对西北地区森林资源资产负债表编制的相关文献尚付阙如。从自然资源资产负债表的现实意义出发，本章以西北地区的森林资源为研究对象，探索自然资源资产负债表的编制方法，为我国实践自然资源资产负债表的编制工作提供参考。

第二节　西北森林资源资产负债表
编制与核算

森林资源资产负债表的编制包含资产项和负债项两方面内容。森林

① 张颖、潘静：《中国森林资源资产核算及负债表编制研究——基于森林资源清查数据》，《中国地质大学学报》2016 年第 16 期。
② 朱婷、施从炀、陈海云、郑雪丰：《自然资源资产负债表设计探索与实证——以京津冀地区林木资源为例》，《生态经济》2017 年第 1 期。
③ 卜小芮、汪涛、包存宽、李志刚：《如何编制自然资源资产负债表——以苏州市吴中区林木资源为例》，《中国生态文明》2016 年第 1 期。

资源有提供木材等各种物质产品的功能，也有环境服务的生态功能。相应地森林资源同时具有直接价值和间接价值。其中直接价值是指其作为实物资源被人类直接使用所产生的价值；间接价值包括固碳释氧、涵养水源、固土保肥、净化空气等生态服务功能价值。由于上述森林资源资产负债表的资产项不仅涉及森林资源的直接价值，也涉及森林资源的间接价值。

一、西北森林资源直接价值估算

本章采用市场价值法计算林木资源的直接价值，即用木材价格乘以活立木蓄积量，得到区域森林资源的直接价值量（表5-1）。[①]

表5-1　西北森林资源直接价值表（2001—2013年）

（单位：万元）

年份	陕西	甘肃	青海	宁夏	新疆
2001	15033577.50	8651034.00	1677807.00	303376.50	13049334.00
2002	16202855.75	9323892.20	1808303.10	326972.45	14064282.20
2003	15000169.55	8631809.48	1674078.54	302702.33	13020335.48
2004	16009305.65	9360910.19	1964565.81	229148.81	15050026.72
2005	17446466.70	10201242.42	2140925.58	249719.58	16401072.96
2006	20253944.10	11842821.66	2485442.34	289904.34	19040326.08
2007	21323459.30	12468185.18	2616686.82	305212.82	20045755.84
2008	22292707.45	13034920.87	2735627.13	319086.13	20956926.56

[①] 朱婷、施从炀、陈海云、郑雪三：《自然资源资产负债表设计探索与实证——以京津冀地区林木资源为例》，《生态经济》2017年第33期。

续表

年份	陕西	甘肃	青海	宁夏	新疆
2009	20385306.24	12243458.64	2489383.20	353024.52	19127778.00
2010	25264767.84	15174073.74	3085246.20	437525.07	23706235.50
2011	27035831.68	16237778.48	3301522.40	468195.64	25368046.00
2012	27361129.12	16433152.82	3341246.60	473829.01	25673276.50
2013	31472709.10	17848720.96	3624247.06	647439.52	28700240.94

数据来源:《中国林业统计年鉴》。

二、西北森林资源间接价值估算

森林资源生态服务价值的评估次序一般为首先评估森林资源生态服务功能的物质量,以此为基础再进行森林生态服务功能价值量的评估。综合国内外文献,基于价值理论的森林生态服务功能价值评估方法大致可分为以下三类(表5-2):

直接法。若某项森林生态服务功能具有实际的市场经济价值,可以将其相关物质量直接乘以相应市场价格估算其价值。评价方法主要是市场价格法。

替代法。对于当前没有实际的市场和市场价格的森林生态服务功能,可以通过使用相关替代商品或服务的市场和市场价格的方式,间接估算出森林生态服务功能价值。由于当前环境服务相关市场仍不完善,替代法仍是估算森林生态服务价值的主要方法。其评估方法主要包括影子工程法,机会成本法,费用分析法,旅行成本法和疾病成本法。

虚拟法。对于森林生态系统中没有实际的市场和市场价格的森林生态服务功能，可以人为设定一个虚拟市场，通过询问大众对该森林的支付意愿或受偿意愿估算其生态价值。主要评估方法为意愿调查法。

表5-2　森林生态服务功能价值评估方法分类

分类	方法	概述	评价
直接法	市场价格法	对于具有市场价格的森林生态服务功能，对其相应产品资源直接用市场价格来计算其价值。	能够非常直观地评价某项生态服务功能的市场价值，但适用范围仅限于能通过市场交易的生态服务，且评估的效益易受到市场及政策影响。
替代法	影子工程法	选取与森林某一生态服务发挥相同功能的工程，用该工程造价来代替该项森林生态服务功能价值。	能够将难以估算的抽象问题化为具体问题来计算，但替代工程的选择并不唯一，差异较大。
	费用分析法	采用某项与森林生态服务功能相同的工业或其他工艺方法费用或税收来代替分析。	方法有效性受市场及政策等多种因素影响。
	旅行成本法	通过人们的旅游消费行为来对非市场环境产品或服务进行价值评估。	该方法建立在市场的基础之上，符合传统的经济学原理，但最终评估结果与当地经济相关联。
	疾病成本法	当某一项森林生态服务功能缺失时引发周围人们疾病，需要的医疗费用作为参考标准。	针对性较强，但必须以明确某一生态服务功能与人类健康之间关系为前提，评估结果往往偏高。
虚拟法	意愿调查法	通过调查的方法来了解大众对某一项森林生态服务的支付意愿，进而估算其价值。	理论上适用于所有生态服务功能价值的评估，但灵活性过大，评估偏差较高，结果的精确性很大程度上取决于被调查的群体。

（一）西北森林资源涵养水源价值估算

涵养水源是森林生态服务最直观的功能。近年来人类对水资源的需求不断增加，水资源生态环境却逐步恶化，因此森林生态系统的涵养水源功能逐步引起人们的高度重视。森林植被的涵养水源功能主要是通过林冠层、枯落物层与土壤层对降水再分配而实现，在一定程度上影响着整个森林生态系统的水分平衡状态。①

确定森林涵养的水资源实物量是估算森林涵养水源价值的基础，国内外学者从森林生态系统水循环过程的不同角度出发，采用了不同的方法对森林涵养水源价值进行计算。其中以蓄水估算法、水量平衡法、径流系数法较为常见。② 本章主要采用森林降水截留率乘以森林降水量的核算方法评估西北地区森林生态系统涵养水源的实物量。

在确定西北地区森林资源涵养水源实物量的基础之上，用实物量乘以涵养水源的价格，即可获得西北地区森林资源涵养水源的价值。在这一过程中，确定森林涵养水源价格成为关键。基于上文对价值计算方法的分析，若用直接法（市场价格法），即以水资源的市场价格作为森林资源涵养水源价格，这样估算出的仅为森林涵养的水资源的价值，而不能反映出森林对水资源的涵养功能的价值。相比之下采用替代法中的影子工程法更为合适，即假设存在一个蓄水量与森林涵养水源量相同的水利工程，且能够计算该水利工程的价值，这样就可以用该水利工程的造价来替代森林涵养水源的价值。森林涵养水源价值量的估算就转化为对一个恰当的水利工程造价的估算（表5-3），而水利工程单位库容的投资数据是比较容易获得的。基于上述讨论核算得到西北地区森林资源涵养水源价值量（表5-4）。

---

① 石小亮、陈珂：《吉林省森林涵养水源经济价值核算》，《水土保持通报》2015年第35期。

② 石小亮、张颖：《森林涵养水源研究综述》，《资源开发与市场》2015年第31期。

表 5-3　森林资源涵养水源价值计算方法及参数来源

计算方法：$Qw=J×R×Rr×P$		
参数	解　释	数据来源
Qw	森林涵养水源价值量	《陕西水资源公报》《陕西统计年鉴》
J	区域年降水量	《甘肃水资源公报》《甘肃统计年鉴》
R	森林覆盖率	《青海水资源公报》《青海统计年鉴》
Rr	森林降水贮藏百分比	《宁夏水资源公报》《宁夏统计年鉴》
P	水库单位库容投资	《新疆水资源公报》《新疆统计年鉴》

表 5-4　西北森林资源涵养水源价值（2001—2013 年）

（单位：万元）

年份	陕西	甘肃	青海	宁夏	新疆
2001	5934490.03	1231560.01	755184.50	98665.20	1009715.20
2002	5981744.61	1163797.24	1001291.33	169522.79	1064495.46
2003	6282052.24	1482683.09	1353806.41	216077.90	1677791.41
2004	10306105.96	1750021.09	1747390.11	219005.53	1609747.16
2005	7540719.89	1437782.79	1718217.21	187810.71	1584989.26
2006	7394365.50	1893375.00	2078736.95	162923.61	1990490.55
2007	7169462.91	1828783.60	1709712.62	213673.27	1843921.24
2008	8397568.35	2476583.67	1916400.41	268364.35	1823956.60
2009	8138658.69	2279914.40	1959871.32	234192.58	1781813.85
2010	8565379.60	2080479.60	2388681.28	231686.58	1772022.58
2011	10837695.54	2361447.04	2317872.74	303210.18	2828288.40
2012	12972330.61	2490308.76	2401965.16	307823.46	2109652.57
2013	10243736.89	2676364.97	2766923.36	336478.36	2336070.96

　　表 5-4 反映出 2001—2013 年西北五省区森林资源涵养水源价值量均呈现出增加态势。由于地区年降水量变化起伏不大，促使西北森林资源涵养水

源价值量增加的主要因素是森林覆盖率上升。从核算结果可以看出，青海、宁夏的增幅最大，反映出青海、宁夏两省区森林覆盖率增速较快。

（二）西北森林资源保育土壤价值估算

森林资源的保育土壤功能包括减少土壤侵蚀、减少泥沙淤积、减少土壤肥力流失和培育土壤。[1] 森林利用特有的林冠结构，庞大的根系组织和枯枝落叶层削减侵蚀性降雨，拦截、分散、滞留及过滤地表径流，同时增强土壤腐殖质及水稳性团聚体含量而起到固持土壤和减少土壤养分流失作用，能够改良土壤理化性质。[2]

对于保育土壤生态服务功能实物量的估算，国内外学者提出侵蚀模型法、机会成本法、土地面积法等不同的核算方法。已有研究中有很多关于侵蚀模型的理论，比如美国农业部提出的 WEPP（Water Erosion Prediction Project）模型，英国、比利时等国建立的 EUROSEM（the European Soil Erosion Model）模型，我国江忠善等建立的不同流域的坡面侵蚀产沙模型等来核算不同地区的土壤侵蚀量。[3] 问题在于这些模型建立时所针对的范围都较为具体，难以满足森林生态服务价值纳入绿色 GDP 所要求的核算尺度。比较而论机会成本法的适用范围更广，其主要思想是有林地的土壤侵蚀与无林地的土壤侵蚀作比对，将有林地比无林地减少的土壤侵蚀量作为森林资源保育土壤的实物量。本章选取机会成本法作为估算森林资源固土功能的实物量。

在估算出森林资源保土量基础上可以进行森林资源的固土价值量及积累营养物质价值量核算。采用替代法中的影子工程法确定森林资源保育土壤的

---

① 国家林业和草原局：《森林生态系统服务功能评估规范》，国家林业和草原局 2008 年发布。

② 秦伟、朱清科：《绿色 GDP 核算中森林保育土壤价值的研究进展》，《中国水土保持科学》2006 年第 6 期。

③ 江忠善、郑粉莉、武敏：《中国坡面水蚀预报模型研究》，《泥沙研究》2005 年第 8 期。

价格，具体算法见表 5-5。林地土壤中含有丰富的氮、磷、钾等营养物质，森林资源在固土同时能够有效防止土壤中营养物质的流失。鉴于此我们采用直接法中的市场价格法，将氮、磷、钾营养物质转化为相应的市场当中流通的化肥，以化肥的市场价格作为森林资源积累营养物质的价格，核算可得森林资源积累营养物质功能价值量。

表 5-5　森林资源保育土壤价值计算方法及参数来源

计算方法：$Qt=K×S×G×D$		
参数	解　释	数据来源
Qt	森林保育土壤价值量	
K	挖取泥沙费用	《陕西土壤》①
S	森林面积	《新疆地理手册》②
G	侵蚀泥沙进入河道比例	《青海森林》③
D	有林地比无林地减少的侵蚀模数	《森林生态水文过程》④

表 5-6　森林资源保育土壤价值量估算涉及参数

参　数	陕西	甘肃	青海	宁夏	新疆
土壤侵蚀模数（t/hm²）	1000.00	342.20	198.70	34.40	301.90
挖取泥沙费用（元/t）	12.6	12.6	12.6	12.6	12.6

---

① 郭兆元：《陕西土壤》，科学出版社 1992 年版。
② 新疆地理学会：《新疆地理手册》，新疆人民出版社 1993 年版。
③ 中国林业部：《青海森林》，中国林业出版社 1993 年版。
④ 王金叶、于澎涛、王彦辉：《森林生态水文过程研究——以甘肃祁连山水源涵养林为例》，科学出版社 2008 年版。

表 5-7　西北森林资源保育土壤价值量（2001—2013 年）

（单位：万元）

年份	陕西	甘肃	青海	宁夏	新疆
2001	5969486.88	820209.87	276679.05	8284.77	869177.47
2002	6119542.80	874082.23	385630.59	9954.90	1045932.86
2003	6269598.72	927987.35	494601.15	11625.03	1222688.26
2004	6419654.64	981859.70	603552.68	13295.17	1399443.66
2005	6605716.32	1092717.47	608252.48	14003.41	1502131.78
2006	6791873.76	1203575.25	612952.27	14711.65	1604819.90
2007	6977935.44	1314433.02	617671.09	15419.89	1707508.02
2008	7164092.88	1425290.79	622370.89	16128.13	1810196.14
2009	7350154.56	1536148.56	627070.69	16833.08	1912826.44
2010	7555272.48	1567836.25	663622.54	17715.91	1939279.04
2011	7760390.40	1599523.94	700174.39	18595.44	1965731.64
2012	7965508.32	1631178.87	736726.24	19476.63	1992184.24
2013	8170626.24	1662866.56	773259.06	20357.81	2018636.84

表 5-8　西北地区森林资源积累营养物质（氮）价值量（2001—2013 年）

（单位：万元）

年份	陕西	甘肃	青海	宁夏	新疆
2001	12605042.82	2200329.23	3302382.92	37063.45	1244296.16
2002	12921897.74	2344849.46	4602805.49	44535.09	1497335.47
2003	13238752.67	2489457.59	5903455.16	52006.73	1750374.77
2004	13555607.59	2633977.82	7203877.73	59478.37	2003414.08
2005	13948491.51	2931369.50	7259973.50	62646.82	2150420.23
2006	14341577.64	3228761.18	7316069.27	65815.26	2297426.39

续表

年份	陕西	甘肃	青海	宁夏	新疆
2007	14734461.57	3526152.86	7372392.15	68983.71	2444432.54
2008	15127547.70	3823544.54	7428487.92	72152.16	2591438.69
2009	15520431.63	4120936.22	7484583.69	75305.87	2738362.07
2010	15953554.31	4205942.95	7920858.88	79255.37	2776231.05
2011	16386676.99	4290949.68	8357134.07	83190.14	2814100.04
2012	16819799.67	4375868.50	8793409.27	87132.28	2851969.02
2013	17252922.36	4460875.22	9229457.35	91074.41	2889838.00

表5-9 西北森林资源积累营养物质（磷）价值量（2001—2013年）

（单位：万元）

年份	陕西	甘肃	青海	宁夏	新疆
2001	18062111.34	1781424	3052623	10802.6	581194.4
2002	18516141.44	1898430	4254694	12980.3	699385.7
2003	18970171.55	2015508	5456975	15158	817577
2004	19424201.65	2132514	6659047	17335.7	935768.3
2005	19987175.79	2373287	6710900	18259.18	1004433
2006	20550439.68	2614061	6762753	19182.66	1073098
2007	21113413.83	2854834	6814816	20106.14	1141762
2008	21676677.72	3095607	6866670	21029.63	1210427
2009	22239651.87	3336381	6918523	21948.81	1279053
2010	22860285.23	3405204	7321802	23099.94	1296741
2011	23480918.59	3474027	7725082	24246.78	1314429
2012	24101551.95	3542778	8128362	25395.76	1332117
2013	24722185.32	3611601	8531431	26544.75	1349805

表 5-10　西北地区森林资源积累营养物质（钾）价值量（2001—2013 年）

（单位：万元）

年份	陕西	甘肃	青海	宁夏	新疆
2001	61193474.32	3841845	3559614	71946.71	3314783
2002	62731704.2	4094182	4961329	86450.47	3988875
2003	64269934.08	4346672	6363290	100954.2	4662967
2004	65808163.96	4599009	7765005	115458	5337060
2005	67715490.48	5118264	7825470	121608.5	5728681
2006	69623798.64	5637520	7885936	127759	6120303
2007	71531125.16	6156775	7946646	133909.6	6511925
2008	73439433.32	6676030	8007111	140060.1	6903547
2009	75346759.84	7195285	8067576	146182	7294948
2010	77449432.72	7343710	8537834	153848.7	7395830
2011	79552105.6	7492134	9008092	161486.7	7496713
2012	81654778.48	7640405	9478349	169139.1	7597595
2013	83757451.36	7788830	9948362	176791.5	7698477

（三）西北森林资源固碳释氧价值估算

　　森林的固碳释氧功能指森林在生长过程中吸收固定空气中的二氧化碳，同时向空气中释放氧气这一过程。[①] 森林的固碳释氧是森林生态服务的重要功能之一，尤其在全球温室效应加剧的背景下，森林生态系统作为陆地生态系统碳循环的主体对人类社会可持续发展的意义极为重要。

　　针对测算森林资源固碳释氧的实物量这一问题，国内外学者分别采用了

───────────

　　① 马长欣、刘建军、康博文、孙尚华、任军辉：《1999—2003 年陕西省森林生态系统固碳释氧服务功能价值评估》，《生态学报》2010 年第 30 期。

生物量清查法，微气象法，遥感估测法，模型模拟法等不同方法。[①] 微气象法和遥感估测法能够很好地反映出森林资源固碳释氧功能的动态变化，但考虑到当前的条件状况，其在大范围中的实际应用仍存在局限。模型模拟法从理论上讲能够客观地反映生态学规律，但目前学术界对其模型模拟的稳定性持有不同认知。基于上述，本章采用生物量清查法测算西北地区森林资源固碳释氧的实物量。由于森林在生长过程中形成干物质主要依赖光合作用和呼吸作用，其外部表现为吸存大气中的二氧化碳并向空气中释放出氧气，所以可通过森林资源的年均净生长量数据估算森林资源的年均固碳释氧实物量。根据植物的光合作用以及呼吸作用化学方程式，森林中树木每形成 1g 的干物质需要吸收的二氧化碳量为 1.63g，释放的氧气量为 1.19g，而二氧化碳中碳的比重为 27.27%，计算可知森林树木每形成 1g 干物质所固定的碳为 0.445g。由此便可得出森林的净生长量与其固碳量和释氧量之间的相关关系。

以森林资源固碳释氧的实物量为基础进一步估算其价值量。国内外在确定森林资源固碳释氧价格时涉及使用直接法（市场价格法）、间接法（造林成本法，碳税法，旅行分析法）和虚拟法（意愿调查法）。本章采用中国林业局 2008 年发布的《森林生态系统服务功能评估规范》（LY/T 1721—2008 年）中涉及的碳税法（瑞典碳税率）和市场价格法（氧气市场平均价格）估算森林资源固碳释氧价值量。相关参数参考方精云等的估计。[②]

---

① 殷鸣放、杨琳、殷炜达、毕刚蕊、张艳会、李智伟、谭希斌:《森林固碳领域的研究方法及最新进展》,《浙江林业科技》2010 年第 30 期。

② 方精云、刘国华、徐嵩龄:《我国森林植被的生物量和净生产量》,《生态学报》1996 年第 10 期。

表5-11　森林资源固碳释氧价值计算方法

计算方法	Qo = 1.19×S×L×Po		Qc = 0.445×S×L×Pc	
参数	Qo	森林年释氧价值量	Qc	森林年固碳价值量
	S	森林面积	L	林分净生产力
	Po	工业氧价格	Pc	碳税

表5-12　森林资源固碳释氧价值计算参数数据

参　数	陕西	甘肃	青海	宁夏	新疆
林分净生产力（t/hm²）	2.97	0.72	0.06	0.10	0.55
碳税（元/t）	1200.00	1200.00	1200.00	1200.00	1200.00
工业氧平均价格（元/t）	1000.00	1000.00	1000.00	1000.00	1000.00

经核算可得西北森林资源固碳及释氧的价值量表分别如下：

表5-13　西北森林资源固碳价值量（2001—2013年）

（单位：万元）

年份	陕西	甘肃	青海	宁夏	新疆
2001	865958.51	84439.83	3736.86	1186.89	76560.90
2002	887726.24	89985.94	5208.37	1426.15	92130.28
2003	909493.98	95535.42	6680.13	1665.41	107699.65
2004	931261.71	101081.53	8151.64	1904.68	123269.03
2005	958252.59	112494.23	8215.12	2006.14	132314.24
2006	985257.36	123906.93	8278.60	2107.61	141359.46
2007	1012248.24	135319.64	8342.33	2209.07	150404.67
2008	1039253.01	146732.34	8405.80	2310.53	159449.88
2009	1066243.88	158145.04	8469.28	2411.52	168490.00
2010	1095999.14	161407.26	8962.95	2538.00	170820.06

续表

年份	陕西	甘肃	青海	宁夏	新疆
2011	1125754.40	164669.48	9456.63	2664.00	173150.12
2012	1155509.65	167928.32	9950.30	2790.24	175480.18
2013	1185264.91	171190.54	10443.72	2916.48	177810.24

表 5-14　西北森林资源释氧价值量（2001—2013 年）

（单位：万元）

年份	陕西	甘肃	青海	宁夏	新疆
2001	2205437.40	215052.75	9517.08	3022.78	194986.56
2002	2260875.82	229177.67	13264.75	3632.14	234638.90
2003	2316314.25	243311.18	17013.07	4241.51	274291.25
2004	2371752.67	257436.10	20760.74	4850.87	313943.60
2005	2440493.48	286502.16	20922.40	5109.28	336980.09
2006	2509269.68	315568.22	21084.06	5367.69	360016.59
2007	2578010.49	344634.28	21246.38	5626.09	383053.09
2008	2646786.68	373700.34	21408.04	5884.50	406089.58
2009	2715527.50	402766.40	21569.70	6141.71	429113.11
2010	2791308.67	411074.67	22827.00	6463.82	435047.34
2011	2867089.85	419382.94	24084.29	6784.73	440981.57
2012	2942871.02	427682.62	25341.59	7106.23	446915.81
2013	3018652.20	435990.89	26598.23	7427.74	452850.04

（四）西北森林资源净化大气价值估算

随着近些年来空气质量问题日益成为社会关注的热点，人们也越来越意识到森林净化空气的能力对于健康生活的重要性。本章采用费用分析法核算森林资源净化大气功能价值，即以工业污染物治理费用作为森林资源净化大气价格进行核算。算法及结果见表 5-15，5-16。

表 5-15　森林资源净化大气价值量计算方法

计算方法：$Qi = Mi \times S \times Pi$	
参　数	解　释
Qi	森林年吸收污染物 i 价值量
Mi	单位面积森林吸收污染物 i 实物量
S	森林面积
Pi	污染物 i 治理价格

参数来源：《重点公益林生态系统服务功能及价值研究》[1]　《生态系统的净化服务及其价值研究》[2]《中国生物多样性国情研究报告》[3]。

表 5-16　西北森林资源净化大气价值量（2001—2013 年）

（单位：万元）

年份	陕西	甘肃	青海	宁夏	新疆
2001	77147.02	30976.13	17995.36	3112.46	37207.24
2002	79086.27	33010.68	25081.63	3739.91	44773.68
2003	81025.53	35046.46	32169.13	4367.35	52340.13
2004	82964.78	37081.01	39255.40	4994.79	59906.57
2005	85369.36	41267.68	39561.08	5260.87	64302.38
2006	87775.18	45454.34	39866.76	5526.94	68698.19
2007	90179.76	49641.01	40173.67	5793.02	73094.01
2008	92585.58	53827.67	40479.35	6059.09	77489.82

---

[1]　王彬：《重点公益林生态系统服务功能及价值研究》，河南农业大学硕士学位论文。

[2]　施晓清、赵景柱、吴钢、欧阳志云：《生态系统的净化服务及其价值研究》，《应用生态学报》2010 年第 12 期。

[3]　《中国生物多样性国情研究报告》编写组：《中国生物多样性国情研究报告》，中国环境科学出版社 1998 年版。

年份	陕西	甘肃	青海	宁夏	新疆
2009	94990.16	58014.34	40785.03	6323.93	81883.16
2010	97641.01	59211.06	43162.38	6655.60	83015.52
2011	100291.86	60407.78	45539.73	6986.03	84147.89
2012	102942.72	61603.26	47917.09	7317.07	85280.26
2013	105593.57	62799.98	50293.20	7648.12	86412.63

（五） 西北森林资源生态服务价值估算结果分析

通过对西北森林资源生态服务价值估算可以发现，西北地区森林资源价值总量大，且间接价值量远高于直接价值量，表明西北森林资源的主要功能在于生态服务而非提供木材相关物质产品。

从各项西北森林生态服务功能价值估算结果来看，其在核算期间内均呈现出上升趋势。无论是经验结果还是森林生态服务功能价值核算方法都表明区域森林的生态服务功能效果是否显著与区域内的森林面积直接相关。所以不难理解，促进西北各省区森林生态服务功能价值量上升的主要原因是西北各省区森林覆盖率的增加。这对于生态环境相对脆弱的西北地区而言无疑是利好信息。但正好前文分析（见图5.3、图5.4），尽管西北地区近年来森林面积有所增加，但仍远低于全国平均水平。

三、西北森林资源负债估算

会计学中对于"负债"的定义是企业过去的交易或者事项形成的、预期会导致经济利益流出企业的现时义务。而森林资源的负债很难完全根据会计学中的概念加以界定。本章认为，从理论上讲，森林资源的负债是人类在使用森林资源过程中承担的保护森林资源及环境的义务，为使森林资源维持在一定水平或在森林资源遭到破坏后为使其恢复到原有水平而进行的各种投入。① 有不少学者将森林资源的消耗量列入森林资源负债核算，但进行这样的归类未必合适，因为森林资源直接价值核算已经包含了森林资源的消耗，若想要核算出在森林资源遭到破坏后需投入多少资金才能使其恢复到原有水平也存在困难，所以在森林资源资产负债表的编制过程中，建议以直接用于森林资源建设与防护方面的资金投入作为负债的内容，具体包含造林与更新、森林抚育与管理、野生动植物保护及自然保护区、湿地恢复与保护、森林生态效益补偿、林木种苗、森林防火与森林公安、林业有害生物防治、科技教育等项目。经核算统计得西北地区森林资源总负债（表 5-17）。

表 5-17　西北森林资源负债表

（单位：万元）

森林资源负债项目	子项目	陕西	甘肃	青海	宁夏	新疆
生态建设与防护	造林与更新	318843	83221	77772	42430	223662
	森林抚育与管理	75215	28253	4136	12453	106790
	野生动植物保护及自然保护区	4093	4250	8840	1700	4532
	湿地恢复与保护	9688	7615	7870	5982	5709
	森林生态效益补偿	88443	63034	47582	11283	54688
	其他	197078	209690	57653	58415	58528

① 向书坚、郑瑞坤：《自然资源资产负债表中的负债问题研究》，《统计研究》2016 年第 33 期。

续表

森林资源负债项目	子项目	陕西	甘肃	青海	宁夏	新疆
林木建设与防护	林木种苗	18312	3281	8655	5187	32619
	森林防火与森林公安	8590	10720	876	902	8697
	林业有害生物防治	4007	3400	3084	1855	11866
	科技教育	2016	2878	2994	1401	9325
	其他	5557	25357	2460	-	3931
总计	总计	731842	441699	221922	141608	520347

数据来源：《中国林业统计年鉴》。

四、西北森林资源资产负债表

由以上核算可得西北地区森林资源资产负债表如下（截至 2013 年）：

表 5-18　西北森林资源资产负债表

（单位：万元）

资产	期初	期末	负债及所有者权益	期初	期末
直接价值			负债		
木材价值	38715129	82293357.6	造林与更新		745928
			森林抚育与管理		226847
直接价值总计	38715129	82293357.6	野生动植物保护		23415
			湿地恢复与保护		36864
			森林生态效益补偿		265030
间接价值			林木种苗		68054
涵养水源		185415855	森林防火与森林公安		29785

续表

资产	期初	期末	负债及所有者权益	期初	期末
保育土壤		136667085	林业有害生物防治		24212
积累营养物质		196459532	科技教育		18614
固碳释氧		59985311.2	其他		618669
净化大气		3280550.67	负债总计		2057418
间接价值总计		581808334	社会福利	38715129	662044273
资产合计	38715129	664101691	负债及所有者权益合计	38715129	664101691

第三节 对森林生态价值影响空气质量的计量检验

通过以上对森林资源资产负债表的核算分析不难看出，森林资源可挖掘的经济价值潜力巨大，森林资源的生态服务功能价值尤为如此，所以理应将其作为区域绿色 GDP 核算中不可忽视的一部分。需要进一步求证的是，森林资源生态服务功能价值极为可观其对生态环境（空气质量）是否有影响，影响程度几何？对此，下文尝试以森林资源价值为出发点，探讨西北地区的森林资源对空气质量是否具有净化改善作用，通过计量方法建立模型，运用经验数据对这一问题做实证分析。①

————————

① 根据森林资源固碳释氧生态服务功能，将其对生态环境的改进或影响确定为对空气质量的影响是逻辑成立的，但是因森林资源生态服务功能并非仅限于固碳释氧，所以这里计量验证的也仅为森林资源部分生态功能。

一、模型选取

（一）面板数据模型

面板数据将横截面和时间序列两者相结合，因此除了变量信息之外，面板数据还同时具有截面和时间信息。面板模型可以简化为：

$$y_i = \alpha_i e + x_i \beta_i + u_i, \ e = (1, \ 1, ..., \ 1)', \ i = 1, \ 2, ..., \ N \qquad (5.1)$$

这里，向量 y_i 是 T×1 维被解释变量，向量 x_i 是 T×k 维被解释变量矩阵，y_i 和 x_i 的各分量是截面成员的经济指标时间序列。根据截距项向量和系数向量中各分量的不同限制要求，可以将面板模型划分为三种类型：不变系数模型，变截距模型，变系数模型。

1. 不变系数模型的方程回归形式可以表示为：

$$y_i = \alpha e + x_i \beta + u_i, \ i = 1, \ 2, ..., \ N \qquad (5.2)$$

在该模型中，假设在截面成员上既无个体影响也没有结构变化，即各截面方程中截距项 α 和 $k \times 1$ 维系数向量 β 均相同。

2. 变截距模型的方程回归形式可以表示为：

$$y_i = \alpha_i e + x_i \beta + u_i, \ i = 1, \ 2, ..., \ N \qquad (5.3)$$

在该模型中我们假设在截面成员上存在个体影响而无结构变化，且个体影响可以用截距项 $\alpha_i (i = 1, \ 2, ..., \ N)$ 的差别来说明，即在该模型中各截面成员方程的截距项 α_i 不同，而 $k \times 1$ 维系数向量 β 相同。

3. 变系数模型的方程回归形式可以表示为：

$$y_i = \alpha_i e + x_i \beta_i + u_i, \ i = 1, \ 2, ..., \ N \qquad (5.4)$$

该模型假设在截面成员上既存在个体影响，又存在结构变化，即在允许个体影响由变化的截距项 $\alpha_i (i = 1, \ 2, ..., \ N)$ 来说明的同时还允许 $k \times 1$ 维系数向量 $\beta_i (i = 1, \ 2, ..., \ N)$ 依截面成员的不同而变化。

（二）模型形式设定检验

建立面板数据模型的第一步便是检验被解释变量 y_{it} 的参数 α_i 和 β_i 是否对所有截面都是一样的，即检验样本数据符合上述哪种面板数据模型形式，从而避免模型设定的偏差，改进参数估计的有效性。本章主要采用的检验分析方法为协方差分析检验：

进行协方差分析检验主要检验的是下面两个假设：

$$H_1: \beta_1 = \beta_2 = \ldots = \beta_N$$
$$H_2: \alpha_1 = \alpha_2 = \ldots = \alpha_N, \ \beta_1 = \beta_2 = \ldots = \beta_N \tag{5.5}$$

如果接受假设 H_2，则认定样本数据符合模型 1，为不变系数模型，无须做进一步检验。如果拒绝假设 H_2，则需要继续进行检验假设 H_1。如果不拒绝假设 H_1，则认为样本数据符合模型 2，为变截距模型。反之，则认为样本数据符合模型 3，为变系数模型采用协方差分析检验判定面板数据模型需要使用 F 统计量的计算方法。

$$F_1 = \frac{(S_2 - S_1)/[(N-1)k]}{S_1/[NT - N(k+1)]} \sim F[(N-1)k, \ N(T-k-1)]$$

$$F_2 = \frac{(S_3 - S_1)/[(N-1)(k+1)]}{S_1/[NT - N(k+1)]} \sim F[(N-1)(k+1), \ N(T-k-1)] \tag{5.6}$$

其中 S_1、S_2 和 S_3 分别是变系数模型、变截距模型和不变系数模型的残差平方和，如果计算的统计量 F_2 的值不小于给定置信度下的相应临界值，则拒绝假设 H_2，继续检验假设 H_1；如果接受假设 H_2，则判定样本数据符合不变系数模型。如果计算的统计量 F_1 的值不小于给定置信度下的相应临界，则拒绝假设 H_1 判定样本数据符合变系数模型，反之则选择变截距模型[1]。

---

① 高铁梅：《计量经济分析方法与建模——Eviews 应用及实例》，清华大学出版社 2016 年版。

二、指标测度

(一)空气质量测度指标

目前国内有关空气质量的实证文献大多采用 API(空气污染指数)或 AQI(空气质量指数)相关的指标作为空气质量的代理指标。肖悦(2017)利用 2005—2015 年我国 86 个重点城市的年度、季节和月度三个时间尺度的 API 和 AQI 指数,通过全局自相关法、层次聚类法进行综合分析,探讨了近十年来我国空气质量的时空分布特征。李经路(2017)以 2000—2011 年北京市 API<100 的天数作为被解释变量建立多元非线性回归模型作实证分析,结果显示北京市经济发展与空气质量之间呈现出"倒 N 型"关系。曾鸿(2013)通过对 AQI 技术规定中划分的不同环境质量等级赋值的方法做计量分析,认为西南地区从 2007 年起对环境的投入开始发挥作用,经济增长伴随着能源消耗放缓。

API 和 AQI 均为描述一定时期内空气质量状况的无量纲指数。在指标的计算方面,这两种指标的计算思想极为相似,均为先计算各种污染物的污染分指数,再以其中最高值作为当日 API 或 AQI 的最终取值;但两者计算所选取的污染物指标却大不相同,API 仅选取可吸入颗粒物(PM10)、二氧化硫(SO_2)和二氧化氮(NO_2)这三种污染物作为计算分指数的对象,而 AQI 则是在 API 选取的三种污染物基础上,进一步纳入细颗粒物(PM2.5)、臭氧(O_3)及一氧化碳(CO)指标(见表 5-20),相较于 API,AQI 可更好地表征环境空气质量状况。

表 5-19　API 及 AQI 核算方法对比

	API 核算方法	AQI 核算方法
计算公式	$API = MAX\{I_1, I_2, ..., I_n\}$ $I_i = \dfrac{C_i - C_{i,j}}{C_{i,j+1} - C_{i,j}} \cdot (I_{i,j+1} - I_{i,j}) + I_{i,j}$	$AQI = MAX\{IAQI_1, IAQI_2, ... IAQI_n, \}$ $IAQI_p = \dfrac{IAQI_{Hi} - IAQI_{LO}}{BP_{Hi} - BP_{LO}} \cdot (C_p - BP_{LO}) + IAQI_{LO}$
参数	I_i　第 i 种污染物的污染分指数	$IAQI_p$　污染物项目 p 的空气质量分指数
	C_i　第 i 种污染物的浓度监测值	C_p　污染物项目 p 的质量浓度值
	$I_{i,j}$　第 i 种污染物 $j+1$ 转折点污染分指数	BP_{Hi}　与 C_p 相近污染物浓度限值高位值
	$C_{i,j}$　第 j 转折点上 i 种污染物的浓度限值	BP_{LO}　与 C_p 相近污染物浓度限值低位值
	$C_{i,j+1}$　第 $j+1$ 转折点上 i 种污染物浓度限值	$IAQI_{HI}$　与 BP_{Hi} 对应的空气质量分指数
		$IAQI_{LO}$　与 BP_{LO} 对应的空气质量分指数

　　采用取污染物分指数最大值而非加权平均的算法，表明我国环保部用API 和 AQI 作为空气质量指标的宗旨在于为人们的日常生活提供参考，影响人们健康状况的并非是空气中各种污染物的平均水平，而是空气中所含某种污染物指标是否超出了人类的安全范围。无论空气中各项污染物指标是否达标，只要其中某项污染物指标超出了安全范围，就会对人们的健康状况造成损害。因而 API 和 AQI 很大程度上可以被看作是一种反映空气危险性的指数，而非反映空气中所含各类指标的整体状况。因此，从科研角度考量环境问题，不能仅以空气中一项污染物水平作为变量进行空气质量影响因素分析，需要综合考虑空气中各种污染物的整体变化水平。

　　（二）空气质量指标测度

　　环境承载力理论起源于 20 世纪 60 年代，最初由日本学者把环境容量概念引入环境科学。[1] 后经国内外学者的共同探索，环境承载力理论已发展

———————————

[1]　王俭、孙铁珩、李培军、李法云：《环境承载力研究进展》，《应用生态学报》2005 年第 16 期。

为一项涵盖了土地环境、水环境、大气环境和旅游环境等生态环境在内的环境科学的重要理论。《中国大百科全书》给出的环境承载力的定义为"在维持环境系统功能与结构不发生变化的前提下，整个地球生物圈或某一区域所能承受的人类作用在规模、强度和速度上的限值"。就测度大气环境的状况而言，以环境承载力量化方法为主，具体核算需使用以下两种模型：

1. 相对剩余环境容量模型

$$E_i = \frac{C_i}{C_{pi}} \tag{5.7}$$

该模型测度了空气环境中某一污染物指标的实际数值与规定的安全范围之间的关系。其中，C_i 表示地区环境污染物指标 i 的实际测量值，C_{pi} 表示地区环境污染物指标 i 的标准值，E_i 表示地区环境污染物指标 i 的相对剩余环境容量。当 $E_i > 1$ 时，表明该地区环境污染物指标 i 已经超出了相关环境规定的标准范围，环境质量相对较差。当 $E_i < 1$ 时，表明该地区环境指标 i 没有超出相关环境规定的标准范围，环境质量相对较好。

2. 空气污染规制强度模型

$$D = \sum w_i E_i \tag{5.8}$$

上述模型中，E_i 为地区空气污染物指标 i 的相对剩余环境容量。w_i 为地区空气污染物指标 i 在污染规制强度中所占的权重，D 为地区空气污染规制强度。D 越大说明该地区的空气污染物排放超过了标准范围越多；反之，D 越小说明该地区的空气污染物排放越在标准范围以内，相对剩余环境容量就越大，环境承载力就越好。

鉴于研究对象为西北地区森林资源，而森林净化大气的生态服务功能主要体现在对硫化物、氮氧化物、粉尘等污染物的吸收能力，在分析空气质量时需对相关污染物指标综合考虑，故选取环境承载力理论中空气污染规制强度作为反映空气质量状况的指标。

（三）数据选取及处理

随着人类经济活动和生产的迅速发展，在大量消耗能源的同时，同时也将大量的废气、烟尘物质排入大气，严重影响了大气环境的质量，在人口稠密的城市和工业区域尤其如此，因此，地区样本选取西北地区工业相对集中的省会城市。2001—2012 年二氧化硫（SO_2）、二氧化氮（NO_2）及可吸入颗粒物（$PM10$）三种空气污染物的年均浓度作为测定大气环境承载力的污染物分指标，用以表征空气质量。数据来源于各年度《中国环境统计年鉴》。

1. 相对剩余环境容量值计算

按照上文所述量化方法，首先运用相对剩余环境容量模型，分别测算出西北各省区空气中二氧化硫年均浓度、二氧化氮年均浓度和可吸入颗粒物年均浓度指标的相对剩余环境容量，核算过程中所涉及的环境指标标准量（表5–20）参考国家环境空气质量标准（GB 3095–1996）的二级标准。[①] 相对环境剩余容量核算结果见图。

表5–20　空气中污染物年均浓度标准

	SO_2年均浓度	NO_2年均浓度	$PM10$年均浓度
标准	0.06	0.04	0.1
单位	mg/m³	mg/m³	mg/m³

数据来源：中国环境科学研究院、中国环境监测总站：《环境空气质量二级标准》（GB 3095–1996）。

---

① 按照国家环境空气质量标准规定：二类区执行二级标准，二类区为城镇规划中确定的居住区、商业交通居民混合区、文化区、一般工业区和农村地区。

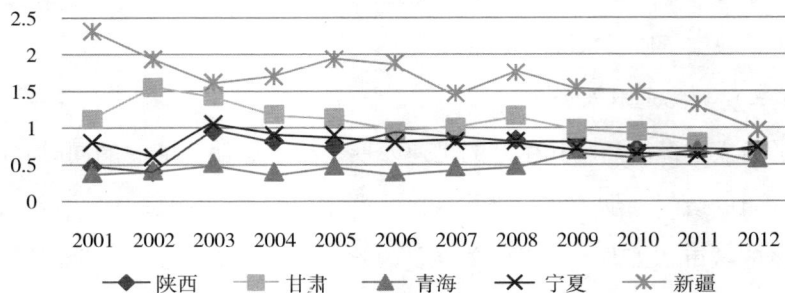

图5-5 西北各省区二氧化硫年均浓度相对剩余环境容量（2001—2012年）

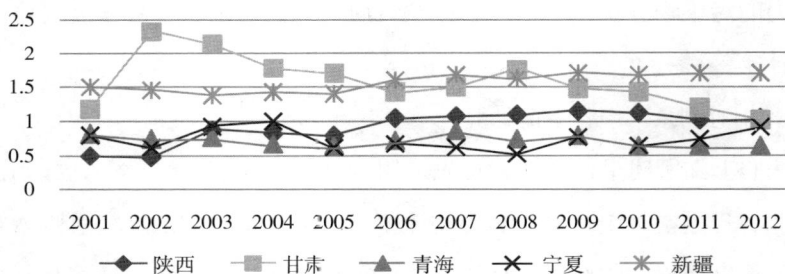

图5-6 西北地区各省二氧化氮年均浓度相对剩余环境容量（2001—2012年）

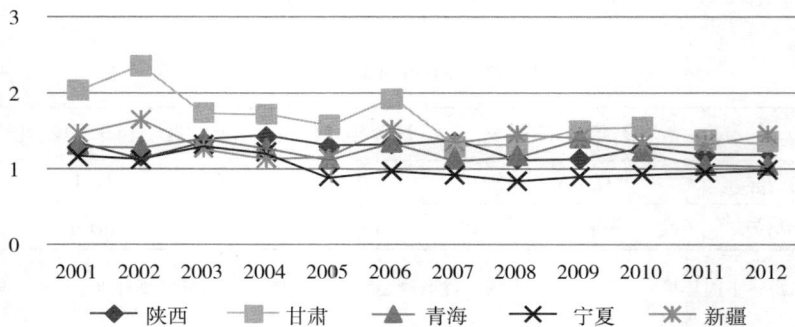

图5-7 西北地区各省可吸入颗粒物年均浓度相对剩余环境容量（2001—2012年）

由图5-5—图5-7中可直观看出，2001—2012年陕西、青海、宁夏的二氧化硫（SO_2）及二氧化氮（NO_2）的年均浓度相对剩余环境容量值均小于1，说明陕、青、宁三省的二氧化硫及二氧化氮年均浓度水平均低于标准浓度。青海是三省中陆地生态环境最为优良的区域，其工业年产值及工业废气排放低于陕西与宁夏，意味着陕西及宁夏地区工业废气中的脱硫及脱氮效果极为显著，明显优于青海。同时，西北地区可吸入颗粒物（PM10）年均浓度相对剩余环境容量值基本维持在1以上，表明西北地区可吸入颗粒物是空气中的主要污染物，应当加大对PM10的治理力度。

2. 空气污染规制强度指标核算

基于已核算得出的西北地区相对环境剩余容量值，运用空气污染规制强度模型核算西北地区的空气污染综合指标。模型核算的关键在于不同分指标权重的确定。我们采用主成分分析法确定权重。主成分分析的核心思想在于借助一个新的正交变换，将与各个分量相关的原随机向量：$X = (x_1, x_2, \cdots, x_p)^T$转化成其分量不相关的新随机变量：$U = (u_1, u_2, \cdots, u_p)^T$使之指向样本点散布最开的p个正交方向，再对多维变量系统进行降维处理，使之能以一个较高的精度转换成低维变量系统。

主成分分析确定权重具体方法如下：

首先构造样本矩阵

$$
X = \begin{bmatrix} x_1^T \\ x_2^T \\ \vdots \\ x_n^T \end{bmatrix} = \begin{bmatrix} x_{11} & x_{12} & & x_{1p} \\ & & \cdots & \\ x_{21} & x_{22} & & x_{2p} \\ & \vdots & \ddots & \vdots \\ x_{n1} & x_{n2} & \cdots & x_{np} \end{bmatrix} \tag{5.9}
$$

这里x_{ij}表示第i组样本数据中的第j个变量值。

样本阵 X 经变换 $y_{ij} = \begin{cases} x_{ij}, & 对正指标 \\ -x_{ij} & 对逆指标 \end{cases}$ ，得矩阵 $Y = [y_{ij}]_{n \times p}$

对矩阵 Y 做标准化变换 $z_{ij} = (y_{ij} - \bar{y}_j) / s_j$ ，得到 Y 的标准化矩阵 Z：

$$Z = \begin{bmatrix} z_1^T \\ z_2^T \\ \vdots \\ z_n^T \end{bmatrix} = \begin{bmatrix} z_{11} & z_{12} & & z_{1p} \\ & & \cdots & \\ z_{21} & z_{22} & & z_{2p} \\ & \vdots & \ddots & \vdots \\ z_{n1} & z_{n2} & \cdots & z_{np} \end{bmatrix} \qquad (5.10)$$

对标准化矩阵 Z 求解，去相关系数矩阵 $R = [r_{ij}]_{p \times p} = Z^T Z / (n-1)$

求解式 $|R - \gamma I_p| = 0$ ，得矩阵 R 的 p 个特征值 $\gamma_1 \geq \gamma_2 \geq \cdots \geq \gamma_p \geq 0$

确定主成分个数 m，使得累积解释比超过 80%：$\left(\sum_{j=1}^{m} \gamma_j / \sum_{j=1}^{p} \gamma_j \right)$

≥ 0.8

对于每一个特征值 γ_j ，求得其相应特征向量的单位向量 b_j^0 ，经变换 $u_{ij} = z_i^T b_j^0$ ，得 m 个主成分分量的系数矩阵：

$$U = \begin{bmatrix} u_1^T \\ u_2^T \\ \vdots \\ u_p^T \end{bmatrix} = \begin{bmatrix} u_{11} & u_{12} & & u_{1m} \\ & & \cdots & \\ u_{21} & u_{22} & & u_{2m} \\ & \vdots & \ddots & \vdots \\ u_{p1} & u_{p2} & \cdots & u_{pm} \end{bmatrix} \qquad (5.11)$$

即主成分模型为：

$$\begin{cases} F_1 = u_{11} w_1 + u_{21} w_2 + \cdots + u_{L1} w_L \\ F_2 = u_{12} w_1 + u_{22} w_2 + \cdots + u_{L2} w_L \\ \vdots \\ F_m = u_{1m} w_1 + u_{2m} w_2 + \cdots + u_{Lm} w_L \end{cases} \qquad (5.12)$$

这里 w_1，w_2，$\cdots w_L$ 为样本中原有指标种类。

在此基础上构建综合评价指数：

$$F_Z = \sum_{j=1}^{m} (\gamma_j / \varphi) F_j = a_1 w_1 + a_2 w_2 + \cdots + a_L w_L, \quad \varphi = \gamma_1 + \gamma_2 + \cdots \gamma_m$$

$$(5.13)$$

这里 a_1，a_2，$\cdots a_L$ 即样本指标 w_1，w_2，$\cdots w_L$ 在主成分模型中的综合重要程度。在此基础之上结合原有样本指标序列 $w_j = (p_{1j}, p_{2j}, \cdots p_{nj})^T$，可得原有指标综合值：

$$V_{Zi} = \sum_{j=1}^{L} a_j p_{ij}, \quad i = 1, 2, \cdots, h$$

$$(5.14)$$

各指标权重为：

$$\omega_i = V_{zi} / \sum_{i=1}^{h} V_{Zi}$$

$$(5.15)$$

由此可得主成分分析权重模型：①

$$\begin{cases} F_Z = \sum_{j=1}^{m} (\gamma_j / \varphi) F_j = a_1 w_1 + a_2 w_2 + \cdots + a_L w_L \\ \quad V_{Zi} = \sum_{j=1}^{L} a_j p_{ij}, \quad i = 1, 2, \cdots, h \\ \quad \omega_i = V_{zi} / \sum_{i=1}^{h} V_{Zi} \end{cases}$$

$$(5.16)$$

（四）结果分析

经对数据进行主成分分析处理（见图 5-8），显示陕西、青海、宁夏三省区的空气主要污染物为可吸入颗粒物（PM10），甘肃空气污染物中二氧化氮和可吸入颗粒物的权重相差无几，分别为 0.37 和 0.38。结合前文相对剩余环境容量值的计算，再次印证了可吸入颗粒物已成为空气的主要污染源。

---

① 高铁梅：《计量经济分析方法与建模——Eviews 应用及实例》，清华大学出版社 2016 年版。

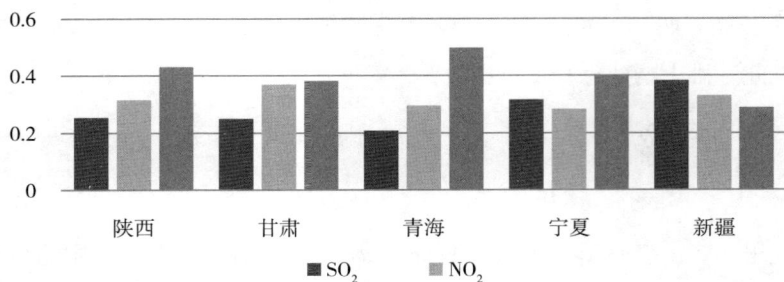

图 5-8　西北地区各省空气污染分指标相对剩余环境容量权重值

将主成分分析的权重核算结果带入空气污染规制强度模型，即可得到
2001—2012 年西北各省区空气污染规制强度指标值（图 5-9）。

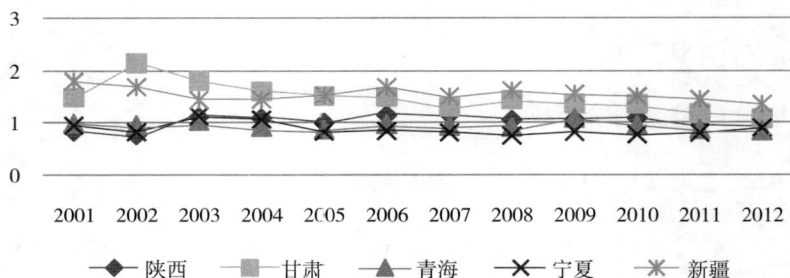

图 5-9　西北地区各省空气污染规制强度值（2001—2012 年）

由图 5-9 中走势可以看出，尽管甘肃及新疆空气污染规制强度的平均
水平较高，但在观测时期内整体呈现下降趋势。对此可作分析：其一，可能
两省区的环境问题受到重视，环境污染治理力度加大，改善了大气环境；其
二，是两省对污染较严重企业有所抑制，改变其经济发展方式。陕西、青
海、宁夏三省区的空气污染规制强度指标自 2001 年起未出现下降趋势，整
体上仍维持其原有水平。

（五）森林资源指标测度

森林覆盖率（F）：森林净化大气服务功能价值核算表明，西北地区的森

林资源能够吸收空气中大量污染物，且其污染物的吸收量与森林覆盖面积存在正相关关系，即森林面积变化与空气质量变化存在较为明显的相关性。对于某一省份而言，该地区所拥有的森林面积占其总面积之比代表该省区的森林资源覆盖率，一定程度上表征其环境治理能力。此处森林面积与土地面积比值，依据《中国林业统计年鉴》中相关数据计算得来（图5-10）。

人均森林面积（PF）：选用森林面积占人口数量的比重表征（单位为公顷/人）。

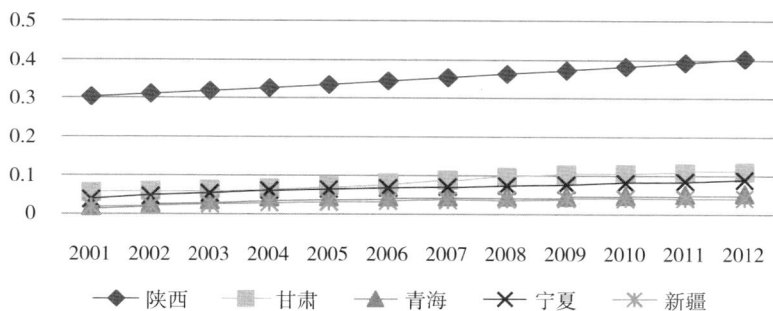

图5-10　西北各省区森林覆盖率（2001—2012年）

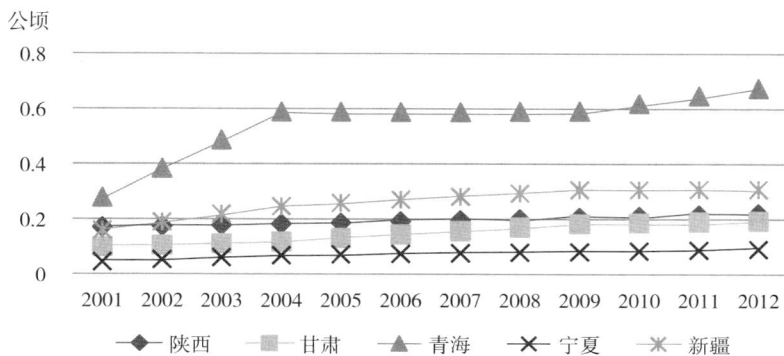

图5-11　西北各省区人均森林面积（2001—2012年）

数据来源：通过《中国林业统计年鉴》数据计算而得。

（六）相关经济指标测度

能源消耗（E）：空气中各项污染物的主要来源是人类生产生活活动中产生的各类废气，包括工业废气排放、生活废气排放、汽车尾气排放等。而对于生活废气排放与汽车尾气排放又很难对其排放量做到准确测量。本章选择能源消耗总量作为对人类生产生活中各类废气排放总量的反映，数据来源于《中国能源统计年鉴》，见图 5-12。

城镇化水平（CI）：国内学者有关城镇化水平对空气质量的影响持有不同看法，一些观点认为城镇化能够促进产业升级，提升能源利用效率，改善空气环境；也有观点认为城镇化过程存在的低效率和高能耗现象会加剧空气污染。本章以城镇常住人口占总人口的比重衡量区域城镇化水平，见图 5-13。

人均 GDP（PG）：人均 GDP 是衡量区域经济发展水平的重要指标。经验结果表明，人类社会的经济发展过程难免会经历以牺牲环境为代价的发展阶段，且西北地区仍未摆脱这一阶段。本章中人均 GDP 是用年度 GDP 总量除以地区常住人口得到的，其中年度 GDP 总量是以 1978 年为基期计算的实际 GDP，消除了通货膨胀的影响，具体结果见图 5-14。

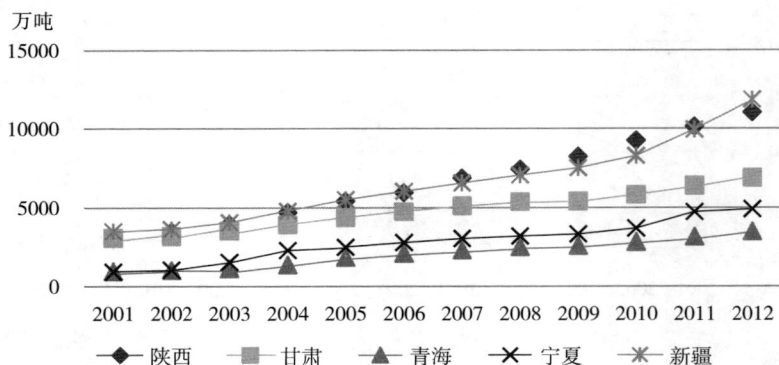

图 5-12　西北各省区能源消耗量（2001—2012 年）

数据来源：《中国能源统计年鉴》。

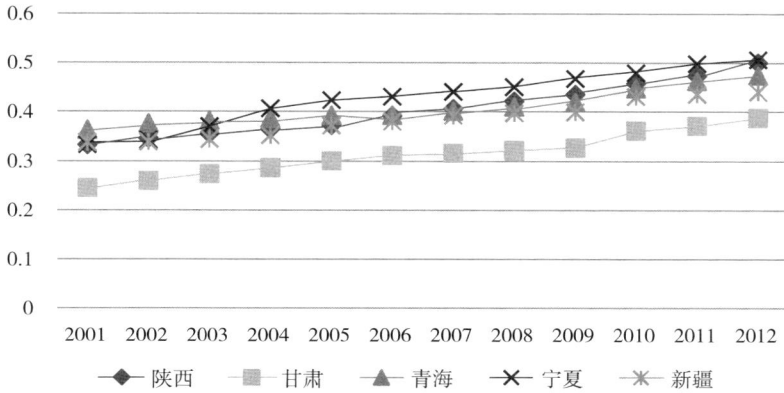

图 5-13　西北各省区城镇化水平（2001—2012 年）

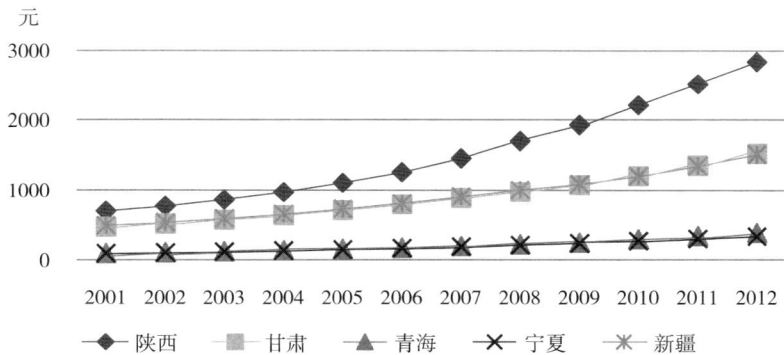

图 5-14　西北各省区人均 GDP（2001—2012 年）

数据来源：根据《中国统计年鉴》数据计算而得。

（七）模型及变量信息

依据所选变量，建立面板数据模型：

$$AP_i = \alpha_i + F_{it} + CI_{it} + \ln(PF_{it}) + ln(E_{it}) + \ln(PG_{it}) + \mu_i \qquad (5.17)$$

其中 α_i 表示截距项，μ_i 表示误差项。

本章所选全部指标的计算方式及其理论方向（示意该指标与空气污染物之间的正向或反向关系）如表 5-21 所示。

表 5-21　模型中变量信息

指标名称	代码	表征内容或计算方法	理论符号方向
森林覆盖率	F	森林面积占土地总面积比重	−
人均森林面积	PF	森林面积除以总人口	−
能源消耗	E	消耗的全部能源折为标准煤后加总	+
城镇化水平	CI	城镇人口占总人口比重	+/−
经济增长	PG	以 1978 年不变价格的实际人均 GDP 表示	+/−

三、检验结果

（一）单位根检验

在进行计量分析前应首先进行变量平稳性检验。倘若直接进行估计，非平稳的时间序列可能会表现出共同的变化趋势，呈现"伪回归"现象。因此，为了确保估计结果的有效性，首先对变量进行面板单位根检验。在进行面板数据的单位根检验之前，需要判断回归中是否含有截距项和时间趋势项。经检验发现，上述变量均只含有截距项而不具有时间趋势项。检验结果见表 5-22。

表 5-22　单位根检验

	ADF 检验		PP 检验	
	Statistic	P	Statistic	P
AP	15.12	0.0000	17.66	0.0610
F	34.94	0.0001	38.03	0.0000
PF	42.32	0.0000	38.77	0.0000
E（1 阶）	17.81	0.0483	16.96	0.0742
CI（1 阶）	20.45	0.0257	29.42	0.0016
PG（2 阶）	26.22	0.0035	42.82	0.0000

选取的西北地区各变量中空气污染规制强度、森林覆盖率及人均森林面积的水平序列值，能源消耗及城镇化率的一阶差分序列，人均 GDP 的二阶差分序列均至少在 10% 的显著性水平上拒绝"存在单位根"的原假设，即均不存在单位根，认定变量是平稳的。故可以对面板数据变量间进行协整检验。

（二）协整检验

面板数据单位根检验显示，西北地区的各变量均平稳，变量之间可能存在协整关系。为了确定西北地区所选择变量之间是否存在长期因果关系，采用 Kao 检验法及 Pedroni 检验法对所采用面板数据进行协整检验，结果见表 5-23。

表 5-23　协整检验

检验方法	检验假设	统计量名	Statistic	P
Kao 检验	H_0：不存在协整关系	ADF	−2.61	0.00
Pedroni 检验	H_0：$\rho_i = 1$	Panel v-Statistic	−2.52	0.99
	H_1：（$\rho = \rho_i$）< 1	Panel rho-Statistic	1.46	0.93
		Panel PP-Statistic	−14.71	0.00
		Panel ADF-Statistic	−5.81	0.00
	H_0：$\rho_i = 1$	Group rho-Statistic	2.51	0.99
	H_1：$\rho_i < 1$	Group PP-Statistic	−22.91	0.00
		Group ADF-Statistic	−5.70	0.00

结果显示，Kao 检验 p 值为 0，强烈拒绝不存在协整关系的原假设，Pedroni 检验的 p 值结果同样表明，拒绝不存在协整关系的原假设 H_0，而接受存在协整关系的备择假设 H_1，表明所选取的西北地区各个变量间存在协整关系。

（三）计量结果

基于西北地区面板数据模型计量结果见表 5-24。

表 5-24　面板数据模型计量结果

省份	陕　西		甘　肃		青　海		宁　夏		新　疆	
指标	截面系数	P 值	截面系数	P 值	截面系数	P 值	截面系数	P 值	截面系数	P 值
F	-1.466	0.0003	-1.457	0.0000	-0.469	0.0007	-1.610	0.0046	2.089	0.0000
PF	-5.766	0.0002	-1.141	0.0000	-1.303	0.0015	-4.661	0.0189	4.838	0.0000
E	0.058	0.0090	7.899	0.0000	0.489	0.0054	0.309	0.1848	-1.116	0.0009
CI	0.170	0.0040	0.021	0.4550	0.081	0.0006	0.168	0.0001	-0.009	0.6280
PG	-2.080	0.0340	4.950	0.0000	1.365	0.0001	-2.179	0.0197	-3.670	0.0000

森林覆盖率（F）：计量结果显示西北地区森林覆盖率指标均在 1% 水平显著。从截面系数看，陕西、甘肃、青海、宁夏四省区的森林覆盖率对空气污染规制强度均呈现显著负向影响，森林覆盖率每增加 1%，带动空气质量优化分别为 1.466，1.457，0.469，1.61 个百分点，进而说明森林覆盖率的提升有助于空气质量改善，与预期结果是一致。四省区中宁夏随着森林覆盖率的增加对空气质量改善的幅度最大。新疆森林覆盖率与空气污染规制强度的相关系数为正，其森林覆盖率每增加 1 个百分点，不但没有减少空气的污染物，反倒抑制空气净化 2.089 个百分点。导致这一现象可能由于新疆维吾尔自治区森林覆盖率过低，2001 年其森林覆盖率仅为 1.8%，新疆维吾尔自治区森林面积覆盖规模不足，自身尚未形成净化空气质量的能力。

人均森林面积（PF）：分析结果表明西北地区人均森林面积指标对空气质量影响显著，陕西、甘肃、青海、宁夏四省区人均森林面积估计系数为负，即人均森林面积增加对空气污染规制强度的降低起着积极的作用。其中，森林覆盖率每增加 1%，分别优化空气质量 5.766，1.141，1.303，4.661 个百分点。结果显示，新疆维吾尔自治区估计系数为正，意味着人均森林面积的增加对环境污染未能起抑制作用，从另一侧面印证了目前新疆维吾尔自治区森林资源相对匮乏，新疆森林资源的生态服务功能效果不明显。

能源消耗（E）：西北五省区该项指标计量结果部分显著。其中，陕西、甘肃、青海、新疆均在 1% 水平上显著，表明能源消耗增加对空气质量产生不利影响。意味着一省的能源消耗多集中在工业部门，工业部门产值越高，空气污染物排放会越多，无疑会加剧空气污染程度。当前我国仍未步入工业化后期，西北地区工业化水平更是落后于东中部地区，工业化进程带来的环境压力更大。

城镇化率（CI）：截面估计结果表明在该项指标上陕西、青海和宁夏的显著性水平较高，甘肃和新疆的该项指标不显著。表明西北地区城镇化率指标对空气质量的解释力不强。考虑到城镇化率指标的计算是用城镇常住人口除以总人口，而城镇人口省际间流动性又较强，因此很难以省为单位来加以限制。高峰（2016）认为，若纳入空间因素，城镇化水平可显著缓解环境污染压力。①

人均 GDP（PG）：计量结果显示西北地区人均 GDP 指标在 5% 水平上显著，但省际间截面系数差异较大。陕西、宁夏、新疆人均 GDP 与空气污染规制强度呈现出负向变动关系，甘肃和青海则为正向变动。人均 GDP 作为统计区域经济发展的主要指标，其省际间关联性较为明显。若对某个不同地区间经济往来较为频繁的整体区域（例如西北地区）进行计量分析，则更能反映出经济发展与空气环境间的相关规律。

---

① 高峰：《中国省际环境污染的空间差异和环境规制研究》，经济科学出版社 2016 年版。

第四节 结 论

由于我国目前对编制资源资产负债表仅在全国启动六个地级市试点，所以编制西北地区这样大范围的森林资源资产负债表应该属于探索性的工作。尽管如此，本章在编制西北地区森林资源资产负债表基础上，也从空气质量影响因子角度就西北森林资源生态服务功能对区域生态环境的实际影响做计量验证，意图量化解释森林资源生态服务对区域环境质量的改进功能。相应工作也包括通过对森林资源间接值的计算方法及基本思想的认识，将已有算法分为直接法、替代法和虚拟法三类，并对每一项森林生态服务功能价值的估算甄别筛选适当算法；编制森林资源资产负债表基本框架是以森林资源的直接价值和间接价值共同作为森林资源的资产项，以西北地区政府直接用于森林资源建设与防护方面的资金总投入作为森林资源负债项。编制结果显示，西北地区森林资源的间接价值量远大于其直接价值量，表明森林资源的主要功能在于其生态服务。

通过构建反映西北地区森林资源与区域生态环境的面板数据计量模型，并对空气污染物分指标进行主成分分析和综合处理，发现西北地区空气中主要污染物为可吸入颗粒物（PM_{10}），其污染规制强度高于二氧化硫（SO_2）和二氧化氮（NO_2）。因此，西北地区在大气环境治理过程中应注重对可吸入颗粒物的净化处理，加强对工业部门废气处理的除尘程序的监管，加快推进西北地区新型工业化进程。面板数据模型计量结果显示，西北五省区中，新疆的森林生态服务功能对于改善空气质量效果并不显著，表明新疆森林资源较为匮乏，其森林规模不能达到显著影响空气质量的程度。国家在制定林业政策时应向新疆等森林资源匮乏的区域倾斜，加强这些区域的森林资源建设与防护。

第六章　西北水资源资产价值与水污染核算

　　西北地区深居内陆，距海遥远，加之高原、山地对湿润气流的阻挡，导致自然降水稀少，年降水量从东部的 400 毫米左右往西渐次减少到 200 毫米，甚至 50 毫米以下，导致干旱成为本区域的主要自然地理特征。干旱缺水、农业需水量大成为西北地区水资源供给和利用的主要矛盾，导致历史上一些地区人畜用水曾长期困难。实施水资源资产核算，改革水资源管理体系，形成可持续、均衡和高效的水资源配置调节机制，加强对水资源的科学利用与保护，对西北地区尤为重要。

第一节　研究背景

　　我国地域广阔，自然资源丰富，水资源总量丰富，但作为人口大国，人均占有量却偏低。我国人均水资源约为 2200 立方米，为世界平均水平的 1/4，属于全球水资源严重短缺的国家之一。相对于全国其他地区，西北地区的水资源紧张状况尤为突出。西北地区土地总面积 345 万平方米，占全国土地总面积的 36%，绝大部分位于 400 毫米等值降水线以西和以北，地多水少是其自然资源禀赋的重要特征。[①] 随着西北地区经济社会全面发展，对自然资源的开发利用力度逐渐加大，对水资源的不合理开发，加之长期存在水资源管理粗放等问题，使得原本脆弱的水生态环境遭到破坏，水、土质量恶化等问题日益突出，严重阻碍了西北地区的长期发展。由此，对西北地区水资源现状进行全面考察分析，摸清西北五省区水资源状况及家底，对促进建立地区、省级生态有效的水资源管理体制具有极为重要的意义。

2015 年 11 月 8 日，国务院办公厅发布了《关于印发〈编制自然资源资产负债表试点方案〉的通知》，指出我国自然资源资产负债表的核算内容主要包括土地资源、林木资源和水资源。对不同典型地区水资源资产负债表核算做有益尝试，掌握区域水资源家底并进行统计核算，是编制全国水资源资产负债表的重要基础和重要组成部分。通过考察核算期内水资源数量和质量的变化趋势，可以明晰水资源供需与分配状况。深入分析水资源损耗原因，探索因地制宜的西北地区水资源管理模式，完善地区水资源管理机制，为促进地区经济与资源环境友好发展建立必要基础。

我们基于现有研究成果，尝试对西北五省区进行可用水资源实物量、价值量核算，明确西北地区水资源的静态现状与动态变化趋势，同时对各省区的水体污染情况以及水质状况进行核算分析，以便进一步对西北地区水资源管理提出可行性对策建议。

---

① 钱正英、陈志凯：《西北地区水资源配置、生态环境建设和可持续发展战略研究：西北地区水资源及其供需发展趋势（水资源卷）》，科学出版社 2004 年版。

第二节　研究综述

一、西北地区水资源分布及特征

随着西北地区水资源供需矛盾加剧及水资源问题重现，近年内学术界涌现出一批针对西北地区水资源问题的研究文献，研究视角集中于西北地区水资源分布、水资源利用效率以及水资源承载力等方面。

（一）水资源短缺且分布不平衡

西北地区地处我国内陆腹地而气候干旱，年平均降水量少、蒸发量大，从而使得西北地区水资源稀缺程度远高于其他地区，西北地区水资源量仅占全国水平的8%。新疆和青海人均水资源占有量虽高于全国平均值，但由于恶劣的生态环境、水资源难以利用、干旱气候以及荒漠生态环境使生态需水量大（邢大韦、张玉芳，2004）[①]。杨勇（2010）[②]通过对重点地区实地考察，认为西北地区缺水的主要原因包括自然因素即资源性缺水、区域性缺水、季节性缺水，人为因素即水质性缺水、结构性缺水、工程性缺水，人为性因素引发的缺水矛盾更为突出，人为因素导致的水资源问题需要依靠改革水资源管理体制和创新水资源管理政策等方式解决。

黄河径流是西北地区的主要水资源，黄河水资源径流时空分布不均，水资源供需矛盾日益加剧；内流河区为干旱地区，山地冰川和积雪构成了区内地表水和地下水的主要补给来源，对区内水资源的时间和空间分布具一定的

---

①　邢大韦、张玉芳：《西北地区水资源可持续利用管理》，《水资源与水工程学报》2004年第1期。

②　杨勇：《为中国找水——西北水资源独立考察报告》，《中国经济报告》2010年第2期。

调节作用（刘俊民、魏晓梅，2000）[1]。汤奇成、张捷斌（2001）[2] 认为我国西北干旱地区地表水资源具有时空分布不均、河川径流补给来源的多样性和与地下水转换频繁等特点。钱正英、陈志凯（2004）[3] 指出西北地区地表水资源量主要由山区冰雪消融、地表径流和地下水补给为主的基流量组成，西北内陆降水量主要集中在山区，并有冰川积雪融水补给，是主要产流区。陈元（2008）[4] 认为新疆地区虽然单位面积产水高于西北平均值，但是区内分布不均匀，总的分布格局呈现西北多东南少的特点。

（二）水资源开发利用率高而利用效率低

水资源开发利用率是指流域或区域用水量占水资源可利用量的比率，体现水资源开发利用的程度。国际上一般认为，对一条河流的开发利用不能超过其水资源量的 40%。我国西北地区的水资源开发利用率偏高，这对原本紧缺的水资源造成沉重的负担。钱正英、陈志凯（2004）指出，西北地区的人均水资源量低于全国平均水平，而水资源的开发利用率则远高于全国平均水平。[5] 其中，甘肃河西走廊的开发利用率已达 92%，关中地区的开发利用率也达 60% 左右，部分地区的地下水已处于超采状况（刘颖等，2011）[6]。钱正英、陈志凯（2004）[7] 通过利用人均用水量、人均耗水量、农田灌溉实灌定额、万元 GDP 用水量、工业万元增加值取水量、每立方米水 GDP 产出

---

① 刘俊民、魏晓妹：《西北生态经济建设的水资源战略》，《科技导报》2000 年第 8 期。
② 汤奇成、张捷斌：《西北干旱地区水资源与生态环境保护》，《地理科学进展》2001 年第 3 期。
③ 钱正英、陈志凯：《西北地区水资源配置、生态环境建设和可持续发展战略研究：西北地区水资源及其供需发展趋势（水资源卷）》，科学出版社 2004 年版。
④ 陈元：《我国水资源开发利用研究》，研究出版社 2008 年版。
⑤ 刘俊民、魏晓妹：《西北生态经济建设的水资源战略》，《科技导报》2000 年第 8 期。
⑥ 刘颖等：《西北地区水资源再生利用研究》，《地下水》2011 年第 4 期。
⑦ 刘俊民、魏晓妹：《西北生态经济建设的水资源战略》，《科技导报》2000 年第 8 期。

量、每立方米工业用水增加值产出量等用水效率指标，对西北地区 2000 年用水情况进行分析，发现西北地区万元 GDP 用水量等指标远高于全国平均水平，即西北地区用水偏于粗放，用水效率低、经济效益不高。

（三）水资源承载能力较差

水资源承载能力即在某一具体的历史发展条件下，以可预见的技术、经济和社会发展水平为依据，在可持续发展的原则下，以维护生态环境良性发展为条件，经过合理优化配置，水资源对该地区社会经济发展的最大支撑能力。衡量水资源承载能力大小主要依据水资源承载的人口数量和经济发展水平（王煜等，2001）①。夏军、唐青蔚（2005）认为影响水资源承载力的重要因子包括经济社会发展水平、产业结构、生态环境质量等，因此，区域水资源承载能力的综合压力指数可用"万元 GDP 用水量"等指标反映。② 水资源承载能力的研究要考虑四个方面：一是人类活动影响下的水资源演变和相关的生态环境演变，这将影响承载力计算的基础；二是水资源合理配置模式，因在干旱区水资源同时承载着社会经济系统和生态环境系统，相应地水资源合理配置也要考虑经济用水和生态用水的平衡；三是承载能力计算中不但要考虑经济结构变化，也要考虑干旱区生态系统层圈结构变化以及二者间的相互影响；四是市场经济条件下由产品交换导致的水资源调入调出。曲玮、梅肖冰（2002）对西北地区各分区水资源承载能力进行具体测算研究，认为新疆因其水土资源较丰富，属承载能力潜力较大区域；河西地区的石羊河、黑河两流域水资源承载能力已没有潜力。③ 夏军、唐青蔚（2005）研究认为黄河流域、河西地区和新疆的东疆地区将出现人口超载，超载的原因是

---

① 王煜等：《西北地区水资源承载能力研究》，《水科学进展》2001 年第 4 期。
② 夏军、唐青蔚：《西北地区水资源合理配置和承载能力分析》，《科技与社会》2005 年第 4 期。
③ 曲玮、梅肖冰：《西北水资源研究综述》，《甘肃社会科学》2002 年第 6 期。

水资源紧缺，尤其是在人口密度较大的区域水资源更为紧缺，人口和经济发展对水资源的需求超过了水资源的承载能力。[①] 常玉婷等（2005）结合水足迹模型和区域水资源承载力评价指标，计算西北干旱区 2001—2011 年的水足迹认为部分地区的水资源系统已处于超载状态，为改善以及避免区域水资源系统超载问题，应采取调整产业结构、改变消费模式等措施缓解供需矛盾。[②] 程广斌、郑椀芳（2017）从经济、社会、水资源、生态环境四个方面构建城市群水资源承载力评价指标体系，运用基于熵权的集对分析法对我国西北地区城市群水资源承载力进行综合评价，结果表明 2006—2014 年西北地区城市群水资源承载力不断提升，但整体水平较低，西北地区水资源承载能力不足的主要原因包括干旱少雨、生态脆弱、水土资源配置矛盾突出、水资源利用及管理欠缺等。[③]

二、水资源资产负债表核算的目的、对象与方法

在可持续发展理念下，联合国等五个国际组织 2009 年在 SNA2003 的基础上联合发布 2008 版国民账户体系（SNA2008），重新审视资产的一般定义，明确界定反映国家（地区）静态存量财富状况的资产负债表，其中将 2003 版中的非金融非生产资产中的有形资产明确界定为自然资源，从而为自然资源的资产和负债核算奠定了基础。SNA 版本数次更新，将资源和环境问题与经济统计体系进行有效衔接。为了使 SEEA 更具操作性，SNA2008

---

① 夏军、唐青蔚：《西北地区水资源合理配置和承载能力分析》，《科技与社会》2005 年第 4 期。
② 常玉婷等：《基于水足迹理论的西北干旱区水资源承载力的研究》，《石河子大学学报》2015 年第 1 期。
③ 程广斌、郑椀方：《我国西北地区城市群水资源承载力评价研究》，《石河子大学学报》2017 年第 4 期。

结合不同资源领域和各国实际，编制了不同资源的专项核算体系，其中包括针对水资源和水环境问题的水资源环境经济核算体系（SEEA for Water，SEEAW）。

（一）水资源资产负债表核算的功能和目的

随着我国 2015 年自然资源资产负债表编制试点的启动，国内对资源资产负债表编制理论基础和方法已做全面研究。自然资源资产负债表是指要将一国或地区所有自然资源资产分类加总形成报表，综合体现某一时点自然资源资产"家底"、反映一定时期自然资源的开发利用状况及对生态环境的影响。编制自然资源资产负债表旨在摸清资产家底、理清负债及变化基础上明确所有者权益和管理者责任，为相关政府部门领导干部自然资源资产离任审计提供科学依据和决策支持（姜文来，1998）。[①] 从根本而言，是为了在维护自然资源资产适应经济社会可持续发展的同时，促进自然生态系统的均衡可持续发展。自然资产负债表不能局限于会计核算范围，应该以会计理论、统计理论和经济学理论为支撑，融入生态学、环境学等学科，才能客观描述反映经济活动（牟秦杰等，2017）。

（二）水资源资产负债的核算对象

编制水资源资产负债表首先要求明确水资源资产负债项目的核算对象。首先须界定水资源的范围，1977 年联合国教科文组织和世界气象组织在《水资源评价活动：国家评价手册》中指出："水资源应指可资利用或有可能被利用的水源，这些水源应具有足够的数量和可用的质量，并能在某一地点为满足某种用途所利用"，这一界定成为水资源资产负债表的重要基础。

[①]　姜文来：《水资源价值论》，科学出版社 1998 年版。

　　基于一般的经济理论，水资源资产的核算对象应满足收益性、稀缺性、经济性、权属性和有偿性诸特征，水资源资产特指具有上述特征的水资源，而非全部水资源（姜文来，1998）。根据联合国公布的 SEEA（2012）对水资源资产的分类，一般包括地表水、地下水和土壤水三大类。地表水具体包括人工水库、湖泊、河川溪流和冰川、雪和冰四小类。在目前技术条件下，满足水应用功能，能为人类生活所利用并产生效益的部分水资源，方可纳入水资源资产核算范围，而在自然界直接消耗掉的，或暂时不能提取的地下水和雪山水等都不能作为水资源资产核算对象。

　　对水资源负债的定义有两种观点，耿建新等（2017）认为，水资源资产负债表的核心是水资源的占用和来源，这样的平衡表中并不包含水资源负债与水资源净资产，强调自然资源负债不存在确认的基础，原因在于自然资源没有明确产权划分也不存在资源间的借贷，自然资源的核算只能反映其存量和流量的情况，无法实现会计平衡的逻辑关系。[1] 另一种观点认为，水资源负债是因人类活动对水资源及其水生态环境造成了污染或损坏，需要承担治理和维护义务而实现的成本和资金投入。水负债是整个经济体对环境及其环境要素所应偿还的水资源量或水资产，是由于人们过去的社会和经济活动所形成的现实义务（甘泓，2014[2]；李志坚，2016[3]；贾玲，2017[4]）。因此，水资源负债可以视作为了修复被破坏的水生态环境、治理已发生的水污染、恢复水资源资产原有质量所需要付出的代价，通过合理、科学的估值方

　　① 耿建新：《自然资源资产平衡表的实践探索——以宁夏永宁的报表编制为例》，《会计之友》2017 年第 5 期。

　　② 甘泓、汪林、秦长海、贾玲：《对水资源资产负债表的初步认识》，《中国水利》2014 年第 14 期。

　　③ 李志坚、白雪娟：《水资源资产负债表文献综述》，《中国乡镇企业会计》2016 年第 9 期。

　　④ 贾玲、甘泓、汪林、秦长海：《水资源负债刍议》，《自然资源学报》2017 年第 1 期。

法，核算造成的损失（陈燕丽，2016）[1]。学术界对水资源负债项目的界定尚未形成统一认识，水资源资产负债表的编制实践仍在探索中。如果不能确定水资源负债的内涵及其外延范围，则仅有水资源资产平衡表，水资源资产负债表将无法编制。因此，参照编制资产负债表的目的是"促进自然生态系统均衡发展"，在水资源开发和使用过程中，对水资源造成不利影响侵蚀、破坏了水资源资产，由此而承担的代价即形成水资源的负债，具体为治理水污染或维护水环境所产生的成本或投入的资金。由此对水资源负债进行核算，是合理可行的。

（三）水资源资产负债表核算方法

水资源核算主要包括以体积为单位的实物量核算、以货币为单位的价值量核算和以水质反映的质量核算（SEEAW）。针对水资源资产负债表的具体核算过程，胡文龙（2015）[2] 和陈艳利（2015）[3] 均指出，编制自然资源资产负债表必须遵循"自然资源资产＝自然资源负债＋自然资源净资产"的平衡关系，即"水资源资产−水资源负债＝水资源净资产"。黄溶冰（2015）认为应先将自然资源的资产和负债分开核算，再合并成资产负债表，同时，资产方面核算自然资源资产的存量及其变化，遵循"期初存量＋本期增加量−本期减少量＝期末存量"的平衡关系；负债方面核算自然资源质量的变化，从耗减和退化两个方面分析。[4] 自然资源作为一种特殊资产，在实践中

---

① 陈燕丽、左春源、杨语晨：《基于离任审计的水资源资产负债表构建研究》，《生态经济》2016 年第 12 期。

② 胡文龙、史丹：《中国自然资源资产负债表框架体系研究》，《中国人口·资源与环境》2015 年第 8 期。

③ 陈艳利、弓锐、赵红云：《自然资源资产负债编制——理论基础、关键概念、框架设计》，《会计研究》2015 年第 9 期。

④ 黄溶冰、赵谦：《自然资源资产负债编制与审计的探讨》，《审计研究》2015 年第 1 期。

恐难以达到会计核算的"平衡关系"，因此将水资源资产和水资源负债分开核算是可取的。

（四）水资源资产负债表核算实践

西方国家对国家资产负债表的研究和实践已近半个世纪，澳大利亚、英国、加拿大、日本已能定期编制和公布其国家资产负债表。目前，已有部分国家根据 SEEAW 和 SEEA2012 编制了本国的水报表，其中最为成功的属澳大利亚。我国虽在 20 世纪 80 年代开始了相关研究，并于 1996 年试编国家和地方资产负债表，2015 年 11 月，国务院办公厅发布《编制自然资源资产负债表试点方案》，以内蒙古自治区呼伦贝尔市、浙江湖州市、湖南省娄底市、贵州省赤水市和陕西省延安市为五个试点地区，自然资源资产负债表的所有表格遵循"期初存量＋本期增加量－本期减少量＝期末存量"的关系。不过，国家统计局《自然资源资产负债表试编制度》设置的账户仍然未见负债要素，仅核算资源的存量和变动情况，无相关流量变化。2016 年 4 月，河北承德市公布了全国首份地级市自然资源资产负债表即《承德市2010 年至 2013 年自然资源资产负债表》，其中包含土地、森林、矿产和水资源等自然资源类型，提出由总表—分类表—扩展表组成的自然资源资产负债表报表体系，以及资产—负债—资产负债差额构成的自然资源资产负债表基本表式。但对其资源资产与负债的确定理论以及价值计量方法未有说明。

国内目前自然资源资产负债表编制试点工作还未完成，即使那些公布了自然资源资产负债表的地区，对其如何进行要素确定、价值计量甚至具体的表格设置样式也未公开。国内目前尚未出现完整和权威的水资源资产负债表编制体系，相应工作仍在探索之中。

第三节　西北地区水资源分布及变化趋势

一、西北地区水资源分布

西北地区整体上可划分为内陆河流（含额尔齐斯河）与西北黄河区两个水资源一级区。按照自然特征，又将内陆河流域分成西北内陆区和内蒙古高原内陆区。考虑到河流水系分布特征和水资源开发利用条件，全区划分为 17 个二级区，其中，西北黄河区有 7 个二级区，西北内陆区有 9 个二级区，内蒙古高原内陆区有 1 个二级区即内蒙古高原内陆区。[①] 本章对西北地区水资源的数据研究范围只包括陕西、甘肃、青海、宁夏和新疆五省区的境内流域及各省区所拥有地下水资源。

（一）水资源整体分布

西北地区是全国缺水地区，水资源占全国比例仅为 8.38%，远小于其他地区，如西南地区在全国的水资源占比为 39.47%，是我国水资源较为充裕的地区。西北地区水资源仅为西南地区的 21.24%。在水资源类型上，西北地区的地下水资源较地表水资源稍为丰富，如图 6-1 所示，西北地区地下水资源占全国比例为 15% 左右（2004—2015 年平均），高于水资源总量和地表水比例，西北地区水资源类型中地下水资源相对较丰是其特征之一，主要由于新疆和青海地区，因自然地理因素，境内蕴含着大量地下水资源，是西北地区主要的水资源储备。近年西北地区水资源在全国所占份额出现下降趋势，地下水下降趋势明显。其原因在于 2011 年开始，因气候等综合因素，

---

① 钱正英、陈志凯：《西北地区水资源配置、生态环境建设和可持续发展战略研究：西北地区水资源及其供需发展趋势（水资源卷）》，科学出版社 2004 年版。

西北地区地表水资源存量减少，地表水已经不能很好支撑社会生产生活需要，从而人为加大对地下水资源的开发力度。

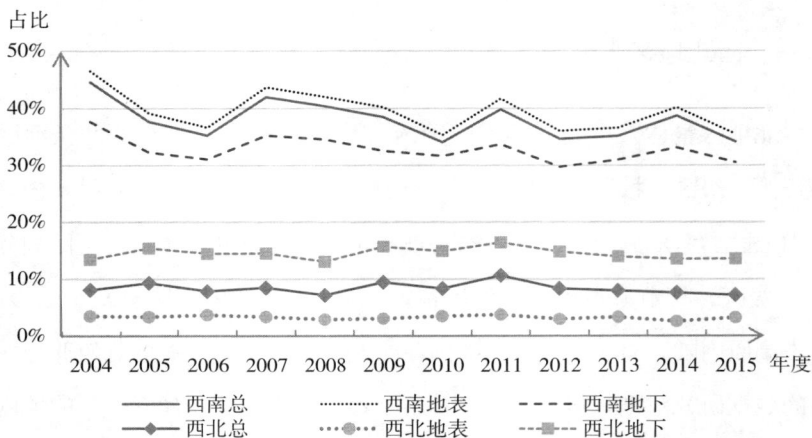

图 6-1　西南、西北地区各类水资源占全国比例 （2004—2015 年）

注：图中各项占比为 "各地区水资源量/全国相应类别水资源总量"，西南地区水资源量为西南五省市重庆、四川、贵州、云南和西藏水资源之和。各省区水资源量数据来源于国家统计局网站分省区年度数据，见 http://data.stats.gov.cn/index.htm。

（二）水资源地区分布

西北地区水资源整体匮乏，地区分布特点为新疆、青海水资源相对充足，甘肃、宁夏水资源较为稀缺，五省区之间呈现出较大差异。

新疆虽降水稀少且南北分布不均，但其阿尔泰山、昆仑山和天山雪水资源丰富，是我国最大的内流区，境内又多为山地和盆地，农牧种植业发达，有利的地形和产业基础能够很好地促进水形态转化，调节一年内水资源的补给，孕育着丰富的地下水资源。新疆由此成为西北水资源最为充裕的地区，占西北地区水资源总量的 40%，其中地表水资源、地下水资源占比分别为 39.62%、47.04%。青海处于青藏高原地区，是长江、黄河和澜沧江的发源地，境内河流湖泊资源丰富，境内的青海湖是我国最大的内陆咸水湖，从总

占比

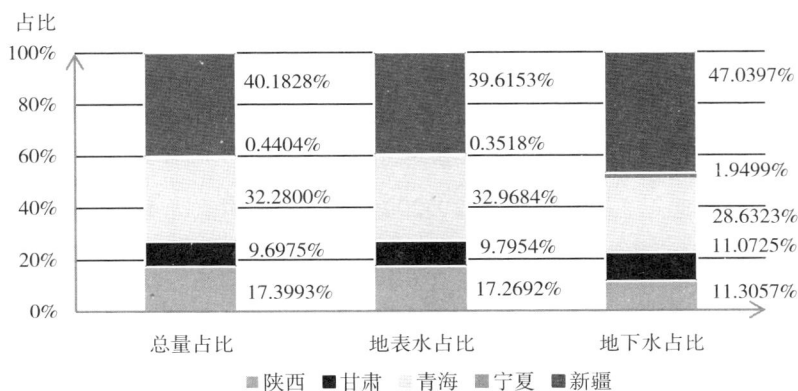

图 6-2　西北五省区各类型水资源地区分布（2004—2015 年）

注：图中比值为"各省区水资源量/西北水资源量"，各省区水资源量数据来源于国家统计局网站
　　分省区年度数据，见 http：//data. stats. gov. cn/index. htm。

体上看，青海的水资源也较充裕，水资源占西北地区比例为 30%。

　　陕西在地理上横跨黄河、长江两大流域中部，陕西境内黄河流域有二级
河流渭河，三级河流无定河、延河、洛河、泾河；长江流域主要河流有二级
河流汉江、嘉陵江，三级河流丹江、旬河、牧马河。陕西水资源总量在西北
地区排第三位，占西北地区比例为 17.40%。甘肃省地处黄河中上游地区，
境内有黄河、长江、内陆河 3 个流域、9 个水系，因处于黄土高原、青藏高
原和内蒙古高原三大高原的交汇地带，境内地形复杂，水资源相对稀少，水
质较差，水资源总量占西北地区比例不足 10%。宁夏地处黄河上游，境内
主要流域为黄河干流和其支流，属于我国水资源最稀少的地区，其水资源总
量仅占西北地区 0.44%，地下水资源占西北地下水总量的 1.95%。如图 6-2
所示，西北地区水资源主要分布在新疆、青海和陕西三个省区，新疆和青海
两省区的水资源总量占全西北地区 70%以上。

（三）水资源类型分布

对水资源的统计一般以地表水资源、地下水资源为主要统计类型。若以地区地表水资源量与地下水资源量的比值作为衡量其水资源类型分布的标准，全国水资源的该指标值在 3—3.5 之间，西南地区在 4 左右（近期有所提高）。西北地区该指标值位于 2，2004—2015 年均值为 1.88，远低于全国水平和西南地区（图6-3）。由此说明，西北地区地下水资源相对丰富，在五省区中宁夏最为明显，该指标值低于 1，2004—2015 年均值为 0.34，说明宁夏地区水资源主要以地下水为主。新疆、甘肃两省区的地下水资源也是相对充分。青海地表水资源相对充裕，高于西北地区平均水平，陕西水资源类型分布接近全国水平，即在水资源分布中地表水资源相对其他省区较丰。

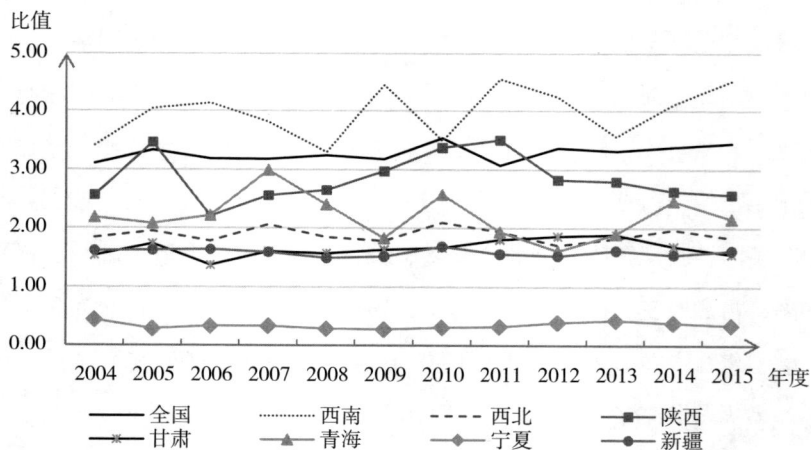

图6-3　全国与西南、西北地区及西北各省区的
水资源类型比值（2004—2015 年）

注：以"地表水资源量/地下水资源量"比值为水资源类型分布的衡量指标，水资源量数据来源于国家统计局网站分省区年度数据，见 http://data.stats.gov.cn/index.htm。

二、西北地区水资源变化

结合中国水利水电科学研究院水资源所研究对西北地区 1956 年到 1995 年水资源量的统计资料①，汇总国家统计局网站以及各省区水资源公报数据，以 2004—2015 年数据为重点分析资料，对西北地区水资源变化情况做深入分析。

（一）降水

我国西北地区属温带季风和温带大陆性气候，相对于全国其他地区，西北地区气候分布较为复杂，是降水最为稀少的地区之一。同时，降水量自东南向西北递减，降水时空分布不均，降水主要时间集中在夏秋两季。1956 年到 1995 年间，西北地区年平均降水量 200 毫米，降水总量 6930 亿立方米，其中西北内陆区平均降水深 145 毫米，降水总量 3660 亿立方米，是我国降水最稀少的地方（陈元，2008）。2008 年到 2015 年间，西北地区年均降水量为 358.37 毫米，明显高于 20 年前的降水数据，但仍低于全国，同一时期全国年均降水量为 644.575 毫米，是全国水平的 55% 左右。同时，西北地区降水年际波动大，整体呈现先升后降的趋势，2011 年为近年最高，达到 388 毫米，此后降水量逐年下降。分省区看，陕西是西北地区降水最为充沛的地区，其多年降水量高于全国水平，年均值达到 696.425 毫米。新疆降水最为稀少，多年降水量在 200 毫米以下，青海较接近西北平均水平，甘肃和宁夏位于中间水平，省际变化基本验证了西北地区降水"自东南向西北递减"的特点。

（二）地表水资源

地表水体包括河流水、湖泊水、冰川水和沼泽水，地表水资源通常以地

---

① 陈元：《中国水资源开发利用研究》，研究出版社 2008 年版。

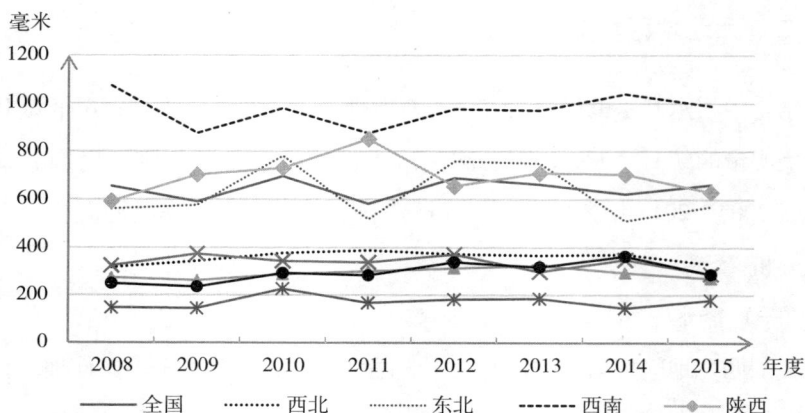

图 6-4　全国、东北、西南、西北地区及西北各省区降水量（2008—2015 年）
数据来源：年度降水数据来源于 EPS 数据平台——中国水利数据库（分地区年度数据）。

表水体的动态水量即河川径流量表示。1956—1995 年的 40 年间，西北地区年平均地表径流 1440 亿立方米，仅为全国平均值的 15%（陈元，2008）。2004—2015 年，西北地区平均地表水资源量为 2133.54 亿立方米，仅占全国平均地表水资源的 8.30%。从水资源数量来看，2004—2015 年与 1956—1995 年相比，西北地区的地表水资源增加了近一倍，但与全国水资源均值的比例却下降一半。在统计期间，西北地区地表水资源量在全国所占份额大致在 8% 上下波动，多年平均占比为 8.33%。以 2008 年开始为上升阶段，2011 年达到最高值为 10.34%，此后出现下降趋势，2015 年仅为 7.22%，整体趋势为先升后降。同时期全国地表水资源呈现出逐年增长趋势（见图 6-6）。因此相比全国水平，西北地区的地表水资源总量在近年内是减少的，且趋势明显。

从各省区水资源数据观测，宁夏地表水资源极度稀少，近年均值为 7.5058 亿立方米，约为新疆的 1%（见图 6-7）。与西北地区平均地表水变

占比

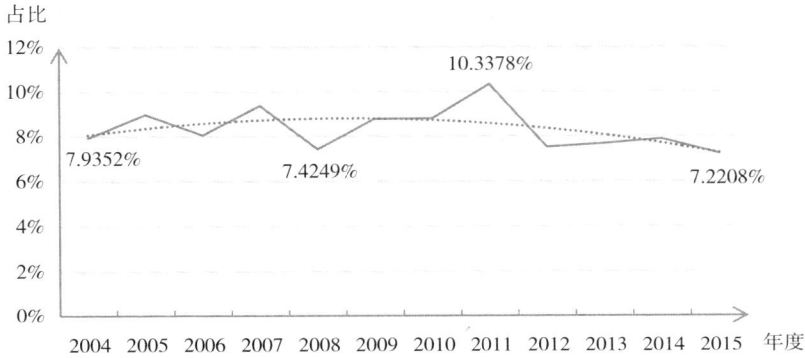

图6-5　西北地区地表水资源在全国的占比（2004—2015年）

数据来源：国家统计局网站分省年度数据，见 http：//data. stats. gov. cn/index. htm。

亿立方米

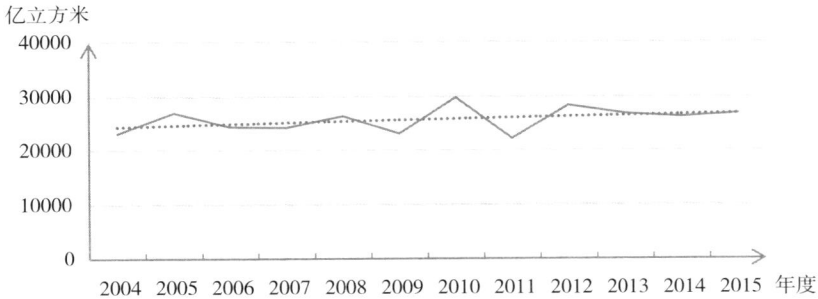

图6-6　全国地表水资源量变化（2004—2015年）

数据来源：国家统计局网站分省年度数据，见 http：//data. stats. gov. cn/index. htm。

化不同，宁夏的地表水资源在 2004—2015 年间大致呈现出"先降后升"的趋势。甘肃的地表水资源量较平稳，其余三省区变化明显。西北地区地表水资源的趋势为先升后降，与西北总量在全国内占比变化趋势基本统一（见图6-8）。青海和新疆的地表水资源量分别为 703. 3933 亿立方米和 845. 2075 亿立方米，均值远高于西北地区平均水平（9426. 7080 亿立方米），2013—2015 年西北地区地表水资源下降最明显，陕西、甘肃、宁夏三省区直线下降，新疆和青海在此间呈现相反趋势，西北地区总体地表水资源的平均水平主要由青海的变化引起，且在变动趋势上与青海、陕西最为相近。

亿立方米

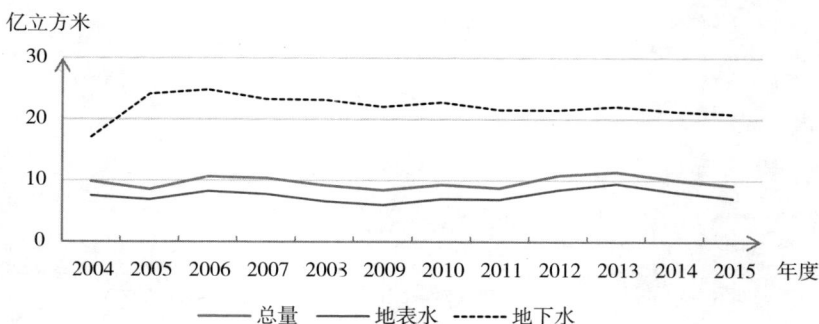

图6-7　宁夏回族自治区水资源变化（2004—2015年）

数据来源：国家统计局网站分省年度数据，见 http：//data. stats. gov. cn/index. htm。

亿立方米

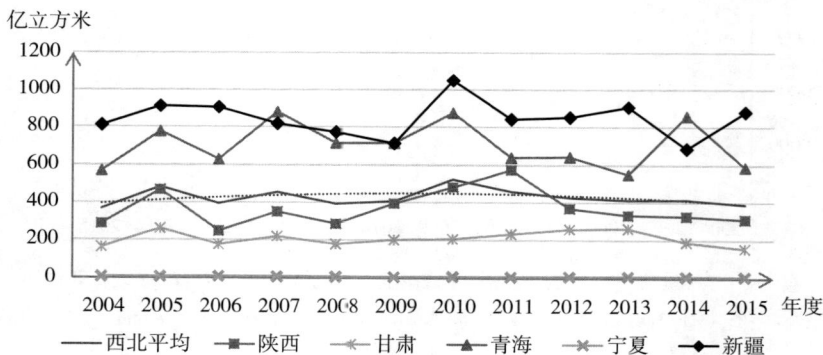

图6-8　西北地区地表水资源变化（2004—2015年）

数据来源：国家统计局网站分省年度数据，见 http：//data. stats. gov. cn/index. htm。

（三）地下水资源

西北地区的地下水资源相对充裕，1956—1995年西北地区多年平均地下水资源量为1067亿立方米。2004—2015年，西北五省区地下水资源总量的年平均值为1132.5158亿立方米，占全国地下水资源的14.48%，近些年西北地区地下水资源占全国比例有明显下降趋势（见图6-1）。分省区而言，新疆和青海的地下水资源水平超过西北平均水平，多年保持较高水平且变动明显，趋势类似其地表水变动。甘肃与陕西水平相当，在100亿立方米以上且变动平缓，宁夏地区虽以地下水资源为主，但其地下水资源相对稀少，常年居于西北地区最低水平（见图6-7），且近年有下降趋势。如图6-9所示，2004—2015年间各省区地下水资源变动与西北地区总体平均变动趋势一致，呈现"先升后降"。

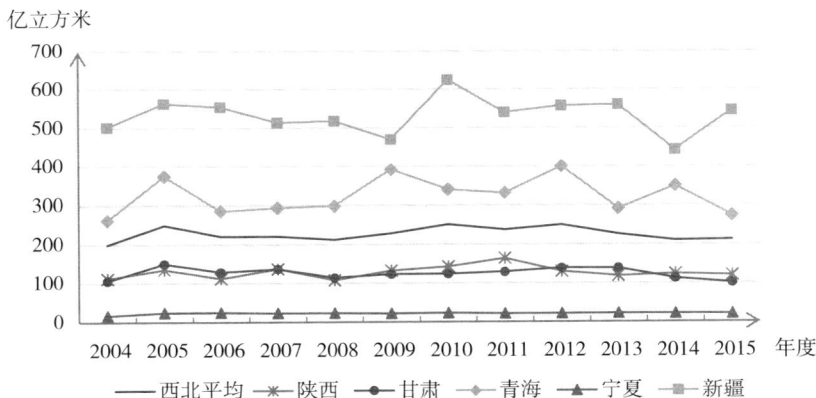

图6-9　西北地区地下水资源变化（2004—2015年）

数据来源：国家统计局网站分省年度数据，见http：//data. stats. gov. cn/index. htm。

（四）水资源总量

1956—1995年间西北地区多年平均水资源总量为1634亿立方米。2004—2015年间，西北地区的年平均水资源总量为2235.10亿立方米，仅占全国水资源水平的9.26%（见图6-10）。西北地区水资源量在全国水资源中的份额基本维持在8%—11%，近五年内出现明显下降趋势，且同时期全国水资源总量呈现波动上升趋势。

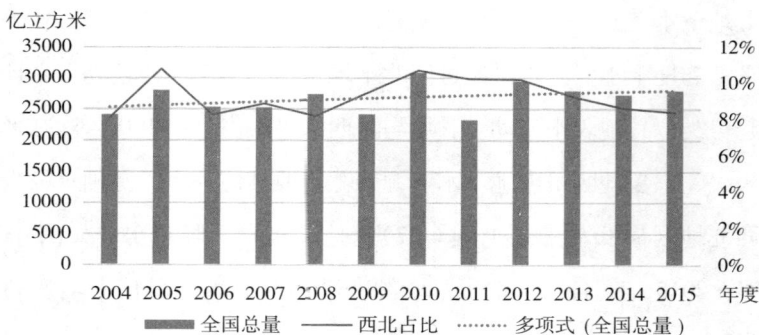

图 6-10　西北地区水资源总量占全国百分比变化（2004—2015 年）

数据来源：国家统计局网站分省年度数据，见 http：//data. stats. gov. cn/index. htm。

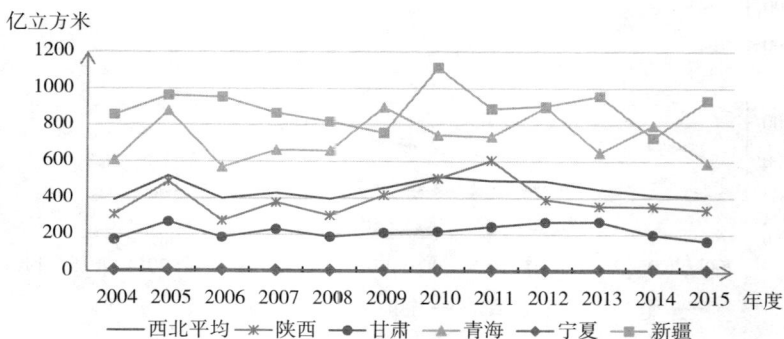

图 6-11　西北五省区水资源总量变化（2004—2015 年）

数据来源：国家统计局网站分省年度数据，见 http：//data. stats. gov. cn/index. htm。

　　分省区看，除宁夏地区水资源总量呈现上升趋势（见图 6-7），其他西
北四省区的水资源总量变化同西北整体变动趋势一致，为"先升后降"（见
图 6-11）。新疆、青海变动幅度较大，甘肃、陕西变动趋势明显，陕西多年
水资源量最接近西北平均水平。同时，从图 6-12 可看出，西北五省区各水
资源总量在西北地区占比较稳定，新疆和青海两省区占比在 70% 以上，宁
夏占比微小而无法在图中显示。

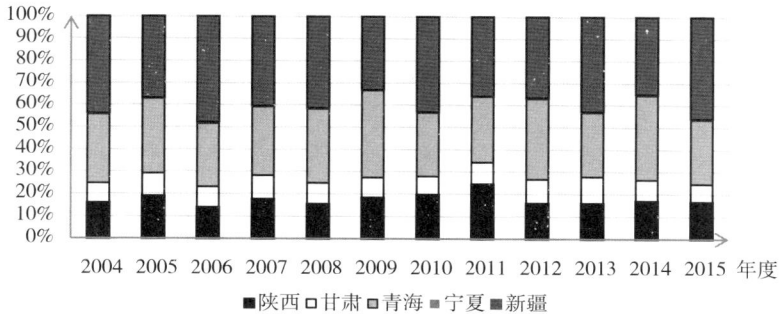

图 6-12　西北五省区水资源占西北地区水资源总量百分比（2004—2015 年）
数据来源：国家统计局网站分省年度数据，见 http：//data. stats. gov. cn/index. htm。

（五）人均水资源量

人均水资源占有量是衡量地区水资源供给与需求状况的重要变量。2004—2015 年西北地区人均水资源占有量高于全国水平，其中青海省最高，远远超过西北、全国水平，陕甘宁三省区较全国低。西北地区人均水资源量的整体水平及变动受到青海省的拉动效应明显（见图 6-13）。除陕西、甘肃外，其余三省区人口较少，新疆、青海地广人稀、水资源人均拥有量充沛，但存在很多水资源利用的局限。整体而言，西北地区人均水资源占有量有下降趋势，其中 2015 年的人均水资源占有量为 3141. 27 立方米/人，低于 2004 年。参考图 6-13 和图 6-14，2010 年前后，西北各省区的人均水资源量出现逐渐下降趋势。考虑到干旱区对水资源的要求，尤其西北地区水资源分布不均、水资源利用率低等明显特征，西北地区仍是全国范围水资源问题较突出的地区。

（六）小结

综合上文对西北地区水资源分布、降水以及不同类型水资源存量变化的观察分析，可归结为以下几点：

立方米

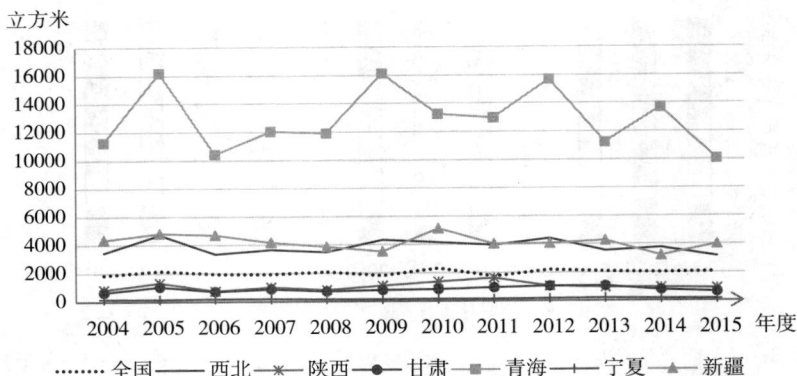

图6-13　西北地区人均水资源存量变化（2004—2015年）

数据来源：国家统计局网站分省年度数据，见 http：//data. stats. gov. cn/index. htm。

立方米

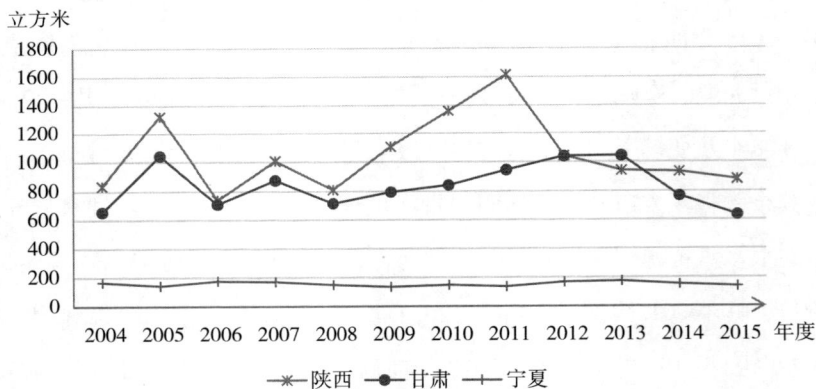

图6-14　陕甘宁地区人均水资源存量变化

数据来源：国家统计局网站分省年度数据，见 http：//data. stats. gov. cn/index. htm。

第一，西北地区整体水资源量稀少，约占全国8%的份额，且近年水资源存量及相对份额呈现下降趋势；

第二，地下水资源属于西北地区水资源类型重要构成部分，可以依此判断西北地区生产生活对地下水资源有较强依赖，这成为其水资源分布重要特点。尤其宁夏是以地下水资源为主的地区；

　　第三，西北地区年降水量小，有"自东南向西北递减"的特点，陕西降水较充沛并超过全国平均水平，新疆降水最为稀少，近年西北地区降水出现微弱上升趋势；

　　第四，西北地区人均水资源占有量高于全国水平，主要受到青海、新疆的拉动效应明显，但由于受气候因素影响以及降水、地下水分布特点，西北水资源利用具有局限性。

　　西北五省区因各自地理位置、地形分布以及自然环境的不同，其水资源状况各异。进入 21 世纪，全球气候变暖更趋明显，气温升高使西北地区逐年水蒸发量增大，生态需水耗费增加，自然因素造成西北地区地表水资源减少，尤其依靠天然降水较多的陕甘宁地区近年内水资源下降明显，三省区的水资源存量依次降低，体现西北地区水资源由东到西由南到北递减的特点；青海作为江河源头，是长江、黄河、澜沧江等河流的发源地，自然水资源水源相对充沛，但其境内的河流湖泊等地表水资源也受到自然因素很大冲击；新疆地区因其特殊的地理位置和气候条件，主要依靠丰富的冰川雪水对境内水资源进行补充，对水资源自然调度较有优势，虽常年降水极度稀少，但气温升高加剧了新疆境内如天山等雪山的消融，对其地表径流的补给增加，水资源存量下降趋势不明显。

三、西北地区水资源开发利用

（一）水资源开发利用率

水资源开发利用率①是指某一流域或区域对其水资源的利用程度，利用

_____

①　水资源开发利用率＝（用水量/水资源量）×100%。

率越高说明水资源越匮乏。国际上规定对河流的开发率不超过 40%，我国水资源开发利用率平均为 20%，西北地区为 53.3%，其中，甘肃河西走廊 92%，石羊河流域 154%，黑河流域 112%，新疆的塔里木河 79%，准格尔盆地 80%（钱正英，2003）。① 因此，西北地区的流域水资源开发利用率远高于全国平均水平，许多地区已超过资源承载能力。根据对西北五省区水资源开发利用率进行统计，由于宁夏地区水资源存量很小，用水来源多为引取黄河水和天然降水蓄水，照此方法计算的宁夏地区水资源开发利用率与实际相差太大，不益作比较分析，因此以其余西北四省区为主要分析对象（见图 6-15）。

2004—2015 年西北地区多年平均水资源开发利用率为 38.45%，超出全国水平一半以上，是同期西南地区的 6.6 倍。新疆的水资源开发利用率最高，远超过西北平均水平，年平均值为 61.35%，新疆水利局公布的资料显示，2015 年新疆水资源开发利用程度已达到 69.4%，其中东疆 96.42%、南疆 84.74%、北疆为 52.35%，地下水开采率全疆为 79.09%，其中东疆高达 139.45%，属于区域性严重超采现象。② 甘肃地区仅次于新疆，水资源的利用率达为 57.59%，近两年甘肃水资源开发利用率飙升，甚至超过新疆。青海水资源开发利用率低于西南地区，多年平均值位于 5% 以下。上述说明我国西北地区是全国对水资源开发程度较高地区，值得关注的是 2010 年以后西北地区水资源开发利用程度逐渐上升，其中，甘肃、陕西地区增长较快。

（二）水资源利用效率

西北地区对水资源开发利用程度高于全国水平，但其水资源利用效率却

---

① 钱正英、陈志凯：《西北地区水资源配置、生态环境建设和可持续发展战略研究：西北地区水资源及其供需发展趋势（水资源卷）》，科学出版社 2004 年版。

② 新疆水利厅：简要叙述新疆水资源开发利用情况，2007 年 5 月 26 日，见 http://www.xjslt.gov.cn/2017/05/26/rdwd/56705.html。

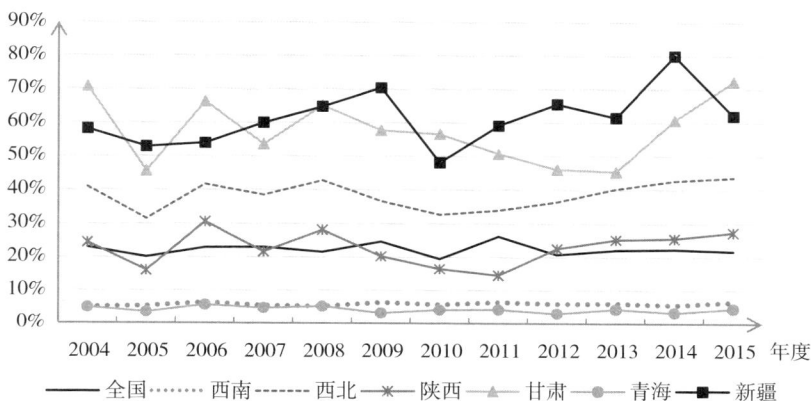

图 6-15　全国与西南、西北地区以及西北四省区
水资源开发利用率变化（2004—2015 年）

数据来源：国家统计局网站分省年度数据，见 http：//data. stats. gov. cn/index. htm。

很低。利用万元 GDP 用水量作为水资源经济利用效率指标，指标值越高说明
每万元 GDP 消耗水越多，则水资源经济利用效率越低，水资源承载能力也越
低。如图 6-16 所示，西北地区万元 GDP 用水量指标远超全国水平，除陕西低
于全国水平，其余四省区的万元 GDP 用水量均高出全国水平很多，宁夏和新
疆高出最为明显，新疆最高。表明西北地区（除陕西）的经济用水效率特别
低，远不及全国水平。基于西北地区以农业生产为主、工业生产发展的现实分
析，其农业用水蒸发大，农业生产粗放导致水资源消耗大，如图 6-16 显示，
我国西北地区水资源经济利用效率近几年以来不断提高和接近全国水平，可能与
经济发展中水资源利用技术进步以及国家、地方水资源管理政策有很大关系。

（三）水资源供需分析

地区水资源供需结构能体现其水资源配置的结果，也是进行水资源合理
配置的依据，是地区经济产业格局的反映。2004—2015 年，西北地区供水呈
现逐渐上升趋势。如图 6-17 所示，2012 年西北地区总供水量达到 897. 98 亿立

立方米

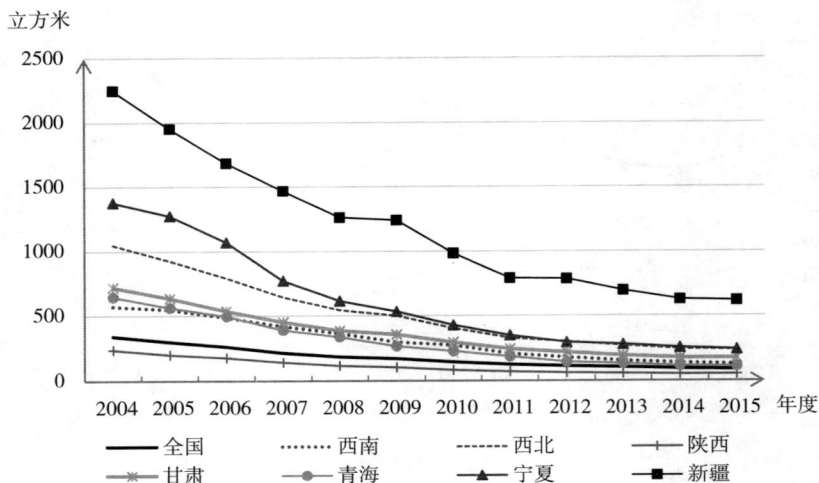

图 6-16　西北地区万元 GDP 用水量与全国对比（2004—2015 年）

注：万元 GDP 用水量＝用水量/GDP 总量，原始数据来源于国家统计局网站分省年度数据，见 http：//data. stats. gov. cn/index. htm。

方米，与 2004 年相比增长近 100 亿立方米，平均每年增长 12 亿立方米。2013 年西北地区供水总量增长放缓，2014 年下降。随着人口增长、经济发展，西北地区的水资源需求越来越大，在水资源存量不足的压力下，西北地区供水量开始缩减，水资源需求仍然上涨，导致西北地区水资源呈现供不应求的态势。

亿立方米

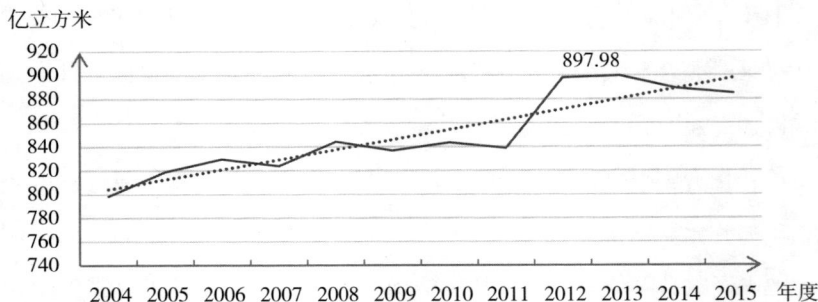

图 6-17　西北地区总供水变化（2004—2015 年）

数据来源：国家统计局网站分省年度数据，见 http：//data. stats. gov. cn/index. htm。

表 6-1　2015 年西北地区水资源供需分类统计

单位：亿立方米

水资源	分类型供水量				分类型用水量				
地区	地表水	地下水	其他	总供水量	农业	工业	生活	生态	总用水量
陕西	56.0	33.4	1.8	91.2	57.9	14.2	16.1	2.9	91.2
甘肃	90.1	26.9	2.2	119.2	96.2	11.6	8.2	3.1	119.2
青海	22.2	4.5	0.1	26.8	20.9	2.9	2.6	0.5	26.8
宁夏	65.0	5.1	0.2	70.4	62.0	4.4	1.8	2.2	70.4
新疆	456.9	119.4	0.9	577.2	546.4	11.8	13.2	5.8	577.2
西北地区	690.2	189.3	5.2	884.8	783.4	44.9	41.9	14.5	884.8

数据来源：中华人民共和国国家统计局网站，见 http://www.stats.gov.cn/。

西北地区水资源供给主要包括地表水、地下水两大类型，用水类型包括生活用水、工业用水、农业用水和生态用水。以 2015 年西北地区水资源供需数据作分析，表 6-1 显示，西北地区供水主要以地表水为主，地下水供水只占 21.39%。宁夏的地表水供水比例最高，为 92.33%，甘肃地下水供水比例最高，为 36.62%；西北地区农业用水比例很高，平均高达 88.54%，其中新疆、宁夏最高，分别为 94.66% 和 88.07%，陕西最低为 63.49%。与全国供需水结构相比，西北地区地下水供水比例突出，农业用水比例较高，工业用水比例较小。

西北地区经济发展水平落后，水利基础设施薄弱，水资源成为经济社会发展的重要制约因素。国家西部大开发战略和"一带一路"倡议的实施推动西北经济社会加快发展，也必然伴随对水资源的开发利用程度逐渐加大，所以可以预期，西北总体上水资源对生产生活的不适应将进一步加剧，部分地区水资源严重超采，水资源的利用效率低，将对水资源循环系统产生严重不利影响，最终制约西北地区经济社会较快、可持续发展。由此，对西北水资源进行资产负债表核算，并以此为主要依据建立水资源管理体制，科学制定水资源供需调控和优化水资源配置的效率体系就尤为重要。

第四节　西北地区水资源资产负债核算

一、原理和方法

水资源核算是绿色国民经济核算的重要内容，是将资源核算和环境核算纳入传统的经济核算体系中，以描述经济系统与资源环境系统之间的关系。目前，我国目前所采用的水资源环境经济核算体系 SEEAW 是以联合国 2003 年环境与经济综合核算体系 SEEA 的引申。资源的价值是资源经济管理的基础，水资源资产负债表核算主要包括以体积为单位的实物量核算、以货币为单位的价值量核算和水质核算三个部分。据国务院办公厅 2015 年印发编制自然资源资产负债表试点方案的通知要求，水资源资产负债表的编制包括地表水、地下水资源状况，水资源质量等级分布与变化特点。

根据现有对水资源资产负债表的研究结论，认为水资源资产负债表是以水资源存量为基础，核算某一特定时点上的水资源资产状况，或核算一定会计期间内的水资源资产变动情况，包含静态核算、动态核算两个方向，并赋予水资源合理价格，从水资源实物量核算转化到价值量核算。在具体核算工作中对水资源资产有明确定义，包括地表水、地下水、降水等水资源天然存量和自然补给。对水资源负债的内涵及外延范围争议较大，核算还有难度。现行主流观点认为：狭义水资源负债是指在水的使用过程中，经济体对水环境所承担的维护和修护义务；广义的水资源负债是人类为治理已发生的水污染、修复已破坏的水生态环境和恢复水资源资产原有质量所需付出的代价，具体以广义的水资源负债为核算范围，通过合理、科学的估值方法，核算人类不当行为所导致的损失，以及由于不可控的自然因素造成的损失。据此，用已完成污染治理投入经费代替实际水资源污染价值，从而对污染剩余的治理代价进行估计，即形成虚拟价值。需要注意的是，自然资源资产负债表不完全等同于会计意义上的平衡表，由于自然资源是一类特殊资产，资产项和负债项很难在账面上达到平衡，实际编制的水资源资产负债核算表目前仅包括水资源资产核算表、水质核算和污染核算表（负债核算）。

二、西北地区水资源资产核算

西北地区经济发展相对落后，水资源自然存量有限，在水资源的使用和管理中所涉及的问题较为复杂，对西北地区一定时期的水资源情况进行统计核算，可以明确水资源动态变化趋势，并发现其中存在的重要问题，从而在一定程度上对改进水资源管理发挥引导作用。本节对西北水资源进行资产核算、水质核算和污染治理核算。其中，水资源价格数据统一以中国水网网站各省会城市居民生活用水价格为代表，在一定程度上可以体现和对比说明水资源价值变动。①

（一）水资源资产静态核算

表 6-2　2015 年西北五省区水资源存量

（单位：亿立方米）

水资源类型 省份	地表水	地下水	重复量[1]（-）	水资源总量
陕西	309.2	120.6	96.4	333.4
甘肃	157.3	100.9	93.4	164.8

---

①　由于我国现行水价体系的不完善，各类型用水价格并无官方指定标准，难以完整获得西北五省区用水价格数据，尤其农业用水价格鲜有记载，居民生活用水价格数据较为完整，因此选择各省会城市的居民生活用水价格作为各省区水资源价格的代表。

水资源重复量是指有些地表河流在某些岩溶发育地段转化为地下河，或者某些地下河转换为地表河流，存在地表水与地下水之间互相转换，在水资源总量测算中，若非取同一断面就极有可能存在重复测算，即形成重复量。

续表

水资源类型 省份	地表水	地下水	重复量[1]（-）	水资源总量
青海	570.1	273.6	254.4	589.3
宁夏	7.1	20.9	18.8	9.2
新疆	880.1	544.9	494.7	930.3

数据来源：中华人民共和国国家统计局，见 http：//www.stats.gov.cn/。

表 6-3　西北地区各省区省会城市居民用水价格（2007，2015）

单位：元/立方米

年份 省份	2007	2015
陕西	2.175	2.25
甘肃	1.5	1.75
青海	1.75	1.3
宁夏	1.15	1.8
新疆	1.36	1.36

数据来源：中国水网，见 http：//price.h2o-china.com/。

以各省区省会居民生活用水价格为例分析，2007 年陕西的水价最高，宁夏最低，2015 年青海水价降低并成为西北最低，新疆未发生变化，陕甘宁三省区水价均有升高。

表 6-4　2015 年西北五省区水资源价值量核算

单位：亿元

水资源类型 省份	地表水	地下水	重复量（-）	水资源总量
陕西	695.70	271.35	216.90	750.15
甘肃	275.28	176.58	163.45	288.40

续表

水资源类型 省份	地表水	地下水	重复量（-）	水资源总量
青海	741.13	355.68	330.72	766.09
宁夏	12.78	37.62	33.84	16.56
新疆	1196.94	741.06	672.79	1265.21

注：参照水资源实物量和水价，水资源价值量＝水资源量×省会城市居民生活用水价格。原始数据来源于中华人民共和国国家统计局，见 http：//www.stats.gov.cn/；中国水网，见 http：//price.h2o-china.com/。

（二）水资源资产动态核算

1. 实物量核算。参考现有对各省份城市的水价的统计，同时，为了方便价值量核算与实物量核算的对应，水资源动态核算选取 2007 年和 2015 年分别为核算的期初年和期末年，对西北五省区水资源在 8 年的核算期间内发生的变化做统计分析。

2007—2015 年核算期间，西北四省区水资源存量均有不同幅度减少。其中，甘肃水资源总量缩减幅度最大，为 27.95%，其余三省区幅度相当，约为 11% 上下。新疆的水资源存量增加 7.7%；相对于地表水资源，甘肃、宁夏地区的地下水资源减少幅度较大。究其原因，新疆的水资源变化与西北其他省区相反，其特殊的水源补给增加来源为冰川消融和降水增加。同时，通过前文对西北地区降水分析，新疆是西北地区降水最少的地区，2015 年前后降水增加，而其他省区降水减少。甘肃、宁夏因两省区是西北地区水资源相对最稀少地区，因此对地下水资源的开发较大，导致其地下水资源损耗大。

表 6-5 西北五省区水资源实物量核算（2007—2015 年）

单位：亿立方米

省份	水资源类型	2007 年	2015 年	变化量	变化率（%）
陕西	水资源总量	377.03	333.40	-43.63	-11.57%
	地表水资源量	349.59	309.20	-40.39	-11.55%
	地下水资源量	136.79	120.60	-16.19	-11.84%
	重复量	109.35	96.40	-12.95	-11.84%
甘肃	水资源总量	228.73	164.80	-63.93	-27.95%
	地表水资源量	219.08	157.30	-61.78	-28.20%
	地下水资源量	136.94	100.90	-36.04	-26.32%
	重复量	127.28	93.40	-33.88	-26.62%
青海	水资源总量	661.62	589.30	-72.32	-10.93%
	地表水资源量	643.68	570.10	-73.58	-11.43%
	地下水资源量	293.7	273.60	-20.1	-6.84%
	重复量	275.76	254.40	-21.36	-7.75%
宁夏	水资源总量	10.39	9.20	-1.19	-11.45%
	地表水资源量	7.77	7.10	-0.67	-8.62%
	地下水资源量	23.32	20.90	-2.42	-10.38%
	重复量	20.71	18.80	-1.91	-9.22%
新疆	水资源总量	863.77	930.30	66.53	7.70%
	地表水资源量	816.64	880.10	63.46	7.77%
	地下水资源量	513.99	544.90	30.91	6.01%
	重复量	466.86	494.70	27.84	5.96%

注：变化量及变化率的符号为正表明增加，为负表明减少。水资源数据来源于中华人民共和国国家统计局，见 http://www.stats.gov.cn/。

2. 价值量核算。根据 2007 年、2015 年两年的水资源存量以及水价数据对西北五省区水资源进行价值量核算，结果如表 6-6 所示。

表 6-6　西北五省区水资源价值核算（2007—2015 年）

单位：亿元

省份	水资源类型	2007	2015	变化量	变化率
陕西	水资源总量	820.04	750.15	−69.89	−8.52%
	地表水资源量	760.36	695.70	−64.66	−8.50%
	地下水资源量	297.52	271.35	−26.17	−8.80%
	重复量	237.84	216.90	−20.94	−8.80%
甘肃	水资源总量	343.10	288.40	−54.70	−15.94%
	地表水资源量	328.62	275.28	−53.35	−16.23%
	地下水资源量	205.41	176.58	−28.84	−14.04%
	重复量	190.92	163.45	−27.47	−14.39%
青海	水资源总量	1157.84	766.09	−391.75	−33.83%
	地表水资源量	1126.44	741.13	−385.31	−34.21%
	地下水资源量	513.98	355.68	−158.295	−30.80%
	重复量	482.58	330.72	−151.86	−31.47%
宁夏	水资源总量	11.95	16.56	4.61	38.59%
	地表水资源量	8.94	12.78	3.84	43.03%
	地下水资源量	26.82	37.62	10.80	40.28%
	重复量	23.82	33.84	10.02	42.09%
新疆	水资源总量	1174.73	1265.21	90.48	7.70%
	地表水资源量	1110.63	1196.94	86.31	7.77%
	地下水资源量	699.03	741.06	42.04	6.01%
	重复量	634.93	672.79	37.86	5.96%

注：参照水资源实物量和水价，水资源价值量＝水资源量×省会城市居民生活用水价格。原始数据来源于中华人民共和国国家统计局，见 http：//www.stats.gov.cn/；中国水网，见 http：//price.h2o-china.com/。

除陕西和甘肃外,三省区水资源价值量变化幅度大于实物量变化:青海水资源价值量缩减幅度较大,宁夏、新疆水资源价值量增加。水资源价值量的变化不仅因为实物量变化,也与各省区水价调整直接相关,鉴于近期正处于全国水价改革时期,西北各省区水资源供需矛盾突出,所以对水资源赋予科学合理的价格刻不容缓,适当提高水价不仅会使水资源"升值"而弥足珍贵,而且为水资源资产负债表核算以及将来的绿色核算以及优化水资源政策体系做好基础工作。

三、西北地区水质核算

水资源是水资源量和质的统一,在特定区域内,可用水资源的多少并不完全取决于资源数量,也取决于资源质量。水质好坏直接关系到水资源的功能,决定水资源的用途以及水资源的有效可用量。因此,水质是衡量各地区水资源状况的重点。水质深刻影响着人们对水资源的利用,同时也是水资源管理的重要目标。由于西北地区水资源数量很有限,在水资源开发利用和管理过程中对水资源质量的监测和控制显得尤其重要。根据各省份环境状况年度公报中的资料,重点选取 2005 年、2010 年和 2015 年三个时间点,对核算期西北五省区水资源质量进行统计和分析。同时,在确定水质统计范围时考虑到河流和饮用水源地受到人类活动的影响较明显,更容易遭受到污染,水质变化明显,对地区水质状况更具代表性,因此,对西北五省区水质核算时以河流水质和集中式饮用水源地水质为主要对象,对其余如湖泊、水库等水资源类型不做分析。

(一)陕西省水质变化

河流水质。陕西省境内河流有长江流域(嘉陵江、汉江、丹江)和黄河流域(无定河、渭河和延河)两大流域,共包括六大水系,长江流域三

大水系水质一向保持优良，黄河流域三大水系水质较差，是陕西省河流重点
治理区域，常年水质变动明显。整体而言，陕西省境内流域的河流水质状况
有明显好转趋势。如图 6-18 所示，与 2010 年和 2005 年相比，2015 年陕西
省境内水质优良的河流断面达到一半以上，占比 56.5%，同期重度污染水质
显著减小。

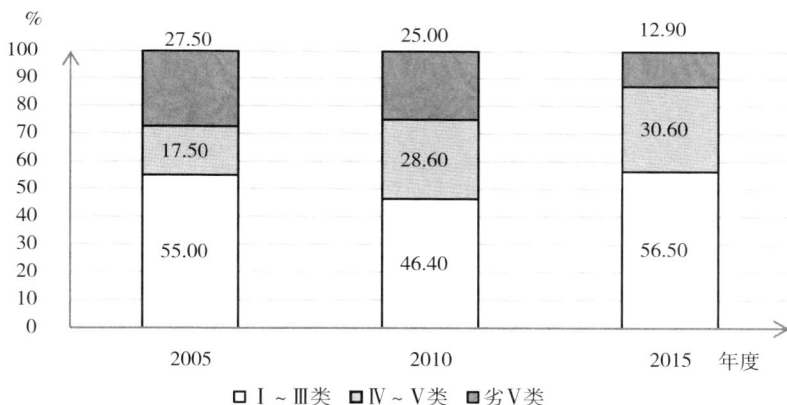

图 6-18　陕西省河流水质状况统计（2005、2010、2015 年）

数据来源：《陕西省环境状况公报》（2005、2010、2015 年），陕西省环境保护厅，见 http：//
www. snepb. gov. cn╱。

　　根据陕西省 2010 年环境状况公报的统计，2010 年长江水域三大水系继
续保持优良水质，相比于 2005 年，黄河流域的河流水质逐渐好转，其中延
河由重度污染转成轻度污染，无定河、渭河水质依旧保持轻度污染和重度污
染。河流的主要污染因子是石油类、氨氮、五日生化需氧量、化学需氧量和
高锰酸盐指数。2015 年，全省河流水质稳中向好，黄河干流水质良好，陕
西关中渭河流域水质持续改善；陕北延河、无定河水质有所下降。相比
2010 年，Ⅰ ~ Ⅲ类优良水质断面比例上升 10 个百分点；Ⅳ ~ Ⅴ类污染水质
断面比例增加了 2 个百分点；劣 Ⅴ 类重度污染水质断面比例下降 12.1 个百

分点。因此，近年内陕西河流水质整体上逐渐好转，陕西流域防污治理工作效果明显。

集中式饮用水源地水质。陕西省集中式饮用水源地水质多年稳定，2010年对全省 10 个设区市 27 个集中式饮用水源地进行了水质监测，水质总体良好，水质达标率为 100%。2015 年，全省 25 个集中式饮用水水源地水质达标率为 100%。

(二) 甘肃省水质变化

1. 河流水质。甘肃境内河流有黄河流域、长江流域和内陆河三大流域，共包括 15 条河流 26 个监测断面。相比于 2005 年和 2010 年，2015 年甘肃省境内的河流总体水质有了很大提升，优良类水质的断面增加，污染比例减少很多，具体对比如图 6-19，优良类水质的断面比例增加将近 20 个百分点，严重污染水质的断面比例降低到 4.08%，由此可见甘肃省推行实施《甘肃省水污染防治工作方案》对流域水质的改善有很大推动作用。

经 2010 年甘肃省环境状况公报的监测统计，甘肃省河流主要污染指标是化学需氧量、生化需氧量、氨氮、挥发酚，其中，湟水河兰州段化学需氧量超标 0.08 倍，水质由Ⅲ类下降为Ⅳ类严重污染水质，主要原因为湟水河本身污染程度较高，水质差，造成下游湟水桥断面检测项目浓度偏高，另外，由于湟水河入甘肃境后，随着河道流域面积的增加和沿河两岸居民人数增多，生活排污量增加，对河流水质影响较大。2015 年，甘肃省 15 条河流 25 个河段的 49 个河流断面中，水质为优良的占比达到 77%，严重污染的河流断面有马蓬河和山丹河（具体水质类别分布见表 6-7），与往年相比，北大河水质有所好转，马莲河水质有所下降，其余河流水质均无明显变化。

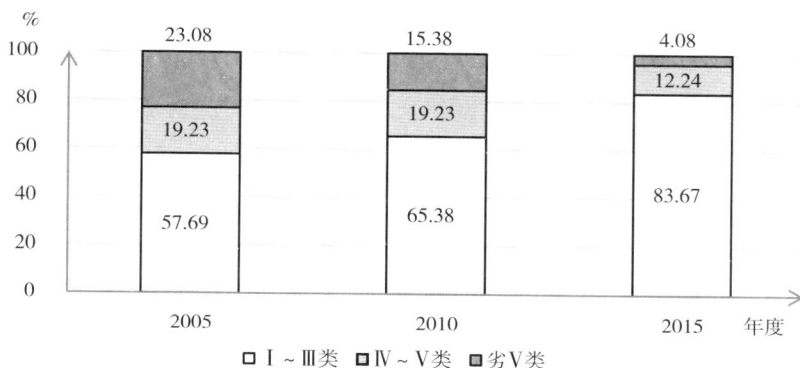

图 6-19　甘肃省河流水质状况统计（2005、2010、2015）

数据来源：《甘肃省环境状况公报》(2005、2010、2015)，甘肃省环保厅，见 http：//www. gsep. gansu. gov. cn/。

表 6-7　2015 年甘肃省河流断面水质监测报告

流域	河流	断面数	2015 年各类别水质的断面个数						水质状况
			I	II	III	IV	V	劣 V	
黄河	黄河	9		6	3				优
	大夏河	5		2	3				优
	洮河	2		2					优
	湟水河	1				1			轻度污染
	渭泾	6		1	3	2			轻度污染
	泾河	4			4				良好
	马蓬河	3				1	1	1	中度污染
	蒲河	2		1	1				优
内陆河	石羊河	1			1				良好
	金川河	2		2					优
	黑河	4	1	3					优
	山丹河	1						1	重度污染
	北大河	4		3	1				优
	石油河	2		1		1			轻度污染
长江	白龙江	3		3					优

图表来源：《2015 年甘肃省环境状况公报》，甘肃省环保厅，见 http：//www. gsep. gansu. gov. cn/。

2. 饮用水源地水质。2010 年，甘肃省 15 个集中式饮用水源地水质状况总体良好，13 个城市饮用水源地水质均达标，兰州市和白银市水质超标，表现为粪大肠菌群超标。相比于 2005 年，水质达标城市增加了武威市和合作市，超标城市增加了兰州市，而白银市一直属于水质超标城市。2015 年，天水市甘谷县、秦安县由于受地质原因影响，集中式饮用水源地总硬度、硫酸盐超标。相较于 2010 年，甘肃省饮用水源地水质出现好转。

（三）青海省水质变化

1. 河流水质。青海省境内河流可分为黄河流域、长江流域、澜沧江流域和内流区四大流域，其中黄河流域又包括黄河干流、黄河一级支流湟水及其他支流，湟水又分为湟水干流及其支流河，内流区包括青海湖流域、黑河和柴达木内陆河，柴达木内陆河又包含 7 条河流。以上所有流域共 55 个水质例行监测断面，因青海境内的流域大多为河流发源地，相较于其他省区水质状况总体优良。其中，湟水流域相对污染较重，水质较差，是青海省重点河流防污治理区域。经近年公报统计显示，青海省内河流包括湟水流域水质整体有上升趋势。

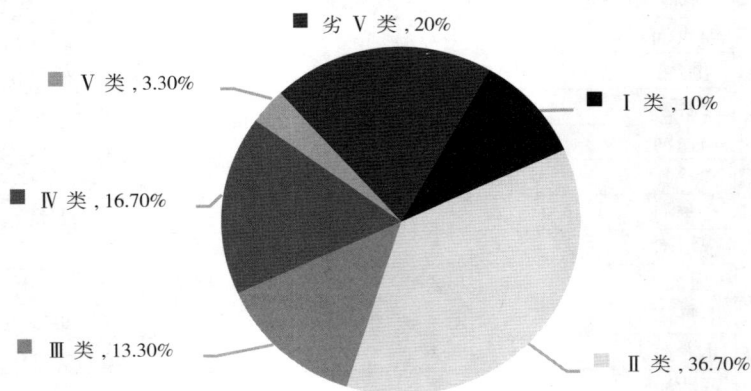

图 6-20　青海省地表水监测断面水质类别比例（2015 年）

数据来源：《2015 年青海省环境状况公报》，青海省环境保护厅，见 http://www.qhepb.gov.cn/。

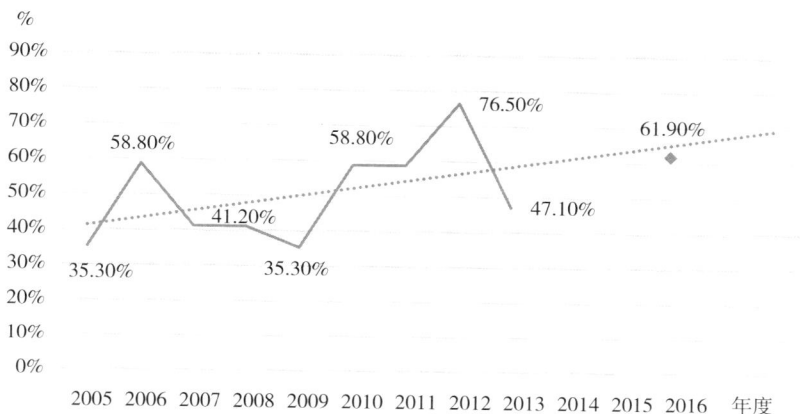

图 6-21　湟水监测断面水质达标统计（2005—2016 年）

数据来源：《青海省环境状况公报》(2005—2006 年)，青海省环境保护厅，见 http：//www.qhepb.gov.cn/。

　　2015 年青海省地表水监测结果显示，青海省境内河流水质整体良好，严重污染的水质断面很少，Ⅰ—Ⅲ类优良水质监测断面达 60%，其中水质为优的断面占比为 46.7%，具体水质分类如图 6-20 所示。青海省境内的长江、黄河和澜沧江干流水质为优，其中，长江上游干流及主要布设的 10 个监测断面水质均为Ⅰ类，黄河上游干流及主要支流（不含湟水河）监测断面水质继续保持Ⅱ类以上，澜沧江青海境内 3 个监测断面水质均达到Ⅱ类以上。青海内陆河黑河黄藏寺断面水质为Ⅱ类，水质状况优，格尔木河 5 个监测断面水质均达到相应水环境功能水质目标。

　　相比前两个五年期时间节点即 2010 年、2005 年，长江流域和澜沧江流域的整体水质评级一直为优，内流河流域的水质总体优良。相对而言，黄河流域断面的水质变化较大，尤其黄河一级支流湟水水系，从 2005 年至今，水质总体评价均为污染型，监测断面的水质达标率变化不稳定，2005 年，黄河流域湟水干流及主要支流的水质状况有所下降，由中度污染变为重度污染，水环境功能区目标水质，仅有 35.3% 的断面达标，11 个未达到水质要求，主要污染因子为五日生化需氧量、高锰酸盐指数、氨氮和石油类，呈有机污染型。2010 年，黄河流域的一级支流湟水水系 10 个断面达到水环境功能区划水质目标，达标率为 58.8%，与 2005 年相比上升了 23.5 个百分点。据青海省环境状况公报显示，截至 2016 年湟水 21 个断面中达到水环境功能区划目标的有 13 个，达标率为 61.9%，湟水青海省境内流域整体水质呈轻度污染。如图 6-21 所示，2005 年到 2016 年，青海省境内湟水河监测断面的水质平均达标率约为 50%，有比较明显的好转趋势。

2. 饮用水源地水质。青海省饮用水源地水质一直处于优良类。2015 年，青海省全省共有县级以上城市集中式饮用水源地 49 个，其中 23 个地下饮用水源地水质达到Ⅲ类以上标准，17 个地表饮用水源地水质达到Ⅱ类以上标准，符合国家饮用水源地水质标准要求。

（四）宁夏水质统计

1. 河流水质。宁夏境内的河流有黄河干流宁夏段和黄河支流两大流域，祖厉河、清水河、红柳沟、苦水河及黄河两岸诸沟位于黄河上游下段，葫芦河、泾河位于黄河中游中段，另外有黄河流域内流区（盐池）、内陆河区（属内蒙古石羊河流域的中卫市沙坡头区甘塘镇）。宁夏境内的黄河干流水质稳中向好，如图 6-22，2007—2015 年，黄河干流宁夏段的整体水质达标率已从 73.4% 提升到 100%。同时，根据宁夏环境状况公报统计，近年黄河干流中的高锰酸盐、氨氮等污染物浓度也有所降低。

2007 年，黄河支流清水河和茹河除上游断面为Ⅱ类优水质外，其他各断面均为劣Ⅴ类重度污染水质，主要污染指标为生化需氧量和氨氮，2010 年黄河支流上游断面为Ⅱ类优水质，中游为劣Ⅴ类重度污染水质，下游断面提高一个水质类别为中度污染，黄河支流的污染物指标下降，水质好转。

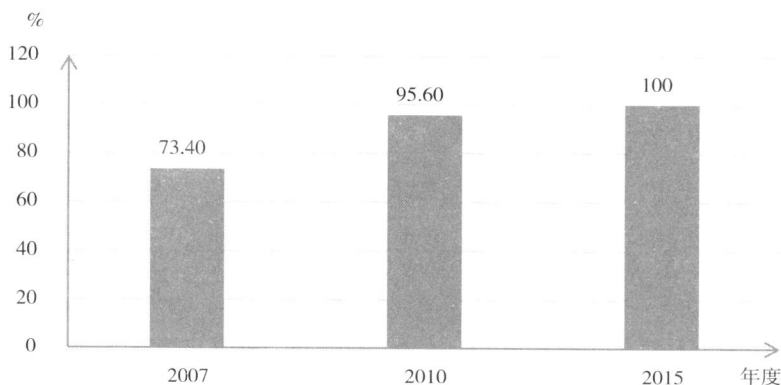

图 6-22 黄河宁夏段水质达标率变化（2007—2015 年）

数据来源：《2015 年宁夏环境状况公报》，宁夏环境保护网，见 http：//www. nxep. gov. cn/。

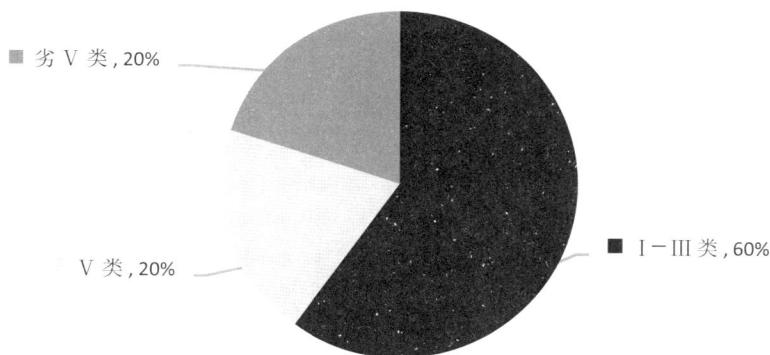

图 6-23 宁夏黄河支流水质监测（2015 年）

数据来源：《2015 年宁夏环境状况公报》，宁夏环境保护网，见 http：//www. nxep. gov. cn/。

2015 年，宁夏境内的黄河支流水质总体为中度污染，监测的 10 个河流断面中，优良类水质断面比例达到 60.0%，水质整体好转（见图 6-23）。

2. 饮用水源地水质。宁夏集中式饮用水源地水质较稳，因其特殊的地理原因，不同水源地的各水质检测项目浓度略有超标。2007 年银川市六个水源地、石嘴山市大武口区两个水源地、吴忠市早元、小坝水源地、固原市彭堡水源地和中卫市第一水源地，各水源地均为良好水质，仅固原市彭堡水源地总硬度略有超标；2010 年，银川市和石嘴山市的 10 个城市集中饮用水源地水质均为良好水质，固原市贺家湾水库、吴忠市小坝水源地总体符合Ⅱ类和Ⅲ类标准，水质无明显变化。2015 年，银川市第五水源地氧化物略超标，吴忠市金积水源金积水源地锰浓度略超标，石嘴山第四水源地总硬度、硫酸盐略超标，固原市贺家湾水库水源地总氮监测浓度略有超标，海子峡水库水源地总氮超标，硫酸盐、氧化物略有超标，其余均符合Ⅱ类标准及相应的标准限值。

（五）新疆水质统计

1. 城市河流水质。新疆地区水质相对良好，近年全区河流优良水质比例有所上升。如图 6-24 所示，2005 年到 2015 年，新疆全区河流的水质整体稳定，Ⅰ—Ⅲ类优良水质占比为全区河流监测断面的一半以上，并且优良水质比例逐年上升，相比于 2005 年，2015 年新疆全区河流水质优良比例上升了 36.6 个百分点。

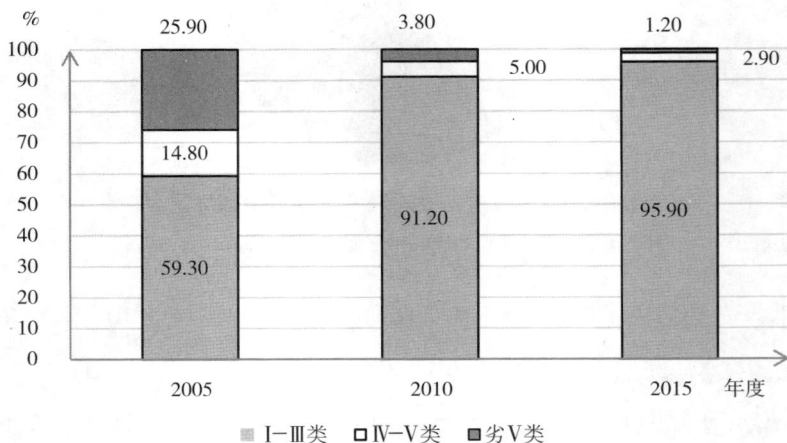

图 6-24　新疆全区河流水质类别比例（2005、2010、2015 年）

数据来源：《新疆环境状况公报》（2005、2010、2015 年），新疆环境保护厅，见 http：//www.xjepb.gov.cn/。

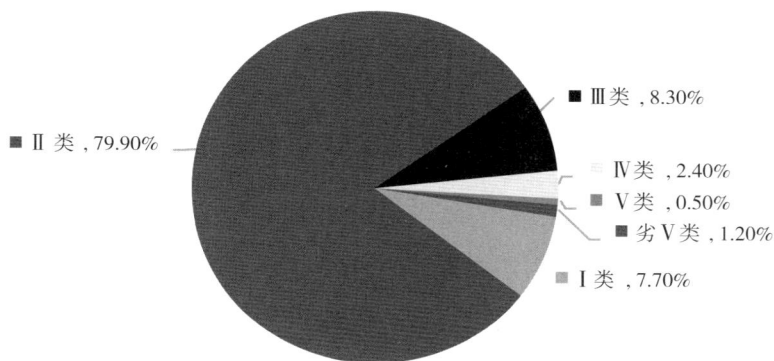

图6-25　新疆全区河流监测断面水质类别（2015年）

数据来源：《2015年新疆环境状况公报》，新疆环境保护厅，见 http：//www.xjepb.gov.cn/。

2005年，全区监测的27个城市河流断面中，Ⅰ—Ⅲ类优良水质断面占59.3%。克兰河、多浪河、孔雀河水质良好，全河段水质为Ⅱ—Ⅲ类；乌鲁木齐河、水磨河、头屯河、克孜河、吐曼河的城市河段水质都存在不同程度的污染。2010年全区河流总体水质良好，Ⅰ—Ⅲ类优良水质断面占91.2%，部分流经城市段河流受到不同程度污染，其中，伊犁河、额尔齐斯河、阿克苏河、白杨河等57条河流全河段水质均为优良；水磨河、克孜河、吐曼河、乌鲁木齐河等7条河流部分断面受到不同程度的污染，主要超标污染物为化学需氧量、石油类、氨氮等。如图6-25显示，2015年新疆全区河流断面监测中，Ⅰ—Ⅲ类优良水质占95.9%，其中，Ⅱ类优水质的河流断面数目最多，其占比接近80%。伊犁河、额尔齐斯河、阿克苏河、哈巴河、孔雀河等74条河流水质为优良，水磨河、克孜河、博尔塔拉河和额敏河等4条河流的7个断面受到污染，超标因子为化学需氧量、总磷、氨氮、五日生化需氧量，相比于2010年，优良水质比例有所上升，污染水质比例下降很多，严重污染比例降2.6个百分点，说明新疆区内污染河流的水质情况已有很大好转。

2. 城市饮用水源地水质。新疆的城市饮用水源地水质保持优良，水源地水质达标率逐年上升，其中超标水质的主要影响因子为硫酸盐、总硬度和其他地质原因。2005 年，新疆全区监测的 19 个城市的 29 个集中式饮用水源地中，达到饮用水源地水质标准的占 89.8%；2010 年集中式饮用水源地水质达标率为 87.2%，水质为Ⅳ类及以下的占 12.8%，影响地下水水源地水质主要是硫酸盐、总硬度、氟化物等天然本底因子；2015 年，全区集中式饮用水源地水质总体为优，达标率为 92.1%，超标饮用水源地基本为地下水型。

（六）小结

通过对西北五省区河流、饮用水源地的水质变化情况进行分析，可知西北地区长江流域的水质相对较好，黄河流域水质问题最为突出，水污染最严重的河流断面基本都出现在黄河支流，如陕西延河和渭河，湟水河青海段、甘肃段都表现为地区内污染最严重的河流，也是其河流污染重点治理流域，宁夏境内的黄河流域也呈污染类型。随着各省区防污治理投入的力度加大，整体水质状况有所好转，但黄河流域水质问题在西北仍然突出，若积极采取流域管理和区域管理相结合的管理模式，可有力维护黄河流域生态安全。青海和新疆是西北地区整体水质相对较稳定的地区，尤其河流水质呈现出稳中向好的变化趋势。

各省区河流的污染类型因其地区不同而存在差异。陕西和青海河流污染呈有机污染型，主要指标基本相同，为石油类、氨氮、五日生化需氧量和高锰酸盐指数，甘肃省河流主要污染指标是化学需氧量、生化需氧量、氨氮、挥发酚，宁夏主要污染指标为生化需氧量和氨氮，新疆为化学需氧量、总磷、氨氮、五日生化需氧量。

西北五省区集中饮用水源地水质较为稳定，陕西、青海的集中水源地水质优良，基本达到标准水质要求。甘肃、宁夏、新疆地区主要因地质原因，水质存在不同的问题，甘肃和新疆的水源地主要超标因子为总硬度和硫酸盐，宁夏地区超标情况较为复杂，但近年内各省区的水源地水质都有所好转。

四、西北地区水污染核算

水污染核算是对水资源基础核算的深化，对进一步确定水资源资产负债表中的水负债项目意义重大，污染核算的主要对象是废水和废水中的污染物，包括实物量核算和价值量核算。与前文水资源资产存量的核算一致，以2007年和2015年为期初期末，对西北五省区水污染进行核算，并对废水以及化学需氧量、氨氮污染物指标进行分部门核算，包括工业部门、生活部门核算。如表6-8为西北地区五省区水污染实物量表。

（一）实物量核算

西北五省区的废水排放以及废水中的污染物指标变化明显，整体为增长趋势。其中，宁夏地区的废水排放变化率为-13.94%，即相对于2007年，宁夏地区2015年废水排放量有所减少，其他四个省区废水排放均增加，陕西废水排放增加最多，增长率为69.23%；相对于废水排放，污染物排放指标的增长率更高，其中，陕西、宁夏的氨氮排放，甘肃、新疆的化学需氧量排放增长率均超过100%；通过分部门核算，陕西工业部门和生活部门对废水及污染物的贡献相当，甘肃工业部门贡献度更大，2015年工业排污大约是生活排污的两倍，青海、新疆生活部门的排污比重更大，新疆地区则更加明显。因此，西北地区整体水污染排放加大，不同地区的部门比重不同，这与各地区产业布局以及各产业部门发展程度相关。

表 6-8 西北五省区水污染实物量（2007 年，2015 年）

单位：万吨

省份	污染指标	2007			2015			变化率
		污染总量	部门	污染量	污染总量	部门	污染量	
陕西	废水	99348.16	工业	48500	168121.98	工业	/	69.23%
			生活	50800		生活	/	
	化学需氧量	34.48	工业	17.41	48.91	工业	/	41.85%
			生活	17.07		生活	/	
	氨氮	2.58	工业	1.26	5.56	工业	/	115.50%
			生活	1.32		生活	/	
甘肃	废水	44335.27	工业	/	67071.51	工业	43600	51.28%
			生活	/		生活	23200	
	化学需氧量	17.4	工业	/	36.57	工业	23.77	110.17%
			生活	/		生活	12.65	
	氨氮	2.25	工业	/	3.72	工业	2.42	65.33%
			生活	/		生活	1.29	
青海	废水	19948	工业	7318	23663	工业	8546	18.62%
			生活	12630		生活	15109	
	化学需氧量	7.5796	工业	3.8159	10.43	工业	4	37.61%
			生活	3.7637		生活	4.14	
	氨氮	0.7029	工业	0.148	0.995	工业	0.1932	41.56%
			生活	0.5549		生活	0.7074	
宁夏	废水	37213.38	工业	/	32024.56	工业	/	-13.94%
			生活	/		生活	/	
	化学需氧量	13.70	工业	/	21.10	工业	/	54.01%
			生活	/		生活	/	
	氨氮	0.79	工业	/	1.62	工业	/	105.06%
			生活	/		生活	/	
新疆	废水	67100	工业	19400	82800	工业	17500	23.40%
			生活	47700		生活	65200	
	化学需氧量	27.33	工业	7.90	56.02	工业	14.15	104.98%
			生活	19.43		生活	11.93	
	氨氮	2.28	工业	0.66	4.03	工业	1.00	76.75%
			生活	1.62		生活	2.04	

数据来源：表中污染物数据均从各省区 2007 年、2015 年环境状况公报中摘录，变化率为 2015 年各污染项目相对于 2007 年的变化率，根据原始数据计算而得。表中"/"表格代表部门数据缺失。

（二）价值量核算

按照环境污染治理成本法对水污染进行价值量核算，水污染治理成本即包括实际治理成本和虚拟治理成本两部分①。废水治理实际运行成本即为废水实际治理成本，则：

单位废水治理成本＝废水实际治理成本/废水排放达标量

废水虚拟治理成本＝废水排放未达标量 × 单位废水治理成本②

由于西北五省区废水排放达标程度的数据难以全面获取，目前只用废水排放总量来代替治理总量，即假设所有排放都是达标的，没有虚拟成本的核算。如此处理的结果可能会低估单位废水处理成本，但对五省区价值量变动分析及横向对比分析并无影响。因此，在本章中的污染核算中：单位废水治理成本＝废水实际治理成本/废水实际排放量。各污染物的治理成本按照文献资料③，化学需氧量的治理成本分摊系数为 0.987，氨氮治理成本分摊系数为 0.01，即：

单位化学需氧量 COD 治理成本＝0.987 × 单位废水治理成本

单位氨氮 NH_3-N 治理成本＝0.01 × 单位废水治理成本

部门废水治理成本＝部门废水排放量 × 单位废水治理成本

部门污染物治理成本＝部门污染物排放量 × 污染物单位治理成本

---

① 环境治理成本法：是一种基于成本的估价方法，从防护的角度计算为避免环境污染而支付的成本。主要用于污染物的实际治理成本和虚拟治理成本。实际治理成本为已发生的治理成本（治理实际运行成本），虚拟治理成本是指对目前排放到环境中的污染物按照现行污染治理的技术水平所需要的支出，是一种该支付而未支付的成本。

② 谭亚荣：《环境污染核算体系研究》，中国社会科学出版社 2013 年版。

③ 郭高丽：《经环境污染损失调整的绿色 GDP 核算研究及实例分析》，武汉理工大学硕士学位论文，2006 年。

表 6-9　西北五省区废水实际治理成本（2007 年，2015 年）

单位：万元

年份 省份	2007	2015
陕西	89632	125581
甘肃	43637	44914
青海	4887	12932
宁夏	18371	46585
新疆	120147	132525

数据来源：EPS 数据平台——中国水利数据库，见 http：//olap. epsnet. com. cn/index. html。

根据上述方法依次求得各污染物单位成本（表 6-10），由之对 2007 年、2015 年西北地区水资源进行污染价值量核算（表 6-11）。

表 6-10　西北五省区废水及污染物单位治理成本（2007 年，2015 年）

单位：元/吨

省份	污染指标	年 份		变化率
		2007	2015	
陕西	废水	0.9022	0.7470	−17.21%
	化学需氧量	0.8905	0.7373	−17.21%
	氨氮	0.0090	0.0075	−17.21%
甘肃	废水	0.9843	0.6696	−31.96%
	化学需氧量	0.9715	0.6609	−31.96%
	氨氮	0.0098	0.0067	−31.96%
青海	废水	0.2450	0.5465	123.06%
	化学需氧量	0.2418	0.5394	123.06%
	氨氮	0.0025	0.0055	123.06%
宁夏	废水	0.4937	1.4547	194.65%
	化学需氧量	0.4873	1.4358	194.65%
	氨氮	0.0049	0.0145	194.65%

续表

| 省份 | 污染指标 | 年份 | | 变化率 |
		2007	2015	
新疆	废水	1.7906	1.6005	−10.61%
	化学需氧量	1.7673	1.5797	−10.61%
	氨氮	0.0179	0.0160	−10.61%

数据来源：根据西北五省区水污染实物量数据和废水实际治理成本数据，污染物单位治理成本＝污染物治理成本分摊系数×废水单位治理成本（废水单位治理成本＝废水实际治理总投入／废水排放总量），原始数据来源于各省区环保厅对应年度《环境状况公报》及EPS数据平台，见 http：//olap.epsnet.com.cn/index.html。

　　由各省区水污染治理单位成本变化观察，2007 年，新疆、甘肃和陕西的水污染治理成本较高。2015 年，青海、宁夏地区水资源废污治理成本大幅增加，甘肃、陕西和新疆地区的单位治理成本有所下降，其中甘肃水污染治理成本下降 31.96%。2015 年，新疆、宁夏的水污染治理成本最高，青海水污染治理成本最低。可由此判断陕西、甘肃、新疆地区的水污染治理效率提高可能与治污技术提升有关。宁夏地区的治污能力有待提高。因假设所有排污均达标，青海虽治理成本最低，但治污成本增加较快，所以不得不考虑污染治理缺口的存在。

6-11　西北五省区废水及主要污染物价值量核算（2007 年，2015 年）

单位：万元

| 省份 | 污染指标 | 2007 | | | 2015 | | | 变化率 |
		总价值	部门	价值量	总价值	部门	价值量	
陕西	废水	89632	工业	43756.8416	125581	工业	／	40.11%
			生活	45831.9083		生活	／	
	化学需氧量	30.7036	工业	15.5032	36.0590	工业	／	17.44%
			生活	15.2004		生活	／	
	氨氮	0.0233	工业	0.0114	0.0415	工业	／	78.42%
			生活	0.0119		生活	／	

续表

省份	污染指标	2007			2015			变化率
		总价值	部门	价值量	总价值	部门	价值量	
甘肃	废水	43637	工业	/	44914	工业	29196.45614	2.93%
			生活	/		生活	15535.72896	
	化学需氧量	16.9035	工业	/	24.1705	工业	0.6609	42.99%
			生活	/		生活	8.3609	
	氨氮	0.0221	工业	/	0.0249	工业	0.0162	12.49%
			生活	/		生活	0.0086	
青海	废水	4887	工业	7318	12932	工业	4670.4506	164.60%
			生活	12630		生活	8257.1774	
	化学需氧量	1.8329	工业	0.9228	5.6260	工业	2.1576	206.94%
			生活	0.9101		生活	2.2331	
	氨氮	0.00	工业	0.00	0.0054	工业	0.0019	215.75%
			生活	0.00		生活	0.0035	
宁夏	废水	18372	工业	/	46585	工业	/	153.57%
			生活	/		生活	/	
	化学需氧量	6.6800	工业	/	30.2900	工业	/	353.81%
			生活	/		生活	/	
	氨氮	0.0100	工业	/	0.0200	工业	/	504.23%
			生活	/		生活	/	
新疆	废水	120147	工业	34736.9900	132525	工业	28009.5100	10.30%
			生活	85410.0100		生活	104355.4300	
	化学需氧量	48.3000	工业	13.9600	88.5000	工业	22.3500	83.22%
			生活	34.3400		生活	30.6900	
	氨氮	0.0400	工业	0.0100	0.0700	工业	0.0200	57.99%
			生活	0.0300		生活	0.0300	

数据来源：根据西北各省区污染物实物量数据以及污染治理成本计算：污染物价值量＝污染物实物量×污染物单位治理成本，表中"/"表格代表部门数据缺失。

水污染治理成本最高的省区是新疆和陕西，2015 年废水治理成本分别为 132525 万元、125581 万元；水污染治理总成本增长率最高的依然是青海、宁夏。相对于废水成本投入，各污染物指标的成本增长更明显，综合分析实物量核算表 6-8 可以发现，废水中污染物排放大量增加是其治理成本增加

的主要形成原因。由此可见，西北地区废水排放增长快，同时，废水中污染
物的排放量增加较快，由于核算中只统计了最为主要的化学需氧量和氨氮排
放，可以推断，其他污染物或有害物质如石油类、挥发酚等的排放也呈逐年
增加和复杂化态势。

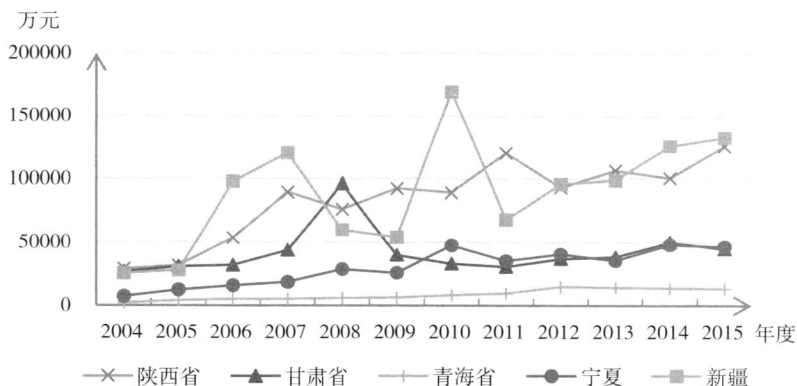

图6-26　西北地区废水治理实施运行成本（2004—2015年）

数据来源：EPS数据平台——中国水利数据库，见http：//olap. epsnet. com. cn/index. html。

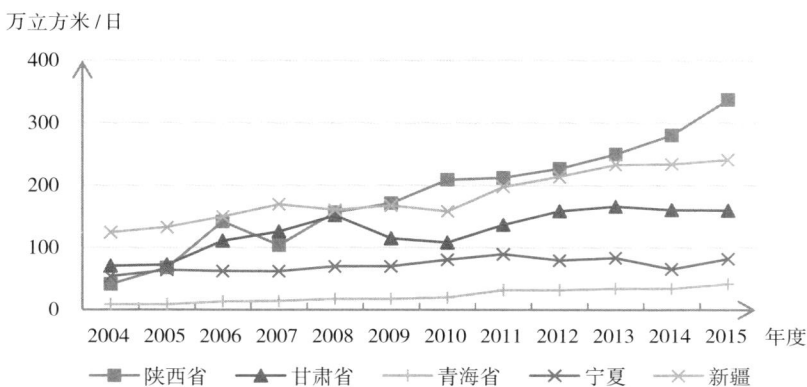

图6-27　西北地区废水处理能力（2004—2015年）

数据来源：EPS数据平台——中国水利数据库，见http：//olap. epsnet. com. cn/index. html。

2004—2015 年，西北地区水污染治理成本整体增加，如图 6-26，新疆和陕西废水治理成本最高，超过 12 亿元，甘肃和宁夏相当，2015 年达到 2 亿元以上，青海不到 2 亿元，同时相对于其他省份，新疆地区成本投入年际波动较大。近年，西北各省区对水污染治理上的投入逐渐增加。观察图 6-27 发现，西北五省区的废水处理能力有明显差异。陕西 2008 年超越新疆，成为西北地区最高，并且增长趋势明显；新疆次之；甘肃近年废水处理水平较稳定，保持在 150 万立方米/日；宁夏处理能力不稳定；青海在低水平增长。该分析与表 6-10 各省份水污染处理单位成本的变化一致，说明了西北地区水污染治理能力呈现地区不均衡状态。陕西、甘肃、新疆的废水处理能力提升较快，因此，单位废水投入成本虽处于高水平，却出现明显的降低趋势，说明这些地区对水污染治理的投入是有效的。宁夏和青海地区虽污染排放较低，仍需要加大资金和技术投入，提高废污处理能力。

第五节　结论与政策建议

面对日益紧张的水资源局势，西北各地区积极采取措施和行动，包括布局重大水利调配工程、建设水利工程基础设施、严格水质监测和控制、整治高污染企业和颁布相关法规制度等，在解决水资源短缺、提高水资源配置效率、防污治理等方面取得一定成效，但水资源问题仍然突出。水资源问题不能很好解决，其本质问题在于缺乏有效的管理模式。我国现行水资源管理应坚持政府权威主导的管理模式，这种模式建立在我国水法和与水相关的法律基础上。[1] 如 2002 年新修订的《水法》明确规定，我国对水资源实行流域

---

[1] 孙雪涛、沈大军：《水资源分区管理》，科学出版社 2013 年版。

管理与行政区管理相结合的管理体制。21 世纪以来，鉴于全国水资源问题多发，我国与水资源相关的法律法规均有所更新和改革，相应地，水资源管理体制也在不断创新，如水权交易试点、水价综合改革试点的设立，都是国家对改革水资源管理体制的实践探索。西北地区在水资源管理方面存在诸多问题，如流域管理和区域管理不协调，对水资源的开发利用缺乏宏观控制，水资源的有偿使用和经济杠杆对资源的合理配置作用没有充分发挥等。西北地区整体水资源管理"瓶颈"导致水资源问题不能得到有效的缓解。所以，建立合理科学的水资源管理体系即成为有效管理水资源分配、使用，促进西北地区水资源生态系统可持续发展的有效途径。

一、结论

第一，西北地区地下水资源相对丰富，水资源地区分布不均的特点明显，其中新疆、青海水资源较为丰富，对西北地区水资源整体水平影响显著；甘肃、宁夏水资源相对紧缺。各省区自然地理及地貌特征是决定其水资源分布的主要因素。

第二，西北地区水资源存量逐年减少趋势明显，且在全国水资源总量中的相对份额也趋于下降。其主要原因包括降水少、蒸发多等自然因素和水资源管理的人为因素两个方面，尤其，西北地区地下水开采程度过高，新疆和甘肃部分地区已超出水环境承载能力。同时，西北地区水资源利用效率低，水资源损耗大，从而进一步加剧了西北地区水资源短缺的格局，新疆地区表现尤为明显。

第三，西北地区水资源需求日益增长，不相适应的是水资源供需结构不尽合理，主要表现为地表水资源供水比例大、农业用水比重高，致使水资源供需矛盾突出。亟须通过技术、管理等多渠道优化西北地区水资源供需结构。

第四，西北地区水资源价值量缩水趋势明显，青海尤其如此，水资源价格偏低是其重要原因，水价改革刻不容缓。

第五，西北地区废水排放逐年增加，水污染物日益复杂，污染处理能力不足，治理成本较高。其中，新疆、青海河流水质较好，陕西、甘肃和宁夏境内的黄河流域水质污染严重，亟须进一步加大治理力度。

二、政策建议

（一）积极发挥市场作用，促进公众参与，优化水资源管理体系。

第一，发挥试点模范作用，建立完善的水权交易机制，促进水资源市场化。西北地区水资源存量趋势与生产生活对水资源的需求不相适应，所以在水资源管理中需要以节水为首要目标，严格执行用水总量的红线标准，将定额水量合理配置到各地区、各行业和各用户。同时积极推动水权交易的市场化建设，进行水资源二次有效调整，努力实现节水型社会。

甘肃省张掖市作为 2001 年成立的全国第一个节水型社会试点，从明晰水权入手，完成了初始水权逐级分配，开展总量控制与定额管理制度建设，以农业水权确定为基础，大幅消减用水量，在节约用水和水权交易方面取得很大成绩，已成为西北干旱农业区建立节水型社会的典型。[①] 张掖市的成功在西北地区具有广泛意义，在水权初始分配中按需调整各方用水量，严格控制农业用水量，促进农业节水技术的创新发展，通过实地考察土地类型、作物类型而设定不同的灌溉标准，同时，养殖业、畜牧业等区别于种植业进行水量分配；水权交易即实现水资源二次分配，通过水权交易，可以使节水产

---

① 新华网：《张掖市以水权制度建设为核心建立综合节水机制》，2015 年 10 月 19 日，见 http：//news. xinhuanet. com/city/2015-10/19/c_ 128334638. htm。

生富余的用户获得收益，以此激励用水节约。西北各地区应尽快建立水权交易场所，或成立水权交易中介，在农村地区建立以各村镇用水协会为单元的水银行，以其为水权交易中介。按不同交易类型制定合理的市场交易价格，完善水权交易的相关法律法规，以保证交易方的权益和调动交易积极性，促进水资源市场化和公平健康发展。

第二，以试点方式加快水价综合改革步伐，在保证生产的前提下建立健全合理的水价机制。水价改革是水资源有效配置的经济手段，有助于促进水资源优化配置，建立大众的水资源有偿使用观念、推动节约用水自觉性。低水价不仅使用水户节水意识淡薄，不利于用水结构调整，而且对水管单位的自身发展和水利工程的良性运行造成严重影响。西北地区水价改革缓慢，尤其农业水价偏低，是造成农业用水耗费严重的原因之一，西北一些地区在水价改革方面，全疆各地因地制宜，普遍实行定额管理，执行超定额累进加价、差异化分类水价和终端水价等政策，积极探索水价改革。呼图壁县、鄯善县、温泉县和哈密市四个县市于 2014 年被水利部列为全国农业综合水价改革试点县市，目前，全疆 72% 的县市完成水价调整。[1] 甘肃省高台、民乐、凉州、民勤、白银也作为 2014 年全国农业水价综合改革试点，取得了明显的成效，列入省级农业水价综合改革示范创建活动，2016 年选取金塔县、甘州区、永昌县、榆中县、靖远县等 5 个县区作为省级农业水价综合改革试点[2]。以上实践产生了良好效应，西北地区陕西、宁夏、青海等地也在实践探索当中，试点工作是逐步进行西北全地区水价改革、形成合理水价机制的主要途径。

---

① 和讯网：《新疆水权水价改革走在全国前列》，2016 年 8 月 26 日，见 http://news.hexun.com/ 2016-08-26/185725553.html。

② 中国政府网：《甘肃省开展农业水价综合改革试点》，2016 年 3 月 19 日，见 http://www. gov.cn/xinwen/2016-03/19/content_ 5055440.htm。

第三，建立精准扶贫和节水奖罚等辅助制度，调动公众参与积极性。在促进水资源市场化改革的同时，建立精准扶贫和节水奖罚辅助制度，一方面对重点扶贫项目进行扶持，另一方面以经济力量调动公众参与节约用水的热情。精准扶贫应对刚起步的生产项目进行水源支持，却仍然保有节水要求；奖励制度即在初始水权分配的基础上，对二次水权分配中的卖方进行奖励措施，多次进行二次获取水权的用户在支付交易金之外施行惩罚措施，如此便进一步促进形成普遍的节水意识；积极建立民间节水协会等第三方管理，加强节水用水的民间监管力量，让公众参与水权分配立法的制定及辅助制度建立和执行，有助于调动公众节水热情，同时加大节水宣传力度，提升公众意识，形成节约和保护的用水观。

（二）协调流域管理和区域管理，完善水资源管理机制。

新《水法》规定我国水资源管理模式转变为流域管理和区域管理相结合，然而在西北地区仍然没有收获很好的管理效果。由于区域管理是以行政区划分管理单位，流域管理直接为水利部派出机构如水利部黄河水利委员会，双方利益不统一，调度难免出现矛盾，其根本原因是没有明确的权威管理机构。可以借鉴北美密西西比河的管理经验，首先设置权威管理机构，完善流域水资源统一管理的法律法规，为流域开发和管理提供依据和保障。西北地区黄河流域地区可实行以黄河委员会为主的管理模式，区域服从流域统一调配，各省级单位的区域管理工作各有重点，权责分明；其次，流域管理要在统一管理的前提下分别考虑各区域利益，不可一片式管理。区域管理则要有大局观，综合考虑其他区域及流域整体利益。黄河引水在西北地区供水中比例较大，而黄河水生态遭到严重破坏，流域供需水矛盾突出，因此，建立以黄河水利委员会为最高管理机构，在不同管理阶段采用不同比重的管理模式，如水资源调度重点采取流域统一管理，以黄河整体水资源状况分配区域用水，防污治理重点发挥区域治理的作用，积极调动各区域取水护水责任，最终实现流域分区治理和区域统一管理。

（三）加大管理技术创新力度，提升管理效率，实现水资源综合管理。

第一，开发有度，配置有效，促进供水用水结构平衡。在水资源开发利用过程中以生态环保和可持续发展为指导理念，注重水资源生态修复能力。西北地区地表水资源匮乏，取水时对江河湖泊等地表水有所保护，在缺水地区积极建设蓄水设施，增加蓄水工程供水比重，对地下水资源适度开发，保证地区供水能力，建立合理的水资源供水结构，实现水资源绿色开发；西北地区水资源分布不均，因此，建立水资源统一调动机制，将水配置作为水资源管理的核心环节，继续增进重大引水调水工程建设，实现水资源跨区域调配，同时，尽快实施南水北调西线工程建设，综合跨流域调水解决西北地区缺水问题。同时，根据产业特点和用水效率，合理有效地安排水资源在各部门的使用数量和次序，坚持以人为本，生活用水优先，保障农业用水，工业用水次之。提升各部门用水节水技术，平衡用水结构。鉴于西北地区农业用水比例高浪费大，因此要加大资金和技术投入，提升农业用水节水能力，节约灌溉用水，减少农业输水浪费。

第二，防治结合，提高水污染治理效率，维护水生态健康。虽然西北地区整体水质有好转趋势，水污染治理能力也有所提高，但是水污染治理的复杂程度逐年增加。同时，西北地区污染治理技术存在区域性发展不均，宁夏和青海废污水处理水平较低，西北地区仍然要将防污治理放在水资源管理的重要位置，污染源管制防范和污染治理两头紧抓。针对河流废水及不同污染物要追本寻源，有针对性地控制排污企业，按排污部门比重，调整治理重心。废水排放的两大部门中，甘肃工业污染较重，青海、新疆生活污染严重。因此，甘肃地区的污染治理因以工业部门为主，严格控制工业企业排污标准，对于严重超标的企业可进行重点监控、督促甚至调停。青海、新疆地区加强对生活污水的处理，将生活污水按照污染程度分级，污染程度轻的可输送到工业部门经处理回收再利用，污染较重的污水按照严格标准处理排放；按照废水中污染物浓度的不同，分别采取针对性治理措施和技术。废水中主要的两大污染物是化学需氧量和氨氮，甘肃和新疆地区废水中化学需氧量浓度较高，说明水体受到有机物污染严重，主要来源于造纸、果汁等行业的工业废水、城镇生活废水和规模化畜禽养殖污染，因此，对地区内这些相关来源进行控制。陕西和宁夏氨氮污染浓度较高，主要来源于化学化工等行业的工业废水、城镇生活废水和农业面源污染，即在污染防治中重点监控和治理以上源头。因此，仍需要加大投入，提高废污处理的技术水平，防治结合，有针对性地管理水污染，才能提高水污染管理的效率，以维护水环境的健康发展。

（四）发挥金融支持水资源生态补偿机制的建立，促进经济社会可持续发展。

完善西北地区水权交易市场，发展水资源金融衍生品交易，水权交易、排污权交易是水资源生态补偿最基本的方式。西北地区水权交易已有良好的实践，但目前要成为真正的水权交易市场需要成立专门的交易机构或交易中介，前期可通过现有证券金融机构的积极参与，将其纳为业务的一部分。借鉴美国水银行的建立，宁夏地区已经有所尝试。2016 年 8 月，甘肃省人民政府办公厅印发《甘肃省推进农业水价综合改革实施方案》，指出将以流域为界，建立水权交易市场，自由竞价，有序交易，余量回购，年度清零。[①]

---

　　① 中青在线:《甘肃将建立水权交易市场》，2016 年 8 月 9 日，见 http：//news. cyol. com/content/2016-08/09/content_ 13533753. htm。

因此，建立专门的管理机构如水银行，类似于金融机构可发挥水权交易的定价、集中交易、回购富余等作用。以此为基础成立水期权、水期权基金等，类似于石油资源，将水资源价值化，借助金融市场的力量，不仅有效宣传水资源的有偿使用，也丰富了水资源生态补偿的方式，为西北地区水资源生态补偿机制建立做贡献，推动经济社会可持续发展。

第七章 区域视阈下绿色能源公司
资本结构冲击效应

　　使用我国 136 家新能源上市公司的数据，以 MM 定理为基础并引入股利支付率和外部融资比例，检验资本结构和股利支付率对公司市场价值的影响，发现中国新能源公司总体样本的负债比率、外部融资率对公司市场价值均具有负影响，在不完全支付股利条件下财务杠杆对资本成本的影响增强，检验结果说明 MM 定理及 U 型资本线不成立。分经济区检验结果为东部地区负债比率对公司市场价值无影响，外部融资率对市场价值具有显著负影响。中、西部和东北地区公司负债比率对公司市场价值具有负影响，收益比率对市场价值具有正影响。各地区股利支付率对公司市场价值的影响均不显著，财务杠杆率的增加则增加公司加权平均资本成本，东部和西部地区股利支付率与加权平均资本成本显著负相关。MM 定理以及由之拓展的结论对不同地区新能源上市公司财务指标的解释存在差异，背景原因是公司行业特征、所在地区资本市场深化程度以及资本结构变动的边际效应等因素所致。

第一节　理论回顾

当代财务理论中所谓公司资本结构是指公司通过股权、债务或混合证券组合获得其资产的方式，它表示的是公司负债、公司市场价值和资本成本之间的关系。

Harris-Raviv（1991）在他们经典的论文《资本结构理论中》，以代理成本、信息不对称、产出/投入市场相互作用和公司控制权（但不包括税收理论）为基础，将影响资本结构的因素分为四个种类，分别是：以代理成本为基础、以信息不对称为基础、以产品/投入市场为基础、以公司控制权为基础的资本结构理论。他们这样的分类具有四个目的：第一，改善各集团利益和公司资源债权之间的冲突，包括管理者（代理成本方法）；第二，将公司内部信息传递给资本市场或减轻逆向选择的影响（信息不对称方法）；第三，影响产品性质或产品；第四，影响公司控制权竞争的结果。[①] 他们的结论是：首先，模型研究发现许多潜在的因素都会影响资本结构；其次，理论指出"一般原则"的数目是相对较少的；再次，实证分析与理论模型高度一致；最后，进一步的实证检验表明，致力于检验某一特定模的实证分析是试图发现在给定环境下资本结构最重要的决定因素的尝试。根据现有文献，本书将资本结构理论的发展分了三个阶段，分别是：早期资本结构学说、现代资本结构学说和新资本结构学说。发展历程如图 7-1 所示：

---

① Milton Harris, Artur Raviv, "The Theory of Capital Structure", *The Journal of Finance*, 1991, pp. 297-355.

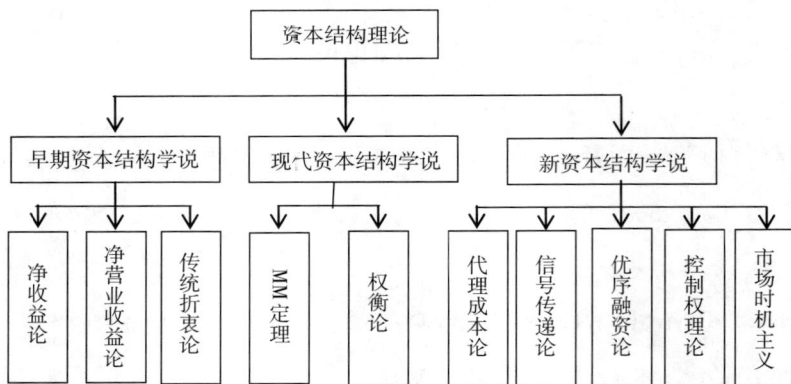

图 7-1 资本结构理论发展历程

一、资本结构理论演进

关于公司融资的经典理论体系被称为早期资本结构理论，由美国经济学家 David Durand 在其 1952 年发表的文章中进行了系统阐述。他把早期资本结构理论分为三类，分别是：净收益理论、净营业收益理论和传统折衷理论。①

净收益理论认为在假设投资者对公司的期望报酬率固定不变、公司以固定的利率进行融资，同样，公司不存在融资风险的情况下。公司可以通过降低由加权平均资本成本（WACC）衡量的公司资本价值以增加公司市场价值，这可以通过增加公司负债实现。原因是：负债成本小于权益成本，运用负债筹资可以降低公司的综合资本成本，且负债越多，公司资本成本越低，公司价值越大。② 按照这一理论，公司财务杠杆的改变导致 WACC 以及公司

---

① David Durand, *Conferenceon Research in Business Finance*, New York：NBER，1952.

② David Durand, *Conferenceon Research in Business Finance*, New York：NBER，1952.

市场价值的改变，这一理论认为，当公司杠杆增加时，也就是负债比率增加，WACC 减少且公司市场价值增加。反之，如果杠杆减少，WACC 增加且公司市场价值减少。所以，公司价值在其负债比率达到 100% 时达到最大。[1]这一理论成立的关键是不存在融资风险，而这显然是不可能的，这一假定与公司融资的实际情况不相符合。

净营业收益论是一种与净收益理论完全不同的理论，该理论假设负债的资本成本是恒定不变的，由于权益资本增加时公司风险增加，权益的资本成本随着负债比率的上升而上升，而且负债成本小于权益资本成本。该理论认为：公司财务杠杆或者是负债比率的变化不影响公司的市场价值，也即公司资本结构不影响 WACC 或者是公司市场价值。公司市场价值依赖于营业收入和公司风险，这些因素都不会被财务杠杆影响。这是因为，虽然负债资本成本低于权益资本成本，但是当负债比率增加时，公司面临更大风险，股东会要求更高回报率，这样，当财务杠杆增加时，权益资本成本就会增加，于是 WACC 不会因负债比率的增加而减小，而是维持不变。财务杠杆只能影响债权人和股东的收入份额，但是不能影响公司的营业收入。[2]这样，负债—股权比率的变化不能改变公司的市场价值。所以无论财务杠杆如何，公司的总资本成本不变，不存在最佳资本结构。

传统折衷论最早由 Ezta Solomon 和 Fred Weston 提出，这是介于前两种理论之间的一种折中理论。这个理论认为，负债增加时由于风险增加，权益资本成本也会增加，但是在一定范围内尽管权益资本成本的增加，但是由于负债具有低利率的好处，这一好处不会被权益资本成本的增加所抵消，因此会降低资本成本，公司市场价值会增加；但超过一定程度后，负

---

[1]　David Durand, *Conferenceon Research in Business Finance*, New York：NBER，1952.

[2]　David Durand, *Conferenceon Research in Business Finance*, New York：NBER，1952.

债的低成本不能抵消权益资本的高成本，这时公司资本成本就增加，市场价值降低。因此存在一个负债—股权比例点，使得公司的资本成本最低、市场价值最大，这就是最优点，任何背离这一点的资本结构都不是最优的。[①] 在这一点之前，负债的边际成本小于权益资本成本，所以随着负债比率的增加，WACC 线下降，公司市场价值增加；在这一点之后，负债的边际成本大于权益资本成本，所以随着负债比率的增加，WACC 线上升，公司市场价值降低。

MM 定理（1958）是现代融资理论的基石，不同于传统观点所认为的存在一个可以使公司市场价值最大化的最优杠杆率，他们认为在完美的市场假设下，任何公司的市场价值独立于其财务杠杆率。MM 不相关定理假设没有税收、没有交易成本、没有破产成本、公司和投资者面临相同的贷款成本、市场信息对称以及负债对息税前利润（EBIT）没有影响，加权平均资本成本（WACC）不随公司资本成本的变化而变化，无论企业如何贷款，都没有利息支付的税收利益，这就不会改变 WACC。此外，由于资本成本不随负债比率的变化而变化，这就不会影响公司股价，这样，资本成本就不会影响公司市场价值。[②] 他们的原文中包括一部分关于在石油和电力设施行业中验证这个命题的内容，结果表明财务杠杆和资本成本之间的关系不大。在其追踪研究中，莫迪利安尼和米勒采取两阶段工具变量法估计美国大型电力设施工厂的资本成本，以 1954、1956 以及 1957 年为样本数据，但是也并没有发现有充分证据能够证明以前很多文献中所假定的"相当大的杠杆效应"。[③]

---

① David Durand, *Conferenceon Research in Business Finance*, New York：NBER，1952.

② Franco Modigliani, Merton H. Miller, "The Cost of Capital, Corporation Finance and the Theory of Investment", *The American Economic Review*, No. 3, 1958.

③ Franco Modigliani, Merton H. Miller, "The Cost of Capital, Corporation Finance and the Theory of Investment", *The American Economic Review*, No. 3, 1958.

他们 1961 年发表了《Dividend Policy, Growth, and the Valuation of Shares》,认为在没有税收、没有发行成本、人们理性预期证券价格以及证券价格不被个人或公司控制的假定下,股利分配政策不影响公司市场价值,公司的市场价值仅由其投资政策决定。① 但是在现实中是存在税收、交易成本和破产成本的,公司和投资者的贷款成本也不同,同时存在信息不对称,而且负债对收益具有影响。然而,由于税收和破产成本显著影响公司股价,Modigliani 和 Miller(1963)在随后发表的文章中引入了税收效应,认为由于负债具有税收利益,因此财务杠杆可以降低公司税后的 WACC。② 而 1977 年 Miller 将个人所得税引入 1963 年的模型中,发现与最初的 MM 定理一致,负债融资对公司价值没有影响。③

MM 定理可以概括为:

MM 定理 1:a. 公司市场价值独立于其资本结构(负债—股权比率);b. 由于利息不赋税,如果税率是 τ,杠杆公司就具有较高的总收入,高出部分的会计值为 τB,这里 B 是负债价值。

MM 定理 2:a. 厂商的股利分配政策对消费没有影响;b. 厂商市场价值独立于其股利分配政策。

权衡理论的提出是源于 MM 定理,权衡理论认为,公司通过选择负债融资和权益融资的量来平衡成本与收益。该理论的重要目的是说明公司通常既选择负债融资也选择股权融资,负债融资具有优势,因为存在负债的税收利益;负债融资同样具有成本,负债增加会加大企业风险,甚至破产的概率也

① Merton H. Miller, Franco Modigliani, "Dividend Policy, Growth, and the Valuation of Shares", *The Journal of Business*, No. 4, 1961.

② Franco Modigliani, Merton H. Miller, "Corporate Income Taxes and the Cost of Capital: A Correction", *The American Economic Review*, No. 3, 1963.

③ Merton H. Miller, "Debt and Taxes", *The Journal of Finance*, No. 32, 1977.

增加。负债增加时，进一步增加负债的边际收益下降，边际成本上升，因此一个以价值最大化为目标的公司会权衡其负债—股权比例。[1] 该理论认为，公司的最优资本结构是在负债的税收利益和预期破产成本之间的权衡。

尽管修正后的 MM 定理考虑了公司负债所带来的税盾效应，却忽略了因负债比率上升造成的公司风险上升所带来的破产成本。1966 年，Robichek 和 Myers 在他们发表的文章中完整阐述了权衡理论的思想，认为公司应在负债的税盾效应和预期破产成本之间权衡，以此为基础选择公司最优资本结构。[2] Bradley 等（1984） 则建立了一个包括个人所得税、破产成本、代理成本和非债务税盾作用的现代最优资本结构的权衡理论模型，他的实证分析得出了 "最优财务杠杆率与破产成本和代理成本以及非债务税盾负相关" 的结论，如果破产成本和代理成本是显著的，最优财务杠杆率与公司收入负相关。[3] Titman 和 Wessels（1988） 用三个方面的实证检验分析了最优资本结构理论的解释能力：（1）在更广的范围上研究了资本结构理论，其中的许多以前都没有被实证分析过；（2）由于对于不同的债务类型，理论蕴涵不同的实证结果，作者分别分析了短期、长期债务以及可转换债券，而不是债务总量；（3）他们用因子分析法，以缓和对于代理变量的度量问题。得出负债水平与公司业务独特性具有反向关系，交易成本是决定资本结构的重要因素的结论此外，他们的研究结果不支持非债务税盾、波动性、抵押品价

① Alexander A. Robichek, Stewart C. Myers, "Problems in the Theory Optimal Capital Structure", *Journal of Finance & Quantitative Analysis*, Vol. 1, No. 2, June 1966, pp. 34–35.

② Alexander A. Robichek, Stewart C. Myers, "Problems in the Theory Optimal Capital Structure", *Journal of Finance & Quantitative Analysis*, Vol. 1, No. 2, June 1966, pp. 34–35.

③ Michael Bradley, Gregg A. Jarrell, E. Han Kim, "On the Existence of an Capital Structure: Theory and Evidence", *The Journal of Finance*, Vol. 39, No. 3, 1984, pp. 857–877.

值或未来增长对负债比率的作用。①

比较 MM 理论和权衡理论，它们之间的根本区别在于是否存在负债利息免税的利益。MM 资本结构不相关定理假设不存在税收，而权衡理论假设存在税收，并指出了负债利息免税利益的存在。总而言之，MM 定理认为公司的负债—股权比率不影响其市场价值，而加入所得税的 MM 定理认为负债越多公司市场价值越大，公司最佳资本结构是负债率 100%。

二、新资本结构理论

新资本结构理论的发展分为五个阶段，分别是：代理成本理论、信号传递理论、优序融资理论、控制权理论和市场时机理论。

（一）代理成本论

代理成本理论由 Michael C. Jensen 和 William H. Meckling 在其 1976 年发表的文章中首次提出，后来发展成为契约成本理论。这是解释委托人和代理人之间关系的一种理论，关注的是由于目标不一致、风险厌恶水平不同等问题的存在，代理人可能偏离委托人的目标，从而损害委托人利益的现象，这种情况发生的原因是由于委托人获取信息量有限，导致其不了解代理人的行为。② 最常见的代理关系发生在股东（委托人）和公司高管（代理人）之间。例如，公司高管可能想将业务扩展到其他市场，这将牺牲公司的短期利益，但可能会使公司未来收益增加很多，然而股东可能会要求现期的资产增值，而不考虑这些计划；代理理论的另一个中心问题是处理委托人和代理人

---

① Sheridan Titman and Roberto Wessels, "Determinants of Capital Structure Choice", *The Journal of Finance*, Vol. 43, No. 1, March 1988, pp. 1-17.

② Michael C. Jensen, William H. Meckling, "Theory of the Firm: Managerial Behavior, Agency Costs and Ownership Structure", *Journal of Financial Economics*, Vol. 3, No 4, October 1976, pp. 71-72.

之间的各种风险水平，在某些情况下，代理人利用委托人的资源，这样，虽然代理人是决策者，但是他们不承担任何风险，因为所有的损失都由委托人承担。最常见的就是股东赋予公司高管自由决定权，由于风险分布不均，代理人和委托人就会有不同的风险承受能力；代理是指当委托人委托代理人代为履行服务时，代理人代替委托人与第三方进行交易，代理关系发生，委托人通常会授予代理人决策权，由于合同与决定是由委托人和第三方签订的，就可能出现代理问题。①

代理成本论认为，公司负债的违约成本会随着财务杠杆率的增加而增加：随着负债的增加，债权人的监督成本提高，于是要求更高的回报率；这一成本最终要由股东承担，公司资本结构中负债比率的上升会导致公司市场价值的下降。根据代理成本理论，负债资本适度的资本结构会增加公司价值；选择什么融资结构的决定因素是使得代理成本最小化，使得总代理成本最小化的资本结构就是最优资本结构。②

代理成本论认为公司资本结构至少可以通过三种方式影响公司的市场价值：第一，公司资本结构会影响管理者的努力程度和决策，这些因素会影响公司的现金收入流和市场价值，例如，当股东（管理者）持股份额减少时，他们的努力程度就会降低，在职消费会增加，因为努力的成本全部需要自己承担，但是大比例的收入却给了别人，而且，在职消费的全部收益都归自己所有，但是在职消费的成本却大部分由别人负担；另外，通常情况下管理者对公司的内部运营状况比不参与公司管理的投资者具有更多信息，投资者通

---

① Chien-Pang Lin, Ming-Hsiang Chen, Jie Wang, Li Tian, "Corporate Giving in Taiwan: Agency Cost Theory vs. Value Enhancement Theory", *Asia Pacific Business Review*, 2017, pp. 135-151.

② Michael C. Jensen, William H. Meckling, "Theory of the Firm: Managerial Behavior, Agency Costs and Ownership Structure", *Journal of Financial Economics*, Vol. 3, No. 4, October 1976, pp. 71-72.

常会根据管理者的融资决策判断公司运营情况；最后，融资结构同时规定了公司的收入流分配和控制权分配，管理者控股数量越多，他们对于公司的控制能力就越强。①

（二）信号传递理论

Akerlof 和 Arrow 最先在产品市场上引入"Signaling"（信号）这一概念。1973 年 Spence 将其发展为信号均衡理论（Signal Equilibrium Theory）。该理论认为：一个好的公司可以通过传递给资本市场一个关于其盈利能力的可信信号，以把它与一个差的公司区分开来，只要差公司不能模仿好公司传递同样的信号，这个信号就是可信的；只要对于差公司来说传递信号的成本比好公司高，差公司就会发现模仿是不值得的，这时这个信号就是可信的。② 20世纪 70 年代末期，Ross（1977）将这负债作为信号，以区分公司的营运状况。他提出了以管理者和投资者之间信息不对称为基础的信号传递理论。这一理论的依据是：公司高管具有公司的完整信息，并有把这一信息提供给外部投资者的动机，这样股票价格会上升。负债比率较高预示着未来状况的乐观，具备偿债能力，所以公司采取负债融资时，就会视为是一个好的信号。当公司市场价值被低估时，会增加负债融资；高估时，会增加权益融资。③ Ross 等人的研究发现，公司负债融资利率的增加会使得公司价值增加。

Heinkel（1982）和 Poitevin（1989）得出与 Ross 相似的结论。在 Heinkel（1982）的模型中，内部人员知道公司的真实价值和公司所发行的

———————

① Michael C. Jensen, William H. Meckling, "Theory of the Firm: Managerial Behavior, Agency Costs and Ownership Structure", *Journal of Financial Economics*, Vol. 3, No. 4, October 1976, pp. 71-72.

② Michael Spence, "Job Market Signaling", *Quarterly Journal of Economics*, 1973.

③ Stephen A. Ross, "The Determination of Financial Structure: The Incentives-Signalling Approach", *The Bell Journal of Economics*, No. 8, 1977.

债券的承诺支付价值，但是资本供给者不知道，结果是，内部人员可以通过出售价格被高估的有价证券获利。例如，如果内部人员知道公司股权被低估而债权被高估，他们可以通过多发行债券而少发行股票来获得所需要的投资，这一行为可能会引起市场崩溃。他们通过限制公司价值和信用风险的组合分布来避免这一事件的发生：高价值公司具有的高风险高价值负债比低风险公司少，这样，公司通过其股票的高价来表现其较高的市场价值，另外，公司只能以较低价格出售债券；在一些条件下，资本供给者通过提供一个有限制的可接受的债权—股权组合，就可以降低内部人员误导外部人员公司状况的动机，这样就可以通过债权—股权融资结构选择中判断公司情况。[1]Poitevin（1989）假设进入者和在位者在生产前具有相同的固定成本，但是进入者和在位者在融资市场具有不对称信息，投资者知道在位者的信用等级但是不知道进入者的，这样，在其已有信息的基础上，投资者无法公平地给进入者的有价证券出价。所以，进入者就有将其价值信号传递给投资者的动机，而资本结构就是其质量的信号。[2]

（三）优序融资理论

优序融资理论 1961 年由 Donaldson 首先提出，他发现公司并不根据特定的资本结构进行融资，而是按一种偏好顺序进行融资：首先是内部融资，然后是负债融资，最后是发行股票。1984 年由 Stewart C. Myers 和 Nicolas Majluf 发展。该理论放宽了 MM 定理完全信息的假定，认为存在信息不对称和交易成本，假定公司融资成本随着信息不对称而增加，公司会根据融资成本考虑他们的融资来源，公司可以通过三种方式融资：内源融资、负债融资

① Robert Heinkel, "A Theory of Capital Structure Relevance Under Imperfect Information", *The Journal of Finance*, Vol. 37, No. 5, 1982, pp. 1141–1150.

② Michael Poitvin, "Financial Signaling and the 'Deep–Pocket' Argument", *Journal of Economics*, 1989, pp. 26–40.

和权益融资，并会遵循上述顺序。① 这代表相对于负债融资，公司更偏好内源融资；相对于权益融资，公司更偏好负债融资。与发行股票相比，公司更偏好发行债券。因此，一个公司选择融资的形式可以作为其外部融资需求的信号。

对于 Pecking Order 有两种解释，一种是外部融资的交易成本，另一种是信息不对称理论。根据交易成本理论，公司选择哪种融资方式取决于其成本。根据信息不对称理论，负债融资优于权益融资，因为对于不了解管理情况的投资者来说贷款是一个积极信号，如果一个公司贷款，投资者会认为管理者相信公司的普通股票被低估。

优序融资理论解释了盈利能力和负债比率之间的负相关关系：首先，公司偏好内部筹资；其次，他们根据投资机会调整股利支付率，并尽可能避免股利的突然变化；再次，黏性的股利政策以及不可预测的利润和投资机会的波动，意味着内部产生的现金流有时超出资本支出，有时没有资本支出多，如果现金流超出资本支出，则公司偿还负债或投资有价证券，如果现金流比资本支出少，则公司不会首先减少股利，而是会降低现金余额，或者出售有价证券；最后，如果需要外部融资，公司首先会以负债开始，然后才是发行股票。② 因为，内部融资成本最低，然后是负债，股权融资成本最高。

Haugen 和 Senbet（1978） 质疑"在不完全市场下，破产成本和税务补贴的权衡使得内部最优资本结构存在"这一观点，他们认为如果投资者是理性的且不存在资本市场的出价系统错误，清算决定被考虑成是独立于公司

① Stewart C. Myers, Nicholas Majluf, "The Capital Structure Puzzle", *Journal of Finance*, No. 13, 1984, pp. 579–592.

② Stewart C. Myers, Nicholas Majluf, "The Capital Structure Puzzle", *Journal of Finance*, No. 13, 1984, pp. 579–592.

状况或者公司资本结构，期望成本的现值和公司财务杠杆不相关，这一成本不应该是影响最优资本成本的决定因素。[①] Chen 和 Strange（2005）用我国上交所和深交所 972 家公司 2003 年的数据研究资本结构的决定因素，主要关注机构持股者的作用，他们通过控制 19 个不同产业的差异，并考虑不同类型法人股东的影响，发现盈利能力是融资行为最强有力且最显著的预测指标，盈利能力好的公司会使用较少的负债融资，具有较高比例无形资产的公司会倾向于负债融资，尽管这种效用在统计上不显著。对公司规模和公司年龄的研究结果具有相反的结论：公司规模对于负债比率的市场价值而不是账面价值具有显著正效应，同时，公司年龄对于负债比率的账面价值而不是市场价值具有显著正影响；商业风险对于负债比率的市场价值具有显著正影响，这与权衡理论和优序融资理论均不相符。[②]

总结这两种理论，信号传递理论和优序融资理论都考虑信息不对称情况下公司财务杠杆和现金流的关系。信号传递理论认为他们之间正相关，而优序融资理论认为他们存在相反关系。

（四）控制权理论

控制权理论起源于 20 世纪 80 年代，以公司融资契约的不完全性为出发点，目的是使得公司控制权实现最优配置，分析资本结构是如何通过控制权影响公司市场价值。控制权理论是通过研究公司管理人由于对于权力本身的偏好，他们可以通过改变公司资本结构以影响控制权分配，进而影响公司市场价值。从控制权理论出现至今，众多学者对该理论的研究已经取得众多创造性成果，关于控制权理论的模型主要有五个，根据时间顺序，第一个是

[①] Robert A. Haugen, Lemma W. Senbet, "The Insignificance of Bankruptcy Costs to the Theory of Optimal Capital Structure", *The Journal of Finance*, Vol. 33, May 1978, p. 392.

[②] Jian Chen, Roger Strange, "The Determinants of Capital Structure: Evidence from Chinese Listed Companies", *Economic Change and Restructring*, 2005, pp. 11-30.

Harris-Raviv（1988）模型，该模型是最早研究公司控制权如何影响资本结构的理论模型之一，他们假设管理者既可以获得股权收益，又可以通过控制权获得私人收益，通过研究管理者控制、负债和股权比率以及并购市场这三者间相互作用，认为公司管理者会提高自己持股比率来增加其控制权。① 第二个是 Stulz（1988）模型，该模型与 Harris-Raviv（1988）模型具有相似之处，首先要确定管理者持股与非管理者股东持有股票之间的关系，这取决于公司是否被接管、接管人意愿出价决定的公司价值；该模型与 Harris-Raviv（1988）模型的不同之处在于后者以管理者期望效用最大化为目标决定公司的最有控制权结构，而前者以投资者期望收益最大化为目标。② 第三个是 Aghion-Bolton 模型，该以剩余控制权的分配为基础，他们认为由于控制权分配会影响公司融资结构，进而影响公司市场价值，当出现不利消息时，公司就要选择资本结构，最优的选择是债权人控制公司，而导致公司破产的负债水平是最优负债率，因为此时债权人和银行比股东对公司控制权强。③ 第四个是 Hart（1995）模型，该模型继承了 Aghion-Bolton 模型的思想，将公司清算和负债融资规模引入控制权理论，认为在不完全合同时，公司持续经营和公司被清算之间存在矛盾，他们提出了三个结论：一是当发行带有投票权的普通股时，股东拥有控制权；二是当发行不具有投票权的优先股时，管理者拥有控制权；三是当发行债券并从银行借款时，管理者拥有控制权，但必须按期偿还负债。第五个是拉里夫曼模型，前四个模型都是研究股权和债

---

① Harris Milton, Raviv, Artur, "Corporate Control Contests and Capital Structure", *Journal of Financial Economics*, No. 20, 1988, pp. 55-86.

② René M Stulz, "Managerial Control of Voting Rights: Financing Policies and the Market for Corporate Control", *Journal of Financial Eocnomics*, No. 20, 1988, pp. 25-54

③ Philippe Aghion, Patrick Bolton, "An Incomplete Contracts Approach to Financial Contracting", *Review of Eonomic Studies*, 1992, pp. 473-494.

权对公司控制权分配的影响，但是没有解释股权和债权的具体形式对控制权的影响，该模型通过对可转换债券混合所有权与标准债务的比较分析，发现发行可转换债券时，公司所有者是不能转移控制权的。①

（五）市场时机理论

西方金融学领域，最早研究市场时机的是 Taggart（1977），他在文章中指出，"长期债权和股权的市场价值是公司证券发行活动的重要决定因素"。随后，Malcolm Baker 和 Jeffrey Wurgler 在其 2002 年发表的文章中认为导致一个公司现在资本结构的影响是持久的，现在的资本结构与历史时期的市场价值息息相关，也是公司管理者以前累计行为的结果，公司管理者不在乎是用负债融资还是进行权益融资，他们只是选择在当时看来价值更高的融资工具。公司股票价格被高估时管理者发行股票，当股票价格被低估时买回股票；管理者的目的是与市场同步，以便为当前投资者获利。②

这一理论经常用来与优序融资理论和信号传递理论对比：它与优序融资理论的相似之处是他们都代表当前投资者的利益，与信号传递理论的相似之处是他们都相信公司在股票价格被高估时发行股票。

三、理论发展前瞻

MM 定理在理论逻辑上是合理的，但在现实中却受到挑战，由于其苛刻的前提假设，众多学者得出了不同的结论。

Weston（1963）利用与莫迪利安尼—米勒所采用的相同的电力设施行业 1959 年样本数据测试 MM 定理，他使用多重回归方法，结果表明当引入

---

① 张兆国、高芳、何威风：《资本结构控制权理论评析》，《中南财经政法大学学报》2006年第 6 期，第 115—119 页。

② Malcolm Baker，Jeffrey Wurgler，"Market Timing and Capital Structure"，*Journal of Finance*，No. 1，2002.

收入增长时，负债率对于厂商的资本成本没有影响，并说明这一结果的原因是未考虑其他可能影响厂商资本成本的因素，其结果进一步表明在假设盈余增长的情况下财务杠杆与厂商市场价值呈负相关。[1]

权衡理论的代表人物 Robichek 等（1966）使用莫迪利安尼和米勒的方法，但将数据扩展到 1955 年以及 1958—1964 年，其实结果表明 1957 年之后由 MM 模型得到的资本成本降低到了不合理的水平，且由模型可以解释的变量显著减少；他们认为修正的 MM 定理没有考虑企业负债所带来的风险和额外费用，MM 的结果在他们研究的时代普遍存在，但在其他时期未必成立。他们认为若考虑税收因素，负债能增加市场价值，但过大债务会增加破产风险从而产生破产成本，从而降低企业价值，只有当由负债引起的边际税收利益的现值等于边际成本的现值时，负债才达到最优水平。[2]

Masulis（1980）、Pinegar and Lease（1986），从边际价值的角度考虑了企业最优资本结构问题。认为杠杆增加时资本成本也增加，只有当负债的边际价值等于零时，财务杠杆才无关紧要。[3]

Myers（2001）对资本结构作静态替代框架和融资顺序理论框架的比较研究，在静态替代框架中公司会建立债务—价值比例目标，并逐渐向其靠近，这与公司将股利调整到与目标股利发放率相符的水平的方法近似，在融资顺序理论框架中，相对于外部融资公司更喜欢内部筹资；相对于发行股票，公司更愿意发行债权。在这种纯粹的融资顺序理论框架中，公司没有最

---

① J. Fred Weston, "A Test of Capital Propositions", *Southern Economic Journal*, No. 30, 1963.

② Alexander A. Robichek, Stewart C. Myers, "Problems in the Theory Optimal Capital Structure", *Journal of Finance & Quantitative Analysis*, Vol. 1, No. 2, June 1966, pp. 34–35.

③ J. Michael Pinegar, Ronald C. Lease, "The Impact of Preferred-for-Common Exchange Offers on Firm Value", *Journal of Finance*, No. 41, 1986.

优的债务比率（杠杆率），他认为 MM 定理很难用实证数据检验。[1]

一些学者对 MM 定理进行拓展。Mahagaonkar、Qiu 和 Levat（2012）试图从一般均衡理论出发，用实验检验 MM 定理。他们发现在不允许不同资本结构的厂商进行套利情况下，与定理一致，投资者可以识别出伴随着杠杆率的增加而增加的股权系统风险增加，于是就会要求更高的回报率：即当杠杆率增加时，投资者会识别出股权系统风险的增加，就因承受这种风险而要求更高的回报。但是，投资者趋向于低估低杠杆公司股权的系统风险而高估高杠杆公司股权的系统风险，结果形成一个 U 型的资本成本线，即加权平均资本成本首先随着债券价值的减少而减少，然后再增加。[2]

De Angelo 和 Stulz（2013）通过加入使用流动债权来获得不受限制的资本使用权的财务限制机构和家庭，使得 MM 模型更加充实。他们认为，在完善的市场中不存在代理问题、存款保险、税收或任何其他的扭曲，当存在流动金融债权市场溢价时，高杠杆对于银行是最优选择；他们的模型可以解释三个问题：第一，为什么银行杠杆率在过去 150 年中增加了；第二，为什么高的银行杠杆率本身并不一定会引起系统风险；第三，为什么限制受监管的银行的杠杆率会阻碍它们与不受监管的影子银行的竞争能力。它们的模型表明 MM 定理所表示的债务—股权比中立原则不适用于银行业，揭示当厂商愿意支付额外费用以获得资本使用权时，高杠杆是银行的最佳选择。[3]

Gersbach 等（2015）使用一般均衡方法，从宏观角度考察 MM 定理的有

---

[1] Stewart C. Myers, "Capital Structure", *The Journal of Economic Perspectives*, No. 15, 2001.

[2] M. Vittoria Levati, Jianying Qiu, Prashanth Mahagaonkar, "Testing the Modigliani-Miller Theorem Directly in the Lab", *Experimental Economics*, No. 15, 2012.

[3] Harry DeAngelo, René M Stulz, "Why High Leverage is Optimal for Banks", *NBER Working Paper*, No. 19139, June 2013.

效性，认为不同资本结构都可以达到均衡，且都伴随着相同的商品配给和相同的福利，莫迪利安尼—米勒定理在不受约束的银行体系下不成立，债务—股权比例引起总投资决策的变化，并会增加银行部门持有资产的风险，由此提出最小化权益资本要求。[①]

Adrian 和 Shin（2010）讨论了杠杆顺周期性的性质，即在繁荣期杠杆高，在衰退期杠杆低。他们通过研究债券经纪人在初级资本市场进行运营的金融中介，包括主要的华尔街投资银行、资产负债表和杠杆率之间的关系，发现这些机构杠杆率强烈顺周期，而且资产负债表的调整幅度是通过回购和逆回购确定的，当资产价格上涨时，则不需要调整资产持有量，杠杆率往往会很低，金融中介机构会持有剩余资本，而且他们会试图找到充分利用资本盈余的方法，与制造业相比，金融系统具有"剩余能力"，为了使这种能力被利用，金融中介必须使其资产负债表平衡，即在负债方面中介承担更多的短期债务。在资产方面中介寻求潜在借款人，他们揭示出中间人杠杆与银行风险价值负相关，在收缩框架中杠杆是顺周期的。[②]

Mondher（2011）认为当考虑具有股息分配方针的企业时，资本结构是无关紧要的，他通过释放完全分配的假设并引入保留股息方针的假设，证明了当投资者用他的禀赋交换由消费和投资组成的债券组合时，MM 定理可以被证明，而并不需要假设公司必须分配他们所有的收益，可通过仅考虑非杠杆公司（或者仅杠杆公司）的股利发放率来进行套利过程，他利用美国电力和能源类公司 1990—1998 年的数据，进一步说明厂商股息支付率影响财

① Hans Gershbach, Hans Haller, Jürg Müller, "The Macroeconomics of Modigliani – Miller", *Journal of Economic theory*, No. 157, 2015.

② Tobias Adrian, Hyun Song Shin, "Liquidity and Leverage", *Journal of Financial Intermediation*, No. 19, 2010.

务杠杆和厂商市场价值的关系。[①]

　　Lee 和 Tu（2011）利用 MCDM 技术，包括 DEMATEL，ANP 和 VIKOR，将 MM 定理的三因素扩展为七因素，发现债务比重对公司市场价值的影响最大。上述结论隐晦地说明，把 MM 定理分解成更加精确的经济学模型可以帮助投资者更好做出股票投资决策。[②]

　　相关研究的启示在于：MM 定理最初的限定条件过于严格，即使莫迪利安尼（Modigliani）和米勒（Miller）本人也对原有结论作出修正。以后的研究或由于选取样本公司存在行业差异，或由于公司生产前景不同，或加入税收与股利支付等因素，结论亦不同。由之也说明，选取新能源上市公司并引入股利支付做相关探索符合潜在的"中国问题"的现实诉求。

第二节　公司不同融资方式及其特点

　　融资方式即公司的融资渠道。狭义指公司资金筹集过程与行为；广义指金融，也就是货币资金的融通。公司融资方式也就是公司获取资金的形式、手段、途径和渠道。根据不同的划分标准，公司融资方式的类型也不一样，不同划分标准对不同的研究有不同的意义。

　　如表 7-1 所示，根据不同的标准划分，公司的融资方式可以分为三类：根据资金来源方向可以分为内源融资和外源融资；根据资金运动渠道可以分为直接融资和间接融资；根据不同资产产权关系分为股权融资和债权融资。[③]

[①] Kouki Mondher, "A Re-examination of the MM Capital Structure Irrelevance Theorem: A Partial Payout Approach", *International Journal of Business and Management*, No. 6, 2011.

[②] Wen-Shiung Lee, Wei-Shan Tu, "Combined MCDM Techniques for Exploring Company Value Based on Modigliani-Miller Theorem", *Expert Systems with Applications*, No. 38, 2011.

[③] 胡昊：《我国制造业上市公司负债融资对公司绩效的影响研究》，复旦大学 2014 年硕士论文。

表 7-1　公司融资方式分类

融资类型		定　义
资金来源方向	内源融资	企业原始资本积累和剩余价值的资本化，由财务上的自有资本及收益（包括各种形式的公积金和公益金、未分配利润等）构成的
	外源融资	企业通过一定方式向企业之外的其他经济主体筹集资金，包括发行股票、债券和银行借款，另外还包括企业间的商业信用、融资租赁等
资金运动渠道	直接融资	以股票、债券为主要金融工具的融资机制
	间接融资	以货币为主要金融工具，通过银行体系吸引社会存款，再对企业个人贷款的一种融资机制
不同资产产权关系	股权融资	企业向其股东（或投资者）筹集资金
	债权融资	利用发行债券、银行借贷方式向企业的债权人筹集资金

一、融资方式分类

公司融资方式可以按照三个标准划分，分别是：按照资金来源方向分为内源融资和外源融资；按照资金运动渠道分为直接融资和间接融资；按照不同资产产权关系分为股权融资和债权融资。

（一）内源融资和外源融资

按照融资过程中资金来源的不同，公司融资方式分为内源融资和外源融资。在资本结构理论中，内源融资是指公司用其利润作为资源进行新投资的方式，而不是将利润分配给公司所有者或其他投资者，也不是从股票、债权等其他地方获取资本，而是利用公司的留存收益。内源融资可以被认为是公司的储蓄账户，当需要时，公司可以利用它来购买新的资产。内源融资与外源融资的不同之处在于外源融资是从公司外界获取资金进行投资。相对于外源融资，内源融资具有较低的成本，因为公司不需要面临交易成本就可以获得资金，也不用为分配股利而缴税。内源融资的优势在于：可以立刻获取资金；不需要支付利息；不需要有信用控制过程；可以节约信用额度；不受第三方干预；更加灵活；对公司所有者来说使用更加自由。内源融资同样具有缺陷，其缺陷如下：内源融资有时具有较高成本，因为其无法获得税收减免；无法增加资本总额；资本减少也无法获得税收减免；总额有限（尽管外源融资的总额也是有限的，但是市场中的可用资本量远高于一个公司内部所具有的资本量）。①

外源融资是指公司不利用自己内部资金进行融资，而是利用公司以外的资金进行融资，它通常是指发行股票或进行债权融资，外源融资的成本通常高于内源融资。通过债权融资是指进行借款，借款不只是从银行取得，也可以从投资者中进行的借款。最常用的方式是发行债券，这是在规定时间偿还现金和利息的保证。与大多数借款不同，债券可以被其持有者卖给另一个投资者，这意味着公司可以给其最后的投资者支付现金，而不是最初借给公司款项的投资者。通过股票融资是指卖出公司的一部分股票，也就是发行股票。在一些情况下，是指由私人安排的出售给特定的投资者；在另一些情况下，是指在公开市场进行股票发行，这样股票就可以被公开交易。外源融资的缺点是：公司借款除了需要向投资者支付利息外，还需要支付各种各样融资费用，因此具有较高的成本，偿债性非常明显；发行股票虽然不需要直接支付资金的使用费用，但是中介机构会收取各种费用，这些费用是公司财务费用的一部分；借款会增加公司财务风险，

---

① 陈锦旗：《中国上市公司融资结构研究》，上海社会科学院2006年博士论文。

因为其存在支付危机；由于发行股票会增加资金流动性，这就会增加公司的交易风险。①

根据优序融资理论，公司首先进行内源融资，当公司发展到一定程度，内源融资不能满足其融资需求且公司具有一定的承担风险能力后，公司才会进行外源融资，用公司以外的资金使公司进一步发展壮大。但是，当公司发展到一定程度时，又会缩小外源融资的规模，因为外源融资具有较高成本，公司会逐渐转而依靠自身的资金积累进行发展。但是，如果一个公司仅依靠外部资金，而没有内源融资能力，那这个公司是不能长期稳定发展的，而且还会引起巨大的经营和财务风险。过大的外源融资比率不仅会降低公司对资金的使用效率和公司报酬率，还会大幅度增加公司经营成本。对我国绿色能源上市公司而言，由于其起步较晚，发展还很不成熟，更应重视公司自身的积累能力。

内源融资对于公司的稳定发展至关重要，他是公司稳定发展的前提。因为内源融资是将公司的发展建立在其自身所能提供的发展可能性的基础上的，增加了公司发展的稳定性，也会使得整个经济都处于稳健发展状态；而经济的稳定发展又给公司带来稳健的市场环境，有利于公司增加其盈利，使公司的内源融资具有稳定来源，从而形成良性循环。而外源融资由公司以外的经济主体提供资金，资金来源不受其自身发展状况的限制，但是可能会导致过度投资，增大公司的风险。

（二）直接融资与间接融资

按照资金运动渠道的不同，分为直接融资和间接融资。直接融资是指借款人直接从金融市场去的借款，而不需要经过第三方（如金融中介）的服

---

① 陈锦旗：《中国上市公司融资结构研究》，上海社会科学院 2006 年博士论文。

务。直接融资通常是借款人出售债权或股权以获得资金，绕过了金融中介的高利率。① 如果没有资产转换发生，即使具有金融中介，也可以把交易当成直接融资：一个例子是，家庭部门通过股票经纪人购买政府发行的债券（前提是该债权是被股票经纪人以其原始状态售出）；另一个例子是，从一个业务实体购买新发型的商业票据。间接融资是指借款人从金融市场通过间接方式获得资金，例如通过金融中介获得借款，常见的间接融资方法包括金融拍卖、首次公开发行。

直接融资的主要特点有三个，第一是直接融资的股票和债权可以在公开市场上自由流通转卖，也就是说直接融资具有流通性；第二是当公司使用直接融资时，投资者只能通过在流通市场出售权证这种方式收回本金，而不能直接收回本金，也就是说直接融资具有不可逆性；第三是直接融资的资金使用期限大多都超过一年，也就是说直接融资具有长期性。而间接融资是银行信用的体现，它的主要特点有：第一是间接融资如银行债券不能再证券市场流通，只能向银行借款时作为抵押品，也就是说间接融资具有非流通性；第二是公司不能无限期使用银行贷款，一旦贷款到期，公司必须支付贷款的本息，也就是间接融资具有可逆性；第三是间接融资具有短期性，因为在发达的金融体系中，银行贷款大多以短期为主。②

直接融资最先产生，之后才出现了银行信用以及其他的间接融资方式。融资方式发展至今，直接融资和间接融资是相互补充的关系，两者同时构成了公司外源融资中缺一不可的方式。公司可以根据直接融资和间接融资的不同根据需要选择融资方式。直接融资和间接融资的差别如下：（1）成本不

---

① Frederic Mishkin, *The Economics of Money*, *Banking and Financial Markets* (*Globle*, *Tenth Edition*), Pearson Education Limited.
② 陈锦旗：《中国上市公司融资结构研究》，上海社会科学院 2006 年博士论文。

同，直接融资的成本包括证券承销成本、资产评估成本以及股息红利成本，而间接融资不仅要支付借款的利息，还要支付给金融中介支付手续费、服务费等费用，所以究竟是哪种融资方式的成本更高很难下定论，需要分析这两种融资的数量以及主要影响因素后才能比较；（2）间接融资对投资者利益的保护能力更强，对于投资者来说，给公司提供间接融资时其回报是定时定量的，在约定时间会有固定的利息红利收益，而如果投资者给公司提供直接融资，这时其收益就要视具体情况而定，也就是说，收益要受公司经营状况和管理者经营决策意见的影响，即使公司具有高盈利，也不一定会分配到高的分红派息，公司管理者可能会将这一高盈利的收入进行新的投资；（3）直接融资可以以产权交易的方式，使得投资主体被分散管理，通过对公司资产的充足提高资产盈利效率，实现资源的优化配置，而间接投资只具有信用约束，但是没有所有权约束。

（三）股权融资与债权融资

根据不同的资产产权关系，分为负债融资和权益融资。权益融资，是指公司通过出售筹集资本。权益融资的本质是公司通过出售所有者权益为公司筹集资金的目的。权益融资涵盖广泛范围和程度的活动，即企业家从由朋友和家人筹集到几千美元，也包括从数十亿家庭部门募集到的巨大额度的首次公开募股（IPO）。权益融资所得到的资金就是公司的股本，是该公司权益资本的主要组成部分。权益融资不仅指出售普通股本，还有其他股本或准股本工具，如优先股、可转换优先股和包括普通股和授权证的股本单位。负债融资是指公司通过出售债券、账单给个人或机构投资者募集公司营运资金或资本支出。作为贷出款项的回报，个人或机构投资者成为债权人并得到债务本息会被归还的承诺。

二、绿色能源公司融资结构与财务指标观测

我国绿色能源上市公司的资产负债率从 1998 年至今有上升趋势，但始终保持平稳，在 45% 左右浮动。而财务杠杆在 2007 年大幅度下降，这可能与当年我国股票市场熊市有关。但随着全球金融危机的爆发，全球经济不景气也牵连到了我国绿色能源上市公司，之后绿色能源上市公司财务杠杆又大幅度上升。

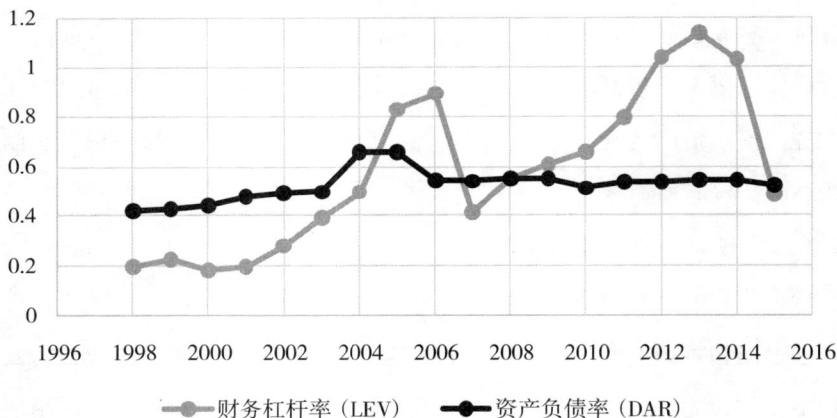

图 7-2　绿色能源上市公司各年 DAR、LEV

绿色能源上市公司的流动负债比率明显高于非流动负债比率，在 1998 到 2005 年之间，流动负债都长期保持在 32% 以上，2005 年更是高达 50%，之后有所下降，但仍维持在 38% 以上。非流动负债在 2009 年以后长期保持在 15% 左右的水平。以上分析说明我国绿色能源上市公司存在流动负债过高的现象，由于银行长期信贷申请手续复杂、长期贷款成本较高，公司本身也可能存在信用等级不够等问题，使其难以获得长期贷款，只能选择短期负

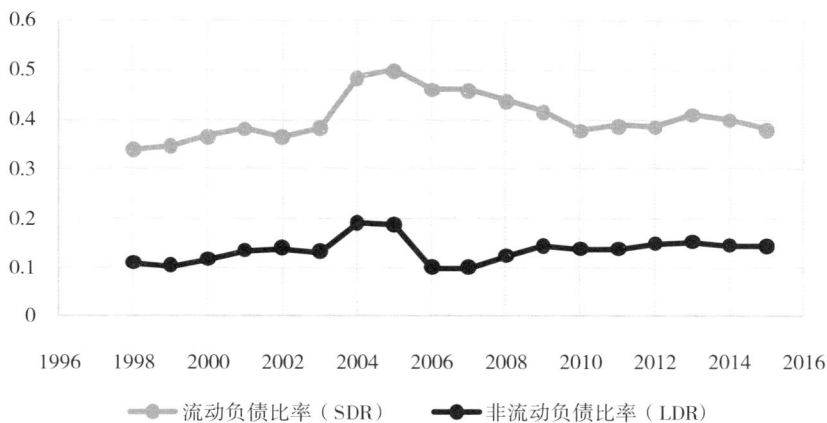

图 7-3　绿色能源上市公司各年 LDR、SDR

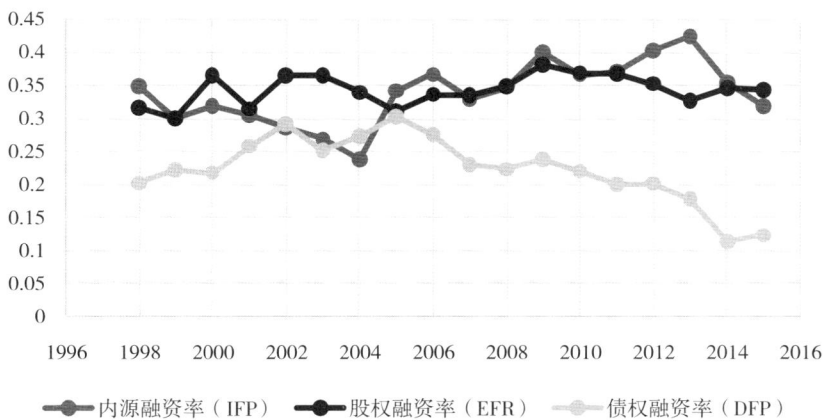

图 7-4　绿色能源上市公司各年 IFP、DFP、EFP

债。但高水平的流动负债在市场出现波动时容易使公司出现资金周转困难的局面，增加公司的流动性风险和信用风险。

我国绿色能源上市公司在 2011 年之前整体上股权融资率处于较高水平，高于内源融资率和债权融资率，绿色能源上市公司倾向于偏好股权融资，但在整体上有趋于下降的趋势。债权融资率在 1998—2015 年均低于内源融资率和股权融资率，说明在三种融资方式中，我国绿色能源上市公司整体上最不倾向于债权融资。

2006 年以前，我国绿色能源行业的发展较为缓慢，从 1998—2006 年，我国绿色能源上市公司盈利能力连续下降，公司市场价值持续降低，而负债总额和杠杆比率则逐年增加。殖着 2006 年《可再生能源法》的颁布，国家大力支持可再生能源，我国绿色能源上市公司盈利能力和市场价值在该年均大幅度增加。尽管 2007 年金融危机的爆发使我国绿色能源上市公司受到影响，盈利能力和市场价值在该年均有不同程度的下降，但是 2008 年颁布的《可再生能源发展"十一五"规划》中规定到 2010 年可再生能源在消费中的比重达到 10%，促使我国绿色能源上市公司规模再次扩大。2013 年《可再生能源发展"十二五"规划》的出台，规定扩大可再生能源应用，不断扩大各省能源的市场规模，该"规划"的颁布进一步促进了我国绿色能源行业的发展。

第三节　对数据描述性统计

一、变量选取

由于样本中的公司规模差异较大，为避免虚假结论，与莫迪利安尼（Modigliani）和米勒（Miller）文章中一致，对全部变量均选用适当的规模因素去除，具体适用公司资产总和因素（用 A 表示）。与 MM 定理所使用的方法一致，本文首先用公司收益比率（ER）和负债比率（DR）解释 $value$，用财务杠杆（L）和修正的财务杠杆（ML）解释加权平均资本成本（$WACC$）；此后在模型中加入股利支付率（PR），股利支付率等于股利总额（TD）除以净利润总额（NP）。为了检验究竟是负债融资还是权益融资对公司市场价值的影响更为显著，加入外部融资率（EFR）变量，外部融资率等于经营性应付项目增加净额加筹资现金流入量再除以现金流入量总额。变量说明以及对部分变量数值的计算方法见表 7-2。

表 7-2　变量说明与计算方法

	变　量	符号	计算方法
被解释变量	加权平均资本成本	$WACC$	X/A
	公司价值率	$value$	V/A
解释变量	财务杠杆	L	D/V
	修正的财务杠杆	ML	$(D/V)^2/(1-D/V)$
	收益比率	ER	X/A
	负债比率	DR	D/A
	股利支付率	PR	TD/NP
	外部融资率	EFR	

二、模型设计

莫迪利安尼（Modigliani）和米勒（Miller）使用线性模型（模型1）解释杠杆和公司价值之间的关系。本章所用的变量与莫迪利安尼（Modigliani）和米勒（Miller）原文中基本一致，但是加入股利支付率（PR）变量，以检验股利支付率对公司价值和 $WACC$ 的影响，进而考察 MM 定理。

模型 1：$value_{ij} = v_0 + v_1 ER_{ij} + v_2 DR_{ij} + \varepsilon_{ij}$　　　　　　　　（1）

模型 2：$WACC_{ij} = \beta_0 + \beta_1 L_{ij} + \varepsilon_{ij}$　　　　　　　　　　（2）

模型 3：$WACC_{ij} = \omega_0 + \omega_1 L_{ij} + \omega_2 ML_{ij} + \varepsilon_{ij}$　　　　　　（3）

其中：$value$ 表示公司价值率，等于公司市场价值除以总资产，ER 是收入—资产比率，用 X/A 计算。对其他指标界定为：DR 为负债比率，即 D/A；$WACC$ 为加权平均资本成本；L 为财务杠杆，等于负债价值除以公司市场价值；ML 为修正的财务杠杆，$ML = (D/V)^2(1 - D/V)$；V 为公司市场价值，等于债权市场价值 D 加股票价值 S；X 为息税前收益；A 为资产总和；NI 为净收益；D 为负债总和。

计量过程中利用模型 1 检验财务杠杆与市场价值的关系，用模型 2 和模型 3 测试财务杠杆对资本成本的影响。引入修正的财务杠杆（ML）变量是为了测试 U 型资本成本线，如果系数 ω_2 为正且不显著区别于 0，则 MM 定理成立；如果系数 ω_2 为显著区别于 0 的正数，则 U 型资本成本线成立，即由于存在债务的税盾效应，[①] 加权平均资本成本随财务杠杆的增加而减小，但是当债务增加到一定程度时，债务成本的增加不能抵消税收好处，加权平均资本成本会增加。

三、描述性统计

表 7-3 列示出对样本公司相关指标的统计性描述结果。由表 7-3 观察不同区域新能源公司加权平均资本成本，西部和东部分别为 5.88% 和 5.94%，中部和东北略高，分别为 6.12% 和 6.53%。

---

　　① 即债务成本在税前支付，而股权成本在税后支付，企业如果要向债权人和股东支付相同的回报，向股东支付实际需要产生更多的利润。因此，税盾效应使企业贷款融资相比股权融资更为便宜。

全国公司的平均财务杠杆为 51.40%，西部公司为 57.98%，中部为 65.39%，西部和中部公司的平均负债比率高于全国平均水平。东部和东北地区公司负债比率低于全国平均水平，东部地区新能源上市公司负债比率最低。

西部公司价值率（1.54）、收益比率（6.95%）均低于全国平均水平。全国公司价值率为 1.70，收益比率为 7.88%。西部公司价值率在分地区中仅略高于中部地区，中部地区公司价值率为 1.52。

全国新能源公司平均收益比率约为 7.87%，除东部地区外，其余地区的收益比率均低于全国平均水平。

全国新能源上市公司的平均股利支付率约为 37.00%。其中，中部地区公司的平均股利支付率最高，为 42.91%。西部为 35.16%，略高于东北的 33.04%。

全国公司平均外部融资率为 35.80%，其中东北公司最高为 40.90%，东部公司外部融资率最低，为 35.05%。

表 7-3　中国新能源上市公司样本数据统计性描述

变量	区域	样本量	均值	最小值	最大值	标准差
WACC	全国	1656	0.0597	0.0001	1.4699	0.0773
	西部	281	0.0588	0.0008	0.5474	0.0721
	东部	1099	0.0594	0.0001	1.4699	0.0811
	中部	216	0.0612	0.0005	0.4093	0.0578
	东北	60	0.0653	0.0032	0.4850	0.0904
L	全国	1772	0.5140	0.0024	3.2727	0.5058
	西部	395	0.5798	0.0024	2.9424	0.5145
	东部	1197	0.4725	0.0044	3.2727	0.4633
	中部	222	0.6539	0.0099	2.8937	0.6340
	东北	58	0.5019	0.0173	2.8205	0.6225

续表

变量	区域	样本量	均值	最小值	最大值	标准差
value	全国	1825	1.7035	0.6577	34.5958	1.4964
	西部	307	1.5403	0.0933	12.7555	1.2200
	东部	1218	1.7883	0.0657	34.5958	1.6039
	中部	233	1.5161	0.1092	6.7397	1.2765
	东北	67	1.5624	0.1191	5.1613	1.1909
ER	全国	1942	0.0787	0.0001	3.5869	0.1180
	西部	335	0.0695	0.0004	0.6611	0.0603
	东部	1293	0.0844	0.0001	3.5869	0.1389
	中部	242	0.0672	0.0015	0.3442	0.0506
	东北	72	0.0580	0.0032	0.2658	0.0437
DR	全国	2208	0.5308	0.0000	16.3290	0.5023
	西部	373	0.5640	0.0144	1.1123	0.1624
	东部	1490	0.5258	0.0000	16.3290	0.5976
	中部	266	0.5201	0.0302	0.9368	0.2040
	东北	79	0.5044	0.0896	0.8669	0.2190
ML	全国	1816	2.4298	0.0000	103.1113	7.7399
	西部	307	3.3297	0.0000	101.1625	10.3581
	东部	1211	2.1580	0.0000	103.1113	7.2849
	中部	232	2.8793	0.0001	88.5317	6.8721
	东北	67	1.6271	0.0003	7.6008	2.3150
PR	全国	1010	0.3700	0.0276	0.9989	0.2201
	西部	149	0.3516	0.0340	0.9683	0.2283
	东部	708	0.3644	0.0301	0.9989	0.2095
	中部	129	0.4291	0.0276	0.9950	0.2485
	东北	24	0.3304	0.0610	0.9971	0.2713
EFR	全国	1791	0.3580	0.0020	0.9250	0.1826
	西部	300	0.3784	0.0002	0.9250	0.1917
	东部	1211	0.3505	0.0023	0.9168	0.1826
	中部	217	0.3571	0.0286	0.7545	0.1552
	东北	63	0.4090	0.0082	0.7858	0.2128

第四节　对样本总体公司价值与加权平均资本成本（WACC）的计量检验

一、平稳性检验

本章用 ADF（Augment Dickey-Fulle）检验变量的平稳性。采用 Maddala 和 Wu（1999）提出的 ADF-Fisher 和 PP-Fisher 面板单位根检验方法建立原假设：

原假设为 H_0：存在有效的单位根过程；

备择假设为 H_1：不存在有效的单位根过程。用 STATA 进行单位根检验。结果见表 7-4。

表 7-4　单位根检验结果

	ADF-Fisher	PP-Fisher	结论
WACC	chi2（234）= 355. 2677 Prob>chi2=0. 0000	chi2（256）= 753. 5287 Prob>chi2=0. 0000	平稳
L	chi2（252）= 345. 6683 Prob>chi2=0. 0001	chi2（256）= 409. 6253 Prob>chi2=0. 0000	平稳
value	chi2（252）= 471. 8536 Prob>chi2=0. 0000	chi2（256）= 1001. 0942 Prob>chi2=0. 0000	平稳
ER	chi2（254）= 1014. 2023 Prob>chi2=0. 0000	chi2（268）= 781. 0735 Prob>chi2=0. 0000	平稳
DR	chi2（272）= 928. 3718 Prob>chi2=0. 0000	chi2（272）= 485. 9684 Prob>chi2=0. 0000	平稳
ML	chi2（252）= 445. 4898 Prob>chi2=0. 0000	chi2（256）= 795. 0214 Prob>chi2=0. 0000	平稳
PR	chi2（172）= 215. 5040 Prob>chi2=0. 0136	chi2（208）= 927. 0934 Prob>chi2=0. 0000	平稳
EFR	Chi2（256）= 381. 8250 Prob>chi2=0. 0000	Chi2（270）= 1062. 4777 Prob>chi2=0. 0000	平稳

由表7-4可知，对相关变量的ADF检验结果拒绝存在单位根的原假设，接受备择假设，即表7-4所列变量均不存在单位根，即加权平均资本成本、财务杠杆、公司价值、收益比率、负债比率、修正的财务杠杆、股利支付率和外部融资率共8个变量的数据均为平稳数列。

二、对公司市场价值的检验

本章采用沃尔德（Wald）检验方法判断组间是否存在异方差。

原假设为：H_0：$\sigma_i^2 = \sigma^2 (i = 1，\cdots，n)$，即不同个体的扰动项方差均相等。

备择假设为：H_1：不同个体的扰动项方差不全相等。检验结果见表7-5。

表7-5 市场价值组间异方差检验结果

$$H_0: \quad \sigma_i^2 = \sigma^2 (i = 1, \cdots, n)$$

$$\text{chi2 (132)} = 3.1\text{e+}05$$
$$\text{Prob>chi2} = 0.0000$$

由表7-5可知，检验结果强烈拒绝同方差的原假设，说明存在组间异方差。故采用具有Driscoll和Kraay（1998）标准差的方法估计，对模型1（见式1）进行计量检验，并加入变量 PR（股利支付率），EFR（外部融资率），检验结果见表7-6。

表7-6 市场价值计量检验结果

被解释变量 解释变量	value		
常数项	1.5541 *** （34.98）	2.6431 *** （14.73）	1.7353 *** （6.79）

续表

解释变量 ＼ 被解释变量	value		
ER	3. 6062 *** （11. 09）	8. 3596 *** （8. 91）	3. 2616 *** （3. 91）
DR	−0. 2366 *** （−3. 29）	−3. 2878 *** （−13. 94）	−0. 1803 （−0. 79）
PR		0. 1980 * （1. 68）	
EFR			−0. 5617 *** （−2. 89）
Prob > F	0. 0000	0. 0000	0. 0000
R 平方	0. 08	0. 31	0. 0762

注：* 表示在10%水平上显著，** 表示在5%水平上显著，*** 表示在1%水平上显著，括号内为 t 值。

由表7−6可知，全国公司的负债比率对市场价值具有负影响，影响程度为23.66%，引入股利支付率变量使得负债比率对新能源公司市场价值的影响程度显著增强。股利支付率的增加会提高新能源上市公司市场价值，提高程度为19.8%，即当股利支付率增加1%时，公司价值提高约0.2%。当引入外部融资率，发现其对上市公司市场价值同样具有负影响，且影响程度显著，为56.17%，即当外部融资率增加1%时，公司价值降低约0.56%。

三、对 WACC 影响因素的检验

仍采用沃尔德检验判断组间是否存在异方差。

原假设：H_0：$\sigma_i^2 = \sigma^2 (i = 1, \cdots, n)$，即不同个体的扰动项方差均相等。

备择假设：H_1：不同个体的扰动项方差不全相等。检验结果见表7−7

表 7-7　WACC 组间异方差检验结果

$$H_0:\ \sigma_i^2 = \sigma^2\,(i = 1,\ \cdots,\ n)$$

$$\text{Chi2（132）} = 2.0e{+}8$$
$$\text{Prob>chi2} = 0.0000$$

由表 7-7 可知，检验结果强烈拒绝同方差的原假设，意味着存在组间异方差。故采用具有 Driscoll 和 Kraay（1998）标准差方法估计。回归结果见表 7-8。

表 7-8　*WACC* 计量检验结果

解释变量 ＼ 被解释变量	*WACC*			
常数项	0.0309 *** （11.52）	0.0308 *** （11.99）	0.0396 *** （10.30）	0.0325 *** （13.93）
L	0.0446 *** （10.03）	0.0445 *** （10.09）	0.0617 *** （12.58）	0.0459 *** （10.83）
ML		0.0001 （0.66）		
PR			−0.2480 *** （−3.23）	
EFR				−0.0076 （−0.68）
Prob > *F*	0.0000	0.0000	0.0000	0.0000
R 平方	0.26	0.26	0.57	0.2652

注：* 表示在 10% 水平上显著，** 表示在 5% 水平上显著，*** 表示在 1% 水平上显著，括号里为 t 值。

MM 定理推论为：平均资本成本 X/V 独立于财务杠杆水平。换言之，财务杠杆的系数应该不显著且接近 0。由表 7-8 可知，就全国新能源上市公司观察，股利完全支付时财务杠杆对加权平均资本成本的影响在 4.46% 的水平。将 *ML*（修正的财务杠杆）引入模型后，公司 *ML* 的系数接近 0，故 U 型资本成本线不成立。而当引入不完全股利支付，财务杠杆对资本成本的影响增加约 1.7%（6.17%—4.46%），股利支付率的系数显著为负，表明提高股利支付率可降低公司的加权平均资本成本。检验结果也说明外部融资比率对公司加权平均资本成本无显著影响。

第五节　分经济区域计量检验

我国幅员辽阔，不同区域经济社会发展水平、市场化程度、金融深化阶段、企业部门配置生产要素的社会资本以及地方政府的产业政策等均有可能存在差异，新能源公司资本成本、市场价值、收益比率、外部融资、股利支付等资本结构与公司财务特征也很可能受到上述因素影响。据此，有必要分区域对新能源上市公司资本结构与公司价值等变量相互间内在关联特征做计量检验。参考官方对经济区域的划分，将全国分为西部、中部、东部和东北四个地区予以分析。①

一、分区域市场价值检验

分经济区域的沃尔德检验结果见表 7-9。由表 7-9 可知存在组间异方差。故采用具有 Driscoll 和 Kraay（1998）标准差的方法估计。结果见表 7-10。

表 7-9　分区域新能源公司市场价值组间异方差检验结果

西　　部	东　　部
$H_0: \sigma_i^2 = \sigma^2 (i = 1, \cdots, n)$	$H_0: \sigma_i^2 = \sigma^2 (i = 1, \cdots, n)$
chi2（21）= 9764.58 Prob>chi2 = 0.0000	chi2（93）= 3.6e+05 Prob>chi2 = 0.0000

①　参考国家发改委对我国经济区域的划分，西部地区包括西北的陕西、甘肃、宁夏、青海和新疆，西南的四川、重庆、云南、贵州、西藏，以及内蒙古、广西；中部地区包括湖南、湖北、山西、河南、安徽、江西；东部地区包括北京、天津、河北、江苏、浙江、上海、福建、山东、广东、海南；东北包括黑龙江、吉林和辽宁。

续表

中　部	东　北
$H_0: \sigma_i^2 = \sigma^2(i = 1, \cdots, n)$	$H_0: \sigma_i^2 = \sigma^2(i = 1, \cdots, n)$
chi2（14）= 669.59 Prob>chi2 = 0.0000	chi2（4）= 8.57 Prob>chi2 = 0.0727

表 7-10　分区域新能源公司市场价值计量结果

		常数项	ER	DR	PR	EFR	Prob > F	R^2
value	西部	2.8964 *** (10.79)	3.1945 ** (2.31)	-2.7557 *** (-7.54)			0.0000	0.1767
		1.4054 * (1.77)	15.2635 *** (3.55)	-1.5611 (-1.41)	0.0649 (0.17)		0.0010	0.1758
		3.0106 *** (10.10)	3.2609 *** (2.95)	-2.7592 *** (-6.70)		-0.0981 (-0.33)	0.0000	0.5158
	东部	1.5614 *** (6.91)	2.9989 *** (3.89)	-0.0628 (-0.37)			0.0000	0.2231
		2.7461 *** (7.66)	7.0410 *** (4.85)	-3.4810 *** (-5.41)	0.0028 *** (4.09)		0.0000	0.3077
		1.8515 *** (13.54)	3.0097 *** (7.94)	-0.0637 (-0.77)		-0.6519 *** (-2.67)	0.0000	0.1858
	中部	2.9253 *** (7.12)	6.7348 *** (4.38)	-3.6143 *** (-6.14)			0.0000	0.4515
		3.2600 *** (5.31)	6.9489 *** (3.00)	-4.4160 *** (-5.44)	-0.1554 (-0.81)		0.0000	0.4957
		2.9008 *** (10.45)	6.9657 *** (4.60)	-3.7968 *** (-9.97)		0.4066 (0.96)	0.0000	0.5021
	东北	2.1267 *** (3.67)	12.5576 *** (4.72)	-2.3141 *** (4.72)			0.0000	0.5083
		2.881356 *** (3.75)	9.0944 (1.49)	-3.6925 *** (-4.45)	-0.0099 (-0.05)		0.0000	0.6401
		2.3471 *** (5.95)	13.4927 *** (3.45)	-3.3088 *** (-5.00)		0.5481 (0.97)	0.0000	0.8216

注：* 表示在10%水平上显著，** 表示在5%水平上显著，*** 表示在1%水平上显著，括号内为t值

由表 7-10 可做以下推断：

第一，对于西部、中部和东北新能源上市公司，ER 和 DR 的系数均显著不为 0，说明收益比率和负债比率均对公司价值影响显著，也即 MM 定理对上述地区新能源公司而言不成立。ER 的系数显著为正表明收益比率上升显著增加公司市场价值，东北新能源上市公司 ER 系数明显高于其他地区，说明其收益比率上升对市场价值的"牵引"作用尤为显著。

DR 的系数均显著为负，说明西部、中部和东北地区不存在负债的税盾效应，负债比率增加将降低公司价值。中部公司负债比率上升对公司价值的抑制作用最为明显。

第二，东部公司的负债比率对其市场价值的影响不显著。即 MM 定理所预示的资本结构与公司市场价值不相关仅适用于东部新能源上市公司。以西部、中部与东北地区作为参照"集合"，潜在的因果关系可能在于：其一，东部地区新能源公司收益比率显著地高于其他任意单一地区（自然高于其他三个地区"集合"），相对稀释了债务风险，股票市场对此做出反应；其二，东部地区新能源公司杠杆率低于其他地区，修正后杠杆率以及负债比率也明显低于西部与中部地区新能源公司，仅略高于东北地区，而负债比率对公司市场价值的影响具有非线性特征，即随着债务比率增加，公司价值相对于债务比率的弹性增加。①

对这一现象的解释可以用布莱曼（Brightman）和戈登（Gordon）的理

———————————

① 取公司价值增长率与债务比率增长率之比的绝对值为公司价值对债务比率的弹性。此处仅考虑了债务比率上升对公司市场价值向下的抑制效果，但在实际市场中，对于高速成长型上市公司，债务比率上升也可能引致公司价值增加，因为预期利润与现金回流丰厚，与杠杆率上升伴随的是所有权人收益增加。可见负债率并非独立作用于公司价值，而是与收益比率（实现的或者预期的）联动起作用。所以，如果将公司价值的债务比率弹性作为一个概念化公司金融分析工具，需要理解其计算数值并非必然为负（或为正）。

论，股票价格和财务杠杆之间的关系取决于投资回报率 R 和负债利息率 i，而不是财务杠杆 L。当 R 比 i 小时，财务杠杆率对于股票价格 P 的影响是负的。表 7-11 显示了我国新能源上市公司总资产报酬率和贷款利率，由表 7-11 可知，我国新能源上市公司的总资产报酬率在大多数年份总体上小于贷款利率。

第三，在引入股利支付政策后，股利支付政策对中、西、东北新能源上市公司的市场价值的影响均不显著；尽管东部地区股利支付政策对公司市场价值影响显著，但是由于系数非常接近于 0，为 0.28%，可忽略不计。故可认为股利支付率不影响我国新能源上市公司市场价值。

第四，外部融资率对市场价值的影响为：东部地区外部融资率的增加对公司市场价值有负影响，其他地区外部融资率对企业市场价值的影响不显著。由于外部融资包括负债融资和权益融资，根据前面的结论，西部、中部和东北公司的负债融资具有负效应，故这些地区新能源上市公司的权益融资对公司市场价值具有正效应，所以公司可以通过增加权益融资，增加公司的市场价值。

表 7-11　贷款利率和新能源上市公司总资产报酬率（1992—2015 年）

	贷　款　利　率				总资产报酬率
	6 个月—1 年	1 年—3 年	3 年—5 年	5 年以上	
1992	8.64	9.00	9.54	9.72	9.58
1993	10.98	12.24	13.86	14.04	12.84
1994	10.98	12.24	13.86	14.04	10.73
1995	12.06	13.50	15.12	15.30	10.13
1996	10.08	10.98	11.70	12.42	11.31
1997	8.64	9.36	9.90	10.53	9.10
1998	6.39	6.66	7.20	7.56	7.34

续表

	贷　款　利　率				总资产报酬率
	6个月—1年	1年—3年	3年—5年	5年以上	
1999	5.85	5.94	6.03	6.21	6.66
2000	5.85	5.94	6.03	6.21	6.17
2001	5.85	5.94	6.03	6.21	4.59
2002	5.31	5.49	5.58	5.76	3.69
2003	5.31	5.49	5.58	5.76	3.79
2004	5.58	5.76	5.85	6.12	3.58
2005	5.58	5.76	5.85	6.12	3.53
2006	6.12	6.3	6.48	6.84	5.47
2007	7.47	7.56	7.74	7.83	6.96
2008	5.31	5.40	5.76	5.94	4.74
2009	5.31	5.40	5.76	5.94	5.03
2010	5.81	5.85	6.22	6.40	5.51
2011	6.56	6.65	6.90	7.05	3.76
2012	6.00	6.15	6.40	6.55	1.91
2013	6.00	6.15	6.40	6.55	2.31
2014	5.60	6.00	6.00	6.15	2.17
2015	5.10	5.50	5.50	5.65	3.20

注：数据来源于中国人民银行和锐思金融数据库。

二、分区域 WACC 实证检验

分区域的 WACC 检验同样采用沃尔德方法检验组间是否存在异方差。

原假设：H_0：$\sigma_i^2 = \sigma^2 (i = 1, \cdots, n)$，即不同个体的扰动项方差均相等；

备择假设：H_1：不同个体的扰动项方差不全相等。

由表7-12可知，沃尔德检验结果强烈拒绝同方差的原假设，说明存在组间异方差。故估计采用具有 Driscoll 和 Kraay（1998）标准差的估计，结果见表7-13。

计量结果表明杠杆率（L）对各地区新能源公司的加权平均资本成本（$WACC$）均有显著正影响。对西部公司的影响为2.86%，中部3.25%，东北4.54%，对东部公司影响最大，为5.90%。当引入变量 ML（修正的杠杆率），东北地区新能源公司 ML 的系数弱显著，为负且绝对值接近0，西部、东部和中部公司 ML 系数不显著，证明 U 型资本成本线不能解释新能源上市公司加权平均资本成本。而当引入不完全股利支付政策后，西部、东部和中部地区新能源上市公司股利支付率系数显著为负，证明提高股利支付率可降低资本成本。中部公司提高股利支付率从而降低资本成本的作用最明显，为3.80%。

东部和东北地区外部融资率（EFR）增加显著降低公司加权平均资本成本，对东部公司的作用为-1.6%，东北为-4.2%。

表7-12　WACC 组间异方差检验结果

西　　部	东　　部
H_0: $\sigma_i^2 = \sigma^2 (i = 1, \cdots, n)$ chi2（21）= 5245.56 Prob>chi2 = 0.0000	H_0: $\sigma_i^2 = \sigma^2 (i = 1, \cdots, n)$ chi2（93）= 9.9e+07 Prob>chi2 = 0.0000
中　　部	东　　北
H_0: $\sigma_i^2 = \sigma^2 (i = 1, \cdots, n)$ chi2（14）= 9622.73 Prob>chi2 = 0.0000	H_0: $\sigma_i^2 = \sigma^2 (i = 1, \cdots, n)$ chi2（4）= 3.4e+20 Prob>chi2 = 0.0000

表 7-13　WACC 实证分析结果

		常数项	L	ML	*PR*	EFR	*Prob>F*	*R²*
WACC	西部	0.0373 *** (5.50)	0.0286 *** (3.20)				0.0041	0.1935
		0.0332 *** (5.02)	0.0305 *** (8.51)	0.0005 (1.47)			0.0000	0.5348
		0.0360 *** (6.59)	0.0516 *** (8.60)		−0.0219 *** (−3.34)		0.0000	0.6752
		0.0228 *** (3.84)	0.0349 *** (3.47)			0.0264 (1.34)	0.0001	0.2660
	东部	0.0264 *** (7.53)	0.0589 *** (12.34)				0.0000	0.2711
		0.0264 *** (7.65)	0.0590 *** (12.08)	−0.0001 (−0.36)			0.0000	0.2701
		0.0404 *** (9.95)	0.0679 *** (10.04)		−0.0265 *** (−3.78)		0.0000	0.5611
		0.0312 *** (5.88)	0.0600 *** (6.93)			−0.0159 * (1.78)	0.0000	0.4280
	中部	0.0347 *** (8.56)	0.0325 *** (6.08)				0.0000	0.3006
		0.0349 *** (8.54)	0.0329 *** (6.56)	−0.0003 (−0.61)			0.0000	0.3026
		0.0522 *** (4.96)	0.0447 *** (6.11)		−0.0381 * (−2.06)		0.0000	0.3550
		0.0329 *** (7.66)	0.0305 *** (7.28)			0.0034 (0.30)	0.0000	0.3155
	东北	0.0157 ** (2.80)	0.0454 *** (6.77)				0.0000	0.6764
		0.0554 *** (3.47)	0.0554 *** (5.87)	−0.0083 * (−1.97)			0.0000	0.6868
		0.0084 (0.93)	0.0682 *** (9.35)		0.0052 (1.32)		0.0000	0.9064
		0.0267 *** (5.68)	0.0501 *** (8.11)			−0.0423 ** (−2.03)	0.0000	0.7610

注：* 表示在10%水平上显著，** 表示在5%水平上显著，*** 表示在1%水平上显著，括号里为 t 值。

第六节　政策建议

相关分析说明，中、西部和东北地区收益比率对市场价值具有负影响，负债比率对市场价值有正影响，外部负债率对上述地区公司市场价值的影响不显著。东部地区新能源上市公司负债比率对公司市场价值的影响显著，外部负债率增加将减少公司市场价值。西部和东部公司股利支付率对公司加权平均资本成本的影响显著为负。财务杠杆对各地区公司加权平均资本成本均具有显著正影响。为了提升新能源公司市场价值，增强其盈利能力，促进新能源公司发展，有效缓解我国能源总供给与需求的矛盾，并对环境治理形成有力支撑，提出以下建议：

第一，新能源上市公司应扩大规模、拓宽融资渠道。我国新能源上市公司总体上规模偏小，急需扩大资金来源促进行业发展，政府应出台相应政策引导银行增加绿色信贷规模，放宽新能源公司的资金获取渠道。除银行贷款外，上市公司还应积极寻找新的融资渠道，除了传统的负债融资和权益融资外，可以采取知识产权融资、存货融资等融资手段。

第二，中、西部和东北地区新能源公司应增加收益比率。我国西部和中部以及东北地区新能源公司的收益比率明显低于东部，由此显著影响公司的市场价值，并转而抑制新能源公司在资本市场融资。因此，中、西部和东北地区新能源上市公司应加强内部治理，提高管理效率，加强技术创新，选择适合自身发展的项目，寻找良好的投资机会，改善经营模式，提高盈利能力，提升市场份额，加快自我积累能力，创造条件扩大公司规模。

第三，西部、东部新能源上市公司应该增加股利支付率。股利支付率的提高可以显著降低公司 WACC 并增加公司市场价值，我国新能源上市公司的股利支付率明显不足，以西部、东部和东北最为显著。无论是西部地区还是东部地区上市公司，都应该增加股利支付率以减少平均资本成本，增加公司市场价值。提高股利支付率还可规避公司风险，使股东具有稳定的股利收入，从而吸引更多的人投资该公司。当然，前提是公司具有一定盈利空间。

第四，中、西部公司应扩大权益融资。西部、中部和东北的新能源上市公司可以通过优化公司治理结构、公开公司信息、采取差异化战略、积累品牌资产等方式吸引新的投资者。而由于西部地区经济较落后，进行权益融资本身较为困难，政府可出台相应政策鼓励投资者投资西部新能源上市公司。

第五，东部地区新能源上市公司外部融资率明显低于其他地区，代表该地区大多采用内源融资。进而，东部地区新能源公司大多从事核心技术研发，因此应主动培育该地区新能源上市公司成为龙头产业，带动其他相关产业发展。由于外部融资有其内在优势，例如负债融资可以发挥杠杆作用，加之东部地区经济较为发达，进行外部融资更为容易，该地区新能源公司可以适当考虑增加外部融资。

第八章　绿色能源上市公司融资结构与绩效计量检验

本章对 2005—2012 年绿色能源上市公司数据建立面板固定效应模型，基于区域差异视角计量验证融资结构对公司绩效的影响，并引入沪深 300 指数做样本外比较。结果表明，绿色能源上市公司平均绩效、内源融资率低于沪深 300 指数，具有股权融资偏好，两种样本的债务融资均没有体现出负债的税盾效应。在不同区域中，东部地区的绿色能源上市公司绩效、内源融资率具有较高水平；区域间资产负债率、短期有息负债率与公司绩效呈负相关，长期有息负债率对于绩效影响有所差异；融资优序理论得以验证。相关结果表明推动绿色能源上市公司发展需根据区域禀赋合理优化企业融资结构，改善区域金融生态环境。

大力发展新能源产业是转变产业结构、改变传统能源依赖和实现可持续发展的重要途径。在 2010 年国务院颁布的《关于加快培育和发展战略性新兴产业的决定》中，鼓励构建多融资渠道为战略性新兴产业提供金融支持，推动新能源等产业在 2020 年成为国民经济发展的支柱型产业。2012 年 5 月 30 日，国务院讨论通过《"十二五"国家战略性新兴产业发展规划》，提出节能环保、新一代信息技术、生物、高端装备制造、新能源、新材料以及新能源汽车等七大战略性新兴产业的重点发展方向和主要任务，进一步对加快新能源等产业发展起到重要推动作用。

政策激励为绿色能源企业的发展提供了广阔平台，然而，由于绿色能源产业发展的关键是核心技术研发以及科研成果的规模化，需要企业通过采取不同的方式获取大量资金支持，因此，绿色能源企业的绩效受到来自内部决策和博弈的融资能力和融资偏好的影响。此外，基于金融地理学和内生金融理论的观点，经济环境作为企业持续经营的发展基础，不同的地理环境对于微观个体成长性有着重要意义。我国幅员辽阔，区域间经济发展、资本发育程度和金融发展水平呈现较大差异，导致不同区域的企业数量、规模和发展不均衡。我国绿色能源产业区域格局突出表现为，东部地区多集中于高精尖的技术研发，中西部地区主要处于原材料供应阶段，东北地区除了作为资源大省，也肩负着老工业基地转型的重任。因此，本书将利用绿色能源上市公司 2005—2012 年的财务数据，从宏观和微观的视角探讨如何实现绿色能源产业价值最大，并最终获得良好的经营业绩。

第一节　文献综述与研究假设

一、文献综述

美国经济学家 Modigliani 和 Miller 于 1958 年研究提出的 MM 定理作为融资结构理论的核心与基础，假设在完美市场上，企业资本结构与其市场价值无关，企业的融资类型对于投资决策完全没有影响。[①] 由于 MM 假设条件严

[①]　Franco Modigliani, Merton H. Miller, "The Cost of Capital, Corporation Finance and the Theory of Investment", *The American Economic Review*, Vol. 48, No. 3, 1958, pp. 261-297.

格苛刻，不适用于现实经济，Franco 和 Merton 二人 1963 年对 MM 定理进行了修正，在引入企业所得税后得出进行负债融资的公司可以免去征收所得税而享受到税收收益。[①] 而权衡理论代表人物 Robichek 等一系列研究者分析认为修正的 MM 定理没有考虑企业负债所带来的风险和额外的费用。在随后的文章中，研究者建立在 MM 模型分析之上，得出公司在考虑最优资本结构时，必须要将负债的抵税作用和预期破产成本考虑进去，负债融资必须要考虑其所带来的财务困境成本和个人所得税对于税收收益的抵消作用。[②] Jensen 和 Meckling 作为代理成本论的代表人物，直接弃用了 MM 理论的框架模型，通过研究认为选择融资结构是为了使得代理成本最小化，一般地，较之股权融资，负债融资能够降低代理成本，但是随着负债代理成本的不断升高，股东价值将有所降低。[③] 随着对融资结构理论深入探究，诞生了信息不对称理论、公司控制权理论、最优融资理论等一系列理论，对后续作者的研究有着深入的影响。Williamson 曾指出融资结构在市场经济的条件下，已经不是单纯的用来衡量公司各种融资方式比例、资金运用模式、杠杆比例的标准，股权与债权等不是简单的融资工具，更应视为不同的治理结构。[④] 接来下的学者，较集中的研究不同融资结构与公司价值之间的关系。如 McConnell 等发现当负债过多时，会使公司放弃一些净现值项目而降低公司绩效。[⑤] Shleifer 等研究

① Franco Modigliani, Merton H. Miller, "Corporate Income Taxes and the Cost of Capital: A Correction", *The American Economic Review*, Vol. 53, No. 3, 1963, pp. 433-443.

② Alexander A. Robichek, Stewart C. Myers, "Problems in the Theory of Optimal Capital Structure", *Journal of Financial and Quantitative Analysis*, No. 2, 1966, pp. 1-35.

③ Michael C. Jensen, William H. Meckling, "Theory of the Firm: Managerial Behavior, Agency Costs and Ownership Structure", *Journal of Financial Economics*, No. 4, 1976, pp. 305-360.

④ Oliver E. Williamson, "Corporate Finance and Corporate Governance", *The Journal of Finance*, Vol. 43, No. 3, 1988, pp. 567-591.

⑤ John J. McConnell, Henri Servaes, "Equity Ownership and The Two Faces of Debt", *Journal of Financial Economics*, Vol. 39, No. 1, 1995, pp. 131-157.

了集中的债权或者股权结构可以达到有效的公司治理，形成对管理者的监督。[①] 一些学者将宏观环境引入，综合内外因考虑影响企业发展的途径。Demsetz 等在文章中指出外部环境的不同会产生不同的股权结构。[②] Rami Zeitun 等考察了 167 家约旦公司融资结构与财务绩效之间的关系，发现公司融资结构对财务绩效呈显著的负相关，且公司的绩效受到来自市场环境的影响。[③]

国内在借鉴外国学者研究的同时，结合中国国情，主要考察国内企业融资结构与绩效间的内在联系。艾健明分析得出公司治理的关键需要对融资结构进行改变。[④] 李扬分析了我国上市公司债务融资、期限结构对于公司绩效的影响，得出企业短期负债与公司绩效呈正相关关系，长期负债对于提高企业绩效效果不明显，企业应该一定程度上增加负债融资。[⑤] 针对包括新能源产业的战略性新兴产业，翟华云分析了新能源等战略性新兴产业公司通过上市融通资金，可以实现产业价值最大。[⑥] 凌江怀等认为其高风险与高收益并存的特点决定了发展离不开资本市场，进一步地，通过实证分析，得出企业规模扩张和股权资本显著提高新兴战略性产业的经营绩效。[⑦] 彭芳春等分析

[①] Andrei Shleifer，Robert W. Vishny，"The Limits of Arbitrage"，*The Journal of Finance*，Vol. 52，No. 1，1997，pp. 35–55.

[②] ［8］Harold Demsetz，Belen Villalonga，"Ownership Structure and Corporate Performance"，*Journal of Corporate Finance*，No. 7，2001，pp. 209–233.

[③] Rami Zeitun，Gary Gang Tian，"Capital Structure and Corporate Performance：Evidence from Jordan"，*The Australasian Accounting Business and Finance Journal*，Vol. 1，No. 4，2007，pp. 40–61.

[④] 艾健明：《我国上市公司的融资结构、公司治理与企业绩效》，《财贸研究》2003 年第 3 期，第 81—85 页。

[⑤] 李扬：《融资规模结构对上市公司绩效影响分析》，《管理世界》2011 年第 4 期，第 175—177 页。

[⑥] 翟华云：《战略性新兴产业上市公司金融支持效率研究》，《证券市场导报》2012 年第 11 期，第 20—25 页。

[⑦] 凌江怀、胡雯蓉：《企业规模、融资结构与经营绩效——基于战略性新兴产业和传统产业对比的研究》，《财贸经济》2012 年第 12 期，第 71—77 页。

了我国循环经济上市公司的融资结构与绩效之间的关系，分析得出该类公司较沪深 300 公司绩效水平较低，且偏向于短期负债。样本公司融资选择偏好依次为股权融资、债券融资、内源融资。① 从区域环境考虑，肖作平发现宏观经济等因素对于资本结构的决策有着显著的影响。② 王兴元等以生物隐喻法得出企业栖息地对我国制造业上市公司绩效有影响。③ 翟华云等实证分析战略性新兴产业落户在金融科技发展较好地区，企业发展更快。④

上述国内外学者的研究，内容不止停留于融资结构与企业绩效简单的关系之中，共同考量公司的内部决策与外部的宏观环境对于企业发展的影响也成为目前研究的趋势和方向。但是根据现有文献，目前对于我国战略性新兴产业发展的研究主要集中于总体实证分析，针对绿色能源产业融资结构对于绩效的影响程度如何，没有系统研究，也没有从空间发展的不平衡性来考察企业的发展。田霖指出我国东中西部金融成长差异性较为显著，东部地区的资本形成能力和直接融资能力都要高于中西部地区，东部地区彰显的经济活力也明显高于其他地区。⑤ 因此，本章将以我国绿色能源上市公司 2005—2012 年融资结构和财务绩效面板数据为样本，并引入沪深 300 样本进行整体比较，集中研究绿色能源融资结构和绩效关系所呈现的区域差异，从理论和现实的角度分析绿色能源产业发展路径，最终对不同区域绿色能源产业发展给出政策建议。

---

① 彭芳春、高奇：《循环经济视角下的上市企业融资结构与公司绩效》，《统计与决策》2014 年第 2 期，第 183—185 页。

② 肖作平：《资本结构影响因素和双向效应动态模型——来自中国上市公司面板数据的证据》，《会计研究》2004 年第 2 期，第 36—41 页。

③ 王兴元、于伟、Fuan Li：《栖息地特征、市场分布结构及其与企业经营绩效关系实证研究》，《中国工业经济》2010 年第 1 期，第 104—113 页。

④ 翟华云、方芳：《区域科技金融发展、R&D 投入与企业成长性研究——基于战略性新兴产业上市公司的经验证据》，《科技进步与对策》2014 年第 5 期，第 34—38 页。

⑤ 田霖：《区域金融成长差异：金融地理学视角》，经济科学出版社 2006 年版。

二、研究假设

基于 MM 理论以及修正模型，负债税盾作用会显著提升公司绩效。资产负债率上升时，投资者对于未来收益预期看好，有助于提升新能源公司价值。因此，绿色能源公司绩效与资产负债率有着正相关性影响。另外，从负债期限结构考虑，短期负债会增加企业的经营风险和流动性风险，较之长期负债，短期负债对于公司所有者约束力强，有助于提高公司治理效率。

假设一：资产负债率与绿色能源上市公司绩效呈正相关。

假设二：短期负债与绿色能源上市公司绩效呈正相关，长期负债与绿色能源上市公司绩效呈负相关。

根据融资优序理论，企业融资方式会按照内源融资、债务融资、股权融资顺序选择，内源融资对于公司绩效有正向影响。外源融资存在破产的风险和具有代理成本。由于绿色能源上市公司还处于成长阶段，规模较小，外源融资成本较高，而内源融资不需要支付股息，基于此得出：

假设三：内源融资与绿色能源上市公司绩效呈正相关，外源融资与上市公司绩效呈负相关。

投资环境直接影响着上市公司的获利能力。而金融供需的不平衡也使得公司治理、负债水平也呈现区域差异。东部是我国金融创新、制度创新的首要变革地点，环境的优势为上市公司发展提供了良好的外部发展条件，因此直接融资比例较高。而落后地区如西部地区发展主要以间接融资为主。

假设四：绿色能源上市公司融资结构对于公司绩效的影响呈现区域差异。

第二节　研究设计与描述性统计

一、样本选取

选取沪深绿色能源板块上市公司 2005—2012 年共计 144 家，并选取代表沪深股市情况的沪深 300 指数来与样本进行比较，更好刻画绿色能源上市公司的表现。为了消除数据异常对于实证分析不利影响，保证样本持续经营性，并考虑到一些行业资本结构、经营情况特殊性，剔除数据不完全、异常等上市公司，剔除金融上市公司，实际得到绿色能源上市公司有 109 家，按照 2011 年国家统计局划分经济区域的方法，得到东部地区 56 家，中部地区 13 家，西部地区 31 家，东北地区 9 家，沪深 300 上市公司 204 家。[①]

二、变量选择

（一）被解释变量

选取总资产回报率（ROA）和净资产收益率（ROE）全面考虑企业资产的综合利用。其中，ROA 反映全部资产所获取的收益状况，ROE 侧重于反映投资获取的收益能力。

（二）解释变量

融资结构：首先，使用资产负债率探讨负债能力对于公司运营的效果。其次，衡量负债期限结构对新能源上市公司绩效的影响。其中，由于有息债务对于经营者融资行为具有一定约束力，因此引入短期有息负债率和长期有息负债率来衡量。再次，引入内源融资率、债权融资率、股权融资率，验证

---

① 所用的数据来自于锐思金融数据库，见 www.resset.cn。

绿色能源上市公司融资方式对于绩效的影响。

虚拟变量：引入区域位置作为虚拟变量，重点考察其和融资结构交互项对绩效影响是否呈现显著区域差异。其中以东部地区为基准。

控制变量：考虑到企业存在的规模效应，即当规模提高时单位成本下降，企业通过提供成本较低的产品保持竞争优势，盈利空间较大。因此以衡量公司规模的总资产作为控制变量。

被解释变量和解释变量定义见表 8-1。

表 8-1 绿色能源上市公司相关变量及其定义

变量类型	变量名称	变量代码	变量定义
被解释变量	总资产回报率	ROA	息税前利润×2／（期初总资产+期末总资产）（%）
	净资产收益率	ROE	净利润×2／（期初股东权益+期末股东权益）（%）
解释变量	资产负债率	LEV	负债总额/资产总额（%）
	长期有息负债率	LDP	（长期借款+应付债券）/资产总额（%）
	短期有息负债率	SDP	（短期借款＋一年内到期非流动负债）/资产总额（%）
	内源融资率	IFP	（盈余公积+未分配利润+折旧）/资产总额（%）
	债权融资率	DFP	（短期借款+长期借款+应付债券）/资产总额（%）
	股权融资率	EFP	（总资本+资本公积）/资产总额（%）
虚拟变量	东北	D_{a1}	根据公司注册地，为东北地区时，a 取 1，否则取 0。
	西部	D_{a2}	根据公司注册地，为西部地区时，a 取 1，否则取 0。
	中部	D_{a3}	根据公司注册地，为中部地区时，a 取 1，否则取 0。
控制变量	规模	SIZE	总资产的自然对数

三、描述性统计

（一）绿色能源上市公司与沪深 300 指数样本变量描述性统计

表 8-2　绿色能源和沪深 300 上市公司变量描述性统计

	绿色能源上市公司变量					沪深 300 上市公司变量				
	平均值	中位数	最大值	最小值	标准差	平均值	中位数	最大值	最小值	标准差
ROE	5.47%	6.50%	86.42%	-153.83%	16.627	15.19%	14.303%	110.58%	-193.29%	17.0229
ROA	5.14%	5.08%	63.00%	-47.27%	6.511	10.31%	8.53%	63.00%	-25.60%	8.3795
LEV	55.02%	56.78%	95.44%	5.57%	16.8134	51.67%	52.08%	99.86%	1.45%	19.1427
LDP	12.54%	6.78%	80.06%	0.00%	0.1504	9.10%	5.39%	57.92%	0.00%	0.1048
SDP	18.25%	17.22%	58.67%	0.00%	0.1149	12.28%	10.43%	64.60%	0.00%	0.107
IFP	26.56%	24.06%	139.7%	-47.62%	0.1784	30.10%	26.95%	109.26%	-77.44%	0.1968
DFP	28.82%	27.57%	80.06%	0.00%	0.1653	19.28%	18.14%	87.05%	0.00%	0.1475
EFP	31.41%	28.22%	92.66%	0.00%	0.1577	26.44%	24.00%	167.90%	0.00%	0.1504
SIZE	21.98	21.85	26.06	19.35	1.0877	23.23	23.15	28.41	18.94	1.4843

根据表 8-2 可以得出，沪深 300 上市公司财务绩效平均值均高于绿色能源上市公司。两部分样本的资产负债率波动较大。两部分样本都偏向于短期负债，且绿色能源上市公司短期和长期有息负债率都高于沪深 300，具有较明显的股权融资偏好。而沪深 300 上市公司内源融资率均值高于它的债券融资率和股权融资率。由于沪深 300 指数作为投资的风向标，上市公司业绩较好，因此留存收益丰厚。而绿色能源上市公司处于发展阶段，自身积累不够，只能借助金融中介和资本市场来募集资金。

（二）新能源上市公司样本分区域比较

图 8-1 反映以资产收益率均值、资产回报率均值衡量的新能源上市公

司分区域绩效对比。据图 8-1 显示，新能源上市公司区域平均绩效在波动中下降。东北在 2008 年之前 ROE、ROA 平均值率高于其他地区，之后排序依次为东部、西部、中部，而 2008 年受到金融危机影响，东北、中部绩效开始下降，西部、东部财务绩效均值开始上扬，这可能是由于东部地区企业技术水平较高，抗干扰性强，而西部地区处于内陆地区影响程度最低。随后，政策的不断出台以及新能源产业产业结构的调整，使得绩效整体上升，但是受到主导产业光伏等新能源产业出现产能过剩的现象，使得绿色能源上市公司绩效在 2010 年又开始下降。

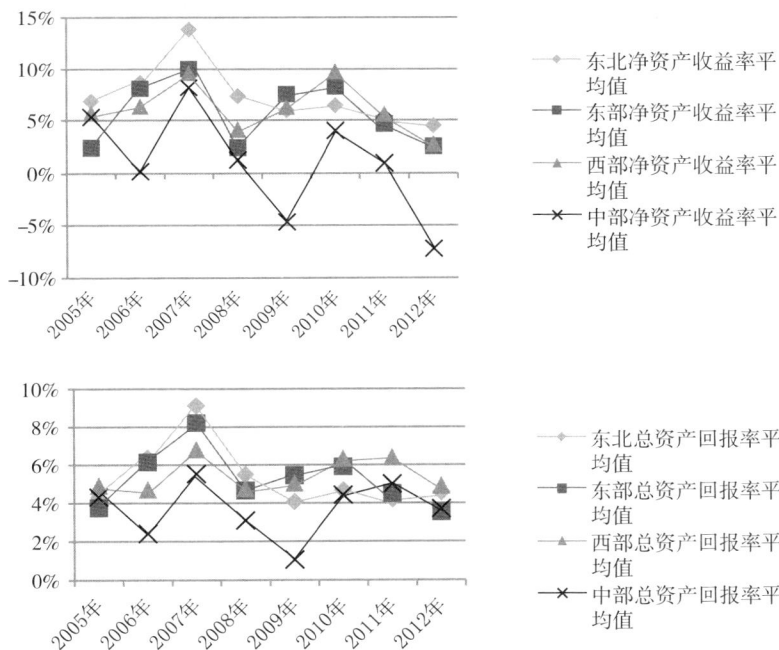

图 8-1　绿色能源上市公司分区域绩效

表 8-3 为绿色能源上市公司分区域资产负债率与负债结构。根据表

8-3，东部资产负债率均值略低于其他区域，增长较缓。中部资产负债率均值增长较快，2011 年达到最高值 76.25%。东部、东北地区短期负债有息负债率高于长期有息负债率平均值，而中部、西部区域长期有息负债率增长快于短期有息负债率。

表 8-3　绿色能源上市公司区域资产负债率与负债结构

		2005 年	2006 年	2007 年	2008 年	2009 年	2010 年	2011 年	2012 年
东北	LEV 平均值	49.43%	52.41%	52.36%	56.49%	59.93%	63.21%	64.52%	66.40%
	LDP 平均值	13.31%	11.42%	9.58%	14.05%	12.84%	17.69%	20.72%	21.67%
	SDP 平均值	15.07%	14.21%	19.97%	23.04%	24.15%	21.07%	19.61%	21.05%
东部	LEV 平均值	47.89%	51.01%	49.85%	51.89%	51.56%	52.94%	54.41%	55.74%
	LDP 平均值	5.70%	6.39%	5.57%	8.24%	10.43%	8.81%	10.25%	11.70%
	SDP 平均值	20.05%	19.75%	20.25%	20.10%	16.35%	15.14%	16.66%	16.21%
西部	LEV 平均值	51.96%	52.13%	55.50%	59.16%	60.27%	57.36%	58.62%	58.97%
	LDP 平均值	13.12%	11.94%	13.68%	16.01%	20.12%	18.26%	19.21%	19.20%
	SDP 平均值	19.48%	18.39%	18.26%	18.87%	16.66%	15.42%	17.03%	17.13%
中部	LEV 平均值	49.11%	54.22%	55.49%	57.70%	71.18%	61.43%	76.25%	71.77%
	LDP 平均值	10.69%	10.96%	11.50%	16.50%	24.99%	21.91%	32.27%	25.79%
	SDP 平均值	16.40%	18.79%	22.29%	18.66%	19.29%	17.25%	21.81%	20.53%

从表 8-4 可以发现，东北、东部、中部和西部四个区域融资偏好显著倾向于股权融资，但 2005—2012 年间总体呈下降趋势。债券融资比率区域间均有显著不同程度的增加，尤以中部地区增加明显。东部内源融资比率均值自 2006 年整体高于其他区域，中部、东北内源融资比率有明显下降趋势，西部内源融资比率较低。说明经济环境的不同对于企业的融资方式有一定程度影响。

表 8-4　绿色能源上市公司区域融资结构比较

		2005 年	2006 年	2007 年	2008 年	2009 年	2010 年	2011 年	2012 年
东北	IFP 平均值	29.28%	29.98%	25.46%	27.14%	23.41%	21.98%	23.00%	23.95%
	DFP 平均值	27.05%	24.36%	28.48%	35.91%	35.95%	37.51%	37.87%	39.62%
	EFP 平均值	37.10%	35.88%	31.54%	29.55%	26.66%	24.33%	22.93%	21.53%
东部	IFP 平均值	27.80%	27.61%	27.61%	27.96%	28.80%	29.69%	28.12%	27.55%
	DFP 平均值	24.39%	25.07%	24.96%	27.01%	25.53%	22.44%	25.56%	26.11%
	EFP 平均值	38.33%	34.77%	34.77%	32.83%	32.70%	31.14%	30.16%	29.66%
中部	IFP 平均值	33.85%	30.47%	26.63%	26.12%	26.23%	22.23%	24.26%	21.73%
	DFP 平均值	26.08%	27.16%	30.84%	33.85%	42.02%	35.84%	51.25%	41.23%
	EFP 平均值	35.26%	31.86%	28.74%	22.69%	29.31%	24.00%	24.39%	22.57%
西部	IFP 平均值	24.48%	24.40%	24.93%	22.68%	23.18%	24.61%	24.64%	23.51%
	DFP 平均值	29.45%	27.27%	28.78%	33.50%	34.69%	30.23%	32.67%	32.64%
	EFP 平均值	38.20%	34.58%	30.18%	29.10%	29.32%	29.31%	28.30%	28.60%

第三节　计量验证：绿色能源与沪深 300 上市公司比较

由于使用数据时间期限跨度短，截面数据多，侧重于截面分析，因此应用 EVIEWS 6.0 软件中的面板结构工作文件进行数据处理，并采用可行广义最小二乘法减少异方差的影响。值得注意的是，在观测的样本处于较大的地理区域时，可以认为每个横截面的待估计截距不相同，这时更适宜使用固定效应。[①] 在区域经济的研究中，陈钊等总结分析得出检验通常都发现误差项与解释变量相关，此时固定效应通常优于随机效应。[②] 因此选择使用固定效

[①]　Jeffrey M. Wooldpidge. *Introductory Econometrics: A Modern Approach* (*4th edition*), South - Western, Division of Thomson Learning, 2009, p. 493.

[②]　陈钊、陆铭、金煜：《中国人力资本和教育发展的区域差异：对于面板数据的估算》，《世界经济》2004 年第 12 期，第 25—31 页。

应模型来刻画变量间的关系。

首先, 为了更好将绿色能源上市公司和我国上市公司总体比较, 根据假设一、假设二、假设三, 分别建立式 (8.1)、式 (8.2)、式 (8.3) 进行验证:

$$ROE(ROA) = \alpha_0 + \alpha_1 LEV + \alpha_2 SIZE + \varepsilon \tag{8.1}$$

$$ROE(ROA) = \beta_0 + \beta_1 LDP + \beta_2 SDP + \beta_3 SIZE + \varepsilon \tag{8.2}$$

$$ROE(ROA) = \gamma_0 + \gamma_1 IFP + \gamma_2 DFP + \gamma_3 EFP + \gamma_4 SIZE + \varepsilon \tag{8.3}$$

其次, 为了验证假设四, 即绿色能源上市公司融资结构影响绩效是否具有区域差异, 引入虚拟变量与融资结构的交互项, 建立式 (4)、式 (5) 和式 (6):

$$ROE(ROA) = \delta_0 + \delta_1 LEV + \delta_2 LEV \times D_{a1} + \delta_3 LEV \times D_{a2} + \delta_4 LEV \times D_{a3} + \delta_5 SIZE + \varepsilon \tag{8.4}$$

$$ROE(ROA) = \theta_0 + \theta_1 LDP + \theta_2 LDP \times D_{a1} + \theta_3 LDP \times D_{a2} + \theta_4 LDP \times D_{a3} + \theta_5 SDP + \theta_6 SDP \times D_{a1} + \theta_7 SDP \times D_{a2} + \theta_8 SDP \times D_{a3} + \theta_9 SIZE + \varepsilon$$

$$\tag{8.5}$$

$$ROE(ROA) = \omega_0 + \omega_1 IFP + \omega_2 IFP \times D_{a1} + \omega_3 IFP \times D_{a2} + \omega_4 IFP \times D_{a3} + \omega_5 DFP + \omega_6 DFP \times D_{a1} + \omega_7 DFP \times D_{a2} + \omega_8 DFP \times D_{a3} + \omega_9 EFP + \omega_{10} EFP \times D_{a1} + \omega_{11} EFP \times D_{a2} + \omega_{12} EFP \times D_{a3} + \omega_{13} SIZE + \varepsilon$$

$$\tag{8.6}$$

一、绿色能源与沪深 300 上市公司比较分析

如表 8-5 和表 8-6 所示, 依据式 (8.1) 的检验说明绿色能源上市公司和沪深 300 的资产负债率与绩效 ROE、ROA 在 1% 水平下均呈显著负相关, 因此假设一不成立。我国上市公司负债整体都没有形成税盾作用, 说明了我国公司破产和退出机制不完善, 不能对公司融资进行约束。

　　根据式（8.2）的计量结果，表明股市长期和短期有息负债率对公司绩效影响均为负相关。假设二不成立。进一步证实，绿色能源产业在采用负债融资时，不论是选择长期负债还是短期债务，均未形成约束机制，公司治理作用没有得到发挥，负债仅仅是公司融资资金、获取资本的一种方式而已。

　　根据式（8.3）进行计量验证，绿色能源上市公司和沪深 300 上市公司融资方式与绩效的关系验证了融资优序理论。假设三成立。然而，我国绿色能源上市公司股权比例较高，而内源融资比例低，说明我国新能源产业发展正在发展，规模较小，而股权融资能够提供给该产业的资金长期要求。相反，沪深 300 上市公司内源融资显著高于其他融资水平，这是沪深 300 上市公司绩效高于绿色能源上市公司的一个原因。

表 8-5　绿色能源与沪深 300 上市公司融资结构与公司绩效 ROE 计量结果

模型	ROE					
	（8.1）		（8.2）		（8.3）	
	绿色能源	沪深 300	绿色能源	沪深 300	绿色能源	沪深 300
C	-0.334^{***} (-3.913)	-22.343^{***} (-4.632)	-0.152^{*} (-1.680)	-0.257^{***} (-4.729)	0.161 (-1.453)	0.337^{***} (-5.59)
LEV	-0.207^{***} (-7.862)	-0.086^{***} (-5.406)				
LDP			-0.109^{***} (-3.524)	-0.128^{***} (-5.032)		
SDP			-0.194^{***} (-5.775)	-0.282^{***} (-11.991)		
IFP					0.127^{***} (-4.811)	0.017 (-0.931)
DFP					-0.185^{***} (-5.804)	-0.326^{***} (-14.224)
EFP					-0.216^{***} (-7.143)	-0.342^{***} (-17.894)

续表

模型	ROE					
	(8.1)		(8.2)		(8.3)	
SIZE	0.012** (-2.752)	1.808*** (-8.231)	0.012** (-2.752)	0.020*** (-8.268)	-0.001 (-0.182)	-0.002 (-0.643)
R^2	0.511	0.688	0.511	0.674	0.49	0.721
Ad. R^2	-0.44	0.644	-0.44	0.627	0.415	0.681
F	7.162	15.372	7.162	14.284	6.506	17.797

注：括号内代表变量 t 值；*、**、*** 分别变量代表在 10%、5%、1% 下显著。

表 8-6　绿色能源与沪深 300 上市公司融资结构与公司绩效 ROA 计量结果

模型	ROA					
	(8.1)		(8.2)		(8.3)	
	绿色能源	沪深 300	绿色能源	沪深 300	绿色能源	沪深 300
C	-0.05 (-1.459)	-0.873 (-0.392)	0.037 (-0.961)	-0.023 (-0.966)	0.189*** (-3.96)	0.081*** (-3.331)
LEV	-0.106*** (-9.331)	-0.121*** (-13.628)				
LDP			-0.051*** (-4.122)	-0.121*** (-9.586)		
SDP			-0.094*** (-6.595)	-0.195*** (-16.698)		
IFP					0.052*** (-5.195)	0.091*** (-9.297)
DFP					-0.1*** (-7.880)	-0.164*** (-16.005)
EFP					-0.119*** (-9.687)	-0.083*** (-9.774)
SIEE	0.007*** (-4.324)	0.751*** (-7.53)	0.002 (-0.96)	0.007*** (-6.641)	-0.004* (-1.894)	0.002** (-2.085)
R^2	-0.536	0.759	0.524	0.773	0.596	0.802
Ad. R^2	0.469	0.724	0.454	0.74	0.536	0.773

续表

模型	ROA					
	(8.1)		(8.2)		(8.3)	
F	7.987	21.906	7.531	23.545	10.0004	27.88

注：括号内代表变量 t 值；*、**、*** 分别变量代表在 10%、5%、1% 下显著。

二、基于区域比较视角

参考表 8-7 计量结果作以下分析：

首先，根据式（8.4）的检验可以发现，绿色能源上市公司区域间资产负债率和公司绩效均呈负相关。例如，对于 ROE 影响，东部、东北、西部、中部的系数分别为 -11.9%、-35%、-22.1%、-21.3%，除中部外，其他区域都通过了显著性检验。不同区域的绿色能源上市公司均存在负债治理失效现象。

其次，基于式（8.5）的检验表明，负债结构在不同区域对财务绩效影响有所差异。东部地区长短期有息负债率对于 ROE、ROA 影响显著负相关，西部和中部短期有息负债率与财务绩效呈负相关，而在 1% 显著性水平下，西部长期有息负债率对于 ROE、中部长期有息负债率对于 ROA 影响均呈现正向作用。东北地区相关指标未通过显著性检验。我国中西部地区直接融资市场落后，而间接融资比例较高，金融资产质量较优，因此有助于促进绿色能源企业的长期发展。

再次，基于式（8.6）的计量检验表明，不同区域的内源融资率与财务绩效呈正相关，而债权融资率、股权融资对于绩效影响呈负相关。以西部地区为例，在显著性水平 1% 下，其内源融资率、债权融资率、股权融资率对于财务绩效 ROE 的影响系数分别为 30.1%、-3.5%、-12.9%。另外，整体观察得出，在相应的显著性水平下，中西部的内源融资率对于公司绩效的正向影响大于东部，而债权融资、股权融资的负向影响要小于东部地区的影响。东北地区相关指标系数不显著。可能的原因是，我国东部地区新能源产业处于高精尖的研发阶段，科研成果转化复杂，需要大量资金的投入和合理配置，内源融资不能完全满足，而外源融资由于存在成本及风险，短时间内也无法提升融资效率促进企业发展。中西部地区新能源产业处于原材料的供应地，可开发潜力巨大，不同融资方式的配置效率依然有较大发展空间，而在东北地区，一部分绿色能源企业的发展还面临着重工业的转型，资金配置如何优化有待检验，因此融资结构对于企业绩效的影响还需观察。因此，假设四成立。

表 8-7　基于区域差异的绿色能源上市公司融资结构与公司绩效计量结果

模型	ROE			ROA		
	（4）	（5）	（6）	（4）	（5）	（6）
C	-33.212^{***} （-3.776）	-0.215^{**} （-2.502）	0.169^{*} -1.694	-4.428 （-1.333）	0.04 -1.048	0.240^{***} -5.317
LEV	-0.119^{***} （-3.223）			-0.121^{***} （-7.540）		
LEV×D_{a1}	-0.231^{***} （-3.229）			-0.006 （-0.138）		
LEV×D_{a2}	-0.102^{**} （-1.989）			-0.007 （-0.329）		
LEV×D_{a3}	-0.094 （-1.116）			0.095^{***} -3.89		
LDP		-0.160^{***} （-3.401）		-0.090^{***} （-4.048）		
LDP×D_{a1}		-0.022 （-0.230）			0.047 -0.1	
LDP×D_{a2}		0.175^{***} -2.943			0.037 -1.369	

续表

模型	ROE			ROA		
	（4）	（5）	（6）	（4）	（5）	（6）
LDP×D$_{a3}$		−0.020* （−0.217）			0.107*** −3.643	
SDP		−0.205*** （−4.266）			−0.135*** （−6.122）	
SDP×D$_{a1}$		−0.153 （−1.410）			−0.023 （−0.45）	
SDP×D$_{a2}$		0.167** −2.334			0.079** −2.432	
SDP×D$_{a3}$		−0.191 （−1.407）			0.114*** −2.788	
IFP			−0.007 （−0.23）			0.045*** −3.001
IFP×D$_{a1}$			0.048 −0.573			0.002 −0.045
IFP×D$_{a2}$			0.308*** −5.965			0.054** −2.539
IFP×D$_{a3}$			0.187* −1.904			0.004 −0.112
DFP			−0.293*** （−6.170）			−0.134*** （−6.626）
DFP×D$_{a1}$			−0.089 （−0.729）			−0.039 （−0.655）
DFP×D$_{a2}$			0.258*** −3.651			0.035 −1.169
DFP×D$_{a3}$			0.134 −1.242			0.099*** −2.716
EFP			−0.303*** （−7.945）			−0.156*** （−10.432）
EFP×D$_{a1}$			0.025 −0.231			−0.07 （−1.157）
EFP×D$_{a2}$			0.174*** −2.862			0.075*** −3.03

续表

模型	ROE			ROA		
	（4）	（5）	（6）	（4）	（5）	（6）
EFP×D_{a3}			0.167* −1.678			0.056* −1.916
SIZE	2.214***	0.014***	0.0004	0.713***	0.002	−0.0059***
	−5.131	−3.6	（−0.085）	−4.39	0.907	（−3.059）
R^2	0.507	0.511	0.521	0.55	0.542	0.621
Ad. R^2	0.434	0.435	0.444	0.483	0.471	0.56
F	13.451	6.739	6.742	8.2	7.618	10.167

注：括号内代表变量 t 值；*、**、*** 分别变量代表在 10%、5%、1%下显著。

第四节　结论与政策建议

一、研究结论

本章以绿色能源上市公司 2005~2012 年财务数据为样本构建面板计量模型，并与代表股市整体发展情况的沪深 300 指数样本上市公司进行比较，主要结论如下：

绿色能源上市公司平均绩效、内源融资率均低于沪深 300 样本，且负债水平对于新能源上市公司和沪深 300 财务绩效均呈显著负相关，两部分样本均验证了融资优序理论。

根据对分区域新能源上市公司相关计量检验验证，东部地区财务绩效在样本区间呈上升趋势，表现良好，中部地区财务绩效最低。不同区域均没有形成良好的负债税盾作用，短期有息负债率与财务绩效呈负相关，西部和中部长期有息负债率对于财务绩效影响呈现一定正向作用。

融资优序理论在不同区域得到验证。其中，东部地区绿色能源上市公司内源融资较其他地区具有较高水平，西部内源融资水平较低。东北、中部、西部债券融资水平均高于东部，尤以中部最高，所有区域均具有股权融资偏好，但在样本区间呈下降趋势。

中、西部内源融资率对绩效的正向影响大于东部地区，而外源融资率对绩效的负向影响小于东部地区。

二、政策建议

综合以上分析，绿色能源产业要有效发挥上市公司的优势，需要兼顾公司的融资结构和区域差异化特征。

（一）完善绿色能源公司的破产退出制度和配套机制。

绿色能源产业发展需要大量资金，且投资回报期长。因此绿色能源上市公司的负债治理对于公司绩效的影响更加明显。建立有效完善的公司退出机制，将有助于新能源产业发挥债权治理效果，提高公司绩效。一方面，从法制强化所有者自我约束机制，保护债权人的权益；另一方面，合理的退市机制遵循了市场竞争中优胜劣汰法则，保证公司公平竞争。虽然，近几年不断出台、完善有关退市制度的文件，但是一套健全的退出机制还需要等待市场的检验和修正。配套机制的支撑，包括上市公司信息透明、严厉处罚内幕交易等，需要加大力度建立。

（二）东部区需进一步优化区域新能源产业融资结构，培育绿色能源上市公司成为当地特色产业，并增加融资手段。

东部地区绿色能源内源融资方式明显，因此应主动培育绿色能源上市公司成为地区支柱产业，带动相关产业集群发展。此外，虽然不同区域间验证了融资偏好理论，但是外源融资本身也有其一定优势。债券融资可以发挥财务杠杆作用，股权融资不需要还本付息，募集资金量大。基于东部地区的区位优势，且该区域绿色能源产业多集中于核心技术的研发，资金链的持续供应是发展的有力保障。因此东部地区要想充分发挥外源融资优势，应合理优化公司治理结构，保证市场信息公开性，保护债权人、大小股东的利益，并且可以提供多元化的融资方式如项目融资、风险投资等，从而利用其成熟和完善的资本市场，对于绿色能源产业的不同发展阶段提供融资。

（三）东北地区应加速绿色能源产业优化升级，提升金融发展活力。

东北作为老工业基地，行政色彩较浓郁，产业结构不合理，金融市场发展缺乏创新。因此，东北地区应大力发展循环经济，改善产业结构，推进国有企业继续深化改革，为绿色能源企业创造发展条件。另外，应增强企业竞争力和活力，加强银行等间接贷款对于绿色能源产业约束力，完善债券市场、股票市场，推进重工业基地向绿色能源产业快速转型。

（四）中西部绿色能源企业应提高自身积累，综合运用直接融资与间接融资。

首先，中西部地区较东部地区经济落后，企业规模小，盈利能力较低。因此，区域绿色能源企业应该加强内部治理，增加市场份额，建立竞争优势，确立产权明晰的现代企业制度，加快提升自身积累能力。其次，中西部地区应建立完善的资本市场，提高资金的使用效率，提高直接融资的比重。最后，根据目前区域经济间接融资比重较大的情况，短时间内对银行贷款依赖程度较高，因此，政府应推进银行绿色信贷，加大对绿色能源产业的金融支持，助推绿色能源产业发展。

第九章　绿色能源发展支持政策：
区域观测与国际经验

中国光伏产业发展从 1958 年开始，经过半个多世纪的发展，目前已经成为太阳能电池的世界第一大生产国。太阳能从最初的仅用于航天事业已经发展到目前普遍运用于民用事业，人们的生活已经与太阳能息息相关。与此同时，中国的光伏产业也较快发展壮大。中国的风能资源储量居于世界首位，政府一直鼓励支持风力发电事业发展，出台一系列法律法规以形成促进风电行业发展的政策环境。本章对中国以光伏、风电产业为代表的绿色能源发展做回溯分析和区域比较，对如何借鉴国际经验和加快西北地区绿色能源产业发展提出基本思路。

第一节　支持绿色能源发展的政策机制

一、制度安排与政策思路

中国太阳能电池的研究与发展起步于 1958 年，到 2012 年，中国已经超越欧洲、日本成为全球太阳能电池生产的第一大国。根据中国光伏产业政策的阶段性特征以及太阳能电池产量所占的世界份额，对我国持续近 60 年的光伏产业发展历程可划分为以下 4 个阶段：

（1）2000 年之前，光伏应用主要涉及卫星等通信设施，农村也有小规模太阳能发电工程。尽管国家"863""973"等攻关计划给予太阳能研发资金支持，但国内光伏生产规模仍然很小，大规模光伏装机容量几乎为零。这一阶段与光伏产业发展相关的政策有《绿色能源和可再生能源发展纲要（1996—2010）》，规定未来一段时间的重点是推动太阳能热水器等太阳能的利用。

（2）2000—2007 年，从全球范围看，世界各国都相继出台各种支持太阳能产业发展的政策，刺激了国际光伏市场的需求。我国 2002 年开始实施一项对改善西部贫困山区群众生活条件很有意义的政策，由国家计委颁布《西部省区无电乡通电计划》，旨在通过绿色能源发电解决西部山区的用电问题。2005 年我国颁布《可再生能源法》，规定绿色能源发电上网电价和设立可再生能源发展专项基金，以立法形式确立推动发展可再生能源的国家战略。我国太阳能电池从 2003 年开始出口，很快在两年的时间里，占国际市场份额从 2004 年的 4.2%上升到 2006 年的 16%。[①] 这一阶段主要是在国际市场需求带动下的行业自发逐利过程，国家还尚未出台大规模的驱动政策。

（3）2007—2012 年，国际市场累计装机以更快速度增长，中国超过欧洲、日本，成为全球最大的太阳能电池生产国。2007 年我国颁布《关于开展大型并网光伏示范电站建设有关要求的通知》，拉动国内光伏市场需求；2009 年，我国开始实行"金太阳"示范工程，成为国内太阳能市场发展的里程碑。此外，国家还推出了上网电价鼓励光伏发展。

---

① EPIA, Global Market Outlook For Photovoltaics 2014 - 2018, Brussels：EPIA, 2014, 见 http：//tecsol. blogs. com/files/epia_ global_ market_ outlook_ for_ photovoltaics_ 2014-2018. pdf.

这一时期，我国光伏产业规模快速增长的重要背景是 2008 年全球金融危机爆发，政府希望通过大力发展绿色能源产业带动经济和就业走出低谷，一系列刺激政策和地方行业竞争在促进光伏等绿色能源产业规模扩张的同时也埋下了未来供过于求的隐患。同时，企业在政府的帮助和支持下反而降低了对研发的投入，更倾向于通过扩大规模、降低成本以获取最大化利润。

（4）2013—2017 年，全球光伏市场增长开始放缓，世界各国光伏产品贸易保护主义事件频发、光伏产业链各个环节不协调，我国光伏企业产能过剩危机爆发，出现经营困难的情况。从 2013 年开始，各相关部门出台了一系列规范行业发展的文件，如国务院《关于促进光伏产业健康发展的若干意见》、工信部《光伏制造行业规范条件》等，同时，为了促进光伏市场利用，对分布式光伏电站发展出台一系列经济激励政策和行业管理规范。

中国风力资源位居世界前列，目前中国风电累计装机容量已经达到约260 万兆瓦，主要分布在西北、华北和东北地区。从 2004 年开始，中国风电发展迅速，到 2009 年无论新增装机还是累计装机规模均处于世界首位。2015 年，新增装机市场份额约占全球的 51.8%，累计装机规模占全球的34%。根据国际能源署的预测，中国风电新增装机和累计装机规模世界第一的地位还将长期保持下去。

由表 9-1 可以看出，1995 年，我国设定的可再生能源风电装机容量目标仅为 2000 年达到 30 到 40 万千瓦，到 2010 年达到 100—110 万千瓦；2000年，国家将设定可再生能源风电装机容量 2010 年目标调高到 490 万千瓦，设定 2015 年目标为 700 万千瓦；2007 年和 2008 年设定目标均有所增加。2014 年，设定可再生能源风电装机容量 2020 年目标为 2 亿千瓦。

表 9-1　可再生能源规划设定风电装机容量目标（万千瓦）

	1995	**2000**	**2007**	**2008**	**2014**
2000	30—40				
2010	100—110	490	500	1000	
2015		700			
2020			3000		20000

资料来源：国家计委、国家科委、国家经贸委《绿色能源和可再生能源发展纲要（1996—2010）》；国家经贸委《2000—2015 年绿色能源和可再生能源产业发展规划》；国家发改委《可再生能源"十一五"规划》；国务院《能源发展战略行动计划（2014—2020)》。

二、相关讨论

对中国绿色能源产业制度与政策的讨论有三种不同角度，即产能调控、产业竞争力、内需创造。笔者从以下角度对我国绿色能源产业发展战略、发展瓶颈及政策设计做了较为全面的分析。

（一）产能调控视角

在 2009 年中期及之后几年中，产能非理性扩张是困扰中国绿色能源产业的主要问题。产能过剩原本是市场经济中的正常现象，只要政府加以调控便不足为虑，但中国地方政府非但未能对此加以调控，反而由于地方利益驱使推动了产能过剩。一些学者对政府过度补贴绿色能源产业背后的行为逻辑、政府与企业博弈及其对企业造成的负面影响做了分析。

2008 年全球性金融危机爆发后，中国大力发展绿色能源产业的出发点发生偏差。美日欧等国家发展绿色能源产业的基本动机主要在于能源安全和环境保护，部分地在于产业发展；而就产业发展这一动机而言，主要是强调发展核心技术，抢占产业发展的科技制高点，从而国家提高本土市场的国际竞争力，主要着眼点不在于扩大产业规模。而 2008 年及以后，大力发展绿色能源产业以保护环境和发展经济，地方政绩考核和财税体制的驱动作用，经济发展目标被演变为追求短期 GDP 增长。在这一思路下，发展绿色能源产业就形成生产在国内市场在国外、污染在国内绿色能源输出国外的特有现象。根据王文祥、史言信的研究，各级政府对绿色能源产业生产环节的补贴实际在很大程度上让国外消费者受益，由此造成国民利益损失。地方政府过度的扶持行为，不仅降低绿色能源企业的私人成本，提高企业的私人收益扭曲市场，向投资者、银行等利益相关者释放政府大力扶持绿色能源行业是有高投资回报的错误信号，推动大量资本流入，形成并加剧产能过剩现象。[1]

在现有行政分权和财政分权体制下，地方政府官员面临财税收入增加的经济激励和考核晋升的政治激励，使地方政府产生过度干预产业投资的强烈动机，而土地产权、环境产权的模糊和金融体系的软预算约束等体制缺陷造成地方政府的行为未受到有效约束，使其动用所能支配资源过度干预产业投资具有了可能性，最终造成产能过剩。[2] 魏志华等通过研究发现，中国财政补贴政策存在法规未明确规定、官员可行使自由裁量权的空间，官员就借此设租，企业也将大量时间、资本投入寻租，而疏于研发或其他生产性活动。对于政府，设租与寻租活动扭曲了公共财政资金的资源配置效率。[3]

相关的对绿色能源产业生产效率的分析结果表明，市场化程度低、政府不当干预或补贴对生产效率有显著负面影响。杨秀云、张文珺用 Malmquist

---

[1]　王文祥、史言信：《中国光伏产业困境的形成：路径、机理与政策反思》，《当代财经》2014 年第 1 期，第 87—97 页。

[2]　江飞涛、耿强、吕大国等：《地区竞争、体制扭曲与产能过剩的形成机理》，《中国工业经济》2012 年第 6 期，第 44—56 页。

[3]　魏志华、吴育辉、曾爱民：《寻租、财政补贴与公司成长性——来自绿色能源概念类上市公司的实证证据》，《经济管理》2015 年第 1 期，第 1—11 页。

生产力指数法测度了风电产业的生产效率，用面板数据分析生产效率的影响因素，发现政府干预指数与风电产业生产效率负相关。他们进而用产业生命周期理论进行分析，发现中国风电产业处于成长阶段，但全要素生产率却较低，不符合成长阶段一般的产业特征，存在市场化程度不高和政府不当干预的现象。[①]

彭中文等构建了一个多元回归模型分析政府补贴和内部治理对绿色能源上市公司绩效的影响，他们通过研究发现政府补贴不利于提高绿色能源上市公司的绩效，但是，如果公司内部股权制衡严格度高和高管薪酬，则能有效降低这种负面影响。[②]

王立国等用 Gort 和 Klepper 生命周期理论，梳理并呈现我国光伏产业在形成期、发展期、成熟期、衰退期和未来新平衡期五个阶段中，政府干预造成市场失灵，并最终导致整个产业链全面过剩的发展历程；结合光伏产业案例分析，发现政府在经济型规制上的"错位"和社会性规制上的"缺位"是导致行业产能过剩的主要原因，政府不当干预引发市场失灵，最终导致全行业产能过剩，市场失灵只是产能过剩的表象或直接诱因，而非最终根源。[③]

对解决产能非理性扩张问题的对策建议主要指向规范政府行为、减少不当干预和更多让市场发挥基础性作用。何代欣认为，政府制定产业扶持政策要立足于发挥市场在资源配置中的决定性作用，有所为、有所不为，政策支持的重点是提供贴息贷款、消费补贴实行政府采购等间接性支持，减少对市

① 杨秀云、张文珺：《中国风电产业生产效率及其影响因素——基于产业生命周期的视角》，《经济管理》2014 年第 3 期，第 20—28 页。
② 彭中文、文亚辉、黄玉妃：《政府补贴对绿色能源企业绩效的影响：公司内部治理的调节作用》，《中央财经大学学报》2015 年第 7 期，第 80—85 页。
③ 王立国、鞠蕾：《光伏产业产能过剩根源与对策寻找》，《改革》2015 年第 5 期，第 129—138 页。

场直接干预。进一步规范预算制度，限制政府投入大量资源直接补贴绿色能源设备生产环节。① 王文祥和史言信提出，改革财税、考核与晋升体制，从源头上消除地方政府过度干预产业发展的动机，强化并优化土地管理、金融监管、环境保护等体制，约束地方政府的权利和行为，使其难以利用大量资源对产业发展施加行政干涉，将政府对产业的经济型管制严格限制在自然垄断和信息不对称领域。② 魏志华等认为应强化监督问责机制，包括对政府制定和实施产业扶持政策事前、事中监督与事后问责机制，遏制政府滥用财政补贴等变相介入绿色能源产业生产经营过程，采取措施形成产业政策的透明化运作体系，有效防范设租与寻租活动。③

（二）产业竞争力视角

根据使用不同方法对中国绿色能源产业的创新能力、创新绩效、生产效率的评价，中国绿色能源企业的产业竞争力与其在国际绿色能源产业链的分工紧密相关。

中国绿色能源企业自主研发能力较弱，处于全球产业链的低端环节。刘爱东、刘文静提出，中国光伏产业的关键制造设备和原材料仍掌握在欧美企业，中国企业在全球价值链中存在低端锁定可能，虽然光伏电池制造所需多晶硅已在一定程度上实现国产化，但大部分多晶硅制造商生产成本过高，缺乏竞争力，在提纯和硅片生产两大核心工序上国外厂商仍然掌握主动权。④

① 何代欣：《促进绿色能源产业发展的财税政策：评估与调适》，《税务研究》2014年第9期，第6—10页。
② 王文祥、史言信：《中国光伏产业困境的形成：路径、机理与政策反思》，《当代财经》2014年第1期，第87—97页。
③ 魏志华、吴育辉、曾爱民：《寻租、财政补贴与公司成长性——来自绿色能源概念类上市公司的实证证据》，《经济管理》2015年第1期，第1—11页。
④ 刘爱东、刘文静：《中国绿色能源产业结构优化升级的思考——以光伏产业"两型"市场驱动产业系统的构建为例》，《东岳论丛》2014年第3期，第142—146页。

　　慈向阳、孔艳杰发现，中国光伏企业集中于竞争高度激烈的电池和组件制造环节，这些环节技术门槛低、利润率也低，而利润低又造成企业难以形成支持其研发的资金积累，无法摆脱被锁定在低端环节的困境。①

　　杨秀云、张文珺用 Malmquist 生产力指数法测度风电产业链各环节的生产效率，发现零部件生产和整机制造环节效率较低，原因在于此类环节的研发能力在全球处于较低水平、核心竞争力不足，尤其轴承、齿轮箱、控制系统等核心部件技术控制在外国企业手中，国内风电产业存在"技术空心化"问题。②

　　针对中国绿色能源企业技术创新能力弱，进而导致生产效率低的问题，可考虑将政府补贴从生产环节转向研发环节，并为绿色能源企业建设公共研发平台等基础设施，提供更好的创新环境。贺正楚等提出转变政府补贴资金的流向，由之同时解决对绿色能源产业生产端补贴过度等政府失灵和共性技术供给不足等市场失灵问题，相关补贴资金应着重投向共性技术研发并完善相关制度，如共性技术联盟、知识产权保障。③

　　张楚等建议政府对绿色能源产业的扶持重点从生产端转向融资环境、上游研发、终端市场等方面。要着力完善融资服务链，尤其面向中小企业的融资服务，健全信用担保体系和多层次资本市场，政府与民营风险资本或天使基金共同运营产业发展基金。在绿色能源技术研发方面，建议兼顾基础研究和

---

　　①　慈向阳、孔艳杰：《中国光伏产业发展态势与规制重构》，《学术交流》2015 年第 3 期，第 137—142 页。

　　②　杨秀云、张文珺：《中国风电产业生产效率及其影响因素——基于产业生命周期的视角》，《经济管理》2014 年第 3 期，第 20—28 页。

　　③　贺正楚、周永生、吴艳：《双重失灵的光伏产业及其调控措施》，《系统工程》2013 年第 12 期，第 116—120 页。

产业化应用研究，资金投入可向工业技术研究院倾斜，或借鉴美国做法，由政府下属或政府支持的实验室联合产业界共同开展技术研发。①

（三）内需创造视角

绿色能源产业的重要特点是其需求不能由民众或市场自发产生，由于绿色能源的环境正外部性，其需求一般由政府出台政策创造的，绿色能源需求促进政策可包括经济政策、电力体制改革和完善能源基础设施等。

促进绿色能源需求政策包括直接作用于绿色能源的政策、作用于传统能源的经济政策及环境政策。上网电价偏低、补贴资金不到位、绿色能源配额制政策缺失等问题。林伯强、李江龙借助随机动态递归模型分析得出结论，中国风电标杆电价低于让全社会收益最大化的数值，即不足以让风电规模扩张到让全社会收益最大化的水平，仅仅依靠现有标杆电价难以促进风电产业的生存和发展。② 此外，传统能源政策与绿色能源政策的作用相抵消，绿色能源政策与环境政策不协同，也会阻碍绿色能源需求扩张。应完善上网电价、绿色能源配额制等直接支付绿色能源的政策。③

Wang 和 **Chen** 认为绿色能源政策和化石能源政策之间要协同发挥作用，中国应全面清理各个环节对煤炭的补贴，使对煤炭的补贴逐步退出政策视野，有利于煤炭清洁高效利用的补贴发挥作用。④

刘伟、李虹区分出生产端补贴包括资源耗竭成本补贴、环境外部成本补

① 张楚、黄涛、刘静等：《新兴产业政府扶持政策反思——以光伏产业尚德和 Solyndra 的破产为例》，《中国科技论坛》2014 年第 12 期，第 136—140 页。
② 林伯强、李江龙：《基于随机动态递归的中国可再生能源政策量化评价》，《经济研究》2014 年第 4 期，第 89—103 页。
③ 慈向阳、孔艳杰：《中国光伏产业发展态势与规制重构》，《学术交流》2015 年第 3 期，第 137—142 页。
④ Wang Q. ,Chen X. , "Energy Policies for Managing China's Carbon Emission", *Renewable and Sustainable Energy Reviews*, Vol. 50, 2015, pp. 470–479.

贴、市场准入管制和基础设施建设，流通端补贴包括铁路运输补贴、基础设施建设补贴等；消费端补贴主要指合同电煤价格管控，需要进一步理顺、调整各种财政补贴政策。①

加强能源政策和环境政策协同，对化石能源加征环境税、碳税，提高资源税税率，在全国范围内推行碳排放权交易、二氧化硫排污权交易能够使化石能源的环境负外部性内部化，提升绿色能源的市场竞争力。中国社会科学院与澳大利亚莫纳什大学政策研究中心的合作研究中国碳排放分别降低5%、10%和20%所需征收碳税（郑玉歆和樊明太，1999）。②

并网难导致绿色能源电力消纳难，是绿色能源需求扩张受阻的重要原因。谢家平等（2014）发现，虽然中央政府出台政策绿色能源发电全额上网作出规定，但由于电网建设成本、调峰成本由电网公司承担等原因，电网公司仍以各种借口抵制绿色能源电力并网，直到2013年，风电弃风率仍然高达18.5%。③

艾欣和董春发发现并网难既有技术的原因，也有体制的原因。就技术因素而言，阳光、风能本身的随机性和波动性导致光伏、风电有较大的波动性和不确定性，其并网发电会对电网造成较大冲击，解决绿色能源电力并网后的电网稳定性问题的出路是建设智能电网，其核心是储能技术，但当前的储能技术在能量转换效率、建设成本等方面仍不具备大规模推广的条件。④

刘纯等认为，可以通过建设智能电网有效应对绿色能源电力波动，智能

① 刘伟、李虹：《中国煤炭补贴改革与二氧化碳减排效应研究》，《经济研究》2014年第8期，第146—157页。

② 郑玉歆、樊太明：《中国CGE模型及其政策分析》，社会文献出版社1999年版。

③ 谢家平、李仲、葛夫财：《基于产业链的风电并网政策的国际比较与经验借鉴》，《福建论坛（人文社会科学版）》2014年第10期，第5—12页。

④ 艾欣、董春发：《储能技术在绿色能源电力系统中的研究综述》，《现代电力》2015年第5期，第1—9页。

电网首先是一种特高压电网，它能解决绿色能源电力远距离外送、消纳，也能够支持跨地区或跨电网的电力互调以降低调峰难度。① 董朝阳等认为，能源互联网依靠互联网技术和强大的中央调控系统，进一步整合智能电网和其他能源网络，如油气管网，供热网，交通网等，使各种能源资源得到高效配置，尤其是使清洁能源资源得到高效配置，最终实现能源利用模式转变，推动经济社会可持续发展。在较小的空间尺度上，能源互联网可有效整合、调动、配置分散在各处的分布式绿色能源发电系统，在较大的空间尺度上，未来甚至可通过建成跨国能源互联网，配置其他国家的绿色能源资源为我国所用。②

也可以通过扩展就地消纳的途径来解决绿色能源电力并网难问题，一是更多采用用户侧并网和建设离网项目，二是效仿德国等欧洲国家，对企业、居民等安装储能设施提供补贴，三是拓展供热、提水灌溉等绿色能源电力就地利用途径。

Sun 等通过研究发现，中国西部地区阳光、风力等绿色能源发电资源充裕，而电力消费较多的区域主要集中于经济发达的东部，西部生产的绿色能源电力需经过远距离运输方能到达东部的电力用户，必会增加电网传输的难度和成本。可以通过对电网企业补偿解决这一问题，包括补贴新电网的建设成本，尤其对跨省或跨区域的电网建设，对电网调峰成本的分担作出合理安排。③

---

① 刘纯、黄越辉、张楠等：《基于智能电网调度控制系统基础平台的绿色能源优化调度》，《电力系统自动化》2015 年第 1 期，第 159—163 页。

② 董朝阳、赵俊华、文福拴等：《从智能电网到能源互联网：基本概念与研究框架》，《电力系统自动化》2014 年第 15 期，第 1—11 页。

③ Sun S.（et al.），"Review on Wind Power Development in China: Current Situation and Improvement Strategies to Realize Future Development"，*Renewable and Sustainable Energy Reviews*，Vol. 45，2015，pp. 589-599.

（四）评述

众多专家分别从产能调控、产业竞争力和内需创造等视角入手，比较全面地分析了中国绿色能源产业发展面临的瓶颈，并提出了应对之策。在内需创造视角下，不少专家已注意到中国需要更强有力的绿色能源需求创造政策以及相关环境政策。这种分析是站在发展绿色能源产业的立场上，希望出台更多、更有力的绿色能源扶持政策和环境政策来为该产业创造需求。

第二节　光伏、风电产业分区域比较

一、分区域风电产业发展

中国风电发展形成的空间格局是西北、华北和东北地区比重较高，华东地区、西南地区各省份名次低，但发展速度较快，中南地区发展缓慢。如图9-1所示从2008—2014年，西北、华北和东北地区风电累计装机占全国比重从69.3%加到至73.3%，进一步强化了中国风电产业的区域分布格局；其中，西北地区发展最为迅速，从2008年的13.4%增加到2014年的25.1%。华北地区从2008年的41.2%下降到2014年的33.6%。东北地区占比未发生明显变化。西南地区的份额从2008年的0.7%增加到2014年的5.4%，主要得益于云南和贵州大规模的风电项目建设。华东地区占比有所下降，从2008年的26%下降到2014年的15.1%。中南地区增长较为缓慢，从2008—2014年仅增长2%。

从装机容量看，从2008—2014年西北地区发展较为迅速，尤其2012年以后装机容量增速加快（见图9-2）。类似西北地区，中南地区装机容量从2008年以来一直增长。西南地区则自2009年以来装机容量持续下降。东北

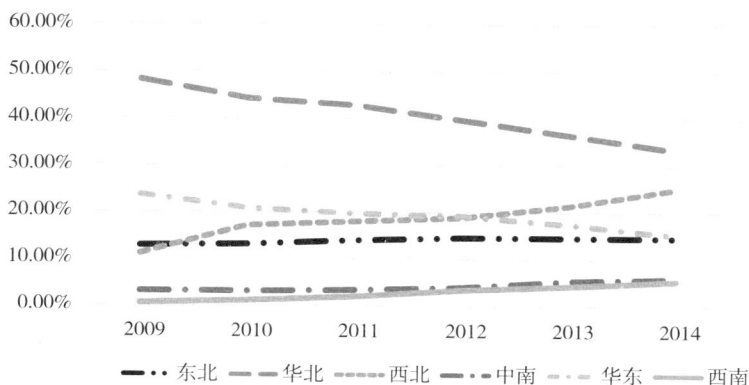

图 9-1 中国风电分区域发展格局

数据来源：中国绿色能源学会风能专业委员会。

地区装机容量也持续下降。华北地区在 2011 年以前装机容量持续处于全国之首，但在之后被西北地区赶超，装机容量位居全国第二。

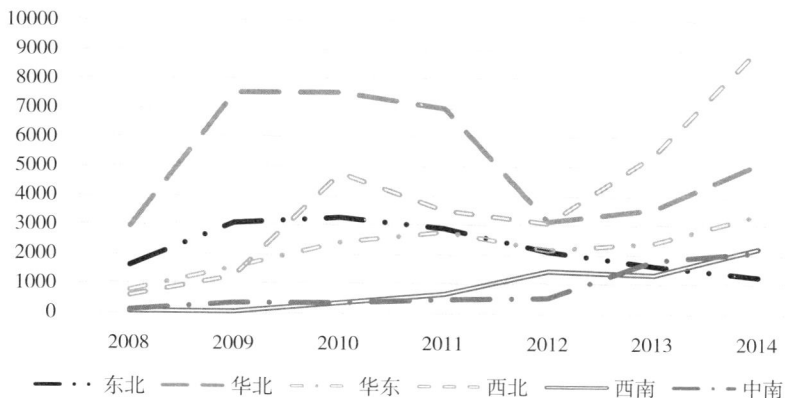

图 9-2 中国风电区域累计装机容量（MWp）

数据来源：《中国绿色能源发展战略与绿色能源产业制度建设研究》，上海社会科学院出版社。

参照图 9-3，西北地区五省风电累计并网容量从 2010 年之后均有所增加。其中，甘肃风电累计并网容量始终高于其他省份，且增速较快。新疆位居第二。宁夏 2012 年之前与新疆大体处于同一水平，自 2012 年新疆增速加快，而宁夏增长速度相对缓慢，新疆于 2012 年之后风电累计并网容量大幅度超过宁夏。陕西和青海地区风电累计并网容量较其他地区较少，青海并网容量一直处于停滞状态，陕西则缓慢增加。新疆若能突破本地电力需求有效以及网电外输远距离定网成本可以借助于高风力资源使风电产业有更快发展。

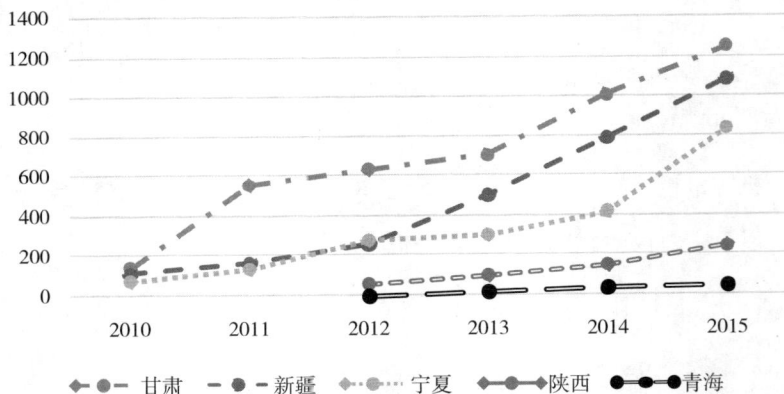

图 9-3　西北五省区风电累计并网容量（2010—2015 年）

数据来源：国家能源局。

二、分区域光伏产业发展

（一）全国、西北地区光伏产业发展趋势

我国拥有丰富的太阳能资源，平均每年照射到我国的太阳能能量相当于 17000 亿吨标准煤。[①] 可以预期，太阳能将成为我国继水电、风电之后最具规模化、产业化发展潜力的可再生能源。

---

① 国家可再生能源中心：《中国可再生能源产业发展报告》，2015 年。

在全国光伏产业布局中西北地区发展最快。2011 年西北地区光伏装机容量还不足 200 万千瓦，2013 年就达到了 1250 万千瓦，2016 年发展到超过 3000 万千瓦，光伏产业快速发展得益于西北地区丰富的太阳能资源。2015 年之前华东和华北地区光伏装机容量不相上下，均为 900 万千瓦左右，之后华东地区超出华北地区达到 1974 万千瓦，华北地区为 1461 万千瓦。中南、西南和东北地区的光伏装机容量普遍较低。（见图 9-4）

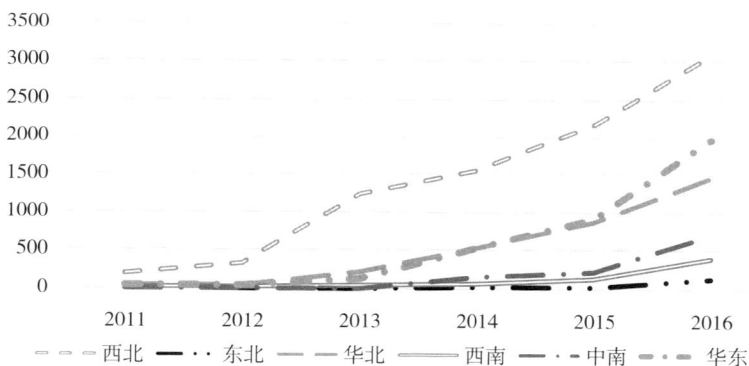

图 9-4　中国光伏区域累计装机容量（2011—2016 年）
数据来源：国家能源局。

观察西北地区光伏产业发展（图 9-5），截至 2011 年，青海光伏装机容量最高，达到 104.3 万千瓦，陕西、甘肃、宁夏和新疆的光伏装机容量基本处于相同水平。2011 年之后，西北五省区的光伏装机容量均大幅度增加，2014 年之前甘肃省装机容量增加最为显著从 29.21 增加到 517 万千瓦。2015 年之后新疆装机容量增加幅度最大从 2015 年的 406 万千瓦增加到 2016 年的 862 万千瓦。青海地区一直保持着相对稳定的增长速度。陕西和宁夏相对其他三省区光伏装机容量增加较为缓慢。

中央和地方政府相继出台一系列政策补贴光伏发电的电价，许多省市也

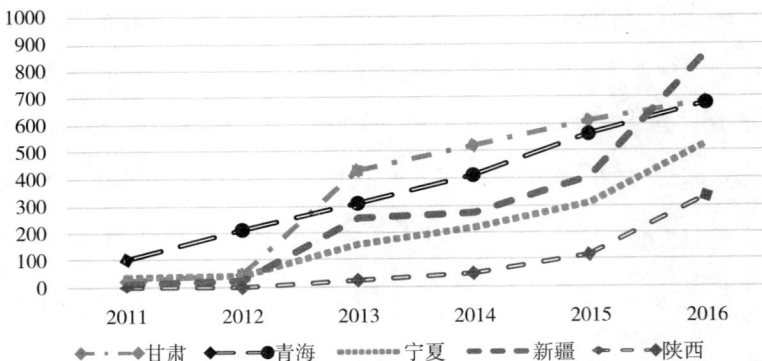

图 9-5　西北五省区光伏装机容量（万千瓦）

数据来源：《中国可再生能源产业发展报告》。

制定了由地方政府支持光伏发电发展的政策。国务院相关文件提出光伏产业
发展的目标和落实措施。陕西、甘肃、青海等西部省份明确了光伏电站土地
使用政策，江苏、山东、浙江等省及部分城市提出定量化的经济激励政策，
在国家电价补贴基础上对光伏发电项目进一步提供电价补贴或投资补贴。中
央及部分地方政府对光伏发电补贴情况如下图所示相关数据表明，浙江省及
所辖各个市对光伏发电补贴幅度最大。（见图 9-6）

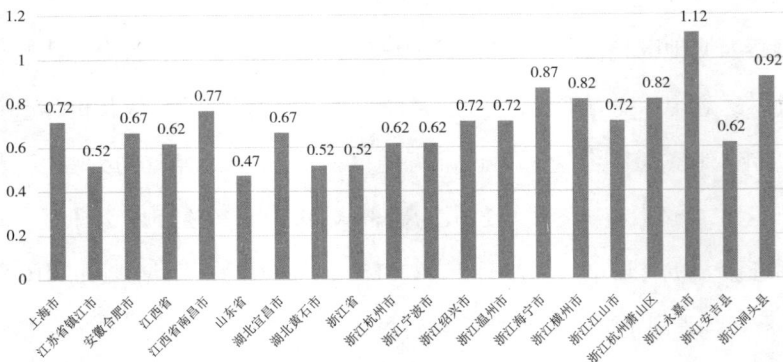

图 9-6　不同地区光伏发电补贴（元／千瓦时）

数据来源：《中国可再生能源产业发展报告》，2015 年。

（二）西北五省区促进光伏产业发展政策

陕西省质监局于 2011 年 4 月正式发布《太阳电池用单晶硅棒检验规则》《太阳电池用单晶硅片检验规则》等 7 项地方标准，其中两项直接采用国际标准，有的指标超过国际标准，这标志着陕西太阳能光伏产业在发展初期就抢占行业发展的制高点。

2012 年 3 月，为应对恶劣的太阳能光伏国际市场形势，陕西省商务厅组织全省光伏企业成立太阳能光伏行业销售战略联盟，多形式、多渠道开拓国际市场，并组团赴境外参加国际会展，在目的地市场开展推介活动；出台光伏产业进出口 "一业一策" "一企一策" 等多项扶持措施。

2012 年 6 月 30 日开始，陕西省住建厅启动太阳能光电建筑推广工作，鼓励具备条件的大型公共建筑、居住小区、市级以上工业园区及高等院校安装太阳能光伏发电系统。

2014 年 6 月，陕西省发改委下发《关于鼓励社会资本参与重点项目建设的通知》，提出政府将按照投资主体多元化、融资方式多样化的基本思路鼓励和吸引社会资本以合资、独资、特许经营、公司合作等方式参与省内光伏发电项目的建设。

2014 年 8 月，陕西省政府办公厅在执行上半年《陕西省人民政府办公厅关于切实做好 2014 年工业稳增长的若干意见》的基础上新出台十条意见，其中第五条是加强产销连接，推进省内企业战略合作，提高省内工业企业产品配套率，加快太阳能光伏电站建设，推进分布式发电应用，促进省内太阳能光伏组件销售。省辖各市县在推进光伏发电示范项目建设中积极开展商业模式、投融资模式和专业化服务模式领域创新。

2014 年 11 月，陕西省政府审议通过《关于示范推进分布式光伏发电实施意见》，该《意见》称 2014 年起连续 3 年，陕西将按每年约 100 兆瓦规模，通过屋顶发电、建筑一体化等方式建设分布式光伏电站，并给予建设主体1元每瓦，3年总计或达3亿元的补助。2015年7月，陕西省推进分布式光伏发展，多部门联合印发《省级示范推进分布式光伏发电补助资金管理办法》，重点支持对省内光伏产业具有促进作用的常规分布式光伏发电项目，优先支持以各类工业园区、高新技术开发区、产业园区、行政村、建成镇区为载体的集中连片项目示范区。

宁夏于2012年8月成为国家能源局批准创建的全国首个绿色能源总和示范区。地方政府主要采取多元化对光伏发电消纳的技术支持，制定技术标准与电力运行规则，财政提供专项资金支持与政策促进光伏产业发展。2013年8月，为破解对光伏发电消纳的技术难题，宁夏电力加强技术支持系统建设，通过完善调度自动化系统将光伏电站运行关键信息纳入电网实时监视，实现光伏发电全额消纳。同年10月，由中铝宁夏能源集团公司主持编制了《光伏发电站术语》《光伏发电站运行规则》等光伏发电站地方标准，并顺利通过专家组审定，确立了宁夏光伏产业地方标准。2013年底，宁夏财政通过绿色能源产业发展专项资金安排1500万元，集中支持区内6家绿色能源装备制造企业实施风电机组整机制造、配套零部件、光伏组件生产及配套设备产业化项目。2014年，宁夏进一步简化光伏发电项目审批手续，宁夏发改委通过采取集中受理，归并办理的方式，加快项目审批，力促各个项目早日开工建设。2014年11月2日，国家能源局、国务院扶贫开发领导小组办公室联合印发《实施光伏扶贫工程工作方案的通知》，宁夏回族自治区被确定为国家首批光伏扶贫项目试点6省区之一。

甘肃通过吸引光伏企业总部落户本地，加强用户推广解决光伏发电消纳，落实光伏扶贫等措施，加速本地区光伏产业发展。2014年1月，甘肃省鼓励光伏制造企业总部落户甘肃，对在内投资建设急需或处于全国领先水平的光伏装备制造企业实行与发电企业同样的土地优惠政策。2014 年 11 月，国网甘肃电力组织了 1 家光伏发电企业和 4 家企业的电锅炉及 2 家电采暖小区用户签订了消纳合同，试点表明，就地消纳有力地促进了用电企业健康发展，同时也促进了光伏发电企业发展，达到多方共赢。2014 年 12 月，国家能源局、国务院扶贫办日前决定利用 6 年时间在全国开展光伏发电产业扶贫工程，确定在甘肃、安徽、宁夏、山西、河北、青海的 30 个县开展首批光伏扶贫试点，由此，甘肃成为国家首批光伏扶贫试点省份。2015 年 7 月，按照国家能源局的统一部署，甘肃能源监管办全面启动光伏扶贫项目实施情况专项监管工作，工作围绕 4 个方面展开：一是对光伏扶贫开发实施情况进行监管，重点监管年度计划执行情况；二是对光伏扶贫项目建设情况进行监管，重点监管光伏扶贫项目工程质量、施工安全等情况；三是对光伏扶贫项目接入电网情况进行监管，重点监管电网企业在办理光伏扶贫项目接入电网各环节的服务情况；四是对光伏扶贫项目运行情况进行监管，重点监管电网全额保障性收购、电费结算和可再生能源电费补贴发放等情况。2015 年 7 月，《河西走廊清洁能源基地建设方案》获国家能源局批准，该方案规划总投资 520 亿元，确定新建风电项目 500 万千瓦、光电项目 150 万千瓦，与酒泉至湖南±800 千伏特高压直流输电工程同步建成投入使用。

青海省不断加大政策力度推进光伏产业发展。青海省发改委对该省 2011 年 9 月 30 日前建成的光伏项目保证每度 1.15 元人民币的补贴，且对光伏生产总量不予限制，青海成光伏电价补贴最大受益省份。2012 年 5 月，国家电网青海公司不断完善光伏电站涉网技术设备，提升对光伏电站电力的精益化调控水平，实现电网内光伏电站电力全额接纳。2012 年 9 月，亚洲开发银行提供技术援助的"青海省可再生能源发展项目"顺利完成，成为解决光伏产业发展技术瓶颈的成功案例，省政府将项目成果推广应用于光伏产业。

2012 年 11 月，国家电网青海公司向 41 家发电企业发放《青海电网新建发电机组并网及转商运服务指南》，包含新机并网阶段、业务办理流程、业务联系及办理流程图等 4 方面内容和详细说明，推动光伏并网，管理更规范，流程更清晰，服务更便捷，为青海省光伏电站并网和产业发展提供了很好技术支撑。

2013 年 4 月，为更好地发展青海省太阳能、风能资源，打造环保、生态、绿色的低碳生活，中央财攻下拨青海省可再生能源电价附加补助资金 15 亿元。

2013 年 10 月，青海省质量技术监督局批准发布《光伏发电站并网验收规范》地方标准，并于 2013 年 10 月 15 日起正式实施，对光伏发电站并网要求、涉网资料验收、光伏发电站技术条件验收、并网测试验收、商业运营条件验收等技术环节进行规范。

2014 年 5 月，在青海省发改委的指导下，青海成立太阳能发电行业协会，成功召开"青海省太阳能发电行业协会成立暨第一次会员代表大会"。

2015 年 3 月，青海光伏产业与江西省强强联合，青海光伏产业与江西合作将有利于进一步补充、完善、提升青海光伏产业链。

2015 年 7 月，在青海银监局《青海银行业"绿色信贷示范年"活动实施方案》指导下，国家开发银行青海省分行积极贯彻国家绿色信贷政策，大力支持绿色信贷领域发展；2015 年一季度发放绿色信贷 45.82 亿元，绿色信贷贷款余额 347.98 亿元，其中，向清洁能源领域发放贷款 12.37 亿元，主要支持太阳光伏能发电项目。

2010 年 12 月，为促进新疆维吾尔自治区光伏产业的持续健康发展，推动建设完整的产业链和成熟的市场，提升行业的整体竞争力，在自治区经信委的指导下，新疆 20 多家光伏企业事业单位作为发起单位，成立了新疆光伏产业联盟。2012 年 5 月，新疆维吾尔自治区出台《太阳能光伏产业发展规划（2011—2015 年）》，明确"十二五"期间新疆光伏产业发展目标。

2011 年 6 月，阿拉尔市出台了光伏产业发展规划并启动新疆首个光伏产业园建设。园区建设按照"全链构造，业态集成"的方针，确立了三个基本定位：一是自治区级光伏电子新材料产业园区，二是浙江省台州市对口援建的专业化园区，三是兵团和地方合作共建的南疆环保绿色能源基地。2015 年 4 月，新疆发改委下发《关于报送 2015 年光伏发电项目建设计划的通知》，《通知》指出，2015 年，国家下达新疆维吾尔自治区新增光伏电站建设规模 130 万千瓦，此次上报仅限于吐鲁番市、哈密市、巴州、伊犁州、博州、阿勒泰地区、塔城地区、乌鲁木齐市等八个地（州、市）。

2013 年 5 月，新疆维吾尔自治区发改委批复 28 个光伏并网发电项目上网电价，合计装机容量 64 万千瓦，自治区发展改革委对嘉盛阳光阿克苏柯坪 20 兆瓦、晶芯阿克苏沙雅 20 兆瓦两个光伏并网发电项目上网电价予以批复，上网电价统一核定为 1 元/千瓦时（含税），上网电价高于乌鲁木齐电网脱硫燃煤机组标杆上网电价的部分，通过全国可再生能源电价补贴解决。

2014 年 3 月，为加强新疆无电地区电力建设光伏独立供电工程的项目管理，完善监督机制，保证项目建设的顺利实施，根据《金太阳示范项目管理暂行办法》和《国家能源局关于印发全面全面解决无电人口用电问题三年行动计划（2013—2015 年）的通知》文件的精神，自治区制定了《新疆无电地区电力建设光伏独立供电工程项目管理办法》。

综上所述，西北地区地方政府给予光伏企业的支持方式主要有：首先，确定地方标准，一些标准直接执行国际标准，而有的标准超过国际标准，使得光伏企业产品质量有保证，为企业走向国际打下重要基础；其次，对企业进行资金支持，使得企业融资变得相对容易，为扩大生产提供保证；再次，促进光伏企业合作，发布并实施各种政策帮助光伏企业的发展，对光伏发电项目进行补贴，鼓励居民、公共机构使用光伏发电等。

第三节　推动光伏、风电产业可持续较快发展

一、优化产业布局

优化产业布局是整合资源要素、加快产业发展的重要前提。尽管近些年来我国绿色能源行业发展迅速，太阳能、光伏发电量都高速增长，但是，仍然存在能源供给端弃风、弃光等现象，不同能源类型之间的竞争也非常激烈。由于风电场需要较为平坦的地势作支撑，使得东部沿海地区人口密集的用电大省不适合作为风电场，西部地区成为较为理想的风电场建设区域，但东部地区又具有良好的科技创新环境和金融服务，因此，我国绿色能源产业需要通过优化产业布局促进产业发展，形成更具有竞争力的产业格局。政府应结合我国国情对绿色能源主要品种从技术、经济、市场、安全等方面分别施策，推进发展，遴选出我国近中期绿色能源发展的优先和重点领域，如风电、光伏发电等作为重点开发的能源领域。根据区域间资源分别特点和电力需求情况，考虑将东部沿海地区作为风电产业的研发基地，而将研究成果在西部地区实施，以提高风电技术产业化的效率。还可通过完善基础设施建设、构建可全国共享的信息交流平台，加强各地区间企业以及行业内的交流合作，保障风电企业的产品配套服务。

二、完善公司治理

我国绿色能源公司治理结构存在一些突出问题。一些绿色能源公司在绿

色能源电力业务规模高速扩张过程面临内部控制的考验，需要完善制度建设；绿色能源公司运用资本市场对外投资和实现公司价值最大化需要加强投资决策管理和项目风险控制；存在绿色能源上市公司高管层违规交易本公司股票，管理制度不完善、不透明，侵犯外部投资者权益。

三、服务"一带一路"

2017 年 5 月，国家能源局发布了《推动丝绸之路经济带和 21 世纪海上丝绸之路能源合作愿景与行动》，提出能源合作要坚持开放包容、互利共赢、市场运作、安全发展、绿色发展与和谐发展六项原则，表明中国同"一带一路"沿线国家进行能源友好合作、共同推动全球能源发展的坚定决心。"一带一路"沿线国家绿色能源资源极其丰富，根据世界能源理事会的估算，全球绿色能源每年理论开发量为 45 亿万吨标准煤，而全球一次能源年消费总量约 200 亿吨标准煤，未来伴随科学技术进步实现重大突破绿色能源深度开发足以支撑全球能源消费。而"一带一路"的主要地区亚洲，以及未来有合作潜力的非洲，主要绿色能源资源拥有总量超过全球的一半。

表 9-2　"一带一路"地区主要绿色能源分布

地区	水　能		风　能		太阳能	
	理论蕴藏量（万亿 kWh/年）	占比（%）	理论蕴藏量（万亿 kWh/年）	占比（%）	理论蕴藏量（万亿 kWh/年）	占比（%）
非洲	173	7.7	14	7.6	318	3.6
亚洲	56	2.5	15	8.2	2884	32.4
欧洲	198	8.8	57	30.6	3105	34.8

数据来源：财新网，见 http://opinion.caixin.com/2017-07-14/101115571.html。

在南亚、中亚、非洲、中东等大部分"一带一路"沿线国家传统化石能源开发利用粗放式增长，能源消费量远低于产量，在全球能源体系中，绿色能源开发利用大多处于起步阶段，甚至尚属空白。中国由于能源供需矛盾突出以及对环境治理的国家诉求日趋强烈，在绿色能源技术、生产和综合利用方面已经积累了较好经验，在"一带一路"沿线国家绿色能源产业开发及其能源转型中是有很好的合作前景，也可以利用在石油、天然气能源领域已有的合作机制与平台推动绿色能源合作。

第四节　国外经验：以光伏、风电产业为例

一、国外绿色能源发展及趋势

欧盟绿色能源发展在 2008 年以前尚未形成一个系统的法律框架。2001年和 2003 年分别颁布《绿色能源指令 2001/77/EC》和《生物燃料指令》确定的国家指示性目标为：欧盟到 2010 年在电力生产中绿色能源份额达到21%[1]，在运输部门绿色能源替代汽油和柴油的份额达到 5.75%[2]。尽管绿色能源在电力、运输、供热等部门均有增长，但之前预期的 2010 年绿色能源目标仍未实现，从趋势判断欧洲绿色能源发展前景较好。2012 年 1 月 5日，欧盟委员会主席巴罗佐表示，欧盟在发展绿色能源方面成绩显著，有望在 2020 年实现将能源消耗中绿色能源的比例提高到 20% 的目标。欧盟

---

[1]　Directive 2001/77/EC of the European Parliament and of the Council of 27 September 2001 on the Promotion of Electricity Produced from Renewable Energy Sources in the Internal Electricity Market, O J L 283, 27/10/2001, pp. 33-40.

[2]　Directive 2003/30/EC of the European Parliament and of the Council of 8 May 2003 on the Promotion of the Use of Biofuels or other Renewable Fuels for Transport, OJL 123, 17/05/2003, pp. 42-46.

希望绿色能源最终总消费在 15 年间翻倍，由 2005 年的 103Mtoe（million tonnes of oil equivalent，百万吨石油当量）增加到 2020 年的 217Mtoe。其中电力部门增长 45%，供热部门增长 37%，运输部门增长 18%。生物燃料和风力（2/3 陆上风力，1/3 离岸风力）在绿色能源消费增长预计占27%；太阳能产业预期将明显增长，尤其太阳能光伏；其他目前使用量很小的绿色能源技术将有更高的增长率。因此，欧洲的绿色能源产业将在未来十年较快发展。

对比欧盟、美国和中国的情况，欧盟的太阳能装机容量和太阳能年发电量均最高，2012 年之前，美国的太阳能装机容量和太阳能年发电量比中国高，但之后，中国超过美国，并不断缩小着与欧盟的差距。2014 年之前，欧盟风能装机容量和风能年发电量最高，之后中国风能装机容量超过欧盟，而风能年发电量与欧盟的差距也在缩小；美国风能装机容量在 2011 年之前高于中国，之后被中国超过，美国风能年发电量在 2015 年之后低于中国。（见图 9-7 至图 9-10）

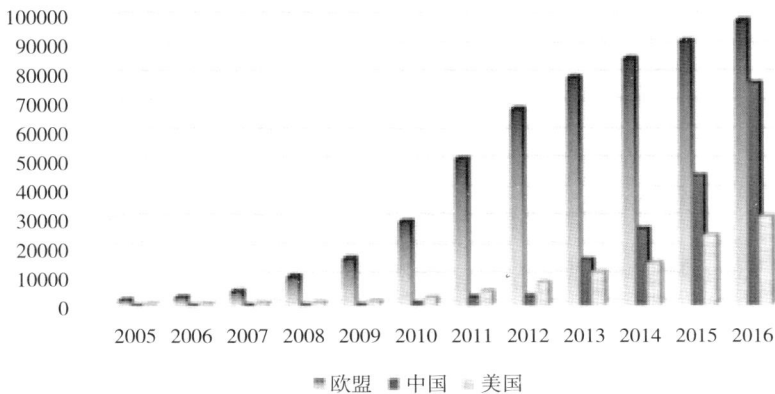

图 9-7　欧盟、中国、美国太阳能装机容量（MWe）

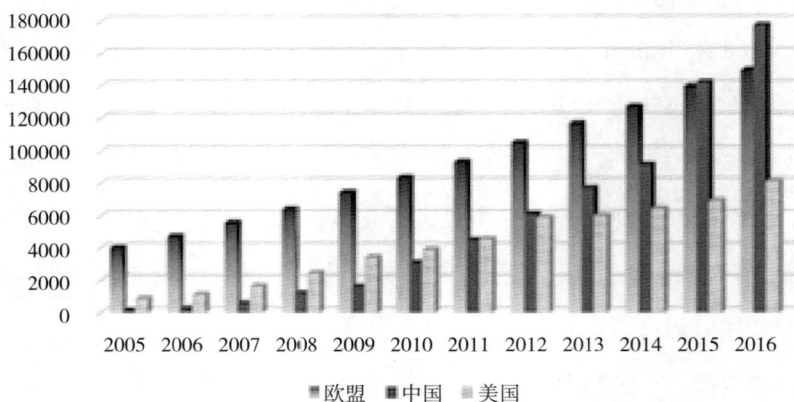

图 9-8 欧盟、中国、美国风能装机容量（MWe）

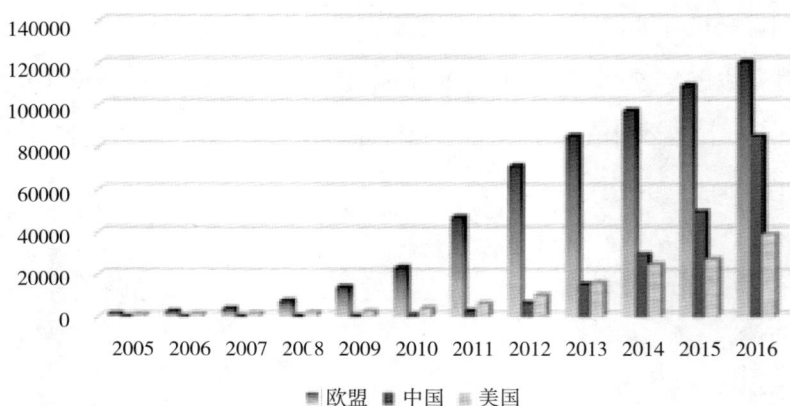

图 9-9 欧盟、中国、美国太阳能年发电量（吉瓦时 GWh）

欧盟绿色能源近期主要目标是加速电网现代化。在成员国国家行动计划的基础上，2020 年绿色能源在欧洲的电力结构要占到 37%。2010 年《一体化的欧洲能源网络蓝图》通报强调，必须采取紧急行动为绿色能源生产的巨大电力容量的一体化准备电网，促进电网平衡、灵活性和分布式发电。欧

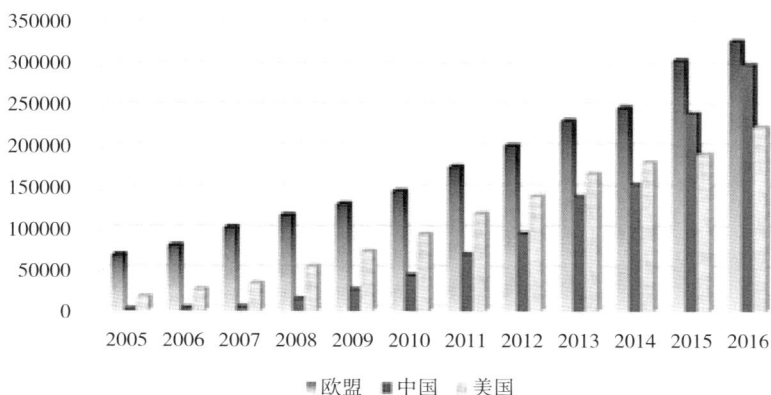

图 9-10 欧盟、中国、美国风能年发电量（吉瓦时 GWh）

盟电力系统将加强内部连接和灵活性，发展和加强新的基础设施，包括智能电网。电网基础设施的最大挑战是连接欧洲北海的风力发电离岸潜能，发展离岸和陆上电力网络。

2010 年以前，由于在大部分成员国缺乏足够的支持框架，供热和制冷的市场发育很不充分。但是 2009 年颁布的绿色能源指令 2009/28/EC 把供热和制冷部门包含进欧盟绿色能源框架以后，这种情况将发生显著变化。成员国已经计划对财政、收购价格制度及供热部门的其他政策工具进行改革。供热和制冷部门，未来 10 年生物质将保持主导技术地位，到 2020 年由生物质生产的能源将增长 50%。

在运输部门，欧盟 2020 年要达到的目标是绿色能源占该部门总能源消费的 10%，生物柴油和生物酒精等第一代生物燃料成为运输部门的主导能源资源。

二、欧盟促进绿色能源发展的政策

（一）欧盟绿色能源政策演进

从 20 世纪 70 年代至今，欧盟绿色能源政策经过了三大发展阶段，每个阶段的政策变化都反映了当时能源形势的特点。

1. 应对石油危机的共同体绿色能源政策

1974—1980 年，欧共体制定了两个共同体能源政策目标决议，形成了共同体能源政策的初步框架。这两个政策文件反映了欧共体在两次世界石油危机中所采取的应对措施及绿色能源政策主导思想。这一时期，为实现能源供应安全的目标，绿色能源在能源结构中的角色逐渐发生变化，从一开始仅有水电、地热能被列入目标体系，发展到鼓励绿色能源作为整体受到欧共体的重视。

2. 环保目标纳入绿色能源政策

为了应对石油危机而产生的 1974 年和 1980 年能源政策，都是以能源供应安全主要目标。20 世纪 80 年代中期以后，能源供应形势好转，能源供需矛盾不再像以前那么突出，而此时世界上兴起的环境保护运动对欧共体的能源政策也产生了重要影响，环境保护被纳入欧盟绿色能源政策的目标中。尤其是《单一欧洲法令》促使欧盟的能源政策与环境政策逐步融合。

3. 绿色能源政策新目标的形成与发展

1992 年联合国环境与发展大会以后，可持续发展提上各国的政策议程。欧盟也采取行动制定更为积极的环境保护政策，并在 1993 年发布的第五个环境行动计划中把能源政策列为实现可持续发展的关键领域①。此时，全球能源供应再次紧张，能源安全问题重新成为欧盟能源战略的中心问题，而内部能源市场的竞争性也日益受到重视。从 1995—2006 年，欧盟绿色能源政策进入快速发展时期，绿色能源在欧盟能源结构中的比例也逐步增加，发挥的作用不断增强，可持续性、竞争性和供应安全成为欧盟绿色能源政策的

---

① European Commission, A European Community Programme of Policy and Action in Relation to the Environment and Sustainable Development, OJC 138, 17/05/1993, pp. 5-98.

目标。

（二）欧盟促进绿色能源发展的政策目标

由于能源法律与政策总是与能源形势密切联系在一起，因此欧盟绿色能源法律政策目标不可能是一成不变的，它也不可避免地呈现出随着能源形势不断变化的发展状态。

1. 最早确定能源供应安全目标

欧盟绿色能源法律以核能及能源市场法律政策为发端，在其发展过程中，能源供应安全始终是绿色能源法律政策的目标。虽然供应安全的概念在过去几十年也处于变动之中。

早期的能源供应安全就是指获得充足的能源供应，防止供应短缺。《建立欧洲原子能共同体条约》是成员国共同发展核能的法律基础，建立原子能共同体的重要目标就是要在一定时期内保障成员国能源满足能源需求，获得可靠的能源供应。20 世纪 70 年代以后，欧盟的能源市场形式发生了变化，欧盟不断增加对外部能源的依赖程度，能源不能自给，而且严重依赖石油、天然气等部门，能源供应的脆弱性逐步增加。这一时期，能源安全的概念包含了通过发展绿色能源、提高能源效率等绿色能源形式促进能源多样化的含义。2006 年《可持续、竞争和安全的欧洲能源战略》和 2009 年第三次能源改革方案将能源供应安全发展为颠覆核能、电力、绿色能源各方面，并且包括了能源供应链的各个环节的一个新的概念。节能与能源效率、核能安全、绿色能源开发、运输网络、绿色能源技术发展以及国际合作都成为实现能源供应安全所要关注的因素。

2. 20 世纪 80 年代以后的竞争性新目标

20 世纪 80 年代能源一体化和市场自由化成为欧盟能源领域的重要议题。绿色能源在此阶段已发展到一定规模，核能、绿色能源电力等方面都面临着参与市场竞争的障碍，必须通过立法和政策制定来消除障碍，提高绿色能源的竞争性。1988 年欧委会的《内部能源市场》通报，指出了能源市场的主要问题，提出要坚持竞争性规则，在能源领域实施单一市场的规定①。

1995 年《欧洲能源政策》绿皮书把竞争性与能源安全、环境保护并列为三大目标，大力支持绿色能源技术的研发和利用②。1997 年《未来能源：绿色能源——共同体战略与行动计划》白皮书重视发展绿色能源的竞争力，提出开展共同体绿色能源行动计划，为绿色能源参与市场竞争提供公平机会③。

从 1996—2009 年欧盟出台的三次能源改革方案，无不以加强竞争性作为绿色能源法律政策目标，促进能源市场开放，为绿色能源提供更广阔的竞争平台。

3. 可持续性目标逐步进入绿色能源法律政策视野

1986 年签署的《单一欧洲法令》为欧共体环境政策提供了法律基础，也促进了环境政策融入其他政策领域。1986 年 9 月出台的《关于 1995 年共同体能源目标及成员国政策趋同的决议》虽然仍以能源供应安全为目标，但是着重提出继续发展绿色能源和绿色能源④。1986 年 11 月理事会通过了《关于发展绿色能源和绿色能源的共同体目标决议》，提出了发展绿色能源

---

① European Commission, the Internal Energy Market, COM (88) 238 final, 02/05/1988.

② European Commission, Green Paper: an Energy Policy for the European Union, COM (94) 659 final, 23/02/1995.

③ European Commission, Energy for Future: Renewable Sources of Energy - White Paper for a Community Strategy and Action Plan, COM (97) 599 final, 26/11/1997.

④ Council of the European Communities, Council Resolution of 16 September 1986 Concerning New Community Energy Policy Objectives for 1995 and Convergence of the Policies of the Member States. O J C 241, 25/09/1986.

的原则，鼓励成员国开发绿色能源①，这实际是在绿色能源目标中融入了环境因素。

欧委会于 1990 年初发表了题为《能源与环境》的通报，明确将环境问题纳入能源政策之中。这在共同体内引起了对能源生产、消费及其产生的环境影响，以及气候变化问题的关注，促使欧共体制定解决与能源相关的环境问题的政策以及气候变化战略。此后的一系列绿皮书和白皮书中，环境目标或环境保护都被列为欧盟绿色能源政策目标之一，2006 年《可持续、竞争和安全的欧洲能源占率》中以可持续性取代了之前欧盟绿色能源法律政策中关于环境目标的表述。

（三）欧盟节能和能源效率资助政策

欧盟能效资助政策的目标可以归纳为两个主要方面：一方面是更有效地把有限的资金给予特别需要的和高产的项目；另一方面是更好地利用私人激励，作为未来能效资助更实际的资源。由于在成员国完全实施能效法所规定的措施抑制存在困难，鼓励资助就好像是与立法措施这一传统的"大棒"策略相反的"胡萝卜"策略，成为全面提高能效的一个重要因素。近年来，欧盟努力更新和加强它的能效资助政策，制定行动计划，执行、实施和资助都有希望进一步得到提高。

目前欧盟使用的主要工具可以归纳为公共基金、市场基础上的工具以及私人支持基金三类。

1. 公共基金

公共基金是指欧盟直接从预算中分配一些基金来拨款给能源效率项目，

---

① Council of the European Communities, Council Resolution of 26 November 1986 on a Community Orientation to Develop New and Renewable Energy Sources, 86/C316/01, O J C 316, 09/12/1986, pp. 1–2.

其中包括大约分两期拨给"欧洲智能能源"项目共计 9.3 亿欧元。这些基金经常是直接拨给由支付机构、大学和在特定情况下的私人组织的结合体运营的特定的项目。欧盟也通过第七框架计划（Seventh Framework program）分配一些基金给能效技术研究①。

对新成员国的资助最需要能效公共基金财政援助的是新加入欧盟的成员国，因为一些新加入成员国经济正处在由计划经济转为市场体制的转型期，特别缺少国内资源来资助能效。欧盟的 Phare program 就是特别建立起来帮助中欧东欧国家转向欧盟，通过加强公共行政和国内立法，帮助这些国家达到欧盟一体化水平。

2. 全球能效和绿色能源基金（Global Energy Efficiency and Renewable Energy Fund，GEEREF）

欧盟认为发展中国家人民也应获得可负担得起的能源，欧盟希望通过资助工具帮助发展中国家吸引能效项目投资。欧盟 2006 年设立的"全球能效和绿色能源基金"就是用来帮助克服可持续能源在发展中国家的投资障碍，通过建立风险共担、共同资助的公私合作关系实现经济融合。此基金的目标是吸引风险资本，对投资回报持长期观点，大部分来自银行和金融中介。

3. 结构性基金（Structual and Cobesion Funds）

结构性基金是欧盟支持社会和经济发展以及减轻地区不平衡的主要支持工具，约占欧盟预算的 33%—40%②。结构型基金当前没有用于资助能效项目，但是它们可以比较容易地转向这个目标，或者可以要求所有能效项目申

---

① Decision No. 1982/2006/EC of the Council of 18 December 2006 concerning the Seventh Framework Program of the European Community for Research, Technological Development and Demonstration Activities (2007-2013), OJ L 412, 30/12/2016, pp. 1-43.

② Dalia Streimikiene (et al.), "Use of EU Structual Funds for Sustainable Energy Development in New EU Member States", *Renewable & Sustainable Energy Reviews*, Vol. 11, No. 6, 2005, p. 1167.

请这些基金的支持。

随着能效投资和环境质量的提高，欧盟政策持续转向鼓励利用市场基础上的工具。

①温室气体排放交易计划（Green Gas Emission Trading Scheme）

温室气体排放权交易是指排放着依据有关法律法规，通过市场交易机制，平等、资源和有偿的转让温室气体减排后的多余指标，以实现温室气体排放总量的削减，取得较低成本的减排效果，从而达到保护和改善气候、环境质量的目的①。欧盟的温室气体排放交易计划是其首要的市场基础上的工具。2003 年欧盟通过《关于建立温室气体排放配额交易制度的指令》，2005 年正式启动排放交易机制，这是世界上第一个碳排放配额市场。这一交易机制使欧盟及成员国有可能实现《京都议定书》中对温室气体减排的承诺。能源部门、钢铁生产、矿业和造纸业的设施均为实施温室气体排放交易计划的对象。2008 年，欧盟通过新的排放交易计划，扩大了覆盖范围和部门。启动温室气体排放交易机制后，每年制定的配额数量要与前一年度的总体排放相称。从 2013 年起，全欧盟的整体排放配额数量会逐年减少，欧盟 2013 年的配额数量建立在欧委会 2008—2012 年间所接受的国家计划的基础上。

②白色认证（White Certificates）

白色认证，又称可交易的节能认证（Tradable Certificates for Energy Saving），是一种目标专门指向能效的政策工具，在欧盟成员国意大利、英国、法国都被采用。白色认证计划给能源供应商设定帮助其客户执行一定量的年度节能义务，每个成功的能效项目都会得到一个白色认证来代表所节约的能

①　陈淑芬：《国际法视角下的清洁发展机制研究》，武汉大学出版社 2011 年版，第 27 页。

源，每年末每个供应商必须有足够的白色认证（通过执行项目或从其他供应商手里购买认证）来完成其节能义务①。

欧盟认为有必要使更多的私人资助进入能效部门。

①欧洲投资银行（the European Investment Bank，EIB）

欧洲投资银行由成员国共同拥有，是一个自筹经费的机构，它主要是在优先政策基础上对能源效率项目进行借贷。能源效率是 EIB 在能源部门资助的 5 个优先领域之一。欧洲投资银行在性质上被认为是准私人机构（quasi-private institution），近年来准备在能效上进行更多投资。2007 年 EIB 决定提高资助能效项目总成本的份额，要从 50% 提高到 75%，这使得受资助的能效项目对广泛的潜在投资者更具有可行性，增强了能效项目的投资吸引力。欧盟当前的能效行动计划号召银行部门提供中小企业的金融方案，特别是通过在私人银行部门和 EIB 之间的更多公私合作关系来为能效项目提供资助。

②能源服务公司（Energy Service Companies，ESCOs）

能源服务公司能够在能效项目中起到重要作用。能源服务公司的盈利模式是：通过与节能改造的客户签订节能服务合同，为客户提供能源买卖、供应、管理以及节能的改善，向客户提供技术改造资金、能源效率审计、节能项目设计等一条龙综合性服务，然后分享客户项目投产后的节能效益。

三、美国促进绿色能源发展的政策

1973 年第一次石油危机时尼克松总统提出《能源独立计划》，这标志着美国绿色能源政策的开端。此后美国历届总统都将"能源独立"作为美国

---

① Paolo Bertoldi, "Tradable Certificates for Renewable Energy and Energy Saving", *Energy Policy*, Vol. 34, 2006, pp. 23-35.

能源政策的指针。这一计划实施之后的第一大成就就是美国于 1976 年诞生了第一块现代意义的光伏组件。[①] 在此之后的几十年中，共和党领导的政府对气候变化和环境保护议题一直都持消极态度，发展绿色能源主要是为了能源独立和能源安全。而克林顿上台之后，尽管政府为应对气候变化积极努力，但是大多数提议和政策都遭到了国会的否决，即使在签署了《京都议定书》之后，国会也未批准此协议。奥巴马上台之后，美国的能源战略出现了重大改变，此时美国绿色能源发展迎来重大机遇。

奥巴马积极应对气候变化，应对气候变化成为政府能源战略的重要组成部分，"能源战略"转变成为"能源—气候战略"，应对气候变化的重要方法之一就是大力发展绿色能源。奥巴马在竞选时就提出了温室气体减排的承诺，且其上台后一直努力兑现这一承诺，例如：2009 年奥巴马在其就任总统不久之后便推出《清洁能源与安全法案》，该法案明确规定，风能、太阳能等可再生能源发电量在总发电量中的占比到 2020 年要达到 12%。而且，美国在应对气候变化情况下推动再工业化，也离不开能源系统转型作支持。再工业化是振兴美国经济所必需的，而过程对能源的需求量非常巨大，既要满足再工业化的能源需求，同时要避免大量消耗化石能源，避免温室气体大量排放所造成的污染，美国必须寻求建立包括绿色能源在内的清洁能源体系。[②] 此外，由于在奥巴马上台之际，美国爆发了金融危机并蔓延至全球，他所领导的政府将在绿色能源领域的投资当作刺激经济复苏和增长的重要手段之一。2009 年初，奥巴马签署了经济刺激计划，其中包括将 199 亿美元用于可再生能源可节能项目的投资，其中，用于可再生能源生产税

---

① 毕亮亮：《20 世纪石油危机时期美国石油政策及影响》，河南大学 2010 年博士论文。

② 唐志良、刘建江：《再工业化战略下的美国能源体系转型》，《经济地理》2013 年第 11 期，第 104—110 页。

收抵扣的有 131 亿美元。这种通过投资绿色能源来刺激经济的方法在其他国家引起了共鸣，例如：欧盟 2009 年 1 月公布 50 亿欧元的经济刺激计划，其中包括对海上风电项目进行 5 亿欧元的投资，对碳捕存项目进行 12.5 亿欧元的投资，对其他可再生能源或应对气候变化项目也给予 5 亿欧元的投资。①

　　绿色能源投资不仅在数量上促进 GDP 增长，这同样是美国创新驱动发展战略的一部分。2009 年 9 月，美国政府出台《美国创新战略：推动可持续增长和高质量就业》法案，清洁能源技术被当作实施这一战略的突破口。奥巴马还在 2010 年的国情咨文中强调，要推动美国创新战略，能源领域的创新条件比其他任何领域都要成熟。② 在美国政府 2014 年 5 月发布的新的能源战略《The All-of-the-Above Energy Strategy as a Path to Sustainable Economic Growth》中，政府还将能源系统转型与经济发展、技术创新、增强未来国际竞争力结合了起来。

　　美国从 1982 年开始对页岩气进行探索性开采，至今已取得很大成绩。这不仅影响了美国的绿色能源发展，也对其他国家产生重要冲击作用。首先，页岩气革命的成功让美国更容易减排温室气体，由此可以致力于成为气候领袖，并可以在气候议题上向其他国家施压，而其他国家则需要依靠推广和应用绿色能源来加大减排力度。③ 其次，页岩气革命的成功使得全球油气资源变得不再紧缺，使得油气价格大幅下跌，从而使得对绿色能源的需求形

---

① 刘新宇：《破解金融危机后绿色能源产能过剩的政策困局》，《经济问题探索》2010 年第 3 期，第 108—112 页。
② 唐志良、刘建江：《再工业化战略下的美国能源体系转型》，《经济地理》2013 年第 11 期，第 104—110 页。
③ 于宏源、柴麒敏：《奥巴马政府能源政策和中美关系》，《绿叶》2014 年第 7 期，第 81—88 页。

成巨大压力。最后，页岩气也是一种清洁能源，即使是向清洁能源转型，页岩气相对于成本更高的绿色能源也是更有优势。在美国的能源战略中，所谓用能源发展来促进经济和就业增长，指的也是使用页岩气等国内尤其资源开发而不是绿色能源的推广。

四、日本促进绿色能源发展的政策

日本作为西方阵营的一员，在 1973 年的第一次石油危机中也受到了冲击。从发展替代能源、保障能源安全的角度出发，日本从那时起就积极发展绿色能源。

日本于 1974 年出台"阳光计划"，旨在发展太阳能、地热、氢能等绿色能源；1983 年，日本制定《关于促进石油替代能源开发和引进的法律》，以法律形式保护和促进绿色能源的发展，1993 年，日本把"阳光计划"和"月光计划"重新整合，称为"新月光计划"，协同推进环境保护、节能、绿色能源三个方面的技术研发和推广。1990 年之后，日本对气候变化议题始终持积极态度，并于 1997 年签订了《京都议定书》，在 1998 年，日本颁布《地球变暖对策推进法》，2006 年又出台了《新国家能源战略》，又于 2008 年提出《建设低碳社会行动计划》，这一系列的法律政策规定，都将绿色能源作为重要发展的能源，并将其当成减排温室气体、履行条约义务的重要措施之一。[1]

2009 年，日本首相鸠山由纪夫上台，此时正值全球金融危机蔓延、深化之际，日本经济急需有效刺激手段。鸠山内阁在此时提出"新增长战略"，其中"环境及能源大国战略"是"新增长战略"的六个子战略之

---

[1]　李冬：《震灾与核电事故阴影下日本未来能源政策走向》，《东北亚论坛》2014 年第 2 期，第 112—119 页。

一，旨在发挥日本在环境与能源领域的技术优势，推进绿色技术创新，从而在推动温室气体减排的同时挖掘新的经济与就业增长点，在 2020 年之前，要在环境与能源领域刽造 50 亿日元以上的市场和 140 万个就业岗位。①

---

① 苏杭：《浅析鸠山内阁的"新增长战略"》，《日本学刊》2010 年第 3 期，第 39—50 页。

第十章　中国碳金融交易市场
定价效率检验

发展低碳经济、减少温室气体排放已成为人类在 20 世纪达成的基本共识。当进入后京都时代，这依然是各国所面临的重大课题。21 世纪初，欧盟碳排放交易体系等多个地区性碳金融交易市场相继成立，使二氧化碳排放权交易成为发达国家降低减排成本的主要途径。实践表明，基于市场的环境政策工具较传统的"命令与控制"管制更具优势。

作为目前全球温室气体排放总量最高的国家，中国面临巨大的减排压力。借助碳金融交易市场科学有效地对二氧化碳进行定价，将是未来中国控制温室气体排放的有效途径。在推进碳金融交易市场的建设中，中国遵循着渐进原则，2013 年 6 月至 2014 年 6 月，七个碳交易试点深圳、上海、北京、广东、天津、湖北、重庆相继启动并开展交易，迄今为止已运行三年多，为量化研究碳交易提供了必要的样本数据。需要思考的问题是，各交易试点市场定价效率如何？七个试点市场横跨中国东、中、西部地区，交易制度存在差异，这是否影响试点碳金融交易市场定价效率的重要因素？更进一步，定价效率该如何提高？这些问题的回答，将有助于中国进一步在 2017 年构建统一的全国交易市场并减少试错成本，对稳步推进碳金融交易市场整合意义重大。

目前，对中国碳金融交易市场定价效率的研究尚未引起足够关注，仅有王倩①、汪文隽②对此进行了开拓性的研究。本章对中国碳交易的定价效率进行研究，首先界定定价效率的概念，进一步基于有效市场假说理论，以七个交易试点为研究对象，将碳交易试点显著存在的"淡薄交易"特征纳入分析视域，检验目前七个试点的定价效率。目的在于结合现实制度设计，探究各试点定价效率产生差异的原因，并借鉴 EU-ETS（European Carbon E-mission Trading System，欧洲碳排放交易体系）碳金融市场经验，对中国碳金融交易市场提高定价效率提供对策建议，以期为推动全国碳金融交易市场发展提供理论与实证支持。

第一节　定价效率的定义与检验方法

一、碳金融交易市场定价效率的内涵

价格是市场机制的核心，而对于定价效率的研究主要来源于对资本市场效率的研究。学者们基于不同的研究角度和方法对市场效率进行定义，"定价效率"即为其一。不同文献对定价效率界定略有差别，本文需要在剖析定价效率内涵基础上对碳金融交易市场定价效率予以明确界定。

自 20 世纪 60 年代以来，资本市场效率一直是金融学中的重要议题。Roberts 从价格反映市场信息程度的角度出发研究股票市场效率，将股票市

---

① 王倩、王硕：《中国碳排放权交易市场的有效性研究》，《社会科学刊》2014 年第 6 期，第 109—115 页。

② 汪文隽、周婉云、李瑾等：《中国碳市场波动溢出效应研究》，《中国人口·资源与环境》2016 年第 12 期，第 63—69 页。

场划分为弱式有效、半强式有效和强式有效三种类型①，Fama 则从数学角度对此进行精准定义并进一步将其发展为"有效市场假说"理论②，迄今仍在资本市场效率研究中占据重要地位。West③ 将股票市场效率划分为两类，即外在效率和内在效率。外在效率研究"定价效率"，即股票价格能否根据有关信息做出及时快速反应，其直接判断标准为：信息是否达到充分披露以及每个交易者能否在同一时间获取等量和同质信息，从而使价格跟随信息的变化而发生变动；内在效率则研究股票市场中的资金交易运行效率，即交易者能在股票市场中以最短时间和最低交易费用达成交易。萨穆尔森④ 将市场效率分为信息效率（市场有效性）和资源配置效率，前者基于信息集考察股票价格能否充分并且及时反映信息，后者基于实体经济发展考察股票市场价格信息对资本配置产生的影响。托宾将市场效率分类为信息套利效率等四种效率，其信息套利效率即指如果一个市场不能利用公共信息进行交易而获利，那么市场就是有效率的⑤。随着对市场效率研究的推进，国外学者还对股票市场效率进行了不同的分类。由于定价效率聚焦于股票市场发展中的核心价格，其高低能够直接衡量市场成熟程度。研究定价效率即研究"市场效率"中最重要的一环，对市场发展具有重要意义。

　　总结国内外有关股票市场定价效率的研究，发现对于定价效率的定义主

---

① Roberts H V., "Statistical Versus Clinical Prediction of The Stock Market"（Unpublished manuscript), 1967.

② Malkiel B G, Fama E F., "Efficient Capital Markets: A Review of Theory and Empirical Work", *The Journal of Finance*, Vol. 25, No. 2, 1970, pp. 383–417.

③ West R R., "On the Difference between Internal and External Market Efficiency", *Financial Analysts Journal*, Vol. 31, No. 6, 1975, pp. 30–34.

④ Samuelson P A., "Proof that Properly Anticipated Prices Fluctuate Randomly", *Industrial Management Review*, 1965.

⑤ Tobin J., "On the Efficiency of the Financial-system", *Lloyds Bank Annual Review*, No. 153, 1984, pp. 1–15.

要基于两个角度：其一，从价格与信息之间的关系出发，将定价效率界定为价格反映市场信息的程度，即 West 对于定价效率的界定，也与萨穆尔森和托宾表述的"信息效率"吻合。换而言之，"定价效率"和"信息效率"内涵存在重叠，此处定价效率即为"信息效率"，只是表述方式不同。国内学者如廖士光认为，定价效率的实质就是股票市场中股票价格能够充分并且及时地反映所有可获得信息①。李志生等在研究卖空机制影响股票市场的定价效率时，也从价格的信息含量和价格对信息的反应速度两个方面进行研究②。此外，许多学者如蔡庆丰等③、熊艳等④研究的定价效率都是研究价格对信息的反应程度；其二，从现货与衍生品（主要是期权和期货）的关系出发，将定价效率研究转化为对衍生品价格如何引导现货价格并实现价格发现功能的研究，从现货和期货价格两者之间存在的领先或滞后的动态关系定义市场效率。相应的实证分析主要是基于期货无套利定价模型框架，抑或近年来发展的 VECM（Vector Error Correction Model，向量误差修正模型），考察两者是否具有长期均衡关系。这种分析视角下的文献主要研究现货价格和期货价格之间的动态关系，并不把焦点放价格对于信息的反应程度上。从本质上讲，期货与期权能够提高现货定价效率，也是基于对信息的充分反应，类似文献如刘飞⑤。

---

① 廖士光：《中国股票市场定价效率研究——基于个股特有信息含量的视角》，《财经研究》2010 年第 8 期，第 68—77 页。
② 李志生、陈晨、林秉旋：《卖空机制提高了中国股票市场的定价效率吗？——基于自然实验的证据》，《经济研究》2015 年第 4 期，第 165—177 页。
③ 白钦先、蔡庆丰：《金融虚拟化的道德风险及其市场影响：次贷危机的深层反思》，《经济学家》2009 年第 5 期，第 34—40 页。
④ 熊艳、李常青、魏志华：《媒体报道与 IPO 定价效率：基于信息不对称与行为金融视角》，《世界经济》2014 年第 5 期，第 135—160 页。
⑤ 刘飞：《股指期货与我国股市的波动性及其交易效率的实证检验》，《统计与决策》2013 年第 5 期，第 162—165 页。

碳金融交易市场是一种特殊且兼具金融属性的商品市场，因此完全可以运用资本市场定价效率检验方法对其进行检验分析，国外对于碳金融交易市场效率的研究大多也是基于信息反应角度。基于中国碳金融交易市场目前还未有碳期货和期权的情况，本章基于第一种角度对碳交易定价效率进行研究，即界定碳交易定价效率为价格对市场各种信息的反应程度。

二、有效市场理论

有效市场假说（Efficient Market Hypothesis，EMH）为现代金融理论奠定了基础。它反映了金融市场的理想状态，并为人们研究市场效率提供了一个基本的参照系。

1900 年，Bachelier[1] 在博士论文中首次对市场有效性的概念进行了陈述，文中指出市场价格反映了过去、现在和未来的信息，价格行为的"根本原则"是投机，期望利润对于投机者来说应该为零，而这是一种"公平博弈"。这一发现不仅引发了对布朗运动过程的研究，还为金融领域的许多重要发现和理论奠定了基础。Working[2] 及 Cowles and Jones[3] 力图通过实证研究来对 Bachelier 的说法进行验证，其具体做法为 Cowles 选取了上千只美国股票市场股票进行分析，发现股票投资专家选取的股票并没有能战胜市场。20 世纪 50 年代，由于计算机的推广和使用，学者们开始尝试利用计算机的强大运算功能研究价格走势，这极大地简化了运算程序，使市场价格的

---

[1] Bachelier L. , "Théorie de la spéculation", *Gauthier-Villars*, 1900.

[2] Working H. , "A Random Difference Series for Use in the Analysis of Time Series", *Journal of the American Statistical Association*, Vol. 29, No. 185, pp. 11–24.

[3] Cowles A. , Jones H. E. , "Some a Posteriori Probabilities in Stock Market Action", *Econometrics*, Vol. 5, No. 3, 1937, pp. 280–294.

研究不再受困于繁琐的数据运算。*Kendall*① 考察了 22 只英国股票和棉花、小麦现货价格序列，发现如果价格序列的时间间隔较短，下一周的价格为上一周价格加上一个随机数构成，价格呈现随机游走状态，而这被称之为"随机游走模型"。"随机游走模型"所揭示的价格变化规律与当时大多数研究者的认识相冲突，因为若如此，则股票分析师对于任何预测价格走势从而获取超额利润的努力将告以失败。此后，Roberts② 的实证研究进一步支持了随机游走模型，Fama 也在其 1965 年发表的论文——《股票市场价格走势》中基于股票市场收益率的检验为随机游走理论提供有力证据。同时，Samuelson 将市场效率分为信息效率和资源配置效率，在微观分析的基础上，将随机过程理论和市场有效性假说结合起来，并指出完全市场竞争的价格具有不可预测的随机游走的特点。

在此基础上，Roberts 从信息集合分类的角度，将股票市场划分为弱式有效、半强式有效和强式有效三种类型，以表达价格反映市场信息程度的市场效率。Fama 作为有效市场假说的集大成者，在 1970 年系统地提出了有效市场理论（Efficient Markets Hypothesis，EMH)③，将信息与价格结合起来，认为在一个完全竞争的市场中，如果参与市场的每一个投资者都有足够的理性并且能够迅速对所有市场信息作出反应，使价格充分反映信息，从而在交易过程中不存在超额利润，那么市场就是有效的。为了准确说明价格能够在多大程度反映多大范围的信息，按照 Roberts 提出的对于信息集合的分类方

① Kendall M. J, "The Analysis of Economic Time Series, Part 1: Prices", *Journal of the Royal Statistical Society*, No. 96, 1953, pp. 112-125.

② Roberts H., "Stock Market Patterns and Financial Analysis: Methodological Suggestions", *Journal of Finance*, Vol. 14, No. 1, 1959, pp. 1-10.

③ Fama. E., "Efficient Capital Markets: a Review of Theory and Empirical Work", *Journal of Finance*, Vol. 25, No. 2, 1970, pp. 383-417.

法，将有效市场假设分为三类：当市场已经充分反映所有过去的价格信息时，称之为弱式有效市场；当价格已经充分反映所有已公开的有关公司运营前景的信息时，称之为半强式有效市场；当价格已经充分反映所有关于公司运营信息时，称之为强式有效市场。Fama 还明确提出 EMH 的三个基本假设条件：第一，无交易成本，即无市场摩擦；第二，无信息成本，所有市场参与者都可以无成本地获得所有信息；第三，理性投资者，所有参与者都认同当前价格所包含的信息和未来价格的分布。在 EMH 提出之后，开始涌现出大批对其进行检验的文献。

自 EMH 出现，学术界即对其高度关注，但 40 多年来对其争议亦未停止过，分形市场假说、混沌理论、行为金融学和市场异象均对 EMH 提出挑战。这些挑战或争议促进了 EMH 理论和实证研究的完善。Grossman 和 Stiglitz（1980）[①] 指出，由于信息成本不能忽略且不可能为零，价格因此无法充分显示信息。他具体阐述的逻辑为：如果价格能够完全反映所有信息，那么投资者便会选择被动地接受价格，并因此丧失主动积极搜寻信息的动力。而当所有市场参与者都被动等待信息而非主动搜寻时，价格也就无法反映所有信息，即市场有效与投资行为相悖，因而完全有效的市场不存在。Peters（1994）[②] 提出分形市场假说（Fractal Market Hypothesis，FMH），从非线性角度出发，利用流动性和投资起点很好地解释了有效市场假说无法解释的各种市场现象。FMH 认为资本市场是由大量的不同投资起点的投资者组成，信息对各种不同投资的交易时间有不同影响，而且投资者的理性有限，不会完全按照理性预期方式行事，因此价格是"有偏"的随机游走，不同期限的

① Grossman, S. J. & Stiglitz J. E., "On the Impossibility of Informationally Efficient Markets", *American Economic Review*, Vol. 70, No. 3, 1980, pp. 393–408.

② Peters, *Fractal Market Analysis: Applying Chaos Theory to Investment and Economics*, Jogn Wiley & Son Inc, USA, 1994.

收益分布类似，即分形结构。Peters 首先对市场价格变化的正态性进行检验，其次运用了 R/S 分析的方法论证了资本市场的价格和收益的波动符合分数布朗运动，较为合理地解释了恐慌和崩盘等市场现象。混沌理论在经济学领域的应用源于 20 世纪 80 年代，该理论指出了由于内外部各因素相互作用的影响，从而使得一些类似随机游走的价格具有非线性的特征，进而价格可以被预测。在现实生活中，市场很难满足有效性条件，投资者往往可以利用历史价格以及公司基本面等公开信息预测价格趋势，进而对有效市场假说产生争议。市场异象是那些违反有效市场的现象，包括股票价格可预测性以及反向策略的识别，投资者在一定程度可以根据股票过去价格预测未来走势，由此提供了与有效市场相悖的实证证据。此外，规模效应、日历效应、小公司元月效应等都表明，投资者可以利用时间、公司基本面等公开信息预测股票价格，从而无法达到半强式有效市场。行为金融学将心理学尤其行为科学理论融入金融学，认为股票市场价格在很大程度上受到投资者主体行为的影响，投资者一些非理性的过度自信、后悔、顽固、可得性偏差、从众等心理特征，对股票价格决定及其变动具有重大影响。

面对上述挑战，有效市场假说自身也进行了拓展。Fama（1991）[①] 对有效市场假说分类进行了补充和调整：把股利回报率、利用利率等因素对收益进行预测等内容涵盖进了弱式有效市场的范围；对半强以及强式有效市场范围未作调整，但将半强式有效市场名称调整为事件研究，强式有效市场的名称调整为私人信息检验。Fama 认为 EMH 依然有其存在的合理依据，理由包括：首先，价格的过度反应和反应不足可以相互抵消，两种现象如若随机出现，则证明市场仍旧是有效的；其次，长期收益率的异象与其使用检验方法

---

① Fama, E., "Efficient Capital Markets: II", *Journal of Finance*, Vol. 46, 1991, pp. 1575-1617.

有关，若采用其他方法则异象可能消失，因而大多数长期收益率异象可以解释为偶然现象。最后，Fama 还批驳了行为金融学，认为其缺乏理论体系框架支撑，没有建立起具有严密内在逻辑的分析范式，并且无法提供另一个有效解释价格形成过程的假设。

EMH 体现了经济学家们一直致力于追求的市场状态：市场均衡，其核心与本质为古典经济学奠基人亚当·斯密所描述的"看不见的手"在金融市场发挥作用。EMH 保证了金融理论的适用性，是经典金融经济学的基础。基于计量经济学的最新发展，基于有效市场理论对我国碳金融交易市场定价效率进行研究，能为实现碳减排目标提出更好的制度设计与安排，亦能有助于创建更加完善、合理、公平的碳金融交易市场，从而促进整个资源配置效率的提高。

三、有效市场模型与统计检验

对资产价格形成机制进行数理描述是检验有效市场假说的前提，选择适当的经济计量方法是检验有效市场假说的关键。Fama（1970）将有效市场定义为任何时刻的市场价格均能"充分反映"所有可得信息的市场，投资者不可能从其投资策略中获得超额利润。基于实证研究的需要，Fama 进一步给出了有效市场的三种模型，分别是"公平博弈"模型、下鞅模型以及随机游走模型。

"公平博弈"模型建立在预期收益理论之上。设 $p_{j,t}$ 为证券 j 在 t 时刻的价格，$p_{j,t+1}$ 为 $t+1$ 时刻的价格，$r_{j,t+1} = (p_{j,t+1} - p_{j,t})/p_{j,t}$ 为一期收益率，Φ_t 为信息集，其被充分反映在 t 时刻的价格中，上标表示该变量为随机变量，则 $t+1$ 时刻的预期价格为：

$$E(\tilde{P}_{j,t+1} \mid \Phi_t) = [1 + E(\tilde{r}_{j,t+1} \mid \Phi_t)] \, p_{j,t} \tag{10.1}$$

式（10.1）意味着均衡预期价格 $E(\tilde{r}_{j,t+1} \mid \Phi_t)$ 由信息集 Φ_t 决定，即 Φ_t "充分反映"在 t 时刻的价格 $p_{j,t}$ 中，因而任何基于信息集 Φ_t 的交易都不可能获得超过均衡预期收益的超额利润。令 $x_{j,\,t+1}$ 为证券 j 在 t+1 时刻的超额价格，即：

$$X_{j,\,t+1} = P_{j,\,t+1} - E(P_{j,\,t+1} \mid \Phi_t) \text{ 则 } E(\tilde{X}_{j,\,t+1} \mid \Phi_t) = 0 \qquad (10.2)$$

$\{x_{j,\,t}\}$ 就是一个"公平博弈"，此时 $\{p_{j,\,t}\}$ 为鞅。或者令 $z_{j,\,t+1}$ 为证券 j 在 t+1 时刻的超额收益，即：

$$z_{j,\,t+1} = r_{j,\,t+1} - E(\tilde{r}_{j,\,t+1} \mid \Phi_t) \qquad (10.3)$$

同样地，$E(\tilde{r}_{j,\,t+1} \mid \Phi_t) = 0$

在"公平博弈"模型中，市场价格或收益率是关于信息集的鞅，市场有效性检验就是鞅过程的检验。同时，由于有效市场理论建立在均衡收益理论上，均衡收益理论又以市场有效为基础，因而市场有效性的检验是一个市场行为和资产定价的联合检验。

下鞅模型假设如果对所有的 t 和 Φ_t 均有：

$$E(\tilde{p}_{j,\,t+1} \mid \Phi_t) \geqslant p_{j,\,t} \text{ 或者 } E(\tilde{r}_{j,\,t+1} \mid \Phi_t) \geqslant 0 \qquad (10.4)$$

即基于信息集 Φ_t 的预期价格会大于或等于现行价格，则 $\{p_{j,\,t}\}$ 遵循一个下鞅。当且仅当等号成立时，$\{p_{j,\,t}\}$ 为鞅。该模型的现实意义在于表明根据所得信息进行短期套利无法获得比"买入并持有"策略更多的利润，这是检验市场有效性的重要方法之一。

学者之前认为，价格"充分反映"所有可得信息，意味着变动是独立的，并且该变动是独立同分布的，因而符合随机游走模型，即：

$$f(r_{j,\,t+1} \mid \Phi_t) = f(r_{j,\,t+1}) \qquad (10.5)$$

Φ_t 为信息集，其被充分反映在 t 时刻的价格中，对于所有的 t，密度函数 f 是相同的。Fama 认为，随机游走模型可以看作是"公平博弈"模型的延伸，即其具体描述了形成预期收益的随机过程，但实际上有效市场对此并没有做出要求，故价格符合随机游走是市场有效的充分非必要条件。

对市场效率的检验始于对弱式有效性的检验，而对市场弱式有效的检验则主要检验随机游走假设。Campbell（1997）[①] 总结了三种强度的随机游走假设：RW1、RW2 和 RW3。给定时间序列 $\{p_t\}_{t=1}^{T}$，随机游走模型为一阶自回归模型，即：

$$p_t = \mu + p_{t-1} + \varepsilon_t \tag{10.6}$$

其中，p_t 为价格或价格对数，μ 为未知的漂移项，ε_t 为误差项。若时间序列服从随机游走，则其误差项为不相关或独立或独立同分布。$\varepsilon_t \sim N(0, \sigma^2)$，即 ε_t 服从均值为 0，方差为 σ^2 的独立同分布，则为 RW1；放松同分布的假设，ε_t 独立但不同分布，就可得到 RW2；继续放松独立条件，允许 ε_t 不独立但不相关，则可得到 RW3。因而，RW3 是最弱的随机游走模型，即为"公平博弈"模型中的鞅过程。

首先，对 RW1 检验等同于对是否符合独立同分布假设进行检验，其方法有两种，包括非参数检验（Nonparametric test）如 Spearman 秩相关检验、Kendall τ 检验等以及参数检验（Parametric test）如似然比统计量（likelihood ratio，LR）、相关系数等检验方法。用对 RW1 的检验验证市场有效性缺乏一定合理性，因为当股票价格时间序列的条件方差存在序列依赖时，误判就会出现，即它会错误地拒绝有效市场假设。[②] 由于决定股票价格的制度环境、金融机构、社会条件等随着时间的演进都会发生变化，因此基本上无法达到 RW1 关于价格服从独立同分布的要求。其次，放松同分布的假设，ε_t 独立但不同分布，就可得到 RW2。RW2 仅讨论该变量的独立性，并不苛求相同分布，但这又带来另一问题，即很难对 RW2 进行统计检验，因为缺乏对样本

① Campbell, J. Y., Lo, A. W., Mackinlay, A. C., *The Econometrics of Financial Markets*, New Jersey：Princeton University Press.
② 王远林：《中国股票市场股利、股价之间非线性 Granger 因果关系的实证研究》，《预测》2014 年第 1 期，第 45—49 页。

的边际分布的限制会使得获取基本统计量的抽样分布变得困难，自然也无法进行统计推断。人们在经验研究中，使用滤波准则和技术分析两种方法对第二类随机游动模型进行检验。最后，继续放松独立条件，允许 ε_t 不独立但不相关，则可得到 RW3。

一些文献以对 RW3 的检验来验证市场是否达到弱式有效，它的要求条件最低，因而近些年逐渐成为有效市场检验中最被广泛使用的模型。检验方法有两种：第一是检验价格变化是否不相关；第二是检验价格变化的方差是否是时间间隔的线性函数。对于价格变化相关性的检验主要通过对自相关系数显著性的检验（Albrencht et al. ,2006；Pan et al. ,1997）①②，而对于价格变化的方差与时间间隔关系的检验则主要是方差比检验（VR Test）。Lo and Mackinlay（1988，1989）通过蒙特卡洛模拟证明，方差比检验具有比自相关系数检验更为稳健的性质。③④ Lo and Mackinlay（1988）分别在随机游走干扰项同方差和异方差的假设下提出了渐进标准正态分布的检验统计量，随后许多研究对方差比检验统计量进一步加以提炼和改进。Wright（2000）提出了非参数方法，即使用收益率的秩进行检验，并证明非参数的秩检验统计量较 Lo and Mackinlay 的统计量更为稳健，因为秩统计量的临界值可以精确地计算得出而无须通过渐进分布拟合。⑤ 但是，Lo and Mackinlay（1988）和

① Albrecht J. ,Verbeke T. ,Clercq, M. C. , "Informational Efficiency of the US SO₂ Permit Market", *Environmental Modeling and Software*, Vol. 21, No. 10, pp. 1471-1478.

② Pan M. S. ,Chan K. C. ,Fok R. C. W. , "Do Currency Futures Prices Follow Random Walks ?", *Journal of Empirical Finance*, Vol. 4, No. 1, 1997, pp. 1-15.

③ Lo A. W. , Mackinlay A. C. , "Stock Market Prices Do Not Follow Random Walks: Evidence from A Simple Specification Test", *Review of Financial Studies*, Vol. 1, No. 1, 1988, pp. 41-66.

④ Lo A. W. ,Mackinlay A. C. , "The Size and Power of The Variance-ratio Test in Finite Samples: A Monte Carlo Investigation", *Journal of Econometrics*, Vol. 40, No. 2, 1989, pp. 203-238.

⑤ Wright, J. H. , "Alternative Variance-ratio Tests Using Ranks and Signs", *Journal of Business and Economics Statistics*, Vol. 18, No. 1, 2000, pp. 1-9.

Wright（2000）提出的检验方法都只能就一个持有期进行检验，而如果能够对多个持有期同时进行方差比检验则检验效度会大大提高（Buguk and Brorsen，2003）。[1] 因此，Chow and Denning（1993）提出了 Lo and Mackinlay 检验的多期扩展形式，[2] 而 Belaire-Franch 等（2004）以及 Kim 等（2008）则分别提出了多期联合秩检验。[3][4] 随着方差比检验方法和技术的日臻完善与改进，Azad（2009）、Charles 等（2009）、Tabak 等（2009）均使用方差比检验对随机游走假设进行检验。[5][6][7]

第二节　碳金融市场定价效率弱式有效性检验

一、方差比检验方法及优点

对市场弱式有效进行检验的文献主要基于对 RW3 的检验，因其条件最弱已成为近些年在有效市场检验中最被广泛使用的模型。方差比检验（VR

---

① Buguk C. , Brorsen B. W. , "Testing Weak-form Market Efficiency: Evidence from the Istanbul Stock Exchange", *International Review of Financial Analysis*, Vol. 12, No. 5, 2003, pp. 579-590.

② Chow, K. V. , Denning, K. C. , "A Simple Multiple Variance Ratio Test", *Journal of Econometrics*, Vol. 58, No. 3, 1993, pp. 385-401.

③ Belaire-Franch, J. , Contreras, D. , "Ranks and Signs-based Multiple Variance Ratio Tests", *Working paper*, *Department of Economic Analysis*, University of Valencia, 2004.

④ Kim J. H. , Shamsuddin A. , "Are Asian Stock Markets Efficient? Evidence from New Multiple Variance Ratio Tests", *Journal of Empirical Finance*, Vol. 15, No. 3, 2008, pp. 518-532.

⑤ Azad A. S. M. S. , "Random Walk and Efficiency Tests in the Asia-Pacific Foreign Exchange Markets: Evidence from the Post-Asian Currency Crisis Data", *Research in International Business and Finance*, Vol. 23, No. 3, 2009, pp. 322-338.

⑥ Charles A. , Darne O. , "The Efficiency of the Crude Oil Markets: Evidence from Variance Ratio Tests", *Energy Policy*, Vol. 37, No. 11, 2009, pp. 4267-4272.

⑦ Tabak B. , Lima E. : "Market Efficiency of Brazilian Exchange Rate: Evidence from Variance Ratio Statistics and Technical Trading Rules", *European Journal of Operational Research*, Vol. 194, No. 3, 2009, pp. 814-820.

Test）由 Lo and MaKinlay（1988）提出，是比自相关系数更为有效的检验方法，其主要思想为：如果价格是一个鞅过程，那么 K 期的方差应该是第 1 期方差的 K 倍。方差比检验是对鞅过程即 RW3 的检验，仅检验时间序列的一阶自回归误差项不相关，不要求正态分布，并且允许异方差的存在。经过不断改进，方差比检验已从最初的 Lo and MacKinlay 方差比检验拓展到 Wright 非参数检验、Chow Denning 多重方差比检验以及 Joint Wright 多重方差比检验。

（一）Lo and MacKinlay 传统方差比检验

Lo and MacKinlay（1988）最先提出，鞅过程的方差是样本间隔的线性函数，如果一个价格序列是随机游走序列，则价格变化的方差应该是时间间隔的线性函数，给定时间序列或其一阶差分 $x_t = y_t - y_{t-1}$，例如 K 期的变化就应该是 1 期变化方差的 K 倍。K 期的 VR 序列可以被定义为：

$$VR(k) = \frac{\text{var}(x_t + x_{t-1} + x_{t-k+1})/k}{\text{var}(x_t)} = 1 + 2\sum_{i=1}^{k-1} \frac{(k-1)}{k}\rho_i \tag{10.7}$$

ρ_i 是 x_i 的 i 期滞后自相关系数。VR（k）是线性降低权重下的一阶（k-1）线性系数的组合。当时间序列非自相关，则 $\text{var}(x_t + ... + x_{t-k+1}) = k.\text{var}(x_t)$ 因而可以认为，方差比检验是序列相关检验的特例。可构建以下 VR：

$$VR(k) = \frac{\hat{\sigma}^2(k)}{\hat{\sigma}^2(1)} \tag{10.8}$$

$\hat{\sigma}^2(1)$ 是一期方差的无偏估计。

$$VR(x; k) = \left\{ (TK)^{-1} \sum_{t=k}^{T} (x_t + ... + x_{t-k+1} - k\mu)^2 \right\} \div \left\{ T^{-1} \sum_{t=1}^{T} (x_t - \hat{\mu})^2 \right\} \tag{10.9}$$

Lo and MacKinlay（1988）给出了在同方差和异方差下的两种检验方法。

他们首先假设当 T 趋于无穷时，k 不变，得出了 $VR(x;k)$ 的渐进分布。如果时间序列遵循鞅过程，则对于所有的 k，$VR(x;k)$ 的期望值应等于 1。如果时间序列是正（负）相关，$VR(x;k)$ 应大于（小于）1。如果对于较大的 k，$VR(x;k)$ 明显低（高）于 1，那么时间序列具有（非）均值回归性质。故在方差比检验下，零假设和备择假设分别为：

H_0：$VR(x,k) = 1$；

H_1：$VR(x,k) \neq 1$；

在同方差假设下，可构建统计量 $M_1(k)$

$$M_1(k) = \frac{VR(x;k) - 1}{\Phi(k)^{1/2}} \tag{10.10}$$

其中，$\Phi(k)$ 为渐进方差：

$$\Phi(k) = \frac{2(2k-1) \cdot (k-1)}{3kT} \tag{10.11}$$

在异方差假设下，可构造统计量 $M_2(k)$

$$M_2(k) = \frac{VR(x;k) - 1}{\Phi^*(k)^{1/2}} \tag{10.12}$$

其中，

$$\Phi^*(k) = \sum_{j=1}^{k-1} \left[\frac{2(k-j)}{k}\right]^2 \delta(j) \tag{10.13}$$

$$\delta(j) = \left\{\sum_{t=j+1}^{T} (x_t - \hat{\mu})^2 (x_{t-j} - \hat{\mu})^2\right\} \div \left\{\left[\sum_{t=1}^{T} (x_t - \hat{\mu})^2\right]^2\right\} \tag{10.14}$$

$M_1(k)$　$M_2(k)$ 服从渐进的标准正态分布。若统计量超过临界值，则可以拒绝 $VR(x,k) = 1$ 的零假设，时间序列不服从鞅过程，反之，则接受零假设，时间序列服从鞅过程。然而，Lo and MacKinlay 方差比检验存在两个问题：第一，检验基于渐进近似估计会导致有限样本的规模扭曲。为纠正这个问题，Wright（2000）建议非参数检验。第二，零假设基于选定的 K

值，为了接受零假设，一个时间序列均值回归的属性，不能拒绝所有 K 值得零假设。然而，分别构造每个 K 值又会导致大小的扭曲。因此，构建一个联合检验去检验是否对所有的 K 值是十分有必要的。这样，依然存在一个问题：即便是这种检验，学者也需要选择 K 持有期。然而，这是一个任意的选择，因为不存在最优的 K 值。为克服这种缺陷，Kim（2009）证明这种方法结合引导技术，不会有量的扭曲并且更有效。

（二）Wright 非参数方差比检验

为解决有限样本的规模扭曲问题，Wright（2000）提出了基于秩和符号（Rank and Sign）的非参数检验。它的优点在于，即便当样本量较小，秩和符号检验具有准确的样本分布，不需要近似渐进分布，从而避免了使用统计量近似分布计算临界值所存在的误差。给定一阶差分变量 $\{x_t\}_{t=1}^{T}$，令 $r(x)$ 为 $(x_{1\dots} x_T)$ 的秩，零假设为 x_t 是服从鞅过程，可定义秩检验的统计量 $R_1(k)$ 和 $R_2(k)$：

$$R_1(k) = \left\{ \frac{(Tk) \sum_{t=k}^{T} (r_{1,t} + \cdots + r_{1,t-k+1})^2}{T^{-1} \sum_{t=k}^{T} r_{1,t}^2} - 1 \right\} \times \Phi(k)^{-1/2} \qquad (10.15)$$

$$R_2(k) = \left\{ \frac{(Tk) \sum_{t=k}^{T} (r_{2,t} + \cdots + r_{2,t-k+1})^2}{T^{-1} \sum_{t=k}^{T} r_{2,t}^2} - 1 \right\} \times \Phi(k)^{-1/2} \qquad (10.16)$$

其中，

$$r_{1,t} = \frac{r(x_t) - (T+1)/2}{\sqrt{(T-1) \cdot (T+1)/12}} \qquad (10.17)$$

$$r_{2,t} = \Phi^{-1} \frac{r(x)}{T+1} \qquad (10.18)$$

$$\Phi(k) = \frac{2(2k-1) \cdot (k-1)}{3kT} \qquad (10.19)$$

$R_1(k)$ 和 $R_2(k)$ 的值可以通过模拟其精确的样本分布得到。同理，若统计量超过临界值，则可以拒绝 x_t 是服从鞅过程的零假设，反之，则接受零假设。

（三）Chow-Denning 多重方差比检验

为解决选择 K 持有期问题，Chow-Denning（1993）提出多重方差比检验（Multiple VR Test）从而避免了规模扭曲，相关方法在小样本中效果更好。多重方差比检验假设为：

H_0： $\alpha^* = 1 - (1 - \alpha)1/m$ 对于所有 $i = 1,\ldots\ldots, m$ 均成立；

H_1： $V(k_i) \neq 1$ 对于某些 k_i 成立。

Chow-Denning（1993）给出的统计量为：

$$CD_1 = \sqrt{T} \max_{1 \leq i \leq m} |M_1(k_i)| \tag{10.20}$$

$$CD_2 = \sqrt{T} \max_{1 \leq i \leq m} |M_2(k_i)| \tag{10.21}$$

其中，$M_1(k_i)$、$M_2(k_i)$ 即 Lo and MacKinlay 方差比检验的统计量。如果 CD 值大于标准正态分布的 $[1 - (\alpha^*/2)]\%$ 其中 $\alpha^* = 1 - (1 - \alpha)1/m$，则拒绝原假设。

（四）Joint Wright 多重方差比检验

Joint Wright 多重方差比检验将 Chow-Denning（1993）的程序应用于 Wright（2000）的秩检验和符号检验，从而形成多重方差比的秩检验和符号检验，其统计量如下：

$$JR_1 = \max \max_{1 \leq i \leq m} |R_1(k_i)| \tag{10.22}$$

$$JR_2 = \max \max_{1 \leq i \leq m} |R_2(k_i)| \tag{10.23}$$

$$JS_1 = \max \max_{1 \leq i \leq m} |S_1(k_i)| \tag{10.24}$$

$$JS_2 = \max \max_{1 \leq i \leq m} |S_2(k_i)| \tag{10.25}$$

Belaire-Franch and Contreras 证明 JR1 和 JR2 比 JS1 和 JS2 效果更好。

二、淡薄市场交易特征

在非完全竞争市场中，例如 EU-ETS 初期，通常会出现交易量太少这一现象。交易不充分的"淡薄交易"特征会造成市场摩擦，同时对收益造成负面影响，因而会扭曲有效市场假说检验结果并带来序列相关问题（Miller et al.，1994）。① 显然，"淡薄交易"这种市场特征对二氧化碳或其他污染物交易市场的风险的有效管理有着直接影响。我国各碳交易市试点从 2013 年 6 月启动之后交易时间最长的仅三年，因此可能存在一定程度的淡薄交易。基于此，将通过统计性分析对七个试点的交易量情况作以描述，为后文结合碳交易试点存在的"淡薄交易"特征进行市场有效性检验作初步观察。

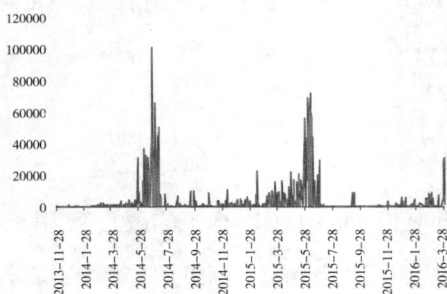

图 10-1 北京交易所碳日成交量　　　　图 10-2 上海交易所碳日成交量

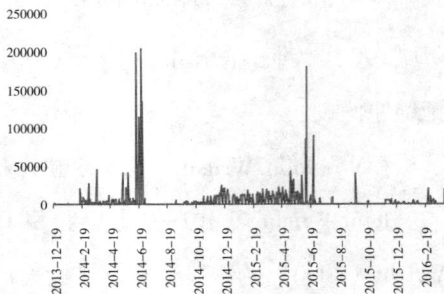

---

① Miller, M. H., Muthuswamy, J., Whaley, R. E., "Mean Reversion of Standard and Poor's 500 Index Basis Changes: Arbitrage-Induced or Statistical Illusion?", *Journal of Finance*, Vol. 49, 1994, pp. 479-513.

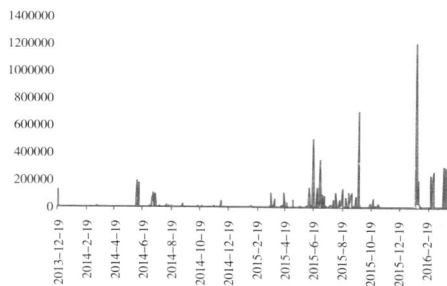

图 10-3 广东交易所碳日成交量　　　图 10-4 天津交易所碳日成交量

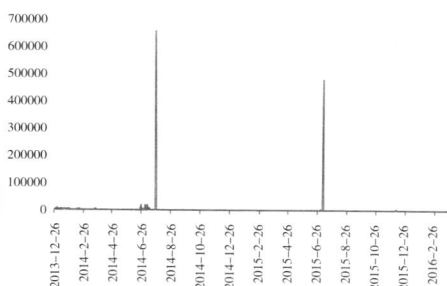

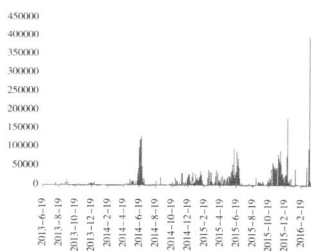

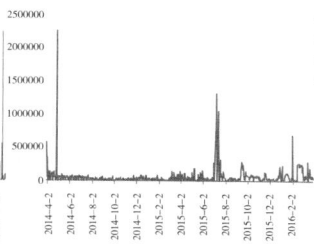

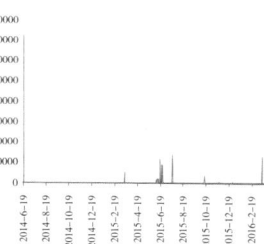

图 10-5 深圳交易所碳日成交量　图 10-6 湖北交易所碳日成交量　图 10-7 重庆交易所碳日成交量

表 10-1　交易所碳日成交量描述性统计

	观测值	极小值	极大值	均值	标准差	偏度	峰度
北京	567	0	101188	4317.56	11132.199	4.251	21.613
上海	556	0	204049	6203.16	18044.677	7.772	72.067
广东	554	0	1200000	15608.55	75425.829	9.913	128.103
天津	550	0	659116	2780.91	35030.083	16.683	287.210
深圳	680	0	128521	3114.13	12153.677	7.758	65.794
湖北	483	0	2034940	56292.38	135406.69	9.208	110.799
重庆	437	0	26777	364.55	2482.449	8.342	73.982

表 10-2　七大交易所日成交量

日交易量（吨）	北京	上海	天津	深圳	重庆	广东	湖北
≤0	34.9%	36.5%	26.5%	26.0%	93.4%	39.9%	0.8%
≤10	36.2%	39.4%	26.5%	37.4%	93.6%	50.9%	1.2%
≤50	36.9%	40.3%	30.7%	39.4%	93.8%	56.9%	1.2%
≤100	40.9%	42.3%	42.2%	42.5%	94.3%	59.9%	1.4%
交易日（天）	567	556	550	680	437	554	483

注：表中百分比数为累计频率值，例如：北京交易所日交易量 100 吨对应的累计频率为 40.9%，
　　即在北京交易所所有的 567 个观测交易日中，有 40.9%的交易日日成交量小于 100 吨。

　　七个交易所日成交量图（图 10-1 至图 10-7）以及表 10-1 均直观地显示出各交易试点存在一定程度淡薄交易特征。表 10-2 进一步表明，除了湖北交易所以外，其他六个试点均存在明显的市场淡薄交易特征。其中，重庆交易所淡薄交易特征最为明显，在所有观测的交易日中，有 93.4%的交易日没有达成任何一笔交易。因此，下文运用方差比进行检验时，必须对数据进行适当调整，以使得检验结果更加贴近实际情况。

三、计量检验结果

（一）计量分析框架

　　我们将采用一系列方差比（VR，variance ratio tests）检验探究七个碳金融交易市场的有效性。近年来有效性检验中使用最多的随机游走模型为 RW3 模型，而其检验方法有两种：第一，检验价格变化是否不相关；第二，检验价格变化的方差是否是时间间隔的线性函数。对于前者的检验主要通过自相关系数显著性检验，而对于后者的检验则主要基于方差比检验。蒙特卡洛模拟证明，两者相比较，方差比检验更具稳健性。方差比检验的原理是，

如果一个价格序列是随机游走序列，则价格变化的方差应该是时间间隔的线性函数，例如 K 期的变化就应该是 1 期变化方差的 K 倍。K 期的 VR 序列可以被定义为：

$$VR(k) = \frac{\text{var}(x_t + x_{t-1} + x_{t-k+1})/k}{\text{var}(x_t)} = 1 + 2\sum_{i=1}^{k-1} \frac{(k-1)}{k}\rho_i \qquad (10.26)$$

其中，ρ_i 是 x_i 的 i 期滞后自相关系数。公式 10.26 表明 VR（k）是线性降低权重下的一阶（k-1）线性系数的组合，这意味着在有效市场假说下 VR（k）= 1。Lo and Mackinlay（1988）分别在随机游走干扰项同方差和异方差的假设下提出了渐进标准正态分布的检验统计量，式（10.27）即基于预期方差比的统计检验：

$$VR(k) = \frac{\hat{\sigma}^2(k)}{\hat{\sigma}^2(1)} \qquad (10.27)$$

$\hat{\sigma}^2(1)$ 是一期方差的无偏估计，统计形式决定于零假设下特定的随机游走模型。随着研究的推进，许多研究对方差比检验统计量进一步加以提炼和改进。Lo and Mackinlay（1988）和 Wright（2000）提出的检验方法都只能就一个持有期进行检验，而分别构造每个 K 值又会导致对不同持有期方差比大小的扭曲，因此构建一个联合检验以检验是否存在适宜所有持有期的 K 值是十分有必要的。Chow-Denning（1993）提出了多期扩展形式，能够对多个持有期同时进行方差比检验从而使检验效度大大提高。本文的实证研究对试点碳价收益率进行 VR 检验，并进一步进行 Chow-Denning 检验以确保实证结果的准确性。

（二）数据选取

本文数据选取的时间范围是各个试点碳交易所首个交易日至 2016 年 3 月 31 日，碳配额价格数据来自碳 K 线网站每日报价。在数据选取上剔除掉了节假日，样本即交易日。深圳碳金融交易市场于 2013 年 6 月 18 日运营，而重庆碳交易所在十个月后才营业，因此针对七个碳试点市场进行的计量有着不同的样本数。（见表 10-3）

表 10-3　数据选取区间

交易试点名称	样本区间	样本量
深圳	2013. 06. 18—2016. 03. 31	567
上海	2013. 09. 26—2016. 03. 31	556
北京	2013. 09. 28—2016. 03. 31	554
广东	2013. 12. 19—2016. 03. 31	550
天津	2013. 12. 26—2016. 03. 31	532
湖北	2014. 02. 02—2016. 03. 31	483
重庆	2014. 06. 09—2016. 03. 31	437

（三）描述性统计与正态分布检验

此处对各交易所的碳成交价和日收益率进行描述性统计和正态分布检验，对数据的基本特征进行分析，从而证明采取方差比检验是较为合适的检验方法。表 10-4 对碳价与碳资产收益率做描述性统计，表 10-5 中 Kolmogorov-Smirnova 和 Shapiro-Wilk 都拒绝了有效市场假说中的正态性假设，说明碳资产收益率不服从正态特征。图 10-8 分位数 QQ（Quantile-Quantile）图用以描述碳资产收益率尾部的厚度，高斯分位数表现为倾斜的直线，收益率的实际分位数被刻画为曲线，如果收益率呈现正态性则曲线与直线一致。由图可知，七个碳市场的样本数据特征虽然并不完全相同，但都出现较为明显的"厚尾"特征，表明试点碳市场的信息以成堆方式出现而非平滑连续方式。

表 10-4　碳价与碳资产收益率的描述性统计

碳价或碳资产收益率	极小值	极大值	均值	标准差	偏度	峰度
深圳碳价	27.54	122.97	53.7352	17.10375	0.726	-0.053
上海碳价	6.7	48	27.0366	12.48152	-0.025	-1.291
北京碳价	30	77	49.312	7.72687	0.396	1.643
广东碳价	12	77	32.9385	19.52907	0.741	-1.091
天津碳价	9.2	50.11	25.1084	5.57304	1.037	2.759
湖北碳价	20	28.01	24.0555	1.25788	0.334	0.355
重庆碳价	10	30.74	22.05	8.1381	-0.122	-1.713
深圳碳资产收益率	-0.098	0.1209	0.000401	0.0250241	0.423	2.937
上海碳资产收益率	-0.219	0.3845	-0.001157	0.032419	2.219	48.056
北京碳资产收益率	-0.112	0.0794	-0.000314	0.0231588	-0.654	8.057
广东碳资产收益率	-0.1461	0.1322	-0.001129	0.0243355	-0.065	7.956
天津碳资产收益率	-0.1546	0.1876	-0.000198	0.0188414	1.042	28.533
湖北碳资产收益率	-0.0635	0.0669	0.000027	0.01293	0.46	7.738
重庆碳资产收益率	-0.1591	0.0792	-0.001116	0.0153207	-4.951	50.229

表 10-5　七个碳试点成交价收益率正态性检验

碳资产收益率	Kolmogorov-Smirnova		Shapiro-Wilk		结论
	统计量	显著值	统计量	显著值	
深圳	0.155	0.000	0.680	0.000	拒绝
上海	0.271	0.000	0.544	0.000	拒绝

续表

碳资产收益率	Kolmogorov–Smirnova		Shapiro–Wilk		结论
	统计量	显著值	统计量	显著值	
北京	0.258	0.000	0.673	0.000	拒绝
广东	0.240	0.000	0.824	0.000	拒绝
天津	0.258	0.000	0.551	0.000	拒绝
湖北	0.181	0.000	0.812	0.000	拒绝
重庆	0.495	0.000	0.207	0.000	拒绝

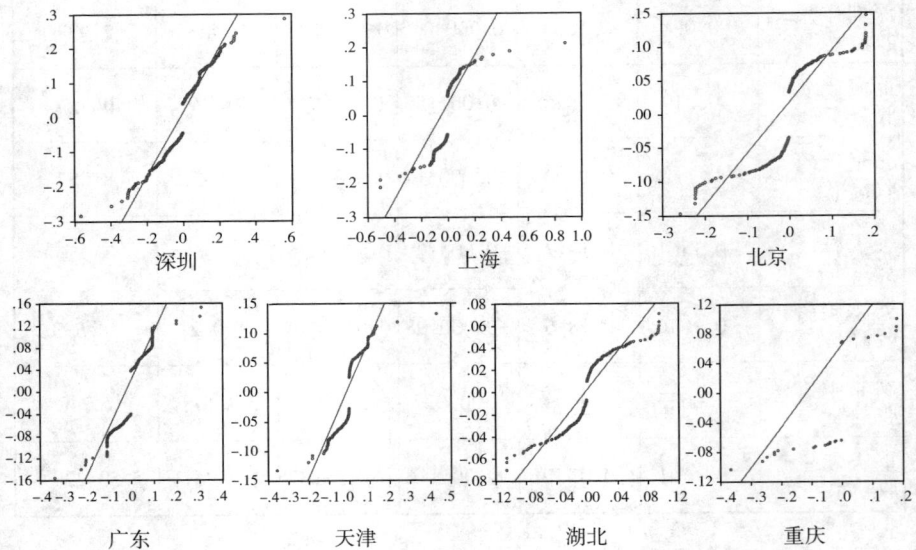

图 10-8　七个试点市场碳收益率的分位数 QQ 图

（四）基于淡薄市场与多重方差比检验的市场有效性分析

本部分实证分三步骤完成：异方差检验、原收益序列检验及淡薄交易特征下的收益序列检验。表 10-2 显示，除了湖北交易所，其他六个试点均存在明显市场淡薄交易特征，这与欧盟碳金融交易市场的一期十分相似。其中，重庆交易所全部观测的交易日有93.4%的交易日没有达成任何一笔碳交易，因而完全不具备弱式有效市场条件。鉴于此，在下一步检验中将剔除重庆，对其余六个碳金融交易市场价格进行检验。

　　首先，采用 LM 检验对各收益序列的波动集群性进行异方差检验，表10-6 的实证结果显示六个交易所的日收益时序数列均存在异方差效应，因此需要采用异方差的方差比检验。

表 10-6　碳日收益率序列的 LM 异方差检验结果

交易所	Chi2（1）	Prob>Chi2	是否存在异方差
北京	53.002	0.0000	是
上海	17.898	0.0000	是
广东	27.386	0.0000	是
天津	128.170	0.0000	是
深圳	9.139	0.0025	是
湖北	56.827	0.0000	是

　　其次，基于有效假说理论，采用多种方差比检验方法对碳市场有效性进行检验。在 Lo and Mackinlay 方差比检验中，分别检验了 2，4，8，16，32，不同持有期。Z 和 Z* 统计量服从均值为 0、标准差为 1 的正态分布，在 5% 显著水平下的临界值为 1.96，在 1% 显著水平下的临界值为 2.58，如果计算出来的统计量的绝对值大于临界值，就意味着关于随机游走的原假设（即任意 q 阶序列都满足 VR（q）= 1）被拒绝，即市场为非弱式有效。按照 5% 显著水平，表 10-5 显示的六个试点在异方差的情况下的方差比结果为：

上海、广东和天津的交易市场为弱式有效；北京、深圳、湖北为非弱式有效。为克服 Lo and Mackinlay（1988）检验方法只能就一个持有期进行检验并且分别构造每个 K 值又会导致方差比大小被扭曲的缺点，本文同时进行 Chow-Denning 多重方差比检验，即用多期扩展形式进行检验以保证结果可靠。表 10-6 检验结果显示，上海、广东、天津三个省份的 CD2 统计量在 95% 的置信区间显著小于 2.56，接受随机游走假设。因此，与 Lo and Mackinlay 检验（见表 10-7）结论一致：上海、广东和天津为弱式有效市场，北京、深圳和湖北则未达到弱式有效。

表 10-7　Lo and Mackinlay 方差比检验结果

	q	VR	Z	P	Z*	P*	结论
北京	2	0.873（0.8445）	-3.7036	0.2113（0.0389）	-2.1539	0.0610（0.0312）	拒绝
	4	0.682（0.6302）	-4.7070	0.1591（0.0062）	-2.8480	0.0099（0.0044）	拒绝
	8	0.594（0.5247）	-3.8264	0.0687（0.0238）	-2.4203	0.0294（0.0155）	拒绝
	16	0.437（0.3372）	-3.5857	0.0629（0.0616）	-2.3578	0.0296（0.0184）	拒绝
	32	0.352（0.2578）	-2.7707	0.0636（0.0056）	-1.8788	0.0668（0.0603）	接受
上海	2	0.826（0.8452）	-3.6509	0.0000（0.0479）	-1.0095	0.2113（0.3127）	接受
	4	0.700（0.7103）	-3.6514	0.0002（0.0478）	-1.1958	0.1591（0.2318）	接受
	8	0.531（0.4735）	-4.1968	0.0002（0.0182）	-1.7438	0.0687（0.0812）	接受
	16	0.458（0.3658）	-3.3976	0.0040（0.1246）	-1.7863	0.0629（0.0741）	接受
	32	0.389（0.2844）	-2.6453	0.0254（0.0082）	-1.7521	0.0636（0.0798）	接受
广东	2	0.992（0.9699）	-0.7084	0.8547（0.4787）	-0.3650	0.9284（0.7151）	接受
	4	1.041（0.9535）	-0.5848	0.6123（0.5587）	-0.3414	0.7925（0.7328）	接受
	8	0.957（0.9369）	-0.5023	0.7338（0.6155）	-0.3301	0.8616（0.7413）	接受
	16	0.657（0.7315）	-1.4357	0.0688（0.1511）	-1.0295	0.3455（0.3032）	接受
	32	0.509（0.5274）	-1.7438	0.0727（0.0812）	-1.3404	0.3117（0.1801）	接受

续表

	q	VR	Z	P	Z*	P*	结论
天津	2	1.197（1.1078）	2.5293	0.0000（0.0014）	1.9917	0.0077（0.0464）	拒绝
	4	1.413（1.1181）	1.4823	0.0000（0.1383）	0.6660	0.0060（0.5054）	接受
	8	1.572（1.1871）	1.4894	0.0000（0.1376）	0.6850	0.0122（0.4933）	接受
	16	1.387（1.1686）	0.8992	0.0405（0.3685）	0.4560	0.2297（0.6484）	接受
	32	0.974（0.9216）	-0.2885	0.9249（0.7730）	-0.1634	0.9528（0.8702）	接受
深圳	2	0.912（0.8645）	-3.5321	0.0225（0.0755）	-2.6340	0.1994（0.0084）	拒绝
	4	0.940（0.7648）	-3.2780	0.4073（0.0010）	-2.4705	0.6750（0.0135）	拒绝
	8	0.817（0.6234）	-3.3197	0.1083（0.1650）	-2.5976	0.4185（0.0094）	拒绝
	16	0.576（0.5223）	-2.8297	0.0125（0.0047）	-2.3246	0.1733（0.0201）	拒绝
	32	0.566（0.5764）	-1.7318	0.0777（0.0833）	-1.4888	0.2768（0.1366）	接受
湖北	2	0.668（0.6902）	-6.8081	0.0000（0.0000）	-3.0102	0.0011（0.0026）	拒绝
	4	0.467（0.4385）	-6.5958	0.0000（0.0000）	-3.2331	0.0022（0.0012）	拒绝
	8	0.345（0.2978）	-5.2170	0.0000（0.0017）	-3.0034	0.0058（0.0027）	拒绝
	16	0.193（0.1679）	-4.1546	0.0001（0.0220）	-2.7767	0.0087（0.0055）	拒绝
	32	0.132（0.1103）	-3.0653	0.0004（0.0022）	-2.3206	0.0314（0.0203）	拒绝

注：括号中为 matlab 检验结果。Z 为同方差下的检验结果，Z* 为异方差下的检验结果。

表 10-8　Chow-Denning 检验结果

交易所	CD1	CD2	结论
北京	4.7070	2.8480*	拒绝
上海	4.3043	1.8161*	接受
广东	2.0811*	1.5508*	接受
天津	2.5293*	1.9917*	接受
深圳	3.5483*	2.7288*	拒绝
湖北	10.9880	9.9533	拒绝

注：CD1 和 CD2 统计量在 5% 显著水平下的临界值为 2.56。其中 CD1 对应同方差下的统计量，
CD2 对应异方差下的统计量。

最后，基于各碳交易试点显著的淡薄交易特征，将数据进行处理再进行
Chow-Denning 检验（表 10-8）。在对市场有效性进行检验时，考虑交易量
非常有必要。我国各试点的交易并非连续，有相当比例的交易日没有交易
量，因此使用每日公布的碳价可能存在一定程度失真。为克服这一问题，可
以选择：第一，采用低频数据以纠正市场扭曲；第二，用移动平均过程来消
除淡薄交易的影响。因为样本数据够多，因此运用低频数据更为适宜，本文
将采用周收益率进行检验。周收益率 Chow-Denning 检验结果显示，北京、
上海、广东和天津为弱式有效市场，深圳和湖北则未达到弱式有效。

表 10-9　周收益率 Chow-Denning 检验结果

交易所	CD1	CD2	结论
北京	3.2176	2.0595*	接受
上海	2.7242	1.2140*	接受
广东	2.3022*	2.0320*	接受
天津	1.3844*	1.1603*	接受
深圳	3.5983	4.2764	拒绝
湖北	3.5440	4.0123	拒绝

比较考虑与不考虑淡薄市场因素两种检验结果，发现结果大致相同，只
有北京在两种情况下检验结果不同。出于谨慎的考量，我们认为只有上海、
广东和天津碳交易试点达到了弱式有效。

第三节　国外提高碳金融市场定价效率的经验

欧盟碳金融交易市场是迄今交易量最大，运行最为成熟的市场。就
EU-ETS 的市场有效性而言，相关实证研究都表明，无论从 EUA（欧盟碳

排放配额）现货价格还是期货价格来看，第二阶段的市场有效性都较第一阶段明显提升，这表明欧盟碳金融交易市场正在变成一个越来越成熟和有效率的市场。我们以有效市场的三个基本假设为基点，探究 EU-ETS 构建有效市场积累的经验，以期为提高中国碳金融交易市场信息效率提供借鉴。

从理论上讲，有效市场基于三个基本假设：无交易成本、无信息成本以及理性投资者。作为一种特殊的商品市场，碳金融交易市场为外生政策变量主导，政策及市场交易制度的完备性直接影响市场效率。因此，我们将从市场信息成本、市场交易成本、市场参与者理性以及市场交易制度完备性四个方面分析欧盟碳金融交易市场信息效率。

首先，从市场信息成本角度看，在有效市场里信息成本应该为零，也就是说所有参与者可以免费获得信息，不存在信息传递障碍。而实际上，EU-ETS 在早期运行时存在大量的信息不对称，信息成本很高从而对市场效率造成了负面影响。碳金融交易市场的信息不对称体现在三个阶段：第一阶段即总量设定阶段，参与者与政府决策者之间存在信息不对称。在 EU-ETS（欧盟碳交易）运行的第一阶段和第二阶段，每一个成员国根据自身情况制定减排计划，并递交欧盟审核。减排目标和各国的具体情况决定了碳配额分配总量，减排率直接影响到减排总量。但由于减排率是由各个企业的减排能力来确定，而这些信息是难以收集和估计的，所以政策制定者难以设定合适有效的减排率。基于期初的数据难以采集，加之成员国与欧盟碳交易管理机构之间也存在信息不对称，成员国在具体制定过程中拥有很大自主权，存在为保护国内企业竞争力而制定较高配额总量的倾向。这种信息不对称导致欧盟碳配额在第一阶段交易价格波动剧烈，尤其是 2005、2006、2009 年供给过多，企业实际减排数据一经公布便导致价格暴跌，这实际上也反映了交易者并未达到对信息的充分了解。第二阶段即配额分配阶段。碳金融交易市场运行早期往往采取"祖父原则"来确定配额分配，即根据以往的排放技术水平确定当下配额分配。由于企业技术与产能等信息都属于私人信息，因此"逆向选择"随之产生，产能低和减排成本高的企业反而会获得更多配额，这样资源得不到有效配置，市场价格也因此被扭曲。欧盟在第三阶段对此进行了改革，设定行业基准来确定配额发放，这无疑是出于提高市场效率的考虑。第三阶段即交易阶段，企业作为市场参与者不仅需要了解包括社会实际减排量、配额剩余量、企业减排信息等所有公开信息，还需要预测排放量和评估各种减排策略，而信息披露机制不健全严重阻碍了市场参与者获得所有公开信息。

其次，就交易成本论，有效市场假说理论说明了交易成本如何阻碍了信息反映到价格。当交易所付出的成本超过了信息所能带来的收益时，投资者就不愿完成交易，最终结果则将导致信息无法影响价格，从而导致市场失效。在欧盟碳交易中存在两种交易成本：一种是维护碳交易的管理成本，一种是进行碳交易时的交易成本。为了确保碳交易能够正常运行，相关参与者应向交易中心缴纳一定数额的管理费用。这部分费用可用于配额申请，各种服务措施，MVR（监控认证报告系统），以及提供相关企业碳负债信息等。就交易成本蕴含范围看，企业不仅需要在碳交易时支付费用，还应对碳市场和自身需求和供给作出预判，包括预测排放量、识别和评估各种减排策略，预测配额价格变化，进行敏感性分析、管理风险等①，从而控制好风险，保证自身的正常收益。交易成本大量存在于 EU-ETS 早期运行阶段。由于配额发放是分阶段进行，且每阶段免费发放配额比例、覆盖企业、相关机制都存

① 冯晓莹：《国际碳交易市场有效性研究》，暨南大学硕士学位论文 2014 年，第 38—44 页。

在较大差异，市场交易主体在每个过渡阶段都需要花成本解读和理解信息，因此信息获得需要支付大量的信息获取成本。在欧盟碳交易机制的不断完备过程当中，MVR 也逐步标准化，参与主体对规则及制度的了解不断加强，交易成本逐步下降。

再次，EMH 对于投资者的假定前提是理性投资者，其实不仅暗含投资者需要做出理性决策这一前提条件，还包括市场存在大量投资者，唯有如此才能保证市场的整体理性，而早期欧盟碳金融交易市场流动性不足是市场有效的最大障碍。首先，参与者主要来自重要行业的大型排放源企业，覆盖了欧盟温室气体排放总量的一半左右，并非覆盖所有部门和企业，因而参与者所获得的信息有限，价格并不足以覆盖所有信息。其次，欧盟碳金融交易市场在第一阶段存在显著的淡薄交易特征，即交易量小且流动性差，这对交易主体通过交易行为形成均衡价格构成了阻碍，降低了市场信息效率。理论上讲，市场流动性充足，表明不同交易主体对信息都存在不同的价格反映，有利于均衡价格的形成；市场有众多参与者参与，才能对信息进行充分挖掘和解读。因此，缺乏流动性的市场难以形成有效市场。最后，碳金融交易市场的投资者理性也会受到一定制约，尤其在市场运行初期，主要原因是企业的碳资产管理意识还未形成，企业碳会计制度的缺失以及对交易规则和信息了解不够充分，都制约了投资者的理性。

最后，制度的完备性和合理性。制度包括两方面，一是碳交易机制制度，二是规范市场的交易制度。就前者而言，配额刚性在一定程度上制约了碳金融交易市场的有效性。碳配额价格取决于总量设定与需求，由于一个履约期内碳配额不能跨期储存且配额总供给在期初是固定的，碳配额价格就完全取决于需求方。如果经济繁荣，各产业需求旺盛，排放量就会增加，减排压力增加，碳配额的需求也会增加，从而提高碳价格，反之则会降低碳价格。这样，在履约期末都会面临碳配额的剩余和紧缺问题，使价格出现非预期的下跌或上涨。这一问题不仅增加了参与者的投资难度，履约期末的大涨大跌也降低了市场有效性。就后者而言，欧盟有许多规则和制度保障。由于欧盟配额的交易以期货等衍生品交易为主，欧盟颁布了《反市场滥用指令》（Market Abuse Directive，简称MAD）、对于内幕交易和市场操纵的限制条款以及《金融市场工具指令》（Markets in Financial Instruments Directive，简称MIFID），要参与配额衍生品交易的金融机构必须获得授权许可，并受到金融管制主体的监督，这意味着它们需要满足一系列的运作和报告要求，因此有助于保护委托金融机构进行配额交易的中小投资者和增加市场的透明度。

由上述分析可知，欧盟碳金融交易市场不可避免地存在非理性参与者、信息不对称、交易成本以及制度缺陷，这些因素阻碍了信息的传导与有效解读，因而国际碳金融交易市场不是强式有效市场。不过，市场条件会随着市场的逐步完善而得到满足，市场整体理性会不断显现，信息不对称问题会得到缓解，交易成本会大幅减少，弱式有效市场是一个逐步实现的过程。欧盟排放权交易体系的有效性就一直广受关注，对以总量控制方式进行减排的有效性一直存在担忧，即欧盟排放权交易体系是否人为地创造了一个价格可以被操纵的市场。动态地观察，欧盟配额价格在经过三年的调整之后已经达到了弱式有效，欧盟配额的交易量每年也在明显增加，市场流动性较其成立之初大幅提高。因此，有理由相信欧盟配额市场会逐步走向成熟。更进一步，欧盟排放权交易市场的发展也表明，排放权交易完全可能实现市场化，排放权交易市场的价格也完全可能达到信息弱式有效。

第四节　提高碳交易定价效率的措施建议

一、各试点定价效率差异及影响因素

在碳金融交易市场里，有很多因素会影响到碳配额价格波动，这些因素包括：全球与区域的经济发展、政府政策（行业或环境相关）、交易体系的"总量控制"、交易体系的规则等。最重要的因素应为市场参与者的交易行为。市场有效性检验仅是基于价格走势的统计检验，对市场有效抑或无效背后的经济与制度因素则需要进一步观察。基于实证检验结果，从五个方面解释市场有效性的差异，借以判定影响碳市场有效性的因素。

（一）配额总量与覆盖企业数量

配额总量与覆盖企业数量的对比关系可能对碳金融交易市场的流动性及参与度产生直接影响，进而影响市场效率。理论上讲，如果发放配额总量越大，参与企业越多，市场价格发现功能就越好，市场有效性更高。就我国七个碳交易试点而论，年配额总量分配与覆盖企业数量却成背离的关系，年配额总量发放越多的试点反而纳入企业越少。年配额发放数额从高到低依次为广东（3.88亿吨）、湖北（3.24亿吨）、上海（1.6亿吨）、天津（1.6亿吨）、重庆（1.25亿吨）、北京（0.5亿吨）、深圳（0.33亿吨），而就纳入企业数量而言从高到低则是深圳（635家）、北京（490家）、重庆（242家）、上海（197家）、广东（184家）、湖北（138家）、天津（114家）。由此可见，广东、湖北、上海、天津配额总量相对覆盖企业多，北京、深圳和重庆则相反。配额总量多而纳入企业少，意味着单个企业拥有的配额量大，出于自身利益最大化的考虑，其经营受到碳价波动影响大，因而更有动

力通过交易降低减排成本，价格发现因此得以实现。反之，平均每个企业的配额少则碳价的波动抑或碳排放带来成本的增加对企业经营影响不明显，参与的动力较弱，则不利于价格发现。本章的实证检验验证了这一点，除湖北之外，配额总量分配除以覆盖企业数量的数值高则市场有效，反之则无效。湖北的情况比较特殊，其交易量可列七省市第一，市场流动性好，但检验结果却发现其没有达到弱式有效。对此可解释为湖北碳价波动最小，几乎不变动，这恰恰说明市场信息没有充分反映价格，暗含着政府对价格较强的干预。湖北试点预留不超过 10% 的碳排放配额总量，其中 3% 用于以调控价格为目的的公开竞价拍卖，其余则以定价出售等方式用于市场调控①。此外，湖北政府碳市场建设侧重碳交易活跃度，其碳排放配额投放和回购制度以及碳市场风险调控资金都赋予主管部门通过向市场投放和回购配额等方式保持市场活跃，避免市场过度波动②。湖北政府还设立专项资金——碳市场风险调控资金，这项资金从碳配额竞价收入中计提，主要用于碳排放权交易市场配额回购，平抑市场价格，防范市场风险③。

（二）碳金融交易市场覆盖排放比例

配额总量与覆盖企业数量也对碳金融交易市场有效性产生影响。目前，就控排范围覆盖比例而言，广东为 55%，上海 50%，天津 60%，深圳 40%，北京 40%，重庆 40%，湖北 35%。控排覆盖范围越高，碳价越能反映市场的真实需求下的价格，因此市场有效性越高，实证检验结果恰与覆盖比例一致，印证了相应观点。

（三）配额分配办法

中国的碳交易试点大多采用了以历史法与基准法相结合的配额切分方

---

① 湖北发改委：《湖北省 2015 年碳排放权配额分配方案》，2015 年 9 月 29 日。
② 湖北发改委：《湖北省碳排放配额投放和回购管理办法（试行）》，2015 年 11 月 25 日。
③ 湖北发改委：《湖北省碳排放出让金收支暂行管理办法》，2015 年 12 月 3 日。

式，而具体模式对市场有效性也会产生影响。北京和天津采用"历史法+基准法"模式，上海采用"历史法+基准法"并"先期减排+滚动基年"模式，广东、湖北采用同行业内"历史法+基准法"混合"滚动基年"模式，深圳采用"基准法+多轮博弈"模式，而重庆采用企业配额"自主申报"模式①。重庆碳交易试点采取企业配额自主申报的切分模式，配额数量由企业自己确定，而政府只负责将年度配额总量控制在所有纳入企业 2008—2012 年间最高年度排放量之和。选择这种切分模式的逻辑在于，重庆试点认为企业最了解自己的情况，政府尽量弱化对企业的干预程度。该模式给了企业非常大的自主空间，但是也会面临很大的道德风险和市场风险。重庆试点自主申报的切分方式将导致启动前期配额分配相对宽松，市场无吸引力，造成一段时期碳市场无交易的现象，因而市场有效性最差。

（四）交易规则的完备程度

碳市场是因人为控制碳排放而设计出的市场，因而交易规则的完备程度将影响碳金融交易市场有效性。深圳作为中国首个碳交易试点启动最早，但却在早期定价方式中存在偏差。例如，在深圳碳交易初期的定价方式中，只有当受让方和意向方就交易量一致时，才可以确认成交。这种管理办法在一定程度上阻碍了碳排放权交易，降低了市场流动性，直到 2013 年底市场交易规则才取消成交限制。

（五）市场交易主体范围与参与意识

首先，目前七个试点交易的参与主体基本以控排企业为主，符合条件的其他主体也可参与交易，但实际碳金融交易市场的价格发现功能目前主要涉及控排企业，个人投资者的盲目参与可能还会加大市场风险。基于对信息掌

---

① 熊灵、齐绍洲、沈波：《中国碳交易试点配额分配的机制特征、设计问题与改进对策》，《武汉大学学报》2016 年第 5 期，第 56—64 页。

握的不对称性以及专业程度存在差别，个人投资者往往相比控排企业缺乏理性，因而不能对政府发放碳配额的额度及碳价走势做出科学预判。目前，国内碳排放交易制度尚不完善，整体市场运行处于探索阶段，个人和投资机构者对碳市场的认识也需要深入，盲目的炒碳行为可能会导致非理性投资，低效率的投资水平反而会提高市场风险。以深圳为例，2013 年深圳市场有一半以上的成交机构或个人投资者参与，但深圳初期阶段价格波动剧烈，市场定价效率并不高。反观上海，上海碳市场未引入个人投资者，交易主体几乎全部为控排企业，交易均在企业间产生，基于减排成本差异下的交易反而提高了市场效率。其次，七个碳交易试点均呈现出在履约日临近时集中交易的特点，这一方面体现了市场确实发挥了作用，但集中交易造成很多交易日无交易量，影响市场流动性，进而影响价格发现功能的发挥。最后，市场主要参与者控排企业的碳资产管理意识对市场效率的影响至关重要。碳交易的实现是通过基于各个控排企业边际减排成本不一致，因而通过交易能够起到达到减排要求同时降低成本的作用。但这一原理的实现及作用的发挥，其前提是企业具有碳资产管理意识。与其他碳减排试验区相比，上海企业在碳资产管理方面意识先进，很多企业都能够较好地计算出自身的配额盈亏状况，同时上海是唯一一个连续两年按时且 100%完成履约的试点。

二、提高市场定价效率的措施

中国碳市场的有效性检验表明部分碳交易试点已经达到了弱式有效，而部分还未达到。提高市场有效性，从根本上讲就是要使得市场价格形成过程中各种信息能够被有效传递到市场投资者被其理解和解读。基于有效市场假说，提高市场有效性的方法也应着力于降低交易成本、信息成本以及培养理性投资者。借鉴欧盟碳交易体系经验，在全国统一碳市场推出之前，应在三个方面采取措施以提高市场效率。

（一）加强信息披露。构建有效碳市场的基础如同建立有效资本市场，均需要公开信息披露制度的支持。碳市场监管需要规范的碳交易信息披露作为基础，只有实现对信息的公开披露，才能有效维护市场的良好运行。碳交易可能涉及的相关环节包括：年度碳配额总量、配额的持有量，如何分配配额，如何设定交易制度和规则，以及交易价格信息等。针对这些信息，首先应有相应完整的披露方式和流程，依此方便社会监督，从而更好地完善信息披露制度。其次，增强交易主体参与意识，通过舆论宣传，使全社会对低碳环保的重要性有充分的认识，进而促使相关机构和个人提高对信息披露重要性认识；再次，制定明确的法律责任，对信息披露主体以及范围应有详细说明以保证信息披露的有效性，并严惩虚假信息披露行为[①]；最后，应加强构建电子信息平台，在提升信息披露效率同时实现碳交易信息的及时共享。

（二）着力提升控排企业的碳资产管理能力，培养理性投资者。碳金融交易市场的根本目的在于通过交易达到减排目标同时降低减排成本，而市场作用的发挥前提是控排企业具有减排意识和碳资产管理能力。目前，七个碳交易试点的控排遵约企业已经具备有一定的减排意识，在环维易为（2015）关于碳资产管理的调查中，36%的遵约企业制定了碳排放目标，对碳资产一个月进行一次评估的企业占到40%，但碳交易者的从业经验普遍较低，大多遵约企业对于自身配额持有量的了解也相当缺乏[②]。因此，通过培训等方式加强遵约企业碳资产管理势在必行。此外，个人投资者在碳市场运行的初

---

① 李挚萍：《碳交易市场的监管机制研究》，《江苏大学学报》2012 年第 1 期，第 56—62 页。
② 环维易为：《中国碳市场调查报告（2016）》，2016 年 2 月 23 日，见 http：//www.environomist.com/upload/file/20160223210518_ 85. pdf。

期容易盲目投机，而机构投资者相对而言专业知识水准较高，后者的行为更有利于提升市场价格发现功能。因此大力鼓励机构投资者参与碳交易，谨慎引入个人投资者。

（三）提高碳金融交易市场容量，增加控排企业覆盖范围。EMH 对于投资者的假定前提是理性投资者，而这其实还暗含市场存在大量投资者，唯有如此才能保证市场的整体理性，而早期欧盟碳金融交易市场流动性不足是市场有效的最大障碍。基于此，各交易试点如能将更多企业纳入减排，总体配额数量上升及参与企业增加，都会提升市场流动性，进而提高市场效率。进一步展望，如果全国统一碳金融交易市场形成，基于减排成本的差异以及市场容量的加大，市场有效性可能会提升。

最后，各地方政府、发改委应当因地制宜，结合本省企业的行业分布，建立坚实的技术监测基础，逐步扩大碳交易企业纳入范围，在操作中不断改进修正，并向国家反馈经验教训。国家发改委则应通过地方政府及发改委上报的信息，对各试点碳交易政策及效果进行综合评估和考量，制定出适合中国国情的政策引导和法律法规，逐步将碳交易推向全国。

第五节　结　　论

本章以有效市场假说理论及其统计检验方法开篇，结合文献对碳金融交易市场效率中的"信息效率"与"定价效率"做出明确区分与定义，进一步利用有效市场假说的统计检验方法对碳金融交易市场"信息效率"进行检验分析。

重点在于研究中国七个交易试点信息效率，选取试点日交易数据分别检验，并按照异方差检验、原收益序列检验及淡薄交易特征下的收益序列检验三个步骤完成。

第一，采用 LM 检验对各收益序列的波动集群性进行异方差检验，结果显示日收益时序数列均存在显著的波动集群异方差效应，因此应采用异方差的方差比检验。

第二，采用多种方差比检验方法，包括 Lo and Mackinlay 检验和 Chow-Denning 多重方差比检验对原日收益序列进行检验。前者分别检验了 2，4，8，16，32 不同持有期，后者则克服了前者分别构造每个 K 值可能会导致大小扭曲的缺点，以保证结果可靠。两种检验结论较为一致：上海、广东和天津为弱式有效市场，北京、深圳和湖北则未达到弱式有效。

第三，将碳交易试点显著存在的"淡薄交易"特征纳入分析，将数据进行处理再进行 Chow-Denning 检验。在对市场有效性进行检验过程，考虑到交易量是非常有必要的。我国各试点的交易并非连续，有相当比例的交易日没有交易量，因此使用每日公布的碳价可能存在一定程度的失真。鉴于此，下一步检验剔除重庆，并采用低频数据以纠正市场扭曲，运用周收益率进行检验。比较考虑与不考虑淡薄市场因素两种检验结果，发现结果大致相同，只有北京在两种情况下检验结果不同，因此出于谨慎研究的考量，得出结论：只有上海、广东和天津碳交易试点达到了弱式有效。

欧盟碳交易体系信息效率不断提高，它可为中国碳金融交易市场提供可借鉴的经验。基于有效市场三个基本假设以及碳金融交易市场的特殊性，从市场信息成本、市场交易成本、市场参与者理性以及市场交易制度完备性四个方面对欧盟碳金融交易市场信息效率进行了分析和总结。

研究工作最后落脚于结合现行制度探究各试点有效性差异原因，并对未来全国碳金融交易市场提高定价效率提供政策建议。实证结果表明：配额总量与覆盖企业数量、碳金融交易市场覆盖排放比例、配额切分方法、交易规则的完善程度完备程度、市场交易主体范围与参与意识五个方面的差异均为七个试点定价效率存在差异的原因。而借鉴欧盟碳交易体系经验，在全国统一碳市场推出之前应在三个方面采取措施以提高市场效率。第一，加强信息披露。构建有效的碳金融交易市场的基础是公开信息披露制度，公开信息披露制度同时作为碳市场监管的基础，是维护碳金融交易市场良好运行的基本保证；第二，着力提升控排企业的碳资产管理能力，培养理性投资者；第三，提高碳金融交易市场容量，增加控排企业覆盖范围。

第十一章　动态演化效率：欧盟碳市场定价及其经验

全球气候变暖、海平面上升、极端天气增加等环境问题威胁着人类社会发展的进程，从《京都议定书》到《巴黎协定》表明人类社会对控制温室气体这一历史使命已达成共识。在温室气体中，对环境危害最大的是二氧化碳排放，所以，如何控制二氧化碳排放量就成为全球气候治理议程的重中之重。

欧盟碳排放交易体系作为全球最大的碳排放交易体系，在全球碳排放交易体系中处于领先地位，其演进历程已经走过了两个阶段，目前正处于第三阶段的关键期。对欧盟碳排放交易体系下市场机制、市场交易效率作动态分析，相关结论必将对全球、不同地区以及国家层面的二氧化碳减排实践提供重要借鉴。

本章对碳交易相关经济学理论及国际碳排放治理演进情况予以揭示，通过介绍欧盟碳排放交易体系定价机制，对三个阶段中价格波动情况进行分析。以欧盟碳排放配额（EUA）的现货价格与期货价格作为研究对象，通过分阶段构建 VAR 模型，进行广义脉冲函数及方差分解分析，对欧盟碳排放交易体系三个阶段现货市场与期货市场的动态结构驱动力加以比较。在总结欧盟碳排放交易体系改革与实践经验的基础上，结合我国推广碳排放交易试点的短暂实践，提出构建全国性统一碳排放交易体系的政策建议。

第一节　研究评述

一、国内研究

张跃军、魏一鸣运用均值回归理论、GARCH 和 VAR 模型分析 EU-ETS 碳期货交易市场价格波动的原因，[①] 发现影响碳期货价格的因素复杂，如政策因素、国际交易、天气因素等，碳期货价格及市场风险等因素均不服从均值回归，不具备可预测性。亢娅丽、朱磊等利用 Copula 函数在度量相关性上的优势，通过其对欧盟碳排放交易体系与电力市场之间的相关性进行研究，最终得出结论：欧盟碳排放交易体系与电力市场之间正相关，并且这种相关是对称的。[②] EU-ETS 第一阶段中的相关性比 EU-ETS 第二阶段强。何凌云、程怡等研究了能源价格杠杆对经济与碳排放的影响，认为能源价格的杠杆作用使相关排放路径的减排效果放大，而系统中的碳抑制效应无法完全抵补碳拉动效应的计量结果表明，能源价格的杠杆作用未达到预期。[③] 晋海、颜士鹏分析了欧盟碳排放交易体系将航空业纳入其中并征收碳排放税的方法，并对此提出相应的应对策略。[④] 饶蕾、曾骋等结合欧盟碳排放交易体

[①] 张跃军、魏一鸣：《国际碳期货价格的均值回归——基于 EU-ETS 的实证分析》，《系统工程理论与实践》2011 年第 31 期，第 214—220 页。

[②] 亢娅丽、朱磊：《基于 Copula 函数的 EU-ETS 和电力市场间相关性分析》，《中国管理科学》2014 年第 22 期，第 814—821 页。

[③] 何凌云、程怡等：《国内能源相对价格对碳排放的价格杠杆作用》，《中国人口·资源与环境》2015 年第 25 期，第 1—11 页。

[④] 晋海、颜士鹏：《欧盟航空碳排放权交易机制评析及中国的应对》，《江苏大学学报（社会科学版）》2012 年第 14 期，第 18—23 页。

系的背景、规模和污染物排放的控制，对欧盟碳排放交易体系的配额分配方式进行了分析，并认为我国应该借鉴该配额分配方式。[①]

张小梅分析了我国在构建碳排放交易体系时所面临的制约因素，并在借鉴欧盟碳排放交易体系经验的基础上，结合我国国情，提出了促进经济健康发展、环境友好、碳排放总量有效控制的政策建议。[②] 熊灵对欧盟碳排放交易体系第一、第二阶段中暴露出的内在结构缺陷进行了分析，并提出第三阶段的制度完善方法，归纳出对中国碳排放交易体系建设的一些建议。[③] 周茂荣分析了欧盟碳排放交易体系第一、第二阶段运行过程存在的问题，提出第三阶段在总量设定、分配模式、覆盖范围和抵销机制等方面需要进行的改革，探讨了第三阶段的改革对我国碳排放交易体系建立的启示作用。[④] 李妍、孙振清在借鉴欧盟碳排放交易体系发展经验的基础上，对我国建立碳排放交易体系中的法律法规制定、碳定价机制及合并整合等问题提出了政策建议。[⑤]

谭艳秋、刘慧对欧盟碳排放交易体系改革中所遇到的内外制约因素和发展趋向进行了分析，认为国家间利益分析、企业成本考量、机构协调能力以及其他内外部因素均对欧盟碳排放交易机制的改革造成阻力。[⑥] 因此，欧盟下一阶段关于碳排放交易体系的改革应更着重于如何合理设置阶段性减排目

[①] 饶蕾、曾骋等：《欧盟碳排放交易配额分配方式对我国的启示》，《环境保护》2009 年第 9 期，第 66—68 页。

[②] 张小梅：《欧盟碳排放交易体系的发展经验与启示》，《对外经贸实务》2015 年第 12 期，第 93—96 页。

[③] 熊灵：《欧盟碳排放交易体系的结构缺陷——制度变革及其影响》，《欧洲研究》2012 年第 1 期，第 51—65 页。

[④] 周茂荣：《欧盟碳排放交易体系第三期的改革——前景及其启示》，《国际贸易问题》2013 年第 5 期，第 94—103 页。

[⑤] 李妍、孙振清：《欧盟碳排放交易体系发展及其对我国的启示》，天津市社会科学界学术年会，2013。

[⑥] 刘慧、谭艳秋：《欧盟碳排放交易体系改革的内外制约及发展趋向》，《德国研究》2015 年第 1 期，第 45—55 页。

标以及如何增强执行能力，并扩大 EU-ETS 的覆盖范围以降低企业履约成本。周茂荣总结了欧盟碳排放交易体系的改革进程，提出对中国碳排放交易体系建设的一些建议：第一，在构建阶段，强调基本能力建设的重要性；第二，在从试点向全国范围推广阶段，要处理各试点间的协调工作；第三，在后期要不断进行评估及完善。①

郑晓曦根据欧盟碳排放交易体系建立过程中的路径选择特点，建议我国应先建立自愿碳交易市场，再建立配额碳交易市场；先建立现货市场，再建立期货市场；先发展国内碳交易市场，在整合资源的基础上再参与国际碳交易市场竞争；最后要建立全国碳交易信息平台。② 公衍照结合 EU-ETS 发展过程中遇到的一些问题，提出构建我国碳排放交易体系的关键为：将强制减排、总量控制结合于统一的碳排放交易体系中，制定合理的减排目标之后，运用碳补偿等一系列减排激励手段，不断完善配额分配机制、基础制度和设施，以确保碳市场的稳定。③ 肖兴宏认为我国也应该效仿欧盟，分阶段构建符合国情的碳排放交易体系，并加强总量调控能力。④ 彭峰着重介绍了欧盟碳排放交易体系对我国在相关法律法规设计方面的一些启示，指出碳排放交易法律法规设计应该遵循三个基本原则：第一，交易制度的制定应最大化考虑碳排放治理的效果；第二，交易制度的制定应确保成本效益；第三，交易制度的制定应保证灵活及可操作性。⑤ 袁嫄对欧盟碳排放权管理制度沿革进

---

① 周茂荣：《欧盟碳排放交易体系第三期改革研究》，《武汉大学学报（哲学社会科学版）》2013 年第 66 期，第 5—11 页。

② 郑晓曦：《欧盟碳排放交易体系对中国的启示》，《生态经济》2015 年第 31 期，第 49—53 页。

③ 公衍照：《欧盟碳交易机制及其启示》，《山东理工大学学报（社会科学版）》2013 年第 29 期，第 9—14 页。

④ 肖兴宏：《欧盟碳排放交易体系及其对我国的启示》，《价格理论与实践》2015 年第 4 期，第 101—103 页。

⑤ 彭峰等：《欧盟碳排放交易制度——最新动向及对中国之镜鉴》，《中国地质大学学报（社会科学版）》2012 年第 12 期，第 41—47 页。

行了介绍，结合欧盟碳排放体系改革经验以及中国碳交易试点运行情况，提出中国在构建全国性碳排放交易体系时应遵循三个原则：第一，维持碳排放配额的稀缺性；第二，在制定碳排放配额分配计划时要兼顾公平与效率；第三，建立与完善相对应的碳金融服务。在项目减排积累经验的基础上，提高碳市场与生态补偿的结合度，并不断吸收国际先进经验。①

　　王玉等基于信息共享模型和 MGARCH-BEKK 模型，对欧盟碳排放交易市场的价格发现和波动溢出进行了分析，认为欧盟碳排放配额（EUA）和核证减排量（CER）之间存在着长期均衡关系，EUA 对 CER 存在着单向波动溢出关系。② 苏蕾通过分析欧盟碳排放交易体系与我国碳排放交易市场现状，认为我国目前尚未具备建立强制性碳排放交易市场的经济基础。③ 饶蕾等针对"欧盟碳排放交易体系改善的是企业利润而并未从根本上改善环境质量"这一质疑进行分析，认为欧盟碳排放交易体系对环境的改善起到了积极的作用。④ 赵宇哲等基于非径向的 DEA 模型，分析了欧盟碳排放交易体系对航空业能源效率的影响，以此来解释为何非欧盟地区的航空业一致反对 EU-ETS 第三阶段将航空业纳入其中的决议。⑤ 刘纪显等运用格兰杰因果检验、VAR 模型和 MGARCH-BEKK 模型对欧盟碳排放交易体系中的 EUA 与 CER 两个市场间的溢出效应进行了研究，结果表明：EUA 市场和 CER 市

　　① 袁嫄等：《碳配额市场价格非对称性波动研究——基于欧盟碳配额管理制度的实证分析》，《金融论坛》2015 年第 5 期，第 44—53 页。
　　② 王玉等：《欧盟碳排放权交易市场的价格发现和波动溢出研究》，《中国人口·环境与资源》2012 年第 5 期，第 244—249 页。
　　③ 苏蕾：《国际碳交易体系对我国的启示及发展趋势研究》，《林业经济》2012 年第 10 期，第 108—111 页。
　　④ 饶蕾等：《欧盟碳排放权交易制度对企业的经济影响分析》，《环境保护》2008 年第 6 期，第 77—79 页。
　　⑤ 赵宇哲等：《欧盟 ETS 下航空运输企业的能源效率评价研究——基于时间窗的非径向 DEA 模型》，《管理评论》2015 年第 5 期，第 38 页。

场间的收益与波动溢出效应表现出非对称性。[①] 刘纪显等分析了欧洲债务危机可能给欧盟碳排放交易体系带来的影响，通过实证研究论证了欧洲债务危机会影响 EUA 价格，并为我国建立碳排放交易体系提出了政策建议。[②] 朱苏荣等在回顾欧盟碳排放交易体系各阶段总体运行的基础上，着重对 EU-ETS 第三阶段的重大改变、严峻挑战以及结构性改革方向进行阐述和分析，并提出了对我国碳排放交易市场构建的启示。[③]

陈晓红对欧盟碳排放交易体系价格的影响因素进行研究，从需求、供给以及市场影响三个方面进行定性分析，发现受政策和制度影响的配额供给量是 EU-ETS 价格最重要的影响因素。其次，天然气、煤炭和原油也是 EU-ETS 价格的重要影响因素。[④] 郭福春等分析了欧盟碳排放交易体系第二阶段碳期货合约价格波动情况，并运用 Bai-perron 结构突变检验和资本资产定价单因素模型对其价格波动风险进行了实证研究，最终发现欧盟碳排放交易体系第二阶段碳期货价格波动的最主要原因有两个：第一，核准信息泄漏的冲击；第二，经济危机导致需求的减少。文章还对市场风险进行了定性分析，发现在欧盟碳排放交易体系下，碳交易期货交割期越远，其风险程度越低，反映出交易者更加偏好交易持久的合约。[⑤]

叶斌通过对欧盟碳排放交易体系三阶段配额分配演进机理进行分析，认

①　刘纪显等：《欧盟 EUA 与 CER 两个市场之间的溢出效应研究》，《华南师范大学学报（社会科学版）》2014 年第 1 期，第 110—119 页。

②　刘纪显：《欧债危机对 EUETS 碳价的影响及其对我国的启示》，《预测》2013 年第 5 期，第 27—33 页。

③　朱苏荣等：《碳定价、排放交易与市场化减排——欧盟排放交易体系的经验借鉴》，《金融发展评论》2014 年第 12 期，第 25—38 页。

④　陈晓红：《碳排放权交易价格机制研究进展》，《中国社会科学报》2012 年第 6 期，第 1—2 页。

⑤　郭福春等：《碳市场：价格波动及风险测度——基于 EU-ETS 期货合约价格的实证分析》，《财贸经济》2011 年第 7 期，第 110—118 页。

为我国在构建碳排放交易体系的过程中要考虑如何灵活地设定总量，并慎重使用"基准法"，还要考虑到新进入企业的配额需求，科学性预测碳价。① 赵盟研究了欧盟碳排放交易体系下电力行业受到的影响，认为 EU-ETS 将增加发电企业的生产成本，但也会提高电力市场价格，且电价的提高幅度要远大于生产成本，在此基础上，发电企业利润将会增加。基于我国情况，初步分析了我国碳排放交易体系的建设将对我国电力行业产生的影响，最后提出了对我国碳排放交易体系构建的政策建议。② 刘寅鹏等通过对欧盟碳排放交易体系试验阶段微观交易进行大数据分析，发现在 EU-ETS 初期，排放企业的交易大多是以配额履约为目的；交易活跃度较低，交易量受到季节与国际市场的影响；基于历史排放量的分配方式导致少数企业或部门获得超额的碳排放配额，进而影响在碳排放交易的效率；金融部门在调节碳排放配额供需关系的过程中，并未起到预期的效果。③ 刘维泉等利用 LASSO 方法和 CKLS 模型，结合似然比检验，分析了 EU-ETS 碳排放期货价格的运行特征。文章发现在宏观经济、能源价格、政策环境与异常天气等因素影响下，欧盟碳排放交易体系第一阶段中期货价格不存在均值回归特征，而第二阶段中期货价格存在均值回归特征。④

二、国外研究

Roel Brouwers、Frederiek Schoubben 等通过分析 EU-ETS 体系中碳排放

① 叶斌：《EU-ETS 三阶段配额分配机制演进机理》，《开放导报》2013 年第 3 期，第 64—68 页。
② 赵盟：《EU-ETS 对欧洲电力行业的影响及对我国的建议》，《气候变化研究进展》2012 年第 6 期，第 462—468 页。
③ 刘寅鹏等：《EU-ETS 试验阶段微观交易大数据分析及其对中国的启示》，《气候变化研究进展》2015 年第 6 期，第 420—428 页。
④ 刘维泉等：《EU-ETS 碳排放期货价格的均值回归——基于 CKLS 模型的实证研究》，《系统工程》2012 年第 2 期，第 44—52 页。

信息披露对参与公司的市场价值的影响，强调 EU-ETS 将来改革的重点应该放在高碳价和怎样处理成本转移问题上。① Malcolm R. Hill 结合 EU-ETS 诞生的背景，指出该体系推进的难点为如何使所有欧盟参与国家达到和谐，并讨论了能源价格升高的经济意义与能源密集型行业成本提高带来的结果，最后作者提出担忧，EU-ETS 可能会使欧洲本地制造业迁往没有减排目标的国家或地区。② Maria Eugenia Sanin、Francesco Violante 等使用改良的 ARMAX-GARCH 组合模型，对 EU-ETS 第二阶段 2008 年 1 月前后的短期数据进行分析，研究了 EU-ETS 市场的动态波动性，指出相关管理机构应该在更有效率地提供信息和促进市场稳定之间找到平衡。③ Gary Koop、Lise Tole 研究了欧洲碳排放配额（EUA）市场和核证减排量（CER）市场之间的动态联系性，作者对欧洲碳排放交易体系的不同阶段存在的问题提出了自己的看法，认为必须更加谨慎制定阶段目标，碳排放配额更应该被当作一种货币。④

Michael Grubb、Karsten Neuhoff 对 EU-ETS 分配政策和目标进行了研究，结合学术界的主流观点，认为 EU-ETS 存在两个方面的问题：第一，分配方式不当；第二，2012 年后缺乏持续的减排方案。⑤ Karsten Neuhoff、Kim Keats Martinez 等通过计量方法分析了碳排放配额分配对市场价格和投资意

---

① R Brouwers, F Schoubben, "The EU-ETS and Corporate Environmental Abatement", *Applied Economics Letters*, 2016, pp. 1-4.

② M R. Hill, "The European Union's Emissions Trading Scheme: A Policy Response to the Kyoto Protocol", *Journal of Contemporary European Studies*, Vol. 14, No. 14, 2006, pp. 393-410.

③ Maria Eugenia Sanin, Francesco Violante, "Understanding Volatility Dynamics in the EU-ETS Market", *Energy Policy*, Vol. 82, No. 1, 2015, pp. 321-331.

④ G Koop, L Tole, "Forecasting the European Carbon Market", *Journal of the Royal Statistical Society*, Vol. 176, No. 3, 2013, pp. 723-741.

⑤ M Grubb, K Neuhoff, "Allocation and Competitiveness in the EU Emissions Trading Scheme: Policy Overview", *Climate Policy*, Vol. 6, No. 1, 2006, pp. 7-30.

向的经济激励作用。① Michael Grubb、Christian Azar 等认为 EU-ETS 第一阶段碳排放配额数量是过度的，并因此存在潜在的风险。作者认为第一阶段配额总量的设定必须要考虑到第二阶段的情况，在第二阶段的国家分配计划中，欧盟相关机构应该制定一个具有协调性、可比性和透明度的指导方针。② Beat Hintermann 认为 EU-ETS 第一阶段价格波动可以用边际减排成本（MAC）来解释，但边际减排成本并非在最初就驱动价格的变动，而是在 2006 年 4 月得到 2005 年的减排统计数据之后。③

　　Yue-Jun Zhang、Yi-Ming Wei 总结了 EU-ETS 运行机制和影响效率方面的研究，认为未来欧盟应该关注于对碳排放配额设定的改革，以及碳市场和各种风险因素之间的复合交互机制。④ Eva Benz、Andreas Loschel 等认为与 EU-ETS 第一、第二阶段相比，EU-ETS 第三阶段将拍卖作为分配的基本原则后，会对二级市场交易的碳交易配额产生显著影响，拍卖份额越高，二级市场的碳交易配额越少。并认为 EU-ETS 第一阶段基于历史排放量和预期排放量的分配方式，可能会降低市场流动性，并导致碳配额交易价格低于预期。⑤ Linda Meleo、Consuelo R. Nava 等针对 2012 年航空业被纳入欧盟碳排放交易体系后航空公司对 EU-ETS 造成额外成本的担忧，通过计量分析得

　　① Karsten Neuhoff, Kim Keats Martinez, "Allocation, Incentives and Distortions：the Impact of EU-ETS Emissions Allowance Allocations to the Electricity Sector", *Climate Policy*, Vol. 6, No. 1, 2006, pp. 73-91.

　　② Michael Grubb, Christian Azar, "Allowance Allocation in the European Emissions Trading System：A Commentary", *Climate Policy*, Vol. 5, No. 1, 2005, pp. 127-136.

　　③ Beat Hintermann, "Allowance Price Drivers in the First Phase of the EU-ETS", *Journal of Environmental Economics & Management*, Vol. 59, No. 1, 2010, pp. 43-56.

　　④ Yue-Jun Zhang, Yi Wei, "An Overview of Current Research on EU-ETS：Evidence from Its Operating Mechanism and Economic Effect", *Applied Energy*, Vol. 87, No. 6, 2009, pp. 1804-1814.

　　⑤ Eva Benz, Andreas Loschel, "Auctioning of CO_2 Emission Allowances in Phase 3 of the EU Emissions Trading Scheme", *Climate Policy*, Vol. 10, No. 6, 2010, pp. 705-718.

出：EU - ETS 造成的直接成本对航空业和社会的影响依然是有限的。[1]
Thomas L. Brewer 通过对 EU-ETS 下的相关行业进行调查, 认为 EU-ETS 第
一阶段中, 碳排放交易计划对这些行业影响有限。[2] A Marcel Oestreich、
Ilias Tsiakas 通过对德国股票市场的研究发现, 在欧盟碳排放交易体系开始
的几年里, 一个公司获得的免费碳排放额数量与其股票收益率正相关。[3]

Nicolas Koch、Sabine Fuss 等对欧盟碳排放交易体系中碳配额价格下降
的原因进行分析, 认为影响碳配额价格下降的主要原因是：经济不景气、可
再生能源政策的出台以及国际减排单位的使用。[4] Regina Betz、Karoline
Rogge 等通过分析欧盟委员会关于 EU-ETS 第二阶段 18 个国家的分配计划,
认为该分配计划将导致非贸易部门（家庭和运输行业等）的负担过高。[5] Sara
Segura、Luis Ferruz 等通过对英国石油公司进行调查, 发现过低的碳配额价格
导致企业减排激励机制失效。[6] Damien Demailly、Philippe Quirion 研究了二氧
化碳密集型的钢铁行业在 EU-ETS 下的受影响程度, 认为钢铁行业在 EU-ETS
第二阶段中竞争力的损失很小, 不足以构成其要求增加补助的理由。[7]

---

[1] Linda Meleo, Consuelo R. Nava, "Aviation and the Costs of the European Emission Trading Scheme：The Case of Italy", *Energy Policy*, No. 88, 2016, pp. 138-147.

[2] Thomas L. Brewer, "Business Perspectives on the EU Emissions Trading Scheme", *Climate Policy*, Vol. 5, No. 1, 2005, pp. 137-144.

[3] A Marcel Oestreich, Ilias Tsiakas, "Carbon Emissions and Stock Returns：Evidence from the EU Emissions Trading Scheme", *Journal of Banking & Finance*, Vol. 58, 2015, pp. 294-308.

[4] Nicolas Koch, Sabine Fuss, "Causes of the EU-ETS Price Drop：Recession, CDM, Renewable Policies or A Bit of Everything? ——New Evidence", *Energy Policy*, 2014, pp. 676-685.

[5] Regina Betz, Karoline Rogge, "EU Emissions Trading：An Early Analysis of National Allocation Plans for 2008-2012", *Climate Policy*, Vol. 6, No. 4, 2006, pp. 361-394.

[6] S Segura, L Ferruz, "EU - ETS CO Emissions Constraints and Business Performance：A Quantile Regression Approach", *Applied Economics Letters*, Vol. 21, No. 21, 2014, pp. 129-134.

[7] D Demailly, P Quirion, "European Emission Trading Scheme and Competitiveness：A Case Study on the Iron and Steel Industry", *Energy Economics*, Vol. 30, No. 4, 2008, pp. 2009-2027.

C Fezzi、DW Bunn 以 EU-ETS 第一阶段的碳交易数据为基础，利用 VAR 模型研究了天然气价格、碳配额价格以及电力价格之间的动态驱动力，认为碳配额价格与天然气价格、电力价格互相引导，其中碳配额价格每上升 0.32% 会引起电力价格上涨 1%。[①]

三、相关评述

综上所述，国内外对欧盟碳排放交易体系相关领域已经进行了较多的理论与实证研究，并且取得了较为丰富的阶段性研究成果。纵观国内外相关文献，欧盟碳排放体系相关的研究主要集中于以下四个方面：

第一，碳价格波动及碳交易市场运行机制。针对欧盟碳排放交易体系前期碳价经历剧烈波动的情况，国内外学者通过定性与定量研究，对碳价格波动的原因进行探索，并将波动原因概括为政策变动、国际交易及天气异常等。为使碳价格形成机制有助于提高碳价格的稳定性，国内外学者对欧盟碳排放交易体系定价机制进行理论与实证相结合的研究，相关结论将对我国构建碳排放交易体系政策提供有益经验。

第二，欧盟碳排放体系运行对相关行业的影响。欧盟碳排放体系覆盖范围较广，其覆盖行业主要包括电力、能源、钢铁、航空等，国内外学者通过分析欧盟碳排放交易体系对特定部门能源效率的影响，进而提出对欧盟碳排放交易体系政策、法规与机制设计进行深化的观点，对中国碳市场体系构建亦有重要借鉴价值。

第三，欧盟碳排放体系改革方向及启示。欧盟碳排放交易体系作为全球最早成立的碳排放交易体系之一，其政策与机制的确立无先例可参考，欧盟

[①] C Fezzi, DW Bunn, "Structural Interactions of European Carbon Trading and Energy Prices", *Ournal of Energy Markets*, Vol. 2, No. 4, 2009, pp. 53–69.

相关机构根据上一阶段发现的问题对其进行有针对性的改革。国内外学者主要运用理论的研究方式，对欧盟碳排放交易体系总量设定、配额分配、覆盖范围、抵销机制等方面的改革进行了相关分析，在此基础上，总结出对我国构建碳排放交易体系的相关启示。

第四，不同配额市场间存在动态溢出效应。国内外学者对欧盟碳排放交易体系中 EUA 与 CER 两个市场的运行状况进行比较，通过实证研究，分析了不同配额市场的相关性与溢出效率。

通过梳理国内外研究成果发现：第一，对欧盟碳排放交易体系现货与期货市场效率动态结构驱动的相关研究极少；第二，已有关于欧盟碳排放交易体系现货与期货市场效率动态结构驱动的研究未进行分阶段计量验证，无法对不同阶段市场机制变化的效果进行比较。本章研究所针对问题即缘起于此。

第二节　碳交易理论基础及碳减排治理演进

碳排放权交易要基于一定的市场机制，而碳排放交易体系的构建则要基于一定的经济学理论基础。从 20 世纪中叶开始，经济学界增加了对碳交易相关理论的研究，旨在通过市场交易方式控制温室气体的排放。在碳交易理论研究发展的同时，国际社会也加大碳减排治理进程，在《联合国气候变化框架公约》的基础上，达成了一系列控制温室气体排放的框架性文件，从《京都议定书》到《巴黎协定》，这些会议成果对欧盟碳排放交易体系的构建及运行起到了重要的指导作用。

一、碳交易经济学理论

（一）碳金融理论

2006 年世界银行在《碳市场现状和趋势》中将碳金融定义为：通过购

买减排量的方式为能够制造温室气体减排量的项目提供资源的金融活动。Sonia Labatt 和 Rodney R. White 于 2007 年出版的《碳金融》中将其定义为：由金融机构主导的，旨在应对气候变化的，将碳排放引入金融学理论与实践中的相关金融产品。

根据以上对碳金融的定义，基于不同的交易方式，可将碳排放交易市场分为两类：第一类为以碳减排项目为基础的交易市场，第二类为以碳配额为基础的交易市场。（见表 11-1）

表 11-1 碳金融交易方式的分类

分　类	名　　称	交易单位
基于项目的交易市场	联合履行机制（JI）	ERU
	清洁发展机制（CDM）	CER
	自愿减排项目市场（VER）	VER
基于配额的交易市场	国际碳排放贸易机制（ET）	AAU
	欧盟碳排放交易体系（EU-ETS）	EUA
	其他市场（RGGI、NSW）	NGAC 等

基于项目的碳交易市场主要包含了联合履行机制（JI）、清洁发展机制（CDM）和自愿减排项目市场（VER），三种交易机制的交易单位分别为"排放减量单位"（ERU）、"经认证的减排量"（CER）和"自愿减排量"（VER）。

基于配额的交易市场的建立的依据是"Cap-and-Trade"（总量控制与配额交易）机制，该机制规定了碳配额的总额，市场参与国和参与地区根据自身能否超额完成排放任务，是否需要出售和购买碳配额的具体情况进行交易。该市场包括国际碳排放贸易机制（ET）、欧盟碳排放交易体系

（EU-ETS）、区域温室气体减排行动（RGGI）和新南威尔士温室气体减排机制（NSW）等。

目前，全球主要的碳金融交易机构为：欧洲气候交易所（European Climate Exchange，ECX）、北欧电力交易所（Nord Pool）、法国未来电力交易所（Powernext）、欧洲能源交易所（European Energy Exchange，EEX）和芝加哥气候交易所（Chicago Climate Exchange，CCX）等。

（二）可持续发展理论

可持续发展理论（Sustainable Development）是挪威前首相布伦特兰夫人于 1987 年在向联合国提交的研究报告《我们的未来》中为应对资源和环境问题而提出的，是指在经济发展的过程中，既要获取短期利益又要关注长期利益。可持续发展理论并不否定经济增长，但强调经济增长要以自然资源为基础，与环境承载能力相协调。在经济可持续发展的同时，要将环境可持续发展和社会可持续发展协调统一。

在传统的经济学范式中，经济学家认为经济社会发展的原动力是增加投资与鼓励消费，影响投资与消费的主要因素为资本、制度与技术等，而环境资源作为非稀缺性资源，并不为社会所关注。可持续发展理论提出之后，经济学界开始反思传统的经济学理论范式是否符合当今人类社会发展的客观要求，越来越多的经济学研究将环境因素纳入宏观经济模型中。

（三）外部性理论

外部性（Spillover Effect）也称为溢出效应、外部成本等，最早由马歇尔提出。经济学界对于外部性的定义存在着分歧。

萨缪尔森从外部性产生主体的角度，将外部性定义为："那些生产与消费等行为对其他外部个人或团体强征了无法补偿的成本或赠予了无需补偿的收益的情形"。兰德尔从外部性接受主体的角度，将外部性定义为："当一个行动的某些效益或成本不在决策者的考虑范围内的时候所产生的一些低效率现象；也就是某些效益被给予，或某些成本被强加给没有参加这一决策的人"。斯蒂格利茨从产生结果的角度，将外部性定义为："个人或厂商没有承担其行为的全部成本（消极的外部性）或没有享有其全部收益（积极的外部性）时所出现的一种现象"。

对外部性可表述为以下：

$$F_j = F_j(Z_{1j}, \ Z_{2j} \ldots \ Z_{nj}, \ Z_{mk'}) \quad j \neq k \qquad (11.1)$$

其中，j 和 k 为不同的个人或厂商，F_j 表示 j 的福利函数，$Z_i(i = 1, \ 2 \ldots n, m)$ 是指经济活动。该公式表明，j 的福利不仅受到自身行为所引起的经济活动 Z_i 的影响，同时也受到 k 的行为所导致的经济活动 Z_m 的影响，即存在着外部效应。

外部性可分为正外部性和负外部性。正外部性也称外部经济，是指一些消费或生产对其他人或团队造成了无须补偿的收益的现象；负外部性也称外部不经济，是指一些消费或生产对其他人或团队造成了不可补偿的成本的现象。当存在正外部性时，一种商品或行为的社会边际收益大于消费者消费该商品得到的边际收益。

（四）庇古税

针对环境污染领域的外部性问题，被称为"福利经济学之父"的英国经济学家庇古于 1920 年提出对排污者征税，以此来弥补排污者生产的私人成本和社会成本之间的差距，使二者相等。该类针对污染物排放所征收的税被称为"庇古税"。

庇古税通过增加企业成本，以税收的形式使其弥补社会成本损失，并根据排放污染物的多少确定企业需缴纳税收的比重，多排多缴，少排少缴，以增加企业生产成本的方式控制企业碳排放量。企业在最大化利益驱使下，会主动提高化石能源利用率并增加清洁能源使用，减少二氧化碳的排放，从而减少二氧化碳等温室气体对环境的负担。

根据庇古税的税收原理，其遵循向碳排放污染产出方征税的准则。根据庇古税的征收方式，政府作为税收行为的主导方，对其行为造成负外部性的企业征收高额的税费，增加排污企业生产成本；进而将所征税费以政府补贴的方式补偿排污行为负外部性的受害者，并通过税收减免等措施鼓励存在正外部性的企业，提高其生产能力。

（五）科斯定理

新制度经济学的鼻祖科斯认为，只通过征收庇古税不能使资源配置达到最优化，原因是外部性效应并不只是一方对另一方单方面影响的结果，而是相互的。科斯定理认为外部性可以通过当事方的谈判而找到问题的帕累托最优解决方案，从而实现社会效应最大化。

科斯定理的关键在于产权明确，在产权清晰及交易成本为零的情况下，产权关系不会影响到资源配置的有效性，市场可根据交易者自发的交易行为进行自我修正。科斯定理在产权理论方面的阐述，揭示了外部性问题的根源在于稀缺性导致的对资源使用的竞争性需求。

征收庇古税以及科斯定理的产权原理都是在资源稀缺情况下调整社会间经济主体的配置效率，但侧重点不同。两种方式都对环境污染等负外部性问题提出可操作的治理方法，但综合当前经济社会环境来看，相对而言征收庇古税比科斯主张的在产权理论下自愿协商解决问题更有效率。

二、碳减排国际治理议程演进及其影响

（一）碳减排国际治理议程

1. 联合国气候变化框架公约。1992 年 6 月 4 日通过的《联合国气候变

化框架公约》是联合国政府间谈判委员会就气候变化问题达成的成果。该公约于 1994 年 3 月 21 日生效，是世界上第一个为全面控制二氧化碳等温室气体排放以条约形式要求承担保护地球气候系统义务的执行性文件，旨在控制全球气候变暖对人类经济社会发展造成的不利影响，该合约为全球气候治理提供了一个切实可行的国际合作基本框架。

公约包括序言及二十六条正文，将二氧化碳、甲烷等作为控制温室气体的主要对象，设定了温室气体减排的初步目标。该公约对发达国家和发展中国家在控制温室气体排放过程中应履行的义务进行了区分：作为温室气体主要排放者的发达国家不仅要控制本国温室气体排放，还要向发展中国家提供履行公约义务所需的资金与技术。

作为全球范围内第一个为应对温室气体排放所带来的全球气候变暖这一问题的国际公约，已有 190 多个国家和地区批准了《联合国气候变化框架公约》。缔约国家需要定期提交履约报告，以说明该国在控制温室气体排放方面做出的努力和成果。

2. 京都议定书。《京都议定书》是《联合国气候变化框架公约》的补充条款，于 1997 年 12 月联合国气候变化框架公约参加国三次会议制定。其在国际合作的基础上，设定了具体的二氧化碳等温室气体减排目标，进而对抗日益严峻的全球气候变化问题。虽然二氧化碳排放量占全球 25% 的美国退出，但截至 2005 年 8 月 142 个国家和地区签署了该议定书。中国作为全球气候治理的重要支持者，于 1998 年签署并于 2002 年核准了该议定书。在达到签署国家数量限制条件之后，《京都议定书》于 2005 年 2 月 16 日正式生效。

《京都议定书》由二十八条内容构成，建立了三个灵活的履约机制：联合履行机制（JI）、清洁发展机制（CDM）和国际碳排放贸易机制（ET）。

联合履行机制允许附件一国家（即发达国家）及经济组织从其他附件一国家的投资项目产生的减排量中获取减排信用，结果实际相当于工业化国家之间转让了同等量的减排单位，所使用的减排单位为"排放减量单位"（ERU），是发达国家之间通过减排项目进行的合作。

清洁发展机制允许附件一国家（即发达国家）及经济组织的投资者从发展中国家实施的、并有利于发展中国家可持续发展的减排项目中获得的"经认证的减排量"（CER），是发达国家和发展中国家之间通过项目级的合作。清洁发展机制作为现存唯一得到国际公认的碳交易机制，适用于各国各地区的减排计划。

清洁发展机制在作为需求方的发达国家和作为供给方的发展中国家之间构建了一个交易运行机制，它在帮助发达国家获得了相对廉价的碳排放权的同时，也帮助发展中国家获得发展碳减排的技术和资金。但 CDM 项目通过需要一定的前提条件和流程：首先，参与国必须为《京都议定书》缔约方；其次，参与国要建立 CDM 项目监管机构；再次，CDM 项目的所有参与国必须正式批准该项目；最后，CDM 项目在缓解气候变化问题上必须产生可测量的长期效益。

国际碳排放贸易机制允许附件一国家（发达国家）在完成减排义务的基础上将其剩余的减排指标，以贸易的方式转让给另一未完成减排义务的附件一国家（发达国家），并同时从转让方的允许排放限额上扣减相应的转让额度。所使用的减排单位为"分配数量"（AAU）。

3. 巴厘路线图。2007 年 11 月在印度尼西亚举行的《联合国气候变化框架公约》缔约方第 13 次会议，暨《京都议定书》缔约方第 3 次会议经过五轮谈判，最终达成了"巴厘路线图"。"巴厘路线图"要求《京都议定书》的缔约方附件一国家（发达国家）严格履行《京都议定书》的规定，制定

2012 年后大幅度量化的减排目标，非附件一国家（发展中国家）和非缔约国（加拿大、美国等）要在《联合国气候变化框架公约》下采取切实可行的气候治理行动。

"巴厘路线图"在强调国际合作的基础上，明确了世界各国加强落实《联合国气候变化框架公约》的具体领域，确立了"双轨"谈判进程，此外，文件还强调了另外三个需要着重探讨的问题：第一，适应气候变化；第二，技术开发及转让；第三，减排资金来源。

4. 哥本哈根协定。《哥本哈根协定》是 2009 年 12 月在丹麦首都哥本哈根召开的《联合国气候变化框架公约》第 15 次缔约方会议，暨《京都议定书》第 5 次缔约方会议达成的成果。旨在商讨《京都议定书》第一承诺期（2008—2012 年）结束后，第二承诺期（2012—2020 年）的全球减排方案。在该协议上首次提出了建立帮助发展中国家应对气候变化问题的绿色气候基金。

由于发达国家和发展中国家在减排责任划分、资金支持、技术转让和监管机制等议题上存在严重分歧，导致《哥本哈根协定》缺乏法律约束力。尽管《哥本哈根协定》不具法律约束力，但它表达了全球各国各地区共同应对气候问题的政治意愿，肯定了全球碳排放治理所取得的成果。

5. 坎昆协议。2010 年 11 月底在墨西哥坎昆召开了《联合国气候变化框架公约》第 16 次缔约方会议，暨《京都议定书》第 6 次缔约方会议，会议的成果被称为《坎昆协议》。协议的主要贡献可以概括为：第一，进一步坚持联合国气候治理所达成的相关成果，并明确了全球减排目标以及责任划分，在此基础上，落实"巴厘路线图"所提出的双轨制谈判进程；第二，针对发展中国家在气候治理过程中面对的技术及资金问题，提出谈判计划与时间表，以帮助发展中国家进一步落实控制全球气候变化的责任。

6. 巴黎协定。2015 年 12 月在法国巴黎举行的联合国气候变化大会最终达成了《巴黎协定》，这是继《京都议定书》后第二份有法律约束力的气候协议，《巴黎协定》规定需在至少 55 个《联合国气候变化框架公约》缔约方签署及通过后第 30 天起方可生效。随着欧盟议会全票通过该协定，《巴黎协定》已经满足了正式生效的条件。2016 年 9 月 3 日，我国经全国人民代表大会常务委员会批准，正式成为第 23 个协定缔约方。

《巴黎协定》由二十九条内容组成，其中包括了目标、减缓、适应、损失损害、资金、技术、能力建设、透明度、全球盘点等内容，该协议对 2020 年后全球气候治理议程作出了安排。其主要贡献可分为三类：第一，从环境治理的角度，该协议进一步明确了环境治理硬指标，提出全球气温较工业化前上升最多 2 摄氏度的目标，并使温室气体排放尽快达到峰值，争取使二氧化碳等温室气体达到零排放；第二，从人类发展的角度，该协议在已有气候治理协议的基础上，进一步协调各国各地区间责任划分与国际合作，鼓励各国在气候治理领域多担当多付出，为全人类共同的未来作出最大贡献；第三，从经济发展的角度，进一步加大发达国家对发展中国家的技术转让及资金支持力度，以缓解后者在温室气体减排方面遇到的经济难题，转变过度依赖化石能源的增长方式，协调市场方式和非市场方式，进一步提高资源配置效率。

（二）国际碳减排治理对欧盟碳排放的影响

联合国气候变化大会在不同阶段形成的会议成果，是全球范围控制温室气体的行动准则，为全球治理二氧化碳等温室气体的排放指明了方向。其中《京都议定书》《巴黎协定》这两份具有法律效应的协议为全球碳减排搭建了框架与机制，并设定了目标与责任，对各国各地区的碳排放政策起到指导作用。各阶段达成的会议成果也对欧盟范围内碳排放造成了直接的影响，根据全球碳项目（GCP）的统计结果，2015 年欧盟 28 国碳排放总量为 3508.75 百万吨。

单位:百万公吨

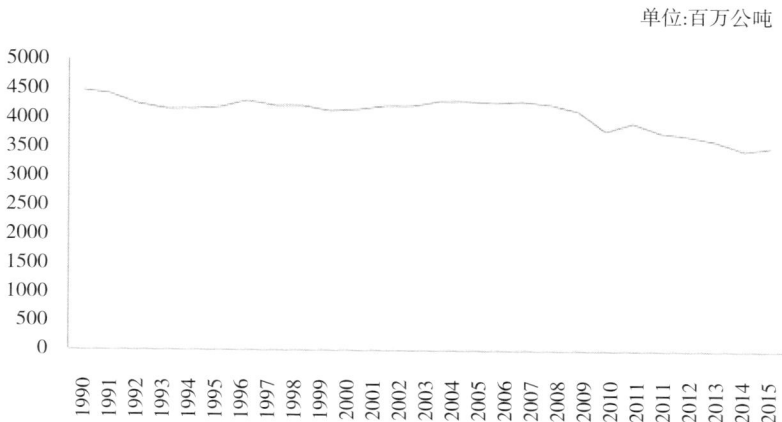

图 11-1 1990—2015 年欧盟 CO_2 排放量

数据来源：全球碳项目官网数据库。

从图 11-1 可以看出，1990—2015 年欧盟碳排放量在长期呈现出逐渐减少的趋势，1990 年欧盟碳排放量为 45 亿吨左右，而到了 2015 年下降为 35 亿吨左右，15 年间下降了 21.45%。1992 年 6 月《联合国气候变化框架公约》签订以后，1993 年欧盟碳排放量比 1992 年减少了 1.93%；1997 年 12 月签订《京都议定书》后，欧盟碳排放量由升转降，降低了 0.18%；2007 年 12 月"巴厘岛路线图"的制定让欧盟年度碳排放量降低了 2.26%；2009 年 12 月签订的《哥本哈根协定》与 2010 年 11 月签订的《坎昆协议》进一步使欧盟碳排放总量下降。国际碳减排会议所达成的成果会对欧盟碳排放总量造成正向的影响。虽然欧盟碳排放量的减少存在着诸多的经济、政治与其他不可抗力原因，但通过比较可以得出："巴厘岛路线图"的制定对欧盟碳排放量产生了最大的影响。这是因为"巴厘岛路线图"为气候变化国际谈判确立的议程，对欧盟碳排放交易体系第二阶段（2008—2012 年）将入境航班碳排放纳入碳交易范围的举措有着积极的促进作用，更加有效地降低了欧盟区总的碳排放量。

第三节　欧盟碳排放交易定价机制与价格波动

一、欧盟碳排放交易体系定价机制

碳排放权作为一种商品，其价格受到市场供需关系的影响，这种市场通过相互制约、相互影响最终形成市场价格的动态过程，统称为定价机制。影响供给的因素主要有政策因素、清洁能源技术因素、碳税因素和其他碳排放减排履约机制相关配额供给因素等；影响需求的因素主要包括经济因素、能源价格因素、金融市场因素和气候因素等。这些因素通过影响欧盟碳交易市场中的供求关系，进而影响市场均衡价格的形成。本节将介绍欧盟碳排放交易体系下碳交易市场定价机制。

（一）欧盟碳排放交易体系基本框架

欧盟碳排放交易体系（European Union Emission Trading Scheme，EU-ETS）作为欧盟气候政策的中心组成部分，是目前全球最大的碳排放交易体系。它以"总量控制与配额交易"为基础，提供了一种兼顾效率与经济成本的减排方式。欧洲议会与欧盟理事会基于《京都议定书》履约计划，将欧盟碳排放交易体系划分为三个阶段：第一阶段为试运行阶段，从 2005 年 1 月 1 日开始，到 2007 年 12 月 31 日结束；第二阶段为履约阶段，从 2008 年 1 月 1 日到 2012 年 12 月 31 日；第三阶段为扩大责任阶段，从 2013 年 1 月 1 日到 2020 年 12 月 31 日。这三个阶段在覆盖范围、配额分配方式、交易主体、抵销机制等方面都有所差异。

　　欧盟碳排放交易体系作为全球第一个多国参与的排放交易体系，经过了12 年的发展，成员从最初的 15 个欧盟国家发展到目前的 31 个国家，包括了列士敦士登、挪威、冰岛以及欧盟 28 个成员国，其在交易规模、成员国数量及经济规模上都位列全球榜首。

　　（二）欧盟碳排放交易体系覆盖范围

　　欧盟碳排放交易体系第一阶段主要涉及电力、造纸、制造和能源等产业，该阶段将减排目标设为二氧化碳，涵盖了欧盟范围内约 11000 家电厂和企业，这些工厂和企业二氧化碳排放量占欧盟温室气体总排放量的 44%。在这些能源密集型企业中，电力企业作为减排的主力，承担了大部分的减排责任，这是因为电力企业数据较为公开，易于监督，且电力行业外来竞争较少，不会为了规避减排成本而选择欧盟以外的地区设厂。

　　根据欧洲议会与理事会通过的《碳排放交易指令（2008）》，第二阶段作为正式履行《京都议定书》承诺的履约阶段，将航空业纳入了减排范围，要求在欧盟范围内所有起降航班所在的航空公司提交的二氧化碳排放量需符合其法定减排要求。基于 2004—2006 年欧洲航空业的二氧化碳历史排放量，限定 2012 年航空业二氧化碳减排量为历史水平的 97%，其中 82% 为免费分配配额，15% 为用于市场交易的配额，剩余 3% 为保留配额。欧盟单方面将航空业纳入欧盟碳排放交易体系的行为，虽然对于控制平流层温室气体排放以及全球气候变暖方面存在着积极的意义，但在法律与政策方面遭到了国际社会的质疑。

　　第三阶段欧盟将氧化氮、全氟碳化物、氨水化合物以及相关碳捕获封存设备纳入欧盟碳排放交易体系中，并将发电量小于 35MW 的电厂以及排放量低于 2.5 万吨二氧化碳的设备从欧盟碳排放交易体系中排除。

　　（三）欧盟碳排放交易体系配额分配方式

　　欧盟国家虽然总体上处于发达国家行列，但每个国家的发展水平仍存在着差异，根据《联合国气候变化框架公约》提出的"共同但有区别责任"的原则，欧盟将《京都议定书》中承诺的8%减排目标进行了区别化分配。较为发达的西欧和北欧国家承担较高的减排任务，而相对落后的南欧国家承担较低的减排任务。德国等少数国家需要实现减排20%以上的目标，而葡萄牙等国则不仅不需要减排，还可增加一定百分比的二氧化碳排放量。

表11-2列示出不同阶段欧盟碳排放交易体系碳配额的分配方式。欧盟碳排放交易体系第一阶段，各国实行分散化决策，即成员国自行制定国家配额分配计划（NAPs），欧洲议会与理事会以"总量控制"的原则进行审批后执行。各国根据祖父法，以1990年的历史二氧化碳排放量为基准值，制定国家配额分配计划。在这些配额中，95%为免费分配配额，5%为拍卖配额。在第一阶段中，对碳排放权进行拍卖的效果并不理想，参与国家寥寥无几，统计数据显示，第一阶段拍卖市场的成交总量为6.5亿单位的欧盟碳排放配额（EUA），成交额仅为52亿欧元。由于不同成员国对碳减排成本的担忧，以及欧盟碳排放交易体系运行机制不完善，导致各国制定了超额的国家配额分配计划，直接影响到了碳排放权价格和治理温室气体排放的效果。

表11-2 欧盟碳排放交易体系碳配额分配方式比较

分类	定义	优点	缺点
祖父法	根据国家或企业历史基准线年排放量来确定碳排放计划，也称为"历史排放分配法"。	较为方便，只依靠历史排放数据；也是较为容易理解的方法，对碳排放交易机制参与者而言，比较清晰可预测。	该方法奖励那些过去做减排工作最少的企业，这不利于实现碳排放交易机制的目标；由于采取了先期减排行动，减排空间较小且能效高的企业反而比能效低的公司得到的配额少，这有失公平；对于新加入者、新增产能或需要额外措施的产能而言，该方法不能自动纠正。

续表

分类	定 义	优 点	缺 点
基准分配法	根据行业先进企业的碳排放因子、单位产出碳排放量以及企业技术等因素确定行业碳排放的基准线，进而确定不同碳排放绩效企业的碳排放配额的分配方法。	提高了碳排放权配置效率，鼓励减排效率高的企业；该方法如果设计得当，可以以同样形式应用于已有设施和新参与者或新增产能，当与实际产量结合使用时，可以随时间按照产量变化自动修正。	行业基准线较难制定，需要大量历史活动水平的数据和资料；基准线设计不准确可能导致效率较高的设施和企业承担更大的成本负担。

欧盟碳排放交易体系第二阶段，欧盟吸取第一阶段分散化决策的教训，加强了欧洲议会与欧盟理事会在碳排放配额方面的主导权。第二阶段中，90%的配额为免费分配，将拍卖配额的百分比提高到了10%，其中免费配额的分配方式逐步由祖父法过渡到国家基准法。从第二阶段开始，欧盟允许成员国盈余配额储存到第三阶段使用。为了健全欧盟碳排放交易体系，欧盟将清洁能源机制（CDM）的核证减排量（CER）和联合履约机制（JI）的减排单位（ERU）作为抵补机制引入碳排放交易市场中，每年可用核证减排量为2.74亿吨。引入CDM和JI不仅提高了欧盟碳排放交易体系的运行效率，同时也扩大了交易市场，将发展中国家纳入了碳排放交易中。

根据2009年通过的《排放贸易指令（2009）》，欧盟从第三阶段开始对欧盟碳排放交易体系进行了重大改革，国家配额分配计划被取消，欧盟碳排放交易体系覆盖下的行业和设施的配额分配计划不再受各个成员国的控制，改由欧洲议会与理事会统一制定。欧盟以二氧化碳减排效率最高的10%企业的减排量作为基准，确定总的碳排放配额。在第三阶段，每年制定的碳排放配额总量要以1.74%的速度递减，并且对于不参与国际竞争的电力和热力等行业，拍卖配额所占比例要从2013年的20%逐步上升到2020年的

70%，到 2027 年达到 100%。此外，免费配额将进一步减少，2013 年起逐步使用拍卖的方式代替免费分配方式，到 2020 年实现配额完全拍卖获得。为了公平性原则，欧盟在第三阶段将总配额的 5%储备起来，分配给新加入者（电力部门除外）。

（四）欧盟碳排放交易体系交易平台

欧盟碳排放交易体系（EU-ETS）成立之初，所有交易都通过欧洲的商业银行进行柜台交易，截至目前，仍有约 40%的交易通过场外交易通道完成。随着碳交易市场规模的扩大，逐步建立了几家专门从事碳排放权交易的平台。

欧洲能源交易所（European Energy Exchange，EEX）总部位于德国莱比锡，其最大的股东为欧洲期权期货交易所。EEX 提供 EUA 和国际碳信用的现货和期货交易产品，并为会员提供担保和风险承担的服务。欧洲能源交易所中碳排放权交易量占到约 5%，其中大部分为现货交易。

成立于 2001 年的未来电力交易所（PowerNext）总部设于巴黎，作为欧洲能源交易所（EEX）的子公司，欧洲能源交易所（EEX）持有 PowerNext 交易所 87.73%的股份。PowerNext 负责其在欧洲范围内的天然气、电力以及碳排放权等业务，同时也提供远期能源相关服务。由于经营压力，PowerNext 在 2007 年 12 月将碳市场卖给了 NYSE Euronext 和法国信托投资银行，并于 2008 年 2 月更名为欧洲环境交易所（BlueNext）。

洲际交易所（Intercontinental Exchange，ICE）旗下的欧洲气候交易所（European Climate Exchange，ECX），总部位于荷兰阿姆斯特丹，是全球最大的碳排放权交易平台。2004 年，洲际交易所的子公司芝加哥气候交易所（Chicago Climate Exchange，CCX）和伦敦国际原油交易所（International Petroleum Exchange，IPE）达成合作协议，建立了欧洲气候交易所，进行碳排放权配额现货和期货交易活动。由于在欧盟碳排放交易体系框架下欧洲气候交易所保持着很高的交易量，所以其期货和现货价格成为了全球市场的基准。ECX 目前主要经营着 EUA 现货、EUA 期货、CER 现货、CER 期货等产品。

（五）欧盟碳排放交易体系交易主体

欧盟碳排放交易体系的交易主体可以分为供给方、需求方以及中介机构。供给方将自身履约后剩余的 EUA 和 CER 配额放到碳排放权交易二级市场进行交易，多为一些南欧国家以及发展中国家。需求方为欧盟内碳排放配额需求旺盛的国家、企业、非政府组织等，面对提高碳减排技术较为高昂的成本，选择购买价格相对较低的 EUA 和 CER 配额。中介机构包含一些银行、基金、非政府组织等，它们在整个碳排放权交易中提供信息、融资等服务，将交易的双方对接起来，促成交易的达成，同时也通过参与碳交易活动，利用价格波动获取投资收益。（见表 11-3）

表 11-3　欧盟碳排放交易体系交易主体

交易主体	范　　围
碳配额需求方	EU-ETS 框架下 31 国的政府、企业、组织等
碳配额供给方	EU-ETS 框架下 31 国的政府、企业、组织等《京都议定书》附件二国家
中介机构	银行、基金、会计师事务所、非政府组织等

（六）市场稳定储备机制

面对碳配额交易价格持续波动的现状，特别是在 2011—2012 年因全球金融危机导致欧盟碳交易市场产生 20 亿冗余配额后，欧盟理事会意识到欧盟碳排放交易体系存在着严重的市场失衡，急需建立一个市场稳定储备机制（MRS）。

2014 年 1 月 22 日，欧盟委员会公布了 2030 年气候与能源政策目标，其中有一个重要的政策目标就是要建立科学可行的市场稳定储备机制。欧洲议会与欧盟理事会在随后也通过相关决议案，确定从 2021 年起逐步建立和完善市场稳定储备机制。市场稳定储备机制将通过设立一定的碳配额储备量，在市场供需不平衡以及受到外部冲击的情况下，稳定市场价格。

从 2021 年 1 月开始，基于欧盟理事会公布的欧盟碳排放交易数据，若总的流通配额量[①]的 12% 超过 1 亿吨，那么将总的流通配额量的 12% 放入 MRS 中。当总的流通配额低于 4 亿吨，则释放 1 亿吨 MRS 配额进入市场。若连续 6 个月的碳交易价格均高出均价 3 倍以上，即使总的流通配额量高于 4 亿吨，MRS 也会释放一定数量的配额进入市场。

二、欧盟碳排放交易体系价格波动

（一）碳排放权价格波动特征

欧盟碳排放交易体系建立以来，碳价格波动较大，价格波动大致可以归因于国际市场的动荡以及欧盟内部市场的不确定性。本章以欧盟碳排放配额（EUA）现货与期货价格作为研究对象，分析欧盟碳排放交易体系中 EUA 价格的走势。

从图 11-2 中可以看出，在欧盟碳排放交易体系第一阶段，EUA 现货及期货价格波动情况相似，关联性较大。在 2006 年 5 月份，现货和期货价格呈现出断崖式下降，经过短暂的波动期之后趋于稳定，在 2017 年 12 月左右，现货和期货价格均降到 0.02 欧元/吨左右。从长期来看，第一阶段碳价格波动情况较为剧烈，跌幅几乎达到了 100%，低碳价在一定程度上削弱了欧盟碳排放交易体系发挥其控制欧盟区域内化石能源消耗的作用。

---

① 第 t 年总的流通配额量=2008—第 t 年签发的总配额量+2008—第 t 年使用的国际碳信用额总量-2008—第 t 年总排放量-第 t 年储备中的配额量。

单位：欧元

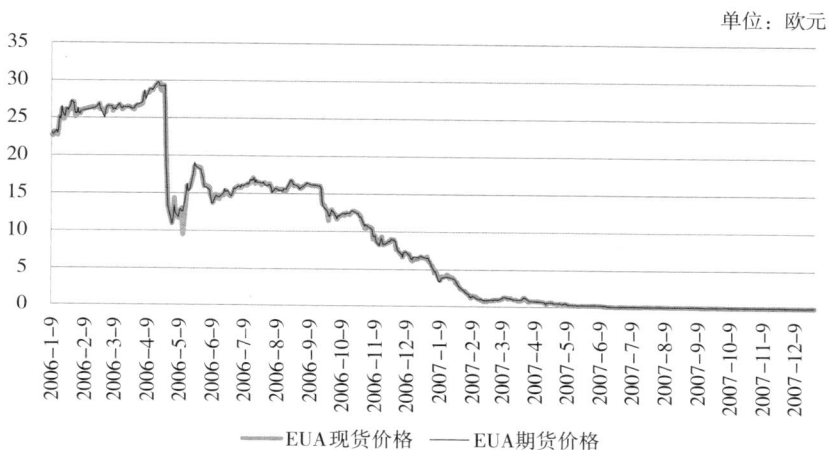

图 11-2　EU-ETS 第一阶段 EUA 现货与期货价格波动情况

单位：欧元

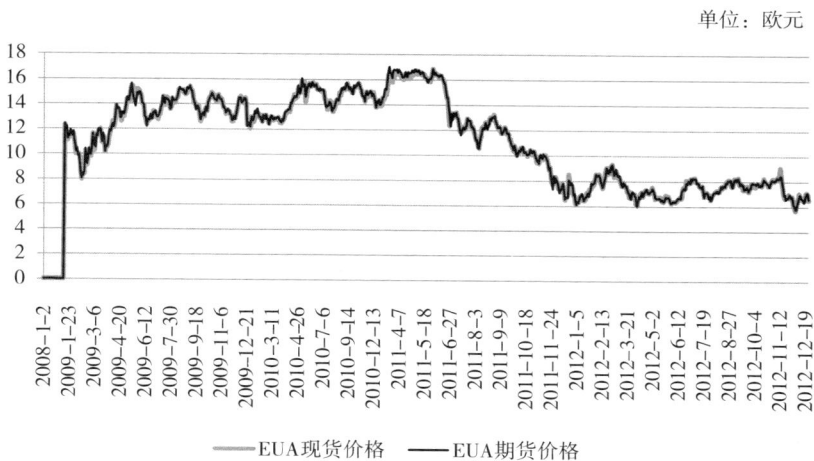

图 11-3　EU-ETS 第二阶段 EUA 现货与期货价格波动情况

观察图 11-3，2008 年初 EUA 现货与期货价格延续了欧盟碳排放交易体

系第一阶段 EUA 低价的趋势，但在 2008 年 4 月有一次剧烈的上升，从 0.02
欧元/吨上升到 22.4 欧元/吨左右。随后在 2008 年 9 月之后大幅下降，到了
第二阶段末，EUA 现货价格下降到 6.53 欧元/吨，EUA 现货价格下降到
6.61 欧元/吨。从长期来看，先升后降的趋势较为明显，但第二阶段波动性
远低于第一阶段。

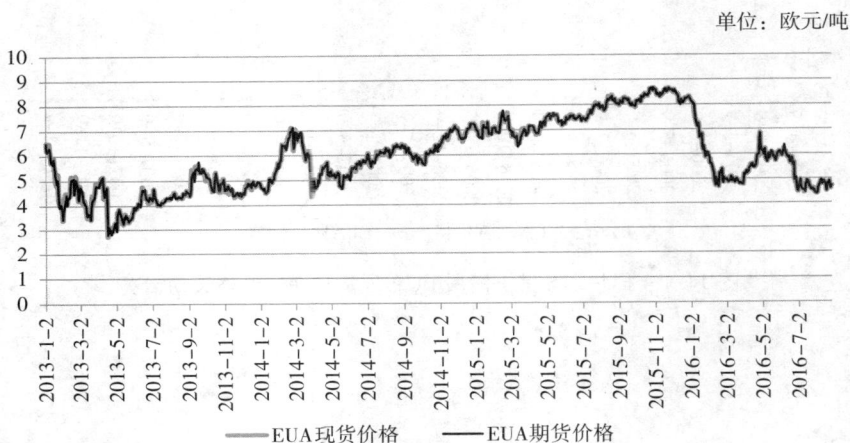

图 11-4　EU-ETS 第三阶段 EUA 现货与期货价格波动情况

图 11-4 中 EUA 现货与期货价格波动保持了高度的一致性，在 2013
年初 EUA 现货与期货价格有一个短暂的下跌过程，随着市场的波动，
EUA 现货与期货价格一路走高，到了 2015 年 12 月，EUA 现货与期货价
格均上涨到 8.65 欧元/吨。2016 年 1 月到 2 月，EUA 现货与期货价格剧
烈下降，到了 2016 年 9 月，EUA 现货价格为 4.7 欧元/吨，EUA 期货价格
为 4.69 欧元/吨。从长期来看，第三阶段大部分时间碳价格呈现出上涨的
趋势。

（二）碳排放权价格波动原因分析

首先分析第一阶段碳价格波动的原因。2006 年 4 月，比利时、瑞典、

法国等七国在欧盟官方未公布碳交易信息之前公布本国的碳交易数据，这些数据对市场的冲击较为明显，外加欧盟公布的 2005 年欧盟碳排放交易体系实际碳排放交易量低于预期水平，这对市场交易者的信心也构成了影响，再综合 5 月核准信息泄露事件，导致了 2006 年 5 月 EUA 现货与期货价格的剧烈下降。由于交易者对市场不确定性的担忧，以及欧盟决策机构对第一阶段 EUA 的需求量过于乐观所导致的供给过量现象，EUA 现货与期货的价格在 2006 年 9 月之后持续走低，EUA 现货价格从最高时的 29.7 欧元/吨降到 0.02 欧元/吨，期货价格从最高时的 29.75 欧元/吨降到 0.01 欧元/吨。

　　欧盟碳排放交易体系起始阶段 EUA 现货与期货价格剧烈波动的综合原因是欧盟相关决策机构未能把握住市场动态，制定相关政策存在滞后性，超额设定的排放总量使碳交易市场逐步失灵，同时市场作假现象也暴露出欧盟相关职责部门存在着监管不到位的问题。

　　进入第二阶段，欧洲议会与欧盟理事会对欧盟碳排放交易政策与制度进行了调整，允许 EUA 剩余配额的跨期储存与交易，并制定了更加科学的总量控制机制，这些利好因素带动了 2008 年 4 月 EUA 现货与期货价格的上涨。到 2008 年 7 月，EUA 现货价格曾一度上涨到 29.2 欧元/吨，而此时 EUA 期货价格也上涨到 29.24 欧元/吨。这表明欧盟对欧盟碳排放交易体系相关政策与制度的调整十分奏效，降低碳配额的供给总量使欧盟碳交易市场重新恢复了效率，赢得了交易者的信心，监管制度的完善也杜绝了一些不法企业偷报漏报碳交易数据的行为。2008 年 9 月之后 EUA 现货与期货价格的下跌主要原因是全球金融危机的爆发。由美国次贷危机引起的全球金融海啸于 2009 年前后波及欧盟国家，其中希腊、意大利、葡萄牙、西班牙等国受此次金融危机的影响较为严重。在全球及欧盟内部经济下滑、需求不足的情况下，企业被动地选择降低 EUA 需求量，EUA 现货与期货价格逐步下跌。

欧盟碳排放交易体系第二阶段碳价格波动的原因可总结为两点：第一，欧洲议会与欧盟理事会对其进行的改革较为成功，提高了市场效率和投资者信心；第二，全球经济危机导致碳交易规模和频次减少，在总量调节速度无法跟上的情况下，需求的下降导致了价格下降。

第三阶段欧盟碳排放交易体系在航空业领域进行改革受挫，导致 2013 年初 EUA 现货与期货价格的短暂下跌。从长期来看，欧盟市场正在摆脱金融危机造成的阴影，需求的上升使 EUA 现货与期货价格齐涨。2015 年 12 月《联合国气候变化框架条约》第 21 次缔约方会议签订的《巴黎协定》导致了市场对不确定性的担忧，2016 年 1 月 EUA 现货与期货价格应声下跌，跌破 3 欧元/吨。此后随着联合国对《巴黎协定》的逐步推广与解释，市场逐渐恢复信心。2016 年 6 月 EUA 现货与期货价格的下跌的主要原因是英国脱欧事件，2016 年 6 月 23 日英国公投的结果揭晓，欧盟面临着前所未有的严峻形势，EUA 现货与期货价格转升为跌，一周跌幅超过 23.5%。英国不仅是欧盟碳排放交易体系市场重要的净买入方，同时也是欧盟碳排放交易体系改革的积极推动者，主张大幅收紧配额发放并且建立市场稳定储备机制（MSR）以平抑价格大幅波动，因此英国的退出不仅直接影响欧盟碳排放交易市场的供需平衡，同时也为欧盟碳排放交易体系机制改革蒙上了阴影。

综合分析，欧盟碳排放交易体系第三阶段价格波动的原因主要可分为三点：第一，航空业领域的改革受挫；第二，《巴黎协定》签订使市场对不确定性的担忧增加；第三，英国脱欧加重了市场投资者的担忧。

第四节　计量检验

一、模型设定

在计量经济学的发展历程中，传统的计量经济方法是依靠经济理论为基础分析变量关系的模型，可是，这未必能够很好说明动态变量间的关系。直到 1980 年西姆斯（C. Sims）将向量自回归（VAR）模型引入经济分析，情况才有了变化。VAR 模型常用于预测相互联系的时间序列系统及分析随机扰动对变量系统的动态冲击，从而解释各种经济冲击对经济变量形成的影响[①]。

本章使用的 VAR 模型为仅包含两个变量的非限制性向量回归模型（Unrestricted VAR），其中 EUA 的现货价格序列为 $EUAS_t$，期货价格序列为 $EUAF_t$。VAR（p）模型的数学表达式为：

$$y_t = \Phi_1 y_{t-1} + \dots + \Phi_p y_{t-p} + \varepsilon_t \quad t = 1, 2, \cdots, T \tag{11.2}$$

式（11.2）中 y_t 为 2 维内生变量列向量 $(EUAS_t, EUAF_t)'$，p 是滞后阶数，T 是样本个数。2×2 维矩阵 $\Phi_1, \cdots, \Phi_p$ 为待估计的系数矩阵。ε_t 是 2 维扰动列向量，$\varepsilon_t \, iidN(0, \sum)$，t = 1, 2 $\cdots$, T，即 ε_t 是相互独立的，同服从以 $E(\varepsilon_t) = 0$ 为期望、$Cov(\varepsilon_t) = E(\varepsilon_t, \varepsilon_t') = \sum$ 为方差协方差阵的 2 维正态分布。满足上述条件的 ε_t 为 2 维白噪声向量序列，由于其不具有结构性经济含义，也称为冲击向量。

VAR 模型的定阶是一个矛盾的过程，最优滞后阶 p 的确定，既不能太

---

① 高铁梅：《计量经济分析方法与建模——Eviews 应用与实例（第二版）》，清华大学出版社 2009 年版。

大，又不能太小，必须兼顾。因为，一方面，希望滞后阶数 p 要大一些，以便使模型能更好地反映出动态特征；但另一方面，又不希望太大，否则，阶数 p 太大，会造成需要估计的模型参数过多，而使模型自由度减少。因此，在定阶时需要综合考虑，以既要有足够的滞后项，又能有足够大的自由度为原则确定阶数。VAR 模型的定阶方法主要包括三种：第一种为 FPE 准则（最小最终预测误差准则），通过一步预测误差方差来确定滞后阶数 p；第二种为 AIC 和 SC 信息准则，也成为最小信息准则，AIC 值和 SC 值越小，确定的阶数越优；第三种为 LR（似然比）检验。

式（11.2）中的 $EUAS_t$，$EUAF_t$ 都是非平稳的 I（1）变量；ε_t 为 2 维扰动向量。将式（11.2）经过差分处理之后，整理得以下式子：

$$\Delta y_t = \Pi y_{t-1} + \sum_{i=1}^{p-1} \Gamma_i \Delta y_{t-1} + \varepsilon_t \qquad (11.3)$$

式（11.3）中，

$$\Pi = \sum_{i=1}^{p} \Phi_i - I \Gamma_i = - \sum_{j=i+1}^{p} \Phi_j \qquad (11.4)$$

经过处理，Δy_t，Δy_{t-j}（$j=1$，2，$\cdots$，p）都为 I（0）变量构成的向量，那么只需要 Πy_{t-1} 是 I（0）的向量，即 $y_{1,t-1}$，$y_{2,t-1}$，$\cdots$，$y_{k,t-1}$ 之间是否具有协整关系只要依赖于矩阵 Π 秩。Johansen 检验的原理就是将 y_t 的协整检验过程简化为对矩阵 Π 的检验过程。

Granger 检验是针对变量间是否存在因果关系的分析，由 Granger 于 1969 年提出，主要是分析 y 能多大程度上被 x 解释，加入 x 的滞后值是否能使解释程度提高。在一个二元 p 阶的 VAR 模型中：

$$\binom{y_t}{x_t} = \binom{\Phi_{10}}{\Phi_{20}} + \begin{pmatrix} \Phi_{11}^{(1)} & \Phi_{12}^{(1)} \\ \Phi_{21}^{(1)} & \Phi_{22}^{(1)} \end{pmatrix} \binom{y_{t-1}}{x_{t-1}} + \begin{pmatrix} \Phi_{11}^{(2)} & \Phi_{12}^{(2)} \\ \Phi_{21}^{(2)} & \Phi_{22}^{(2)} \end{pmatrix} \binom{y_{t-2}}{x_{t-2}} + ... + \begin{pmatrix} \Phi_{11}^{(p)} & \Phi_{12}^{(p)} \\ \Phi_{21}^{(p)} & \Phi_{22}^{(p)} \end{pmatrix} \binom{y_{t-p}}{x_{t-p}} + \binom{\varepsilon_{1t}}{\varepsilon_{2}}$$

$$(11.5)$$

可以看出，当系数 $\boldsymbol{\Phi}_{12}^{(q)}$（$q=1$，$2$，$\cdots$，$p$）全部为 0 时，变量 x 不能 Granger 引起 y。其零假设（x 不能 Granger 引起 y）可表述为：

H_0：$\boldsymbol{\Phi}_{12}^{(q)}=0$，$q=1$，$2$，$\ldots$ p

若 F 检验的统计量大于临界值，则拒绝原假设，即 H_0 不成立；若 F 检验的统计量小于临界值，则接受原假设，即 H_0 成立，变量间无 Granger 因果关系。

由于 $EUAS_t$ 和 $EUAF_t$ 原序列均为非平稳时间序列，并且二者间存在着协整关系，因此可以通过自回归滞后模型导出误差修正模型（VEC）。由式（11.3）可以整理为：

$$\Delta y_t = \alpha\beta' y_{t-1} + \sum_{i=1}^{p-1} \Gamma_i \Delta y_{t-i} + \varepsilon_t \quad t=1,2,\cdots,T \tag{11.6}$$

$$\Delta y_t = \alpha ecm_{t-1} + \sum_{i=1}^{p-1} \Gamma_i \Delta y_{t-i} + \varepsilon_t \quad t=1,2,\cdots,T \tag{11.7}$$

式（11.7）中每一个方程都是一个误差修正模型，$ecm_{t-1}=\beta' y_{t-1}$ 为误差修正项，反映变量间的长期均衡关系，α 为反映变量间偏离了长期均衡时，将其调整到均衡状态所需的调整速度。这些作为解释变量的差分项的系数反映了各变量的短期波动对作为被解释变量的短期变化的影响，其中统计不显著的滞后差分项可以选择删除。

在进行广义脉冲响应函数分析之前，需要进行 AR 根检验，如果全部根的倒数值都小于 1，也就是说全部根的倒数值都在单位圆内，说明 VAR 模型是稳定的。如果有根的倒数值大于 1，即不是所有的根的倒数值都在圆内，说明 VAR 模型不稳定，则不能进行广义脉冲函数分析。

脉冲响应函数描述了一个内生变量对于误差变化的反应程度，也就是说，脉冲响应函数刻画的是在误差项上加一个标准差大小的冲击对内生变量的当期值和未来值带来的影响。由于脉冲响应函数通常采用的 Cholesky 分解的结果很大程度上依赖于模型中变量的次序，本章选择使用 Koop 等提出的广义脉冲响应函数来进行分析①。

虽然我们可以通过脉冲响应函数分析出一次冲击对其他内生变量是否带来短期和长期的影响，可是却无法通过脉冲响应函数分析这种冲击对某种内生变量变化的贡献度，而这些可以通过方差分解来实现。方差分解由 Sims 在 1980 年提出②，Eviews 软件可以对每一个内生变量计算出一个独立的方差分解。

二、数据处理

本章选取的 EUA 期货数据 EUAF 来源于欧洲气候交易所（ECX），ECX 隶属于洲际期货交易所（ICE）；EUA 现货数据 EUAS 来源于总部位于德国莱比锡的欧洲能源交易所（EEX）。

为了更好地分析欧盟碳排放交易体系（EU-ETS）三个阶段现货市场和期货市场的相互影响效率，参考 EU-ETS 三个阶段的划分方法，进行分阶段计量分析：

第一阶段：2005 年 1 月 1 日到 2007 年 12 月 31 日；

第二阶段：2008 年 1 月 1 日到 2012 年 12 月 31 日；

第三阶段：2013 年 1 月 1 日到 2020 年 12 月 31 日。

选取欧盟碳排放配额（EUA）现货成交价格和期货连续合约的收盘价作为分析变量，均为日数据，剔除掉缺省日期的数据后，第一阶段的样本规模为 478，第二阶段的样本规模为 792，第三阶段的样本规模为 923。

---

① Koop G，M H Pesaran，Potter S M，"Impulse Response Analysis in Nonlinear Multivariate Models"，*Journal of Econometrics*，No. 74，1996，pp. 22-33.

② Sims C.，"Macroeconomics and Reality"，*Econometrica*，Vol. 48，No. 1，1980，pp. 1-48.

为了消除时间序列可能存在的异方差现象，本章对原数据取其自然对数，即下文中出现的所有数据均为取过自然对数之后的数据。选择使用 Eviews9.0 进行主要的计量分析。

三、实证分析

（一）ADF 单位根检验

本章选择 ADF 检验对时间序列数据的平稳性进行验证。表 10-4 为样本数据原序列进行 ADF 单位根检验的结果，其中 SPOT1 为 EU-ETS 第一阶段 EUA 现货价格，FUTURES1 为 EU-ETS 第一阶段 EUA 期货价格，SPOT2 为 EU-ETS 第二阶段 EUA 现货价格，FUTURES2 为 EU-ETS 第二阶段 EUA 期货价格，SPOT3 为 EU-ETS 第三阶段 EUA 现货价格，FUTURES3 为 EU-ETS 第三阶段 EUA 期货价格。

表 11-4　EUA 现货与期货价格原序列 ADF 单位根检验结果

变　　量	ADF 检验值	临界值（1%）	临界值（5%）	临界值（10%）	结　　论
SPOT1	1.278947	−3.443863	−2.867392	−2.569950	不平稳
FUTURES1	2.248203	−3.443950	−2.867431	−2.569970	不平稳
SPOT2	−0.964828	−3.438412	−2.864988	−2.568661	不平稳
FUTURES2	−0.957187	−3.438391	−2.864979	2.568656	不平稳
SPOT3	−1.880011	−3.437236	−2.864469	−2.568383	不平稳
FUTURES3	−1.869222	−3.437236	−2.864469	−2.568383	不平稳

从表 11-4 可以看出，SPOT1 的 ADF 检验的 t 统计值 1.278947 分别大于 1%显著性水平下的临界值−3.443863、5%显著性水平下的临界值−2.867392 和 10%显著性水平下的临界值−2.56995，所以，SPOT1 序列存在着单位根，

是非平稳时间序列。同理，可以得到，FUTURES1、SPOT2、FUTURES2、SPOT3 和 FUTURES3 序列均为非平稳时间序列。表 11-5 为样本数据一阶差分序列进行 ADF 单位根检验的结果。

表 11-5　EUA 现货与期货价格一阶差分序列 ADF 单位根检验结果

变　量	ADF 检验值	临界值（1%）	临界值（5%）	临界值（10%）	结　论
dSPOT1	−25. 27365	−3. 443863	−2. 867392	−2. 569950	平稳
dFUTURES1	−14. 47629	−3. 443950	−2. 867431	−2. 569970	平稳
dSPOT2	−26. 65054	−3. 438433	−2. 864998	−2. 568666	平稳
dFUTURES2	−26. 81193	−3. 438402	−2. 864984	−2. 568659	平稳
dSPOT3	−25. 68828	−3. 437236	−2. 864469	−2. 568383	平稳
dFUTURES3	−23. 95696	−3. 437236	−2. 864469	−2. 568383	平稳

从表 11-5 可以看出，EU-ETS 第一阶段 EUA 现货价格的一阶差分 dSPOT1 的 ADF 检验 t 统计值为−25. 27365，分别小于 1%显著性水平下的临界值−3. 443863、5%显著性水平下的临界值−2. 867392 和 10%显著性水平下的临界值−2. 56995，所以，dSPOT1 序列不存在单位根，是平稳时间序列。同理可得，dFUTURES1、dSPOT2、dFUTURES2、dSPOT3 和 dFU-TURES3 序列均为平稳时间序列。也可以表述为，SPOT1、FUTURES1、SPOT2、FUTURES2、SPOT3 和 FUTURES3 序列为一阶单整 I（1）时间序列。

（二）确定最大滞后阶

在建立初步的 VAR 模型的基础上，本章综合 LR（似然比）检验和 AIC 和 SC 信息准则来确定最大滞后阶数 p。

表 11-6 EU-ETS 第一阶段最大滞后阶的确定

Lag	LogL	LR	FPE	AIC	SC
0	−1104.927	NA	0.380821	4.710329	4.728000
1	579.5085	3347.368	0.000299	−2.440462	−2.387448
2	600.2240	40.99016	0.000278	−2.511591	−2.423235
3	616.4979	32.06312	0.000264	−2.563821	−2.440123*
4	621.7239	10.25177	0.000263	−2.569038	−2.409997
5	636.1326	28.14305	0.000251	−2.613330	−2.418947
6	644.5244	16.31923	0.000247	−2.632019	−2.402293
7	656.2371	22.67790*	0.000239*	−2.664839*	−2.399771
8	658.7388	4.822290	0.000240	−2.658463	−2.358052

表 11-7 EU-ETS 第二阶段最大滞后阶的确定

Lag	LogL	LR	FPE	AIC	SC	HQ
0	1913.254	NA	2.47e−05	−4.932267	−4.920260	−4.927648
1	3766.088	3691.325	2.09e−07	−9.703454	−9.667432*	−9.689595
2	3776.977	21.63765	2.06e−07	−9.721232	−9.661195	−9.698134*
3	3781.510	8.983152	2.05e−07	−9.722606	−9.638554	−9.690269
4	3786.623	10.10722	2.05e−07	−9.725478	−9.617412	−9.683902
5	3790.146	6.946597	2.05e−07	−9.724248	−9.592167	−9.673433
6	3794.385	8.334922	2.05e−07	−9.724864	−9.568768	−9.664809
7	3801.638	14.22621*	2.03e−07*	−9.733260*	−9.553149	−9.663966
8	3805.022	6.619747	2.04e−07	−9.731671	−9.527545	−9.653137

表 11-8　EU-ETS 第三阶段最大滞后阶的确定

Lag	LogL	LR	FPE	AIC	SC	HQ
0	2429.086	NA	1.70e-05	-5.305106	-5.294573	-5.301085
1	4443.186	4014.993	2.10e-07	-9.698767	-9.667168	-9.686706
2	4462.667	38.74899	2.03e-07	-9.732605	-9.679940 *	-9.712503
3	4467.365	9.323867	2.03e-07	-9.734131	-9.660399	-9.705987
4	4481.127	27.25274 *	1.99e-07 *	-9.755468 *	-9.660669	-9.719283 *
5	4483.178	4.053631	2.00e-07	-9.751209	-9.635344	-9.706983
6	4485.313	4.210194	2.00e-07	-9.747133	-9.610202	-9.694866
7	4488.773	6.806575	2.01e-07	-9.745953	-9.587955	-9.685645
8	4489.877	2.166340	2.02e-07	-9.739622	-9.560558	-9.671273

由表 11-6、表 11-7 和表 11-8 可以得出，EU-ETS 第一阶段的最大滞后阶为 7，EU-ETS 第二阶段的最大滞后阶为 7，EU-ETS 第三阶段的最大滞后阶为 4。

（三）Johansen 协整检验

在确定一阶差分序列平稳的基础上，就必须要做协整检验。协整检验的方法主要有 Engle Granger 检验和 Johansen 检验，本章选择 Johansen 协整检验。

1. EU-ETS 第一阶段协整检验结果

表 11-9　特征根迹检验

假设	特征根	迹统计值	临界值（5%）	P 值
None	0.020384	13.81697	15.49471	0.0881
At most 1 *	0.008703	4.117061	3.841466	0.0424

表 11-10　最大特征值检验

假设	特征根	最大特征值统计值	临界值（5%）	P 值
None	0.020384	9.699907	14.26460	0.2324
At most 1*	0.008703	4.117061	3.841466	0.0424

　　在表 11-9 中，在原假设为"至少有一个"的情况下，迹的统计值 4.117061 大于 5% 显著性水平下的临界值 3.841466，拒绝原假设；最大特征值检验中，统计值 4.117061 也大于 5% 显著性水平下的临界值 3.841466，也拒绝了"至少有一个"的原假设。说明，在 EU-ETS 第一阶段中，EUA 的现货价格和期货价格之间存在着协整关系。

　　2. EU-ETS 第二阶段协整检验结果

表 11-11　特征根迹检验

假设	特征根	迹统计值	临界值（5%）	P 值
None*	0.105120	86.96464	15.49471	0.0000
At most 1	0.000858	0.666785	3.841466	0.4142

表 11-12　最大特征值检验

假设	特征根	最大特征值统计值	临界值（5%）	P 值
None*	0.105120	86.29786	14.26460	0.0000
At most 1	0.000858	0.666785	3.841466	0.4142

　　表 11-11 是 EU-ETS 第二阶段协整检验的特征根迹检验结果，在原假设为"None"的情况下，特征根迹的统计值为 86.96464，大于 5% 显著性水平下的临界值 15.49471，拒绝原假设；表 11-12 是 EU-ETS 第二阶段协整检

验的最大特征值检验结果，在原假设为"None"的情况下，最大特征值的
统计值为 86.29786，大于 5% 显著性水平下的临界值 14.26460，也拒绝了原
假设。结果说明，在 EU-ETS 第二阶段，EUA 的现货价格和期货价格之间
存在着协整关系。

3. EU-ETS 第三阶段协整检验结果

表 11-13　特征根迹检验

假设	特征根	迹统计值	临界值（5%）	P 值
None*	0.197440	206.1777	15.49471	0.0001
At most 1*	0.004392	4.045148	3.841466	0.0443

表 11-14　最大特征值检验

假设	特征根	最大特征值统计值	临界值（5%）	P 值
None*	0.197440	202.1325	14.26460	0.0001
At most 1*	0.004392	4.045148	3.841466	0.0443

表 11-13 是 EU-ETS 第三阶段协整检验的特征根迹检验结果，在原假设
分别为"None"和"At most 1"的情况下，特征根迹的统计值分别为
206.1777 和 4.045148，分别大于两种假设 5% 显著性水平下的临界值
15.49471 和 3.841466，拒绝原假设；表 11-14 是 EU-ETS 第三阶段协整检
验的最大特征值检验结果，在原假设分别为"None"和"At most 1"的情
况下，最大特征值的统计值分别为 202.1325 和 4.045148，分别大于两种原
假设 5% 显著性水平下的临界值 14.26460 和 3.841466，也拒绝了原假设。结

果说明，在 EU-ETS 第三阶段，EUA 的现货价格和期货价格之间存在着协整关系。

（四）格兰杰因果检验

根据上面的 Johansen 协整检验，可以知道，在欧盟碳排放交易体系（EU-ETS）三个阶段里，EUA 的现货价格和期货价格之间存在着协整关系，即二者存在着长期均衡关系。因为我们选取的样本数据经过取自然对数后的数据 SPOT1、FUTURES1、SPOT2、FUTURES2、SPOT3 和 FUTURES3 均为一阶单整 I（1）数据，且同一阶段的数据间存在着协整关系，我们可以直接使用取自然对数后的原序列进行 Granger 因果关系检验。

表 11-15　Granger 因果检验结果

原　假　设	F 统计值	P 值	结果
SPOT1 不是 FUTURES1 的 Granger 原因	5.25335	9.E-06	拒绝原假设
FUTURES1 不是 SPOT1 的 Granger 原因	8.82198	3.E-10	拒绝原假设
SPOT2 不是 FUTURES2 的 Granger 原因	17.1020	4.E-21	拒绝原假设
FUTURES2 不是 SPOT2 的 Granger 原因	5.95567	9.E-07	拒绝原假设
SPOT3 不是 FUTURES3 的 Granger 原因	100.078	1.E-70	拒绝原假设
FUTURES3 不是 SPOT3 的 Granger 原因	5.38465	0.0003	拒绝原假设

在做 Granger 因果检验时，本章将 EU-ETS 三个阶段的检验结果都整理为表 11-15。在原假设为"SPOT1 不是 FUTURES1 的 Granger 原因"的情况下，F 统计值为 5.25335，P 值为 9E-06，即在 5%显著性水平下拒绝了原假设，所以 SPOT1 是 FUTURES1 的 Granger 原因；在原假设为"FU-TURES1 不是 SPOT1 的 Granger 原因"的情况下，F 统计值为 8.82198，P 值为 3E-10，即在 5%显著性水平下拒绝了原假设，所以 FUTURES1 是

SPOT1 的 Granger 原因。也就是说，SPOT1 和 FUTURES1 之间存在着相互的 Granger 因果关系，且通过比较 F 统计值可以得出，FUTURES1 对 SPOT1 的 Granger 因果作用要大于 FUTURES1 对 SPOT1 的 Granger 因果作用。

同理，也可以分析出 SPOT2 和 FUTURES2 之间存在着相互的 Granger 因果关系，通过比较 F 统计值可以得出，SPOT2 对 FUTURES2 的 Granger 因果作用要大于 FUTURES2 对 SPOT2 的 Granger 因果作用；SPOT3 和 FUTURES3 之间也存在着相互的 Granger 因果关系，通过比较 F 统计值可以得出，SPOT3 对 FUTURES3 的 Granger 因果作用要大于 FUTURES3 对 SPOT3 的 Granger 因果作用。

（五）向量误差修正模型分析

在确定最大滞后阶数之前我们建立了初步的 VAR 模型，随后的 ADF 单位根检验和 Johansen 协整检验的结果表明，原数据无法进行 VAR 模型分析，需要建立向量误差修正（VEC）模型。

1. EU-ETS 第一阶段 VECM

首先，我们可以建立长期均衡模型：

$$FUTURES1_t = \alpha_0 + \alpha_1 SPOT1_t + \varepsilon_t \quad t=1, 2, \cdots, T \tag{11.8}$$

建立 VEC 模型，得到长期均衡协整方程：

$$FUTURES1_t = 0.064476 + 0.977074SPOT1_t + \varepsilon_t \tag{11.9}$$

式（11.8）和式（11.9）中的 T 为样本容量 478，在长期来看，SPOT1 的系数 0.977074 接近于 1，说明在 EU-ETS 第一阶段 EUA 期货市场对现货市场存在着价格发现功能。EUA 现货价格每调整 1 单位，期货价格将同方向调整 0.977074 单位。

表 11-16 误差修正

误差修正	D（FUTURES1）	D（SPOT1）
CointEq1	−0.004880	0.084285
D（FUTURES1（−1））	−0.259588	0.161812
D（FUTURES1（−2））	−0.216610	0.089518
D（FUTURES1（−3））	−0.003095	0.011232
D（FUTURES1（−4））	−0.195143	0.068849
D（FUTURES1（−5））	−0.082943	0.223901
D（FUTURES1（−6））	0.071940	0.165371
D（SPOT1（−1））	0.226249	−0.201145
D（SPOT1（−2））	−0.053891	−0.114817
D（SPOT1（−3））	−0.059443	−0.035142
D（SPOT1（−4））	0.126144	0.087099
D（SPOT1（−5））	0.047298	−0.145719
D（SPOT1（−6））	0.120276	−0.122327
C	−0.021759	−0.012953

表 11-16 为以误差修正项作为回归量的一阶差分的 VAR 模型结果。可以看出，FUTURES1 为被解释变量的方程，其误差修正项 ecm_{t-1} 的系数值为−0.004880，SPOT1 为被解释变量的方程，其误差修正项 ecm_{t-1} 系数为 0.084285，这两个系数的绝对值，反映了对偏离长期均衡的调整力度。第一个方程中，当短期波动导致偏离长期均衡状态时，将在偏离程度上以 0.004880 的调整力度向均衡状态进行调整，第二个方程中，当短期波动导致偏离长期均衡状态时，将在偏离程度上以 0.084285 的调整力度向均衡状态进行调整，第二个方程的调整能力要好一些。说明，EU-ETS 第一阶段中，现货市场对市场信息的反应比期货市场敏感。

剔除掉 t 统计量不显著的解释变量继续进行分析，当 $dFUTURES1_{t-1}$ 增加 1 单位时，$dFUTURES1_t$ 将减少约 0.26 单位。随着滞后期的增加，当 $dFUTURES1_{t-2}$、$dFUTURES1_{t-3}$ 增加 1 单位时，$dFUTURES1_t$ 减少的量越来越小。说明滞后期越长，EUA 期货价格的一阶差分对自身的影响会越来越小。同理，通过比较随着滞后阶的增加，$dSPOT1$ 对 $dFUTURES1$ 的影响为正，存在影响慢慢变小的趋势；$dSPOT1$ 对自身的影响为负，也在逐步变小；$dFUTURES1$ 对 $dSPOT1$ 的影响为正，长期来看也是在慢慢变小。

从上面的分析中我们可以看出：EUA 的现货价格的一阶差分对自身滞后项的影响为负，这是因为，当 $dSPOT1_{t-k}$（k 为小于最大滞后阶的常数）为正时，说明 $SPOT1_{t-k}$ 大于 $SPOT1_{t-k-1}$，也就是说现货价格在 t−k 时期经过了一次上涨，市场预期在 t 时期价格会降低以回到长期均衡；相反，当 $dSPOT1_{t-k}$ 为负时，说明 $SPOT1_{t-k}$ 小于 $SPOT1_{t-k-1}$，市场预期在 t 时期价格会增加以回到长期均衡价格。这两种情况均会使 $dSPOT1_{t-k}$ 的系数为负。EUA 期货价格的一阶差分对自身滞后项的影响为负，也可以通过上面的思路解释。

EUA 现货价格一阶差分和 EUA 期货价格一阶差分对对方滞后项的影响为正，这是因为，当 $dFUTURES1_{t-k}$ 为正时，说明 $FUTURES1_{t-k}$ 大于 $FUTURES1_{t-k-1}$，EUA 的期货价格在 t−k 时期进行了一次上涨，在这种情况下，市场普遍会预期现货价格也会在不久的将来跟随期货市场的步伐上涨；当 $dFUTURES1_{t-k}$ 为负时，说明 $FUTURES1_{t-k}$ 小于 $FUTURES1_{t-k-1}$，EUA 的期货价格在 t−k 时期进行了一次下跌，在这种情况下，市场普遍会预期现货价格也会在不久的将来下跌。这两种情况下，$dFUTURES1_{t-k}$ 的系数都为正。

2. EU−ETS 第二阶段 VECM

首先，建立长期均衡模型：

$$FUTURES2_t = \beta_0 + \beta_1 SPOT2_t + \varepsilon_t \quad t=1, 2, \cdots, T \qquad (11.10)$$

建立 VEC 模型，得到长期均衡协整方程：

$$FUTURES2_t = -0.014435 + 1.006925SPOT2_t + \varepsilon_t \qquad (11.11)$$

式（11.10）和式（11.11）中的 T 为样本容量 792，在长期来看，SPOT2 的系数 1.006925 接近于 1，说明在 EU-ETS 第二阶段 EUA 期货市场对现货市场存在着价格发现功能。EUA 现货价格每调整 1 单位，期货价格将同方向调整 1.006925 单位。

表 11-17　误差修正

误差修正	D（FUTURES2）	D（SPOT2）
CointEq1	-0.210089	0.590971
D（FUTURES2（-1））	-0.342846	-0.144130
D（FUTURES2（-2））	-0.357479	-0.282492
D（FUTURES2（-3））	-0.233309	-0.193292
D（FUTURES2（-4））	-0.211572	-0.152554
D（FUTURES2（-5））	-0.247616	-0.134407
D（FUTURES2（-6））	-0.128143	-0.048861
D（SPOT2（-1））	0.475580	0.300847
D（SPOT2（-2））	0.257367	0.159277
D（SPOT2（-3））	0.315956	0.259700
D（SPOT2（-4））	0.193716	0.109285
D（SPOT2（-5））	0.164150	0.027939
D（SPOT2（-6））	0.161787	0.046557
C	-0.000841	-0.000867

从表 11-17 中可以看出，以 FUTURES2 为被解释变量的方程中，误差修正项 ecm_{t-1} 的系数为 -0.210089，以 SPOT2 为被解释变量的方程中，误差修正项 ecm_{t-1} 的系数为 0.590971。从两个系数绝对值的大小可以得出，在第一个方程中，当短期波动导致偏离长期均衡状态时，将在偏离程度上以

0.210089 的调整力度向均衡状态进行调整；第二个方程中，当短期波动导致偏离长期均衡状态时，将在偏离程度上以 0.590971 的调整力度向均衡状态进行调整。也就是说，EU-ETS 第二阶段中，现货市场对市场信息的反应比期货市场敏感。

剔除不显著的解释变量进行分析得出，第一个方程中，EUA 期货的一阶差分的滞后项的系数为负，系数的绝对值的总体趋势是随着滞后期的增大而减小，即随着滞后期的增加 EUA 期货价格的一阶差分的滞后项对 EUA 现货价格的一阶差分的影响逐渐变小；第一个方程中，EUA 现货价格的一阶差分的滞后项的系数为正，即 EUA 现货价格的一阶差分的滞后项和期货价格一阶差分正相关，系数的绝对值也随着滞后期的增大而逐渐变小。

同理，我们可以得出，在第二个方程中，EUA 期货价格的一阶差分的滞后项的系数为负，系数的绝对值的总体趋势是随着滞后期的增大而减小；在第二个方程中，EUA 现货价格的一阶差分的滞后项的系数为正，即 EUA 现货价格的一阶差分的滞后项和现货价格一阶差分正相关，系数的绝对值也随着滞后期的增大而逐渐变小。

3. EU-ETS 第三阶段 VECM

首先，建立长期均衡模型：

$$FUTURES3_t = \lambda_0 + \lambda_1 SPOT3_t + \varepsilon_t \quad t=1, 2, \cdots, T \quad (11.12)$$

建立 VEC 模型，得到长期均衡协整方程：

$$FUTURES3_t = -0.002770 + 1.001324 SPOT3_t + \varepsilon_t \quad (11.13)$$

式（11.12）和式（11.13）中的 T 为样本容量 923，在长期来看，SPOT3 的系数 1.001324 接近于 1，说明在 EU-ETS 第二阶段 EUA 期货市场对现货市场存在着价格发现功能。EUA 现货价格每调整 1 单位，期货价格将同方向调整 1.001324 单位。

表 11-18　误差修正

误差修正	D（FUTURES3）	D（SPOT3）
CointEq1	−0.859986	0.075516
D（FUTURES3（−1））	−0.119112	−0.106396
D（FUTURES3（−2））	0.017534	0.127319
D（FUTURES3（−3））	0.166282	0.240030
D（SPOT3（−1））	0.173269	0.148695
D（SPOT3（−2））	−0.085031	−0.228258
D（SPOT3（−3））	−0.105927	−0.238573
C	−0.000293	−0.000372

表 11-18 为以误差修正项作为回归量的一阶差分的 VAR 模型结果。可以看出，FUTURES3 为被解释变量的方程，其误差修正项 ecm_{t-1} 的系数值为 −0.859986，SPOT3 为被解释变量的方程，其误差修正项 ecm_{t-1} 系数为 0.075516，这两个系数的绝对值的大小，反映了对偏离长期均衡的调整力度。第一个方程中，当短期波动导致偏离长期均衡状态时，将在偏离程度上以 0.859986 的调整力度向均衡状态进行调整，第二个方程中，当短期波动导致偏离长期均衡状态时，将在偏离程度上以 0.075516 的调整力度向均衡状态进行调整，第一个方程的调整能力要好一些。说明，EU-ETS 第三阶段中，期货市场对市场信息的反应比现货市场敏感。

（六）广义脉冲响应函数分析

在建立误差修正模型的基础上，进一步使用广义脉冲响应函数，以便分析 EUA 现货市场与期货市场相互影响效率。

1. EU-ETS 第一阶段广义脉冲响应函数

在图 11-5 和表 11-19 中，我们将观察期分为 20 个周期。

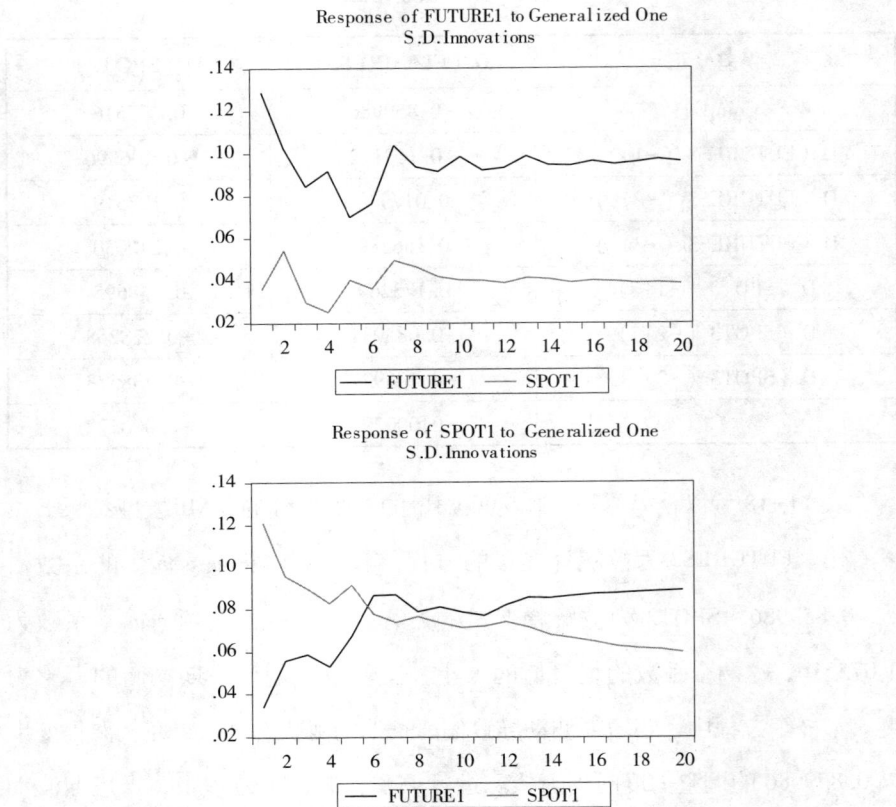

图 11-5　EU-ETS 第一阶段广义脉冲函数

　　从 FUTURES1 对 SPOT1 和 FUTURES1 残差一个标准冲击的响应图可以看出，当对 SPOT1 进行一个标准冲击时，FUTURES1 立刻得到一个正向的响应并且响应逐渐增强，第一期响应为 0.035983，到第二期增长为 0.054431，随后短暂波动，最后在本章的观察期内呈现平稳下降趋势；当对 FUTURES1 进行一个标准冲击时，其自身的响应也为正，第一期响应程度最大，响应值为 0.128872，第五期响应程度最小，值为 0.070012，随后经过短暂波动趋于 0.096。所以，对现货价格和期货价格的冲击，都会给期货价

格带来一个长期的影响，这个影响在我们的观察期内一直没有消失，这两种
冲击给期货价格带来的影响在观察期的前期比较剧烈，后期趋于平稳，且期
货价格的冲击对自身的影响要大于现货价格的冲击对于期货价格的影响。

表 11-19　EU-ETS 第一阶段广义脉冲函数分析

时期	FUTURES1 脉冲响应值		SPOT1 脉冲响应值	
	FUTURES1	SPOT1	FUTURES1	SPOT1
1	0. 128872	0. 035983	0. 033798	0. 121048
2	0. 102598	0. 054431	0. 055932	0. 095587
3	0. 084455	0. 029754	0. 058925	0. 089732
4	0. 091802	0. 025187	0. 053020	0. 082760
5	0. 070012	0. 040432	0. 067543	0. 091316
6	0. 076369	0. 036367	0. 086510	0. 077740
7	0. 103796	0. 049699	0. 086788	0. 073827
8	0. 093691	0. 046565	0. 078848	0. 076518
9	0. 091584	0. 041942	0. 080946	0. 073590
10	0. 098524	0. 040405	0. 078573	0. 071405
11	0. 092158	0. 040187	0. 076935	0. 072033
12	0. 093311	0. 038907	0. 081906	0. 074053
13	0. 098803	0. 041416	0. 085426	0. 071605
14	0. 094637	0. 040849	0. 085212	0. 067974
15	0. 094384	0. 039233	0. 086179	0. 066486
16	0. 096373	0. 040077	0. 087155	0. 064796
17	0. 094908	0. 039700	0. 087419	0. 062727
18	0. 095939	0. 038916	0. 087952	0. 061671
19	0. 097308	0. 039165	0. 088324	0. 061106
20	0. 096196	0. 038632	0. 088766	0. 059765

　　分析 SPOT1 对 SPOT1 和 FUTURES1 残差一个标准冲击的响应图可以得
出，当对 SPOT1 进行一个标准冲击时，其自身的响应为正，第一期的响应

程度最大， 响应值为 0. 121048， 长期趋势为逐渐缩小的， 在第二十期达到其在观察期的最小值 0. 059765； 当对 FUTURES1 进行一个标准冲击时， SPOT1 的响应为正， 可以看出， 第一期为最小值 0. 033798， 随后逐渐增大， 随后趋于 0. 088。 在第六期前， SPOT1 对 FUTURES1 残差冲击的响应程度小于 SPOT1 对自身残差冲击的响应程度， 从第六期开始， SPOT1 对 FUTURES1 残差冲击的响应程度大于 SPOT1 对自身残差冲击的响应程度， 且差距越拉越大。 所以， 现货价格和期货价格的冲击， 都会给现货价格带来一个长期的影响， 这种影响在前期都比较剧烈， 后期趋于平稳。 由于随着时间的增加， SPOT1 对 FUTURES1 残差冲击的响应程度是递增的， 而 SPOT1 对自身残差冲击的响应程度为递减的， 在前期， 现货价格对自身残差冲击的响应更大， 而到了后期， 现货价格对期货价格残差冲击的响应更大。 （表 11-19）

2. EU-ETS 第二阶段广义脉冲响应函数

从 FUTURES2 对 SPOT2 和 FUTURES2 残差一个标准冲击的响应图可以看出， 当对 SPOT2 的残差进行一个标准冲击时， FUTURES2 立刻得到一个正向的响应并且响应逐渐增强， 在第二期左右达到最大值 0. 032147， 随后开始波动， 在长期来看是逐渐变小的趋势， 最后在本章的观察期内响应程度稳定在 0. 0266 左右； 当对 FUTURES2 的残差进行一个标准冲击时， 其自身的响应也为正， 也在第二期左右响应程度达到最大值 0. 031025， 随后经过短暂波动趋于 0. 028， 长期呈现下降趋势。 从图 11-6 可以明显地看出， FU-TURES2 对 SPOT2 和 FUTURES2 残差冲击的响应趋势有很大的相似性， 在第六期之前， FUTURES2 对 SPOT2 残差冲击的响应程度更大， 而在第六期之后， FUTURES2 对其自身的残差冲击的响应程度更大。 所以， 这两种冲击所带来的响应程度都为正， 在前期都比后期剧烈， 在前期期货价格对现货残差冲击的反应更为敏感，后期期货价格对其自身残差冲击的反应程度更敏感。

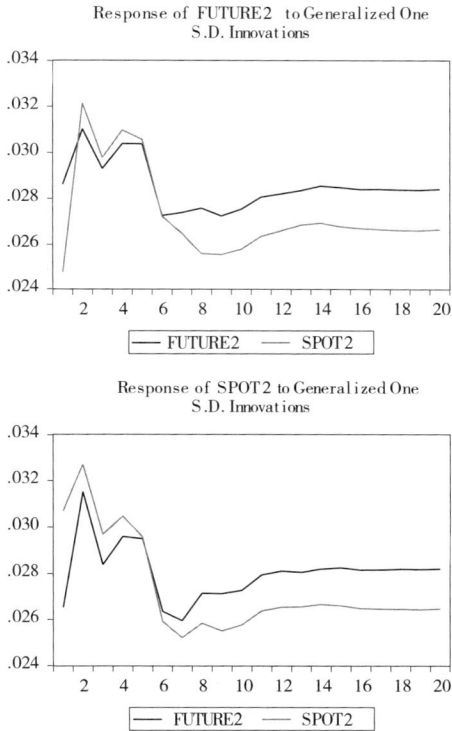

Response of FUTURE2 to Generalized One
S.D. Innovations

Response of SPOT2 to Generalized One
S.D. Innovations

图 11-6　EU-ETS 第二阶段广义脉冲函数

分析 SPOT2 对 SPOT2 和 FUTURES2 残差一个标准冲击的响应图可以得出，当对 SPOT2 残差进行一个标准冲击时，其自身的响应为正，在第二期达到最大值 0.032714，长期呈下降趋势，最后趋于 0.026；当对 FUTURES2 的残差进行一个标准冲击时，SPOT2 的响应为正，在第二期达到最大值 0.031513，长期呈现下降趋势，最后趋于平稳，平稳时的响应程度在 0.028 左右。结合图 11-6 和表 11-20 可以看出，SPOT2 对 SPOT2 和 FUTURES2 残差冲击的响应趋势具有相似性，在第六期之前，SPOT2 对其自身残差冲击的响应程度更大，在第六期之后，SPOT2 对 FUTURES2 残差冲击的响应程度更大。所以，在前期现货价格对自身残差冲击的反应更为敏感，在后期现货价格对期货价格残差冲击的反应敏感。

表 11-20　EU-ETS 第二阶段广义脉冲函数分析

时期	FUTURES2 脉冲响应值		SPOT2 脉冲响应值	
	FUTURES2	SPOT2	FUTURES2	SPOT2
1	0.028624	0.024746	0.026528	0.030685
2	0.031025	0.032147	0.031513	0.032714
3	0.029316	0.029793	0.028389	0.029686
4	0.030391	0.030979	0.029599	0.030474
5	0.030379	0.030571	0.029503	0.029571
6	0.027260	0.027222	0.026353	0.025911
7	0.027394	0.026483	0.025950	0.025218
8	0.027584	0.025610	0.027139	0.025838
9	0.027241	0.025559	0.027122	0.025505
10	0.027539	0.025797	0.027265	0.025767
11	0.028072	0.026360	0.027945	0.026378
12	0.028212	0.026600	0.028111	0.026534
13	0.028358	0.026847	0.028055	0.026547
14	0.028557	0.026930	0.028204	0.026652
15	0.028489	0.026776	0.028252	0.026597
16	0.028409	0.026700	0.028162	0.026471
17	0.028412	0.026654	0.028167	0.026454
18	0.028390	0.026610	0.028197	0.026444
19	0.028374	0.026603	0.028183	0.026427
20	0.028413	0.026644	0.028200	0.026452

3. EU-ETS 第三阶段广义脉冲响应函数

从 FUTURES3 对 SPOT3 和 FUTURES3 残差一个标准冲击的响应可以看出（图 11-7），当对 SPOT3 的残差进行一个标准冲击时，FUTURES3 立刻得到一个正向的响应并且响应逐渐增强，在第二期左右达到最大值 0.036778，随后开始波动，在长期来看是逐渐变小的趋势。最终，在观察期内响应程度稳定在 0.0326 左右；当对 FUTURES3 的残差进行一个标准冲击时，其自身的响应也为正，也在第二期响应程度达到最大值 0.032689，随后经过短暂波动趋于 0.0293，长期呈现下降趋势。由图可以看出，FUTURES3 对 SPOT3 和 FUTURES3 残差冲击的响应趋势具有比较高的相似性，在第一期的时候 FUTURES3 对自身残差冲击的响应程度更大，在第一期之后，FUTURES3 对 SPOT3 残差冲击的响应程度更大。所以，在开始的短暂时间内，期货价格对自身冲击的反应敏感，随后，期货价格对现货价格残差冲击的反应更敏感。

分析 SPOT3 对 SPOT3 和 FUTURES3 残差一个标准冲击的响应图可以得出（图 11-7），当对 SPOT3 残差进行一个标准冲击时，其自身的响应为正，在第二期达到最大值 0.036894，长期呈下降趋势，最后趋于 0.0325；当对 FUTURES3 的残差进行一个标准冲击时，SPOT3 的响应为正，在第二期达到最大值 0.032489，长期呈现下降趋势，最后趋于平稳，平稳时的响应程度在 0.0293 左右。结合图 11-7、表 11-21 可以看出，SPOT3 对 SPOT3 和 FU-TURES3 残差冲击的响应趋势具有相似性，并且，在观察期内，SPOT2 对其自身残差冲击的响应程度始终更大。所以，现货价格对自身残差冲击的反应更为敏感。

Response of FUTURE3 to Generalized One
S.D. Innovations

Response of SPOT3 to Generalized One
S.D. Innovations

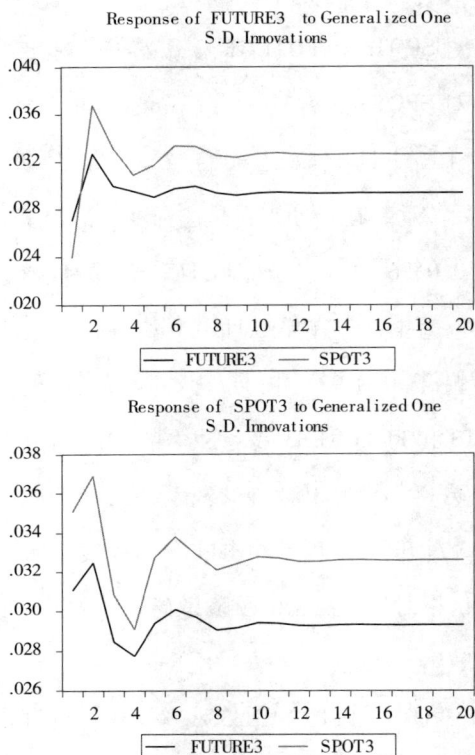

图 11-7 EU-ETS 第三阶段广义脉冲函数

表 11-21   EU-ETS 第三阶段广义脉冲函数分析

时期	FUTURES3 脉冲响应值		SPOT3 脉冲响应值	
	FUTURES3	SPOT3	FUTURES3	SPOT3
1	0.027059	0.023961	0.031055	0.035071
2	0.032689	0.036778	0.032489	0.036894
3	0.029966	0.033147	0.028472	0.030835
4	0.029528	0.030915	0.027750	0.029091
5	0.029035	0.031734	0.029400	0.032767
6	0.029753	0.033346	0.030081	0.033833

续表

时期	FUTURES3 脉冲响应值		SPOT3 脉冲响应值	
	FUTURES3	SPOT3	FUTURES3	SPOT3
7	0.029957	0.033311	0.029706	0.032925
8	0.029383	0.032548	0.029068	0.032101
9	0.029186	0.032380	0.029177	0.032426
10	0.029371	0.032680	0.029422	0.032785
11	0.029429	0.032763	0.029397	0.032713
12	0.029362	0.032647	0.029281	0.032532
13	0.029321	0.032587	0.029273	0.032537
14	0.029337	0.032623	0.029315	0.032608
15	0.029358	0.032653	0.029326	0.032619
16	0.029354	0.032643	0.029310	0.032590
17	0.029345	0.032629	0.029302	0.032580
18	0.029345	0.032630	0.029308	0.032591
19	0.029349	0.032637	0.029312	0.032597
20	0.029350	0.032637	0.029310	0.032593

（七）方差分解

在建立广义脉冲响应函数后，继续通过方差分解分析各冲击变量的贡献。

1. EU-ETS 第一阶段方差分解

结合图 11-8 和表 11-22 可以发现，在第一期时，第一阶段 EUA 期货价格对其本身的贡献率达到了最大值，随后下降到了长期平稳状态，从长期来看，期货价格对本身的贡献率约为 97%，即 EUA 期货价格预测方差的 97% 可以通过期货价格的变动来解释；EUA 现货价格对期货价格的贡献率呈现一个相对平稳的态势，大约为 3%，即 EUA 期货价格预测方差的 3% 可以通过现货价格的变动来解释，EUA 期货价格在 EU-ETS 第一阶段主要受自身价格变动的影响。

Variance Decomposition of FUTURE1

Variance Decomposition of SPOT1

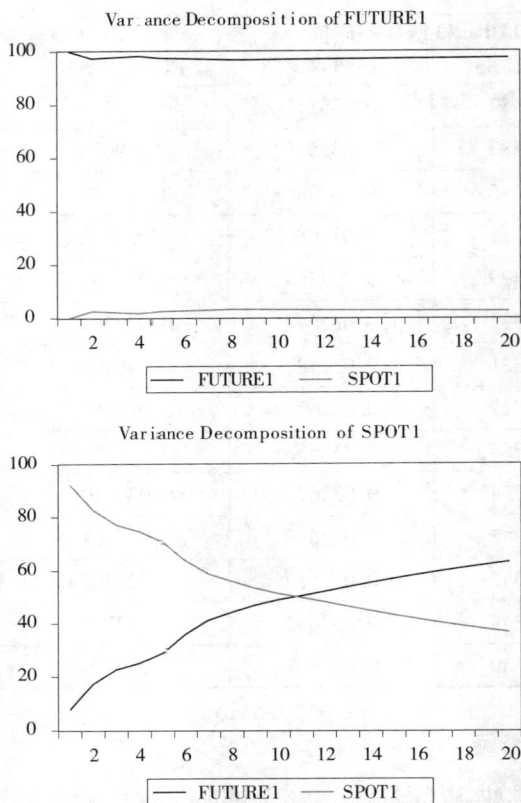

图 11-8　EU-ETS 第一阶段方差分解

表 11-22　EU-ETS 第一阶段方差分解

时期	FUTURES1 方差分解			SPOT1 方差分解		
	标准差	FUTURES1	SPOT1	标准差	FUTURES1	SPOT1
1	0.128872	100.0000	0.000000	0.121048	7.796085	92.20391
2	0.166899	97.41152	2.588477	0.157216	17.27842	82.72158
3	0.187161	97.82368	2.176320	0.184426	22.76450	77.23550
4	0.208464	98.24524	1.754755	0.204530	25.22908	74.77092

续表

时期	FUTURES1 方差分解			SPOT1 方差分解		
	标准差	FUTURES1	SPOT1	标准差	FUTURES1	SPOT1
5	0.220979	97.46980	2.530203	0.228229	29.01990	70.98010
6	0.234328	97.30287	2.697134	0.250373	36.05233	63.94767
7	0.257194	97.05737	2.942632	0.269975	41.34135	58.65865
8	0.274551	96.81860	3.181402	0.286923	44.15335	55.84665
9	0.289925	96.80129	3.198708	0.302815	46.78613	53.21387
10	0.306502	96.94597	3.054032	0.317056	48.81913	51.18087
11	0.320411	96.98462	3.015375	0.330477	50.35402	49.64598
12	0.333990	97.06421	2.935789	0.344623	51.95370	48.04630
13	0.348596	97.13439	2.865612	0.358519	53.68187	46.31813
14	0.361526	97.16303	2.836974	0.371368	55.29641	44.70359
15	0.373884	97.21877	2.781233	0.383787	56.81768	43.18232
16	0.386348	97.26934	2.730656	0.395808	58.26747	41.73253
17	0.398072	97.30856	2.691436	0.407307	59.63055	40.36945
18	0.409665	97.36367	2.636330	0.418483	60.90504	39.09496
19	0.421248	97.41873	2.581275	0.429383	62.08338	37.91662
20	0.432266	97.46819	2.531810	0.439973	63.20112	36.79888

EUA 现货价格对自身的贡献率是一个逐渐下降的过程，在观察期内，从第一期的最大值 92.20391%，降到第二十期的最小值 36.79888%；而 EUA 期货价格对现货价格的贡献率则是一个逐渐上升的过程，第一期为最小值 7.796085%，第二十期达到最大值 63.20112%。

2. EU-ETS 第二阶段方差分解

结合图 11-9 和表 11-23 分析，在第一期时，EU-ETS 第二阶段 EUA 期货价格对其本身的贡献率达到了最大值，随后缓慢下降，最后趋近于 96%，即 EUA 期货价格预测方差的 96%可以通过期货价格的变动来解释；EUA 现

货价格对期货价格的贡献率呈现一个逐渐上升最后保持平稳的态势,大约为
4%,即 EUA 期货价格预测方差的 4%可以通过现货价格的变动来解释,
EUA 期货价格在 EU-ETS 第二阶段主要受自身价格变动的影响。

EU-ETS 第二阶段期货价格对现货价格的贡献率呈现缓慢上升的趋势,
最后趋于 94%;现货价格对其本身的贡献率呈逐渐下降的趋势,最后趋于
平稳,大约为 6%。

表 11-23　EU-ETS 第二阶段方差分解表

时期	FUTURES2 方差分解			SPOT2 方差分解		
	标准差	FUTURES2	SPOT2	标准差	FUTURES2	SPOT2
1	0.028624	100.0000	0.000000	0.030685	74.74132	25.25868
2	0.043522	94.07178	5.928215	0.045311	82.64610	17.35390
3	0.053216	93.26849	6.731512	0.054441	84.44459	15.55541
4	0.061993	92.75901	7.240986	0.062724	85.88089	14.11911
5	0.069566	92.73225	7.267752	0.069787	87.25067	12.74933
6	0.075070	92.82002	7.179982	0.074856	88.22767	11.77233
7	0.080106	93.21075	6.789251	0.079420	89.05543	10.94457
8	0.084794	93.76958	6.230417	0.084062	89.91465	10.08535
9	0.089152	94.16280	5.837199	0.088424	90.67087	9.329128
10	0.093393	94.50140	5.498604	0.092635	91.27738	8.722621
11	0.097609	94.78441	5.215587	0.096859	91.81382	8.186178
12	0.101699	95.00863	4.991365	0.100953	92.27098	7.729025
13	0.105681	95.18510	4.814896	0.104878	92.64958	7.350421
14	0.109562	95.35435	4.645654	0.108698	92.98461	7.015388
15	0.113286	95.51257	4.487433	0.112393	93.29036	6.709639
16	0.116871	95.65100	4.348996	0.115944	93.56222	6.437780
17	0.120347	95.77908	4.220925	0.119390	93.80567	6.194325

续表

时期	FUTURES2 方差分解			SPOT2 方差分解		
	标准差	FUTURES2	SPOT2	标准差	FUTURES2	SPOT2
18	0.123719	95.89560	4.104395	0.122743	94.02730	5.972702
19	0.126998	95.99936	4.000640	0.126004	94.22643	5.773571
20	0.130203	96.09283	3.907174	0.129187	94.40561	5.594389

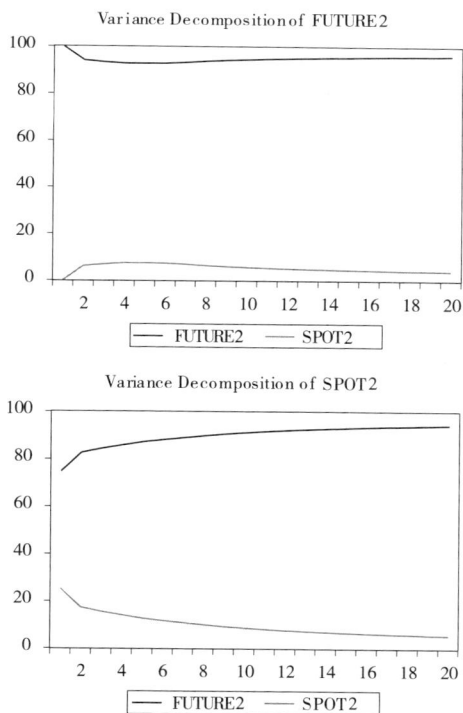

Variance Decomposition of FUTURE2

Variance Decomposition of SPOT2

图 11-9　EU-ETS 第二阶段方差分解图

3. EU-ETS 第三阶段方差分解

观察图 11-10 和表 11-24，在第一期时，EU-ETS 第三阶段 EUA 期货价格对其本身的贡献率达到了最大值，随后下降到了长期平稳状态，从长期来看，期货价格对本身的贡献率约为82%，即 EUA 期货价格预测方差的82%可以通过期货价格的变动来解释；EUA 现货价格对期货价格的贡献率在第一期为最小值，达到平稳时大约为18%，即 EUA 期货价格预测方差的18%可以通过现货价格的变动来解释，EUA 期货价格在 EU-ETS 第三阶段主要受自身价格变动的影响。EU-ETS 第三阶段期货价格对现货价格的贡献率趋近于81%；现货价格对其本身的贡献率趋近于19%。

表 11-24　EU-ETS 第三阶段方差分解表

时期	FUTURES3 方差分解			SPOT3 方差分解		
	标准差	FUTURES3	SPOT3	标准差	FUTURES3	SPOT3
1	0.027059	100.0000	0.000000	0.035071	78.40782	21.59218
2	0.045661	86.37053	13.62947	0.050905	77.94960	22.05040
3	0.056439	84.72052	15.27948	0.059569	79.76968	20.23032
4	0.064518	85.77787	14.22213	0.066431	81.58961	18.41039
5	0.071928	85.30944	14.69056	0.074077	81.36666	18.63334
6	0.079284	84.29818	15.70182	0.081438	80.96591	19.03409
7	0.086003	83.77312	16.22688	0.087850	81.01231	18.98769
8	0.091964	83.47396	16.52604	0.093542	81.11053	18.88947
9	0.097504	83.21722	16.78278	0.099007	81.08642	18.91358
10	0.102839	82.96390	17.03610	0.104298	81.02727	18.97273
11	0.107936	82.74777	17.25223	0.109311	80.99724	19.00276
12	0.112769	82.58562	17.41438	0.114054	80.99187	19.00813
13	0.117388	82.45434	17.54566	0.118609	80.98262	19.01738
14	0.121840	82.33552	17.66448	0.123013	80.96648	19.03352
15	0.126144	82.23007	17.76993	0.127268	80.95299	19.04701
16	0.130303	82.13983	17.86017	0.131378	80.94438	19.05562

续表

时期	FUTURES3 方差分解			SPOT3 方差分解		
	标准差	FUTURES3	SPOT3	标准差	FUTURES3	SPOT3
17	0. 134329	82. 06146	17. 93854	0. 135361	80. 93700	19. 06300
18	0. 138239	81. 99135	18. 00865	0. 139232	80. 92932	19. 07068
19	0. 142043	81. 92813	18. 07187	0. 143000	80. 92216	19. 07784
20	0. 145747	81. 87135	18. 12865	0. 146671	80. 91610	19. 08390

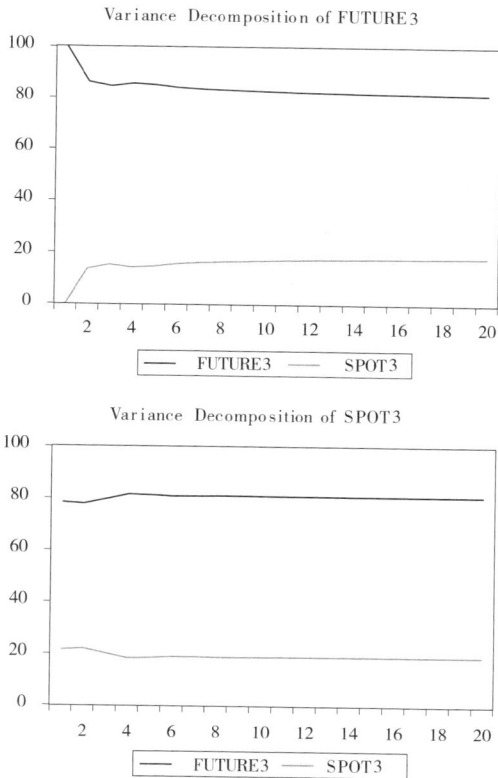

图 11-10 EU-ETS 第三阶段方差分解图

四、分析结论

以上通过建立向量自回归（VAR）模型对欧盟碳排放配额（EUA）的现货和期货价格进行了实证研究，由于欧盟碳排放交易体系三个阶段EUA现货和期货价格均为时间序列数据，为了消除可能存在的异方差，本章对所有数据进行了对数处理。在此基础上得出以下结论：

第一，通过ADF单位根检验、Johansen协整检验及向量误差修正模型（VECM），发现在欧盟碳排放交易体系三个阶段中EUA的现货价格和期货价格之间均存在协整关系。第一阶段EUA现货价格和期货价格协整方程的协整系数α_1为0.977074，第二阶段的协整系数β_1为1.006925，第三阶段的协整系数λ_1为1.001324。经过计算$|\lambda_1-1|<|\beta_1-1|<|\alpha_1-1|$，即在EU-ETS三个阶段中，第三阶段EUA现货价格和期货价格的相关性极强，第二阶段次之，第一阶段最弱。

通过比较误差修正项ecm_{t-1}的系数，可以得出：在EU-ETS第一、第二阶段，EUA现货价格短期偏离长期均衡状态时，其自我修正能力要强于EUA期货价格；在EU-ETS第三阶段，EUA期货价格的自我修正能力要强于EUA现货价格。这表明在第三阶段，欧盟碳排放交易体系经过进一步的改革，EUA期货市场作为现货衍生市场，其动态结构调整效率要强于现货市场。

第二，Granger因果检验的结果表明在EU-ETS三个阶段中，EUA现货价格和期货价格之间都存在着互相引导作用。结合广义脉冲响应函数，EUA现货价格和期货价格面对一个标准冲击，都会引起自身和对方的正向响应。

通过比较EU-ETS三个阶段广义脉冲响应函数波动程度，可得出：第一阶段的响应程度最大，第三阶段次之，第二阶段最小。即在面临市场不确定因素的情况下，EU-ETS 第一阶段价格波动程度以及其所带来的风险最大，其次为第三阶段，第二阶段相对较小。相比较 EUA 现货价格和期货市场互相影响所引起的响应程度，EU-ETS 第一阶段在响应最大值和长期均衡值均表现出 EUA 期货价格变动对现货价格变动的主导作用，第二阶段在长期均衡值表现出 EUA 期货价格变动对现货价格变动的主导作用，而第三阶段则在响应最大值和长期均衡值均反映出 EUA 现货价格变动对期货价格变动的主导作用。

这说明在面临不确定性的情况下，EUA 现货价格和期货价格之间存在正向的引导作用，通过比较引导作用的大小反映出第一阶段的动态结构稳定性最弱，而第二阶段的动态结构稳定性最强。相对于第一、第二阶段，第三阶段并没有很好地表现出期货市场对现货市场的价格发现功能。

第三，通过方差分解可以看出，EU-ETS 第一阶段中，在 EUA 期货价格变动中来自 EUA 现货价格的贡献仅为 3% 左右，而在 EUA 现货价格变动中来自 EUA 期货价格的贡献率约为 63%，第一阶段期货价格变动对现货价格变动的贡献率要大于现货价格变动对期货价格变动的贡献率。经过具体分析，第二、第三阶段期货价格变动对现货价格变动的贡献率也更大。进行纵向比较可以看出，第二阶段期货价格对现货价格和自身变动的贡献率最大，其次为第三阶段，第一阶段最小。

第五节　结论与政策建议

一、结论

以欧盟碳排放交易体系（EU-ETS）下欧盟碳排放配额（EUA）现货与

期货市场作为研究对象，在阐述国内外相关研究成果、碳交易相关经济学理论以及国际碳排放治理的基础上，选取来源于欧洲气候交易所（ECX）和欧洲能源交易所（EEX）的 EUA 现货及期货价格数据，构建 VAR 模型，从而研究在欧盟碳排放交易体系下 EUA 现货与期货市场互动及内在机制变动情况。基于以上分析，主要得出以下结论：

第一，在欧盟碳排放交易体系三个阶段中，第三阶段 EUA 现货价格和期货价格的关联性最高，可见欧洲议会与欧盟理事会关于欧盟碳排放交易体系第三阶段的改革政策使 EUA 现货市场和期货市场的动态关联度提高了。在面对价格波动时，第一、第二阶段中 EUA 现货市场相较于期货市场具有更好的调整能力，第三阶段中 EUA 期货市场的调整能力更佳，这说明欧洲议会与欧盟理事会对欧盟碳排放交易体系的完善在一定程度上提高了 EUA 期货市场的动态稳定性。

第二，在欧盟碳排放交易体系三个阶段中，EUA 现货市场和期货市场之间的价格引导作用是双向的，且这种引导作用是正向传递的。在第一阶段，期货市场对现货市场的引导作用要大于现货市场对期货市场的引导作用；随着欧盟碳排放交易体系的进一步改革，第三阶段现货市场对期货市场的引导作用超过期货市场对现货市场的引导作用。进而，比较三个阶段广义脉冲函数的波动程度以及方差分解的贡献率，可以得出结论：欧洲议会和欧盟理事会对欧盟碳排放交易体系的改革没有实现其预期效果，在第一阶段到第二阶段，现货市场和期货市场动态引导作用体现了期货市场对现货市场的价格发现功能，同时也提高了市场效率，降低了价格波动所带来的市场风险；而在第二阶段到第三阶段，增加 EUA 拍卖份额等改革举措不仅导致价格波动风险增加，也未能使市场效率得以提高。本章经分析后认为，欧盟碳排放交易体系第二阶段改革较为成功的原因是，欧盟相关管理机构扩大覆盖范围与拍卖比例,并引入 CDM 和 JI 的做法,在一定程度上提高了市场效率。而第三阶段在第二阶段基础上进行的改革未达到预期效果的原因是,其在制定碳交易总量、配额分配、覆盖范围与激励机制等方面的改革措施时,缺乏有效的市场调研与政策推演,对碳排放市场的内在机制、效率动因认识尚不充分。

第三,EUA 现货市场和期货市场总体上具有较好的内在联动机制。不过,通过分阶段比较发现欧盟作为国家碳市场的先行者,在探索更有效构建碳排放交易体系的过程中并非一帆风顺。相关经验和教训对我国构建全国统一碳排放交易体系具有很好借鉴作用。

二、政策建议

我国在"十二五"规划中提到要建立全国性的碳排放交易体系,基于以上的研究,本章提出对构建我国碳排放交易体系的一些建议:

第一,完善碳排放相关法规。碳排放交易体系的建立需要相关法律法规的支持,欧洲议会与欧盟理事会先后出台了若干法律文件以支持欧盟碳排放交易体系的建立,而我国目前在碳减排方面政策性文件较多,相关法律法规并不十分完善。我国现存气候相关的法律法规有《环境法》《电力法》《煤炭法》《可再生能源法》《节约能源法》《大气污染防治法》以及《中国应对气候变化国家方案》等一些政策性文件,这些法律法规在内容与形式上都无法完全满足我国构建全国性碳排放交易体系的法律需求。我国需要在现有法律法规的基础上,借鉴欧盟相关碳排放法律法规,修改和补充现有法律法规,并整合出一部气候相关综合性法典。在此过程中,还需考虑立法的可操作性,要充分考虑法律执行过程中可能遇到的难点,降低立法、守法和执法的成本。法律法规的颁布还需政府做进一步的宣导,保证法律的权威,发挥相关法律法规的实际作用。

第二，分阶段建立全国性碳交易市场。在我国现有的七个碳交易试点的基础上，建立全国性的碳交易市场，统一管理全国性的碳排放权交易行为。本章建议我国可借鉴欧盟碳排放交易体系分阶段构建全国性碳排放交易体系，做详细调研和细致规划，建立碳交易一、二级市场。我国所构建的全国性碳交易市场二级市场必须是多元的市场，交易配额不仅应包括中国核证减排量（CCER）、清洁能源机制下的核证减排量（CER）与联合履约机制下的排放减排单位（ERU），还需积极创新碳排放衍生品市场。在"总量控制"的原则上，要宏观审慎地制定全国碳排放交易总量，只有在此基础上，碳排放配额作为一种稀缺资源，才可激活我国碳排放交易市场的效率。我国碳排放交易市场的覆盖范围应在借鉴欧洲议会与欧盟理事会对欧盟碳排放交易体系覆盖范围改革过程的基础上，结合我国基本国情，分阶段设定减排范围。可在较为成功的深圳试点的基础上，适当扩大减排范围，以此作为我国碳排放交易市场第一阶段的覆盖范围。在配额分配方面，我国现有的几个碳交易试点都采取"祖父法"为主、"行业基准法"为辅的分配方法，建议我国可借鉴欧盟碳排放交易体系相关经验，逐步以"行业基准法"为主来分配碳排放配额。在初始配额的分配上，免费分配配额和拍卖配额的比例也可分阶段逐步调整，最终要实现配额100%以拍卖方式获得。欧盟碳排放交易体系下各国制定减排方案并接受欧盟统一审核监督的做法被证实存在着不小的问题，我国碳排放交易市场必须建立统一的平台对所有碳排放交易活动进行记录、监督、清算，杜绝碳排放配额重复交易等问题。利用大数据等前沿科技可以有效监督各部门的履约情况，实时掌握企业和部门碳交易动态，对于违法违规的企业，依法对其进行处罚，并可适当增加其违法成本。

第三，培养碳金融人才。国内对碳金融相关领域的研究还处于起步阶段,必须增加碳金融领域的投入,培养一批有能力的碳金融人才。目前我国碳金融专业人才缺口较大,碳金融领域的教育培训基本仍处于相对无序状态,人才建设的滞后性给我国构建全国性碳排放交易体系以及参与全球碳交易制造了瓶颈,而培养碳金融专业人才迫在眉睫。面对此种情况,政府应该大力支持高等院校设立碳金融相关专业,重视碳金融人才的教育工作,以满足构建全国性碳排放交易体系的需要。

第四,加强碳减排体制机制建设的国际合作。进入 21 世纪以来,全球化使世界各国各地区经济、社会、环境高度互联互通,面对全球气候变暖这一问题,各国政府间必须协调制定各自的温室气体减排政策,以达成联合国气候变化会议所设定的全球减排目标。我国碳排放交易体系的建立不仅仅是自身环境保护的需求,也是为了全人类的福祉,我国应建立与国际其他碳排放交易体系之间的沟通合作机制,与诸如欧盟碳排放交易体系(EU-ETS)、区域温室气体减排行动体系(RGGI)、澳大利亚南威尔士碳排放交易体系(NSW GAAS)、新西兰碳排放交易体系(NZ-ETS)、西部气候倡议和加州总量控制与交易体系(WCI)等区域或国家碳排放交易体系积极开展合作,探索如何更加有效率地进行碳排放权交易并控制相关风险。在积累了一定合作经验的基础上,构建全球性的碳排放交易体系,更大程度地减少交易成本,提高交易效率。在此之前,我国需通过国际合作,不断吸收全球碳排放交易体系运行中产生的新经验,提高我国碳排放交易领域的水平,提高我国在国际低碳经济领域的话语权。

第五,加大对碳减排技术的研发投入。碳排放权交易作为一项控制全球二氧化碳排放的措施,并不能从根本上摆脱对化石能源的依赖,更不能从根本上协调经济发展与二氧化碳等温室气体减排之间的矛盾。碳排放交易体系的构建并不是局限于将碳排放总量控制于一个限定的范围内,更深远的目标是激励企业加大对绿色能源的研发和使用，推动低碳经济的发展。加大对减排技术的研发投入，可以提高化石能源的利用效率，减少二氧化碳等温室气体的排放。太阳能、海洋能、风能等清洁能源的使用，将逐步取代煤、石油、天然气等传统化石能源在经济社会发展中的地位，从一定程度上减轻经济社会发展对化石能源的依赖，减少温室气体的排放。政府应设立节能减排专项基金，支持绿色能源企业的发展，支持对新能源与减排相关技术的科研工作，对符合要求的相关企业减税，提高我国低碳技术水平，从根本上减轻我国对化石能源的依赖，造福全人类。

后　记

此项研究工作依托教育部人文社会科学重点研究基地重大项目"西北资源开发生态补偿金融支持政策体系研究"（12JJD790020），并得到陕西师范大学优秀学术著作出版基金和西北历史环境与经济社会发展研究院一流学科建设基金资助。借此表示诚挚感谢！

书中序文、第1—7章、9—10章先后在中国数量经济学会年会（中央财经大学，2016；江西财经大学，2017）、中国宏观经济管理教育学会年会（广州大学，2016；华北水利水电大学，2017）和广金·千灯湖金融峰会（广东金融学院，2017）交流，感谢中国人民大学经济学院刘瑞教授、杨万东教授，黑龙江大学经济学院焦方义教授，福建师范大学经济学院李军军教授，江苏省委党校范金教授，重庆师范大学管理学院赵天荣教授，陕西师范大学国际商学院裴辉儒教授，他们作为评议人或论文评审专家对相关研究成果提出了许多中肯意见。感谢人民出版社曹春博士对本书顺利出版的热诚支持和贡献！

感谢厦门大学图书馆、华侨大学图书馆提供的良好文献资料检索条件。2016年春节假期西安正值隆冬时节，笔者在厦门体验"寂静的春天"，借重两校图书馆资源，与研究团队通过QQ、Email进一步明确研究思路及方法，加快了课题研究工作进展。

协助研究工作并参与撰稿的有国民经济学博士研究生、副教授陈欣，人口、资源与环境经济学博士研究生刘莎，金融学硕士研究生左菲、刘研招、康卫东、赵雅文、金鑫、冯丹蕾，农业经济管理硕士研究生郭晓星、王皓宇。研究工作进展包括翻译与环境金融相关的英文著述，长期在陕西师范大学金融研究所举办"新金融读书沙龙"。参加翻译、整理索尼亚·拉巴特和德尼·R. 怀特（Sonia Labatt，Rodney R. White，2002）《环境金融：环境风险评估和金融产品指南》（Environmental Finance：A Guide to Enviorenmental Risk Assessment and Financial Products）一书和相关专业文献的有博士研究生陈欣、热依拉·依里木、刘芳、屈晓娟，硕士研究生戈伟伟、韩晶晶、杨鹏生、折艳梅、左菲、蔡静娜、谌亦雄、张开玄、崔诚诚和杜紫薇。谌亦雄、张开玄同学对整理译介"环境金融文献摘要集成"贡献良多。翻译英文著述尽管未能出版，对于研究工作还是给予了支持，对后续深入探索环境金融问题也无疑具有启迪。除以上同学，金融学以及农业经济管理农村金融方向研究生蔡嘉驰、李光峰、郝铮铮、王天宇、方天舒、罗丽佳和赵帅同学参加了读书沙龙活动。

相关成果属师生集体完成。研究进程偶感"攻坚克难"，许多新领域如马克思生态思想、环境金融、资源资产核算与资产负债表编制，笔者往时亦未涉猎，为此将"新金融读书沙龙"双周讨论"增密"为单周，以加强学习交流。

难忘师生不计寒暑、无分昼夜相伴度过的几近忘我的时光。走过的路成为生活史，却仍砥砺与引领未来。

刘　明

2018.9.14

策划编辑:曹　春
责任编辑:曹　春　于　璐

图书在版编目(CIP)数据

绿色金融、环境变化与自然资源资产核算研究/刘明 著. —北京:人民出版社,
　2018.12
ISBN 978 - 7 - 01 - 020033 - 0

Ⅰ.①绿… 　Ⅱ.①刘… 　Ⅲ.①地方金融-关系-自然资源-国有资产-经济
核算-研究-西北地区 　Ⅳ.①F832.74②F231.2

中国版本图书馆 CIP 数据核字(2018)第 262111 号

绿色金融、环境变化与自然资源资产核算研究
LÜSE JINRONG HUANJING BIANHUA YU ZIRAN ZIYUAN ZICHAN HESUAN YANJIU

刘　明　著

人民出版社 出版发行
(100706　北京市东城区隆福寺街 99 号)

北京盛通印刷股份有限公司印刷　新华书店经销

2018 年 12 月第 1 版　2018 年 12 月北京第 1 次印刷
开本:710 毫米×1000 毫米 1/16　印张:33
字数:394 千字

ISBN 978 - 7 - 01 - 020033 - 0　定价:138.00 元

邮购地址 100706　北京市东城区隆福寺街 99 号
人民东方图书销售中心　电话 (010)65250042　65289539